TRAUNER VERLAG

BILDUNG

Bildung, die begeistert!

Ihr interaktives E-Book in der TRAUNER-DigiBox

Das Plus zum gedruckten Buch

- Angereichertes E-Book
- Multimediale Inhalte
- Vielfältige Zusatzmaterialien auf einen Blick
- Einfache Navigation
- Für verschiedene Endgeräte (PC, Mac, Tablet, Smartphone)

Spannendes Lernen an jedem Ort

Topografie digital wiederholen

Interaktives E-Book

Fachbegriffe spielerisch festigen

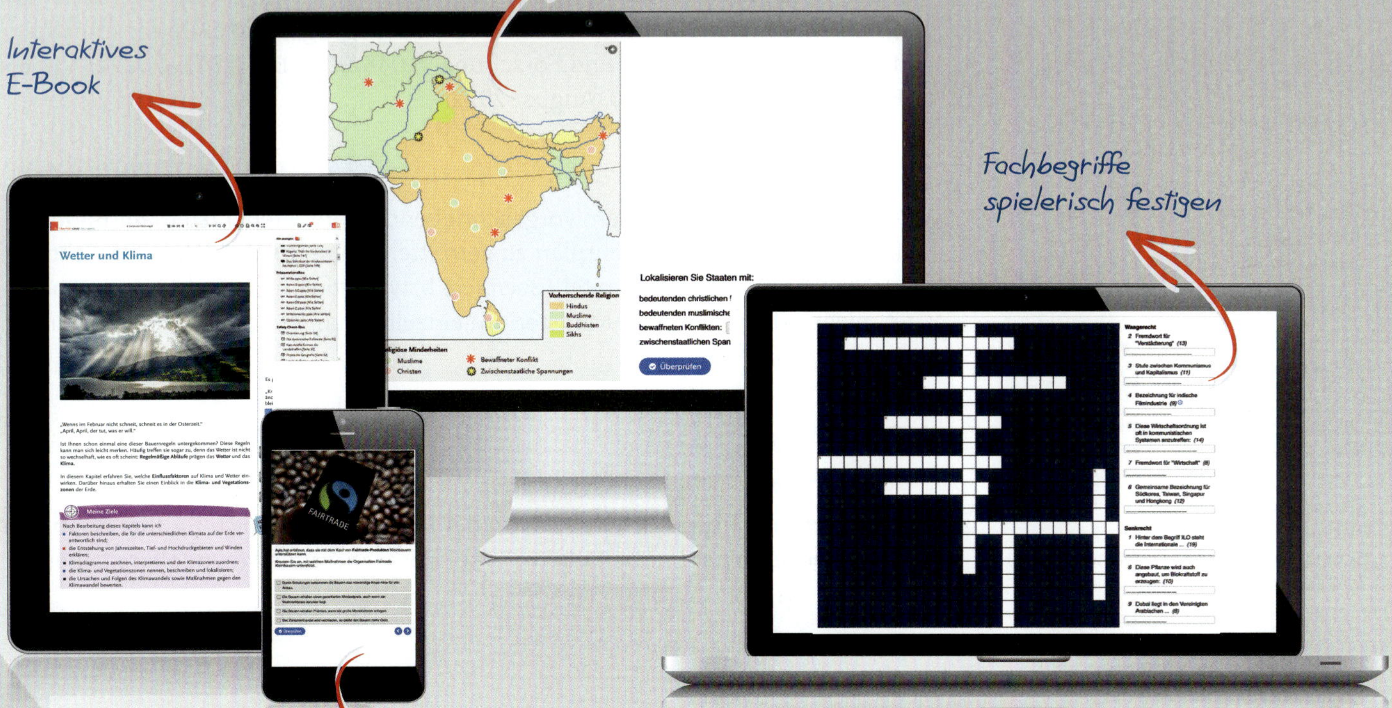

Safety-Checks überprüfen den Kompetenzerwerb automatisch

Kopier- und Vervielfältigungsverbot

Dieses Buch wurde auf Papier aus nachhaltiger Forstwirtschaft gedruckt.

Impressum

Derflinger u. a., Vernetzungen –
Volkswirtschaft und Wirtschaftsgeografie 1 FW

TRAUNER-DigiBox

6. Auflage 2024
Schulbuch-Nr. 175.386
TRAUNER Verlag, Linz

Die Autoren

HR Mag. Manfred Derflinger
Direktor i. R. der Höheren Bundeslehranstalt für wirtschaftliche Berufe Steyr

Mag. Dr. Gottfried Menschik
Professor i. R. an der Bundeshandelsakademie Wien 22

MMag. Peter Atzmanstorfer
Professor an der Höheren Lehranstalt für wirtschaftliche Berufe und Bildungsanstalt für Elementarpädagogik der Don-Bosco-Schwestern Vöcklabruck

Mag. Florian Riepl
Professor am Schulzentrum Ungargasse BHAK 3, 1030 Wien

Approbiert für den Unterrichtsgebrauch
für die erste Klasse an dreijährigen Fachschulen für wirtschaftliche Berufe im Unterrichtsgegenstand Volkswirtschaft und Wirtschaftsgeografie. Bundesministerium für Bildung, Wissenschaft und Forschung, 5.048/0020-B/8/2013=2022-0.432.650 (BMBWF/Trauner) vom 10. August 2022.

Die Inhalte entsprechen dem vorgeschriebenen Kompetenzraster laut Bildungsstandards und sind laut Lehrplan zu vermitteln. Eine Auswahl bzw. Gewichtung ist nur innerhalb einzelner Kapitel (Beispiele bzw. Vertiefungsangebote) gewährleistet, nicht jedoch dürfen lt. Ministerium einzelne Kapitel oder Kompetenzbereiche ausgelassen werden.

Liebe Schülerin, lieber Schüler,

Sie bekommen dieses Schulbuch von der Republik Österreich für Ihre Ausbildung. Bücher helfen nicht nur beim Lernen, sondern sind auch Freunde fürs Leben.

Lektorat/Produktmanagement:
Mag. Marina Fröhlich
Korrektorat: Mag. Valentin Panzirsch, BA
Gestaltung und Grafik: Teresa Foissner
Titelgestaltung: Bettina Victor
Schulbuchvergütung/Bildrechte:
© Bildrecht GmbH/Wien
Gesamtherstellung:
Johann Sandler GesmbH & Co KG
Druckereiweg 1, 3671 Marbach

ISBN 978-3-99151-379-7
Schulbuch-Nr. 175.386

www.trauner.at

Einleitung

Das Ziel von **Vernetzungen** ist es, den Schülerinnen und Schülern Kompetenzen zu vermitteln, die es ihnen ermöglichen, sich in einer vernetzten Welt zurechtzufinden, die Wechselwirkungen von räumlichen, ökologischen, gesellschaftlichen und wirtschaftlichen Realitäten zu erkennen und diese kritisch zu hinterfragen.

Zu Beginn eines jeden Großkapitels stimmen **Einstiegstexte** in die Thematik ein und zeigen den Schülerinnen und Schülern, was sie in diesem Kapitel erwartet.

Zahlreiche **Grafiken** und **Karten** ermöglichen es den Lernenden, sich einen visuellen Überblick über den Lernstoff zu verschaffen.

Am Ende der Kapitel finden sich **Ziele-erreicht-Seiten,** die auf unterschiedlichste Weise den erarbeiteten Stoff abfragen, vertiefen und festigen.

Im **topografischen Überblick** kann die Schülerin/der Schüler ihr/sein Wissen mit Hilfe von stummen Karten und gezielten Arbeitsaufgaben überprüfen.

Wesentliche Elemente und verwendete Symbole

Die angeführten **Ziele** kennzeichnen, über welches **Wissen** bzw. über welche **Kompetenzen** die Schülerinnen und Schüler nach Durcharbeiten des Kapitels verfügen. Die Ziele sind farblich nach dem jeweiligen **Kompetenzniveau der Bildungsstandards** gekennzeichnet.

Sowohl für die Ziele als auch die unterschiedlichen Arbeitsaufgaben werden drei Kompetenzniveaus mit folgenden Operatoren verwendet.

Meine Ziele

KOMPETENZ-ERWERB

- **Anforderungsbereich I – Reproduktion**
  Blau gekennzeichnete Übungen beschränken sich auf die Wiedergabe gelernter Inhalte sowie die Anwendung erworbener Arbeitstechniken in ähnlichen Kontexten.
  Operatoren: (be)nennen, beschreiben, zusammenfassen, wiedergeben, feststellen, im Atlas/auf der Karte suchen, lokalisieren, verorten
- **Anforderungsbereich II – Reorganisation und Transfer**
  Rot gekennzeichnete Übungen verlangen eine selbstständige Reorganisation von Inhalten sowie Transferleistungen.
  Operatoren: analysieren, erklären, erläutern, vergleichen, auswerten, erheben, recherchieren, berechnen, herausarbeiten, ermitteln, bestimmen
- **Anforderungsbereich III – Reflexion und Problemlösung**
  Schwarz gekennzeichnete Übungen erfordern den selbstständigen reflexiven Umgang mit neuen Problemstellungen. Das Argumentieren bildet die Basis, um Lösungsansätze zu formulieren und Handlungsoptionen abzuleiten.
  Operatoren: beurteilen, (über)prüfen, bewerten, erörtern, Stellung nehmen, entwickeln, sich auseinandersetzen, diskutieren, hinterfragen

Zitierte Quellentexte aus Büchern, Zeitungen und Internet vertiefen die Informationen. Einerseits werden dadurch komplexe Zusammenhänge oft besser verständlich, andererseits können so auch unterschiedliche Standpunkte zu ein und demselben Thema präsentiert werden.

Folgende Piktogramme unterstützen das Lehren und Lernen mit dem Buch:

Arbeitsaufgaben erfordern die praktische Umsetzung des Wissens und verlangen zum Teil eigene kreative Lösungsansätze. Sie helfen den Lernenden, die Kenntnisse und Fertigkeiten zu festigen.

„Ziele erreicht?"-Aufgaben am Ende eines Kapitels ermöglichen den Lernenden, selbst festzustellen, inwieweit sie in ihrem Lernprozess erfolgreich waren. Der Kompetenzzuwachs wird aufgezeigt.

für Wissenswertes und Tipps

für Diskussionsaufgaben

für Videos, die mittels QR-Code bzw. Link aufgerufen werden können

für Downloads aus der TRAUNER-DigiBox (www.trauner-digibox.com)

STARTEN SIE IHR DIGITALES ZUSATZPAKET ZUM BUCH!

In der TRAUNER-DigiBox (www.trauner-digibox.com) finden Sie Ihr persönliches E-Book und die Zusatzmaterialien zum Buch:

- www.trauner-digibox.com aufrufen
- Einmal kostenlos registrieren
- Ihr digitales Zusatzpaket mit **Lizenz-Key** auf der Rückseite des Buches freischalten

Viel Freude und Erfolg wünscht Ihnen das Autorenteam!

Inhaltsverzeichnis

I Arbeitstechniken in der Geografie 7

Orientierung 8

1 Geografie in ihrer Vielfalt 9
2 Orientierung auf der Erde 10
2.1 Das Gradnetz 10
2.1.1 Das Koordinatensystem im Überblick 10
2.2 Der Maßstab 12
2.3 Globus und Karte – Darstellungsformen 14
2.4 Pläne – großer Maßstab, viele Informationen 17
3 Geoinformation – digitale Karten und mehr 20
4 Orientierung in der Zeit – Zeitzonen 23

II Mensch und Umwelt 31

Wie die Landschaften entstehen 32

1 Kräfte von innen – Kräfte von außen 33
2 Endogene Kräfte – die Plattentektonik 34
2.1 Ein Blick in die Erdgeschichte 34
2.2 Plattenbewegungen 35
3 Vulkanismus: Bedrohung – Faszination – Nutzung 38
3.1 Aktive, tätige und erloschene Vulkane 38
3.2 Wo Vulkane ausbrechen 39
3.3 Vulkanische Kleinformen 40
3.4 Wirtschaftliche Nutzung von Vulkanismus 41
4 Wenn die Erde bebt 42
4.1 Wie Beben gemessen werden: Seismograf und Richterskala 43
4.2 Tsunamis – eine Folge von Seebeben 45
5 Exogene Kräfte prägen die Erdoberfläche 46
5.1 Talformen 47
5.2 Flussdeltas 48
5.3 Küstenformen 49
6 Gebirge entstehen und verändern sich 49

Wetter und Klima 55

1 Wetter- und Klimagrundlagen 56
1.1 Die Sonne – Motor von Wetter und Klima 56
1.2 Klimaelement: Luftdruck 58
1.3 Globale Luftdruckgürtel – globale Winde 59
2 Das Klimadiagramm 61
3 Die Klima- und Vegetationszonen 63
3.1 Tropen 64
3.1.1 Die immerfeuchten Tropen: tropische Regenwälder 64
3.1.2 Die wechselfeuchten Tropen: Savannen 64
3.2 Die Subtropen 65
3.2.1 Trockene Subtropen: Steppen und Wüsten 66
3.2.2 Das Westseitenklima: sommertrockene Hartlaubwälder 66
3.2.3 Das Ostseitenklima: sommerfeuchte Lorbeer- und Bambuswälder 66
3.3 Die gemäßigte Zone 67
3.3.1 Feuchtgemäßigte Zone: sommergrüne Laub- und Mischwälder 67
3.3.2 Steppen 68
3.3.3 Wüsten 68
3.4 Die kalte Zone 69
3.4.1 Die boreale Zone: borealer Nadelwald 69
3.4.2 Die subpolare Zone: baumlose Tundra 69
3.4.3 Die polare Zone: ewiges Eis 70
4 Extreme Wetterphänomene 72
4.1 Der Monsun 72
4.2 Wirbelstürme – zerstörerische Kräfte 73
5 Der Klimawandel 75
5.1 Auswirkungen des Klimawandels 76
5.2 Was tun gegen den Klimawandel? 78

Menschliche Nutzung verändert die Erde 83

1 Der Mensch verändert die Naturlandschaften 84
1.1 Landwirtschaftliche Nutzung formt Kulturlandschaften 84
1.2 Landschaftsveränderungen in Industrieländern 87
2 Mensch und Umwelt: Beispiele für Konfliktfelder 88
2.1 Der tropische Regenwald 88
2.1.1 Ökosystem Regenwald 89
2.1.2 Die Nutzung und Zerstörung des Regenwaldes 90
2.1.3 Chancen für den Regenwald 93
2.2 Desertifikation: die Ausbreitung der Wüsten 94
2.2.1 Gründe für die Desertifikation 95
2.2.2 Chinas Grüne Mauer 95
2.2.3 Die Sahelzone – eine gefährdete Region 96
3 Mangelware Wasser 99
3.1 Globale Wasserverteilung 99
3.2 Der Wasserkreislauf 101
3.3 Wasser wird knapp 102
4 Nachhaltigkeit 105
4.1 Der Boden – eine begehrte Ressource 105
4.2 Biokapazität und ökologischer Fußabdruck 106
4.3 Ökologische Schuldner – ökologische Gläubiger 107
4.4 Reserven verbraucht – der Welterschöpfungstag 109
4.5 Mein persönlicher Beitrag 110

III Bevölkerung 115

Die Bevölkerung der Erde 116

1 Acht Milliarden Menschen bevölkern unseren Planeten 117
1.1 Das Wachstum der Bevölkerung 117
1.2 Bevölkerungsverteilung und -dichte 118
1.3 Altersverteilung: Bevölkerungsdiagramme 120
1.4 Der demografische Übergang 120
1.5 Die Bevölkerung in Industrie- und Entwicklungsländern 122
2 Familienpolitik 123
2.1 Familienpolitik in China und Indien 124
2.1.1 China – die Ein-Kind-Politik 124
2.1.2 Indien 126
3 Weltweite Migration 128
3.1 Push- und Pull-Faktoren 129
3.2 Migration in Afrika 130
3.2.1 Traumziel Europa 130
3.2.2 Binnenmigration in Afrika 131

Alles in die Stadt – das Zeitalter der Megacitys 135

1 Verstädterung der Welt 136
1.1 Megacitys 136
1.2 Bieten Städte Chancen? 137
2 Städtisches Leben zwischen Arm und Reich 137
2.1 Gated Communitys 138
2.2 Elendsviertel 138
2.3 Der tägliche Überlebenskampf – Arbeit im informellen Sektor 139
3 Ausgewählte Städte in Entwicklungs- und Schwellenländern 140
3.1 Lagos – Metropole in Nigeria 140
3.2 São Paulo – die größte Stadt Lateinamerikas 142
3.3 Teheran – Hauptstadt des Iran 143
3.4 Johannesburg – das Erbe der Apartheid 144

IV Ungleichgewichte in der Weltwirtschaft 147

Arme Bauern, reiche Konzerne – Landwirtschaft im Süden 148

1 Traditionelle Wirtschaftsformen 149
2 Tradition trifft auf Moderne 150
2.1 Überleben in der Kalahari – die San 150
2.2 Vielseitige Wirtschaft – die Tuareg 151
3 Kleinbauern – ein Auslaufmodell? 153
3.1 Kleinbauern gegen Konzerne 154
3.1.1 Kaffee 155
3.1.2 Erfolgsstory Soja? 156
3.1.3 Fischerei 157
4 Fair und nachhaltig – geht das? 160
5 Internationaler Drogenhandel 163
5.1 Der Kokainmarkt in Lateinamerika 164
5.2 Opium und Heroin aus Afghanistan 166
5.3 Drogen zerstören Leben 166
6 Welternährung – ein Blick in die Zukunft 168

Bergbau als Entwicklungsmöglichkeit? 174

1 Rohstoffe – Grundlage für Reichtum? 175
2 Fluch und Segen der Bodenschätze 176
2.1 Afrika – zwischen Rohstoffreichtum und Bürgerkrieg 176
2.1.1 Demokratische Republik Kongo – Armut trotz Rohstoffen 177
2.1.2 Botsuana – eine Erfolgsgeschichte? 179

Tourismus – Chance oder leere Hoffnung? 183

1 Urlaub im Paradies? 184
1.1 Bali – Tradition und Instagram 184
1.2 Thailand – Traumstrände und Sextourismus 185
1.3 Kenia – Safaritourismus 186
1.4 Karibische Inseln – Sonne, Strand und Kreuzfahrtschiffe 187
1.5 Reiseziele des Badetourismus in Entwicklungs- und Schwellenländern 189
2 Nachhaltiges Reisen – Alternativen zum Massentourismus 190
2.1 Gemeindebasierter Tourismus 191
2.2 Klimafreundliches Reisen 192

Der Aufstieg der Schwellenländer 197

1 Reichtum am Persischen Golf 198
1.1 Katar – Wohlstand durch Gastarbeiter/innen? 199
1.2 Vereinigte Arabische Emirate (VAE) 200
1.2.1 Boomtown Dubai 200
2 Brasilien – ein Wirtschaftsgigant in Lateinamerika 202
2.1 Vom Entwicklungs- zum Schwellenland 202
2.2 Das Land der Gegensätze 203
3 Gewinner China 205
3.1 Die sozialistische Marktwirtschaft – ein Sonderweg Chinas 205
3.2 Sonderwirtschaftszonen 206
3.3 Die Schattenseiten des Aufstiegs 207
3.4 Die neue Seidenstraße – ein Zukunftsprojekt? 208
4 Indien – neue Konkurrenz im Süden 209

4.1 Indiens Wirtschaft 210
4.2 Politische Schattenseiten 211
5 Tigerstaaten 212
5.1 Südkorea – vom Armenhaus zum wohlhabenden Industrieland 212
5.2 Taiwan – kleine Insel ganz groß 213

Globalisierung – eine Chance für die Länder des Südens? 217

1 Globalisierung – Was ist das? 218
1.1 Die internationale Arbeitsteilung 218
1.2 Freie Produktionszonen 219
2 Smartphone und Kleidung – Beispiele für globale Produktionsketten 221
2.1 Das Smartphone 221
2.2 Kleidung – made in? 223
2.2.1 Fast Fashion – Überproduktion und -konsum 224
2.2.2 Arbeiter/innenrechte auf dem Prüfstand 225

V Afrika, Asien, Lateinamerika und Ozeanien – ein Überblick 231

Südamerika 232
Mittelamerika und Karibik 234
Afrika 236
Südwestasien 238
Zentralasien 240
Südasien 242
Südostasien 244
Ostasien 246
Ozeanien 248

Stichwortverzeichnis 250
Bildnachweis 252
Literaturverzeichnis 254

I Arbeitstechniken in der Geografie

Sie finden

Orientierung
Seite 8

Orientierung

Geografinnen und Geografen erforschen und beschreiben die Welt. Das klingt sehr einfach, doch wie macht man das am besten? Die Welt ist groß, also ist es wichtig, sich zuerst einmal zurechtzufinden. Karte, Globus und Atlas sind die Basis dafür. Heute ergänzen digitale Tools die Orientierung.

In diesem Kapitel können Sie sich mit den Arbeitstechniken der Geografie vertraut machen. Sie werden sehen: Das kann auch im Alltag ganz nützlich sein!

Meine Ziele

Nach Bearbeitung dieses Kapitels kann ich

- mit Hilfe von Koordinaten Orte auf einer Karte lokalisieren;
- in einer Karte Entfernungen durch die Maßstabangabe bestimmen;
- digitale Orientierungshilfen (zum Beispiel Routenplaner) zielgerichtet verwenden;
- den Zeitunterschied zwischen verschiedenen Ländern berechnen.

1 Geografie in ihrer Vielfalt

Peter hat in den letzten Tagen in der neuen Schule viele Eindrücke gesammelt: Er hat seine Mitschülerinnen und Mitschüler kennengelernt, und auch viele noch unbekannte Fächer stehen jetzt am Stundenplan. Ein Fach kennt er aber bereits aus den Schuljahren zuvor: Geografie. Vor der ersten Geografie-Stunde quatscht er mit seiner Sitznachbarin Ayla: „Hey Ayla, was habt ihr in Geo eigentlich so gelernt?“

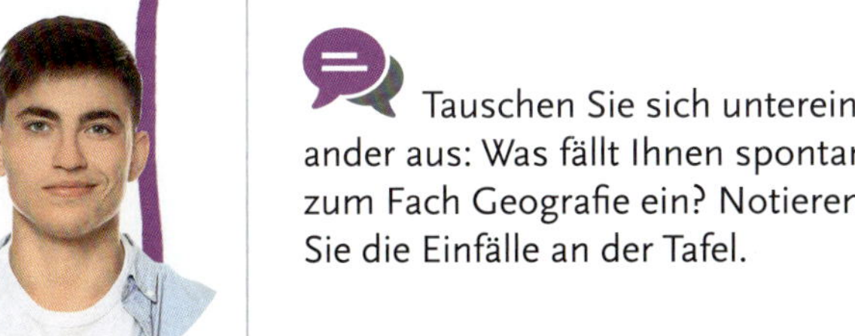

Tauschen Sie sich untereinander aus: Was fällt Ihnen spontan zum Fach Geografie ein? Notieren Sie die Einfälle an der Tafel.

Geografen und Geografinnen beschreiben die Erde, und zwar nach verschiedenen Gesichtspunkten wie **Natur, Bevölkerung** oder **Wirtschaft.** Sie untersuchen auch, wie der Mensch die Erde verändert. Manchmal führen diese **Veränderungen** aber zu Problemen. Der Klimawandel ist ein gutes Beispiel dafür, oder die Abholzung von Regenwäldern. Geografinnen und Geografen suchen dann auch nach **Lösungen.**

Arbeitsaufgabe – „Geografie in ihrer Vielfalt“

- Die Bilder geben einen Einblick in die Themenvielfalt, die Sie in diesem Schuljahr erwartet. Ordnen Sie die Bilder den Kapitelüberschriften im Inhaltsverzeichnis zu.

2 Orientierung auf der Erde

Ayla ist Klassensprecherin und organisiert für die ganze Klasse einen Ausflug. Das Ziel steht bereits fest. Jetzt geht's an die Planung, doch da tauchen viele Fragen auf: Wie kommen wir da überhaupt hin? Welche Sehenswürdigkeiten gibt es dort? „Ganz einfach", behauptet Peter. „Am Smartphone gibt's tolle Apps dafür. Google Maps zum Beispiel." „Gute Idee", entgegnet Ayla. „Wir sollten aber zur Sicherheit vielleicht auch eine normale Karte mitnehmen, wenn wir unterwegs sind."

Besprechen Sie in Kleingruppen, in welchen Situationen Sie bereits Karten im Alltag verwendet haben.

In der Geografie ist es immer wichtig, dass man weiß, wo sich etwas befindet. Und nicht nur das: Man sollte die **Lage eines Ortes** auch möglichst genau angeben können. **Karten** – analog oder digital – sind dafür die Basis.

analog = Gegenteil von „digital", zum Beispiel eine gedruckte Karte

2.1 Das Gradnetz

Die Lage eines Ortes kann man auf einer Karte oder mithilfe eines GPS-Gerätes bestimmen. Alle orientieren sich dazu an einem **Gradnetz.** Dieses überzieht die Erde mit gedachten Linien, die einander im rechten Winkel schneiden.

DAS SOLLTEN SIE SPEICHERN

Die von Westen nach Osten verlaufenden Linien heißen **Breitenkreise.** Die Linien, die von Norden nach Süden verlaufen, werden als **Längenkreise** bezeichnet. Das Netz an Linien wird **Koordinatensystem** genannt.

der Meridian = halber Längenkreis

2.1.1 Das Koordinatensystem im Überblick

	Breitenkreis	Längenkreis
Anzahl	jeweils 90 nach Norden und Süden	jeweils 180 nach Osten und Westen
Ausgangspunkt	Äquator	Nullmeridian durch Greenwich, London
Koordinatenangabe	0–90° nördliche oder südliche Breite (Äquator)	0–180° westliche oder östliche Länge (Nullmeridian)
Wissenswert	■ 66,6° nördliche und südliche Breite = Polarkreise ■ 23,4° nördliche und südliche Breite = Wendekreise ■ Der Abstand zwischen zwei Breitenkreisen beträgt 111 km. ■ Der Äquator ist der längste Breitenkreis. Folgt man ihm einmal rund um die Erde, so legt man ungefähr 40 000 km zurück.	■ 180° östliche und westliche Länge = Datumsgrenze Überqueren Sie diese Grenze Richtung Westen, so springt das Datum einen Tag weiter (Sonntag → Montag) und in die Gegenrichtung einen Tag zurück (Montag → Sonntag).

Breitenkreis

Im lateinamerikanischen Land Ecuador (spanisch für Äquator) gibt es ein Äquatordenkmal. Dort kann der Äquator tatsächlich begangen werden.

Längenkreis

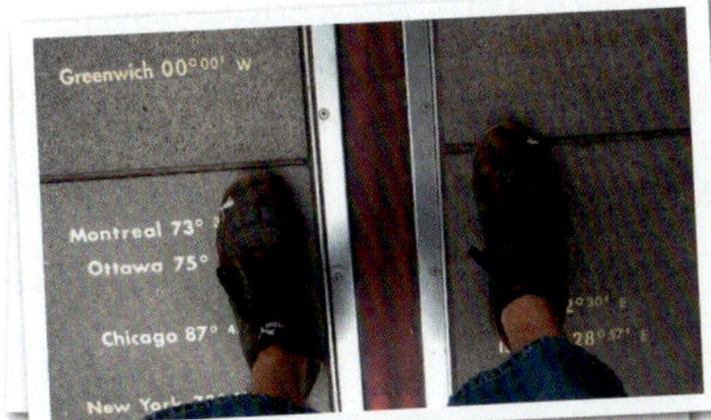

Längen- und Breitenkreise sind gedachte Linien und in der Realität nicht sichtbar. In Greenwich ist allerdings ein Stück des Nullmeridians dargestellt und somit zu besichtigen.

1884 wurde auf der Internationalen Meridian-Konferenz in Washington D. C. beschlossen, dass der Nullmeridian durch Greenwich verlaufen soll. Zuvor war die Lage nämlich nicht einheitlich, was im internationalen Reiseverkehr für Verwirrung sorgen konnte. In historischen, österreichischen Karten verlief der Nullmeridian z. B. durch Ferro. Ferro ist der italienische Name für die kanarische Insel El Hierro.

Die **Lage eines Ortes** kann mithilfe des Gradnetzes exakt bestimmt werden. Und so funktionierts:

Schritt 1: Bestimmen Sie, auf welchem **Breitenkreis** der gesuchte Ort liegt. Notieren Sie die Gradwerte, die Sie am linken oder rechten Rand der Karte finden. Vergessen Sie nicht anzugeben, ob es sich um die **nördliche oder südliche Breite** handelt.

Schritt 2: Bestimmen Sie, auf welchem **Längenkreis** der gesuchte Ort liegt. Notieren Sie die Gradwerte, die Sie am oberen oder unteren Rand der Karte oder direkt am Längenkreis finden. Vergessen Sie nicht anzugeben, ob es sich um die **westliche oder östliche Länge** handelt.

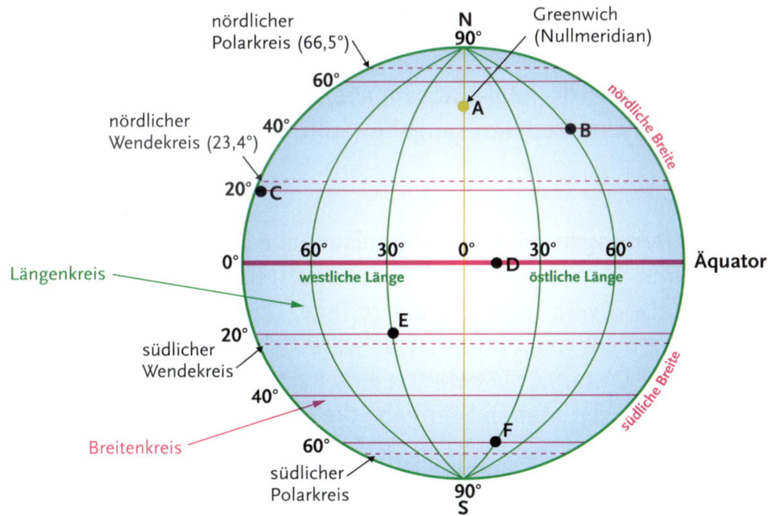

Die Windrose zeigt die Himmelsrichtungen, wie sie auf fast allen Karten dargestellt werden

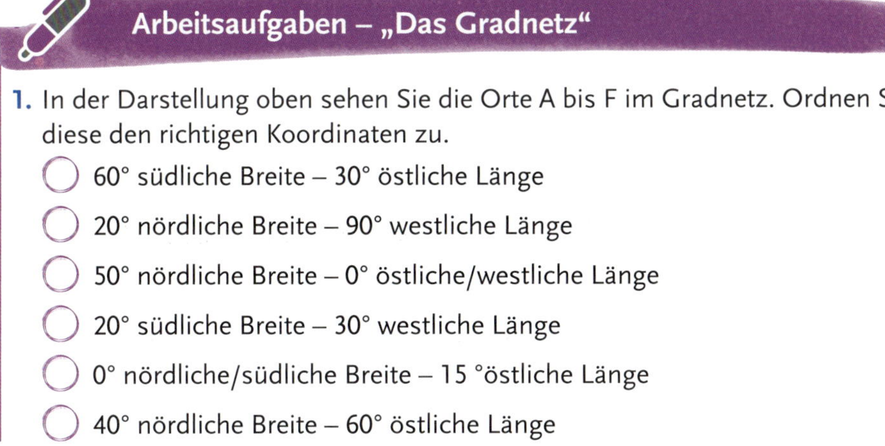

Arbeitsaufgaben – „Das Gradnetz“

1. In der Darstellung oben sehen Sie die Orte A bis F im Gradnetz. Ordnen Sie diese den richtigen Koordinaten zu.
   - ◯ 60° südliche Breite – 30° östliche Länge
   - ◯ 20° nördliche Breite – 90° westliche Länge
   - ◯ 50° nördliche Breite – 0° östliche/westliche Länge
   - ◯ 20° südliche Breite – 30° westliche Länge
   - ◯ 0° nördliche/südliche Breite – 15 °östliche Länge
   - ◯ 40° nördliche Breite – 60° östliche Länge

Im letzten Buchkapitel finden Sie eine Karte von Südamerika (S. 232).

2. Auf nach Südamerika! Suchen Sie die Koordinaten der folgenden südamerikanischen Großstädte. Verwenden Sie dazu eine Karte.

   São Paulo: ________ Breite ________ Länge

   Buenos Aires: ________ Breite ________ Länge

   Quito: ________ Breite ________ Länge

3. Raten Sie, bevor Sie auf einer Karte nachsehen: Liegt New York auf der gleichen geografischen Breite wie

   ◯ Oslo ◯ Istanbul ◯ oder Dubai?

4. Sehen Sie sich noch einmal den Globus auf der vorhergehenden Seite an: Überlegen Sie, auf welchem Kontinent der Ort B liegt: Afrika, Asien, Südamerika oder Nordamerika? Begründen Sie Ihre Meinung.

   ____

   ____

Wie Sie sich in einem Atlas rasch zurechtfinden, können Sie auf S. 15 nachlesen.

2.2 Der Maßstab

DAS SOLLTEN SIE SPEICHERN

Da jede **Karte** eine **verkleinerte Darstellung** der Erde oder von Teilen von ihr ist, braucht man ein **Maß der Verkleinerung.** Dieses ist der **Maßstab.** Er gibt an, um wieviel die Darstellung der Erde (Karte) kleiner ist als das Original.

Es gibt zwei Möglichkeiten der Maßstabsangabe, die üblicherweise gemeinsam in der Karte aufscheinen: eine **Verhältnisangabe** (zum Beispiel 1 : 500 000) und eine **Maßstabsleiste.**

Montevideo – die Hauptstadt von Uruguay

Die **Luftlinie** entspricht dem direkten Weg ohne Hindernisse – also wenn Sie zum Beispiel mit dem Flugzeug unterwegs sind. Sind Sie mit dem Auto unterwegs, so verlängert sich die Strecke.

Beispiel: Entfernungen mit der Verhältnisangabe berechnen

Auf einer Reise durch Südamerika besuchen Sie auch Buenos Aires, die Hauptstadt Argentiniens. Dort verbringen Sie einige Tage. Die Hauptstadt von Uruguay, Montevideo, liegt nicht weit entfernt. Das wäre sicher einen Abstecher wert! Doch wie groß ist die Distanz? Sie nehmen eine Karte von Südamerika zur Hand und berechnen mithilfe der Maßstabsangabe die Luftlinie. Und so gehts:

1. Messen Sie in der Karte mit einem Lineal die Distanz in cm. Suchen Sie sich immer eine Karte, auf der beide Orte gut zu sehen sind.
   → Messung Buenos Aires – Montevideo: 0,5 cm

2. Notieren Sie den Maßstab, der in der Karte angegeben ist. Tipp: Sie finden ihn meist am Kartenrand.
   → Maßstab: 1 : 48 000 000

3. Die Maßstabszahl ist in Zentimeter angegeben. Derart große Zentimeterbeträge sind schwer vorstellbar, weshalb eine Umrechnung in Kilometer sinnvoll ist. Bei der Umrechnung von Zentimetern in Kilometer müssen Sie fünf Stellen nach links zählen und dort ein Komma setzen: 48 000 000 cm → 480 km; 1 cm auf der gewählten Karte entspricht also 480 km.

4. Messergebnis mit der umgerechneten Maßstabszahl multiplizieren:
   0,5 * 480 = 240 km

Die Distanz (Luftlinie) zwischen Buenos Aires und Montevideo beträgt 240 km.

Alternativ können Distanzen auch mit der **Maßstabsleiste** erfasst werden. Sie gehen dabei zunächst in gleicher Weise vor: Messen Sie mit einem Lineal die Entfernung in cm. Legen Sie dann das Lineal an die Maßstabsleiste. Lesen Sie den Wert an der Maßstabsleiste ab.

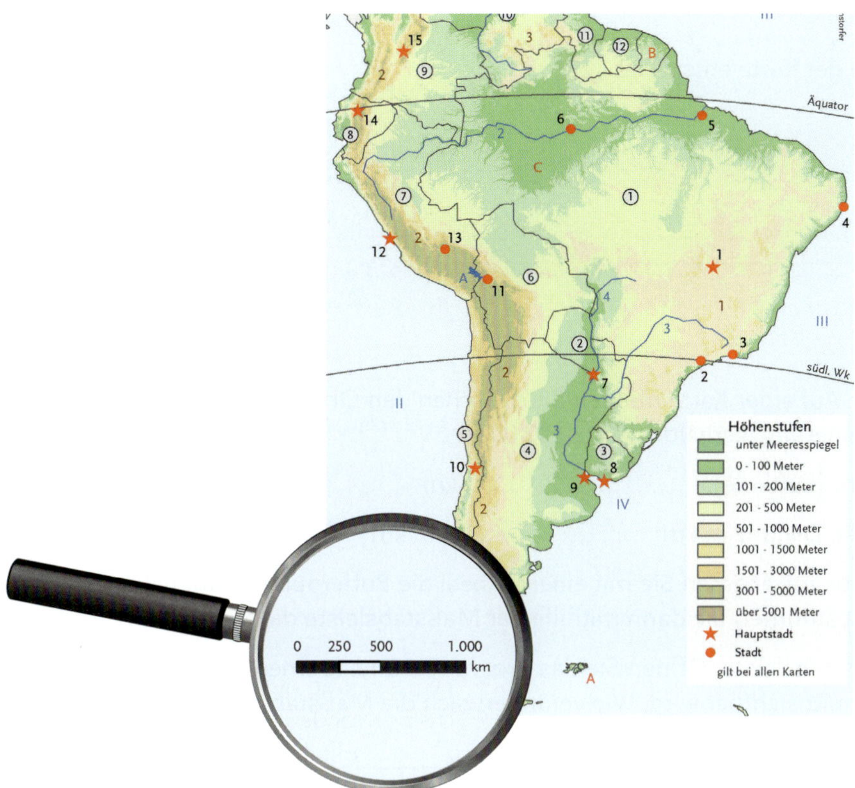

Südamerika – ein vielfältiger und interessanter Kontinent

Kleiner Maßstab – großer Maßstab?

Karten werden – je nach Verkleinerungsgrad – als **kleinmaßstäbig** oder **großmaßstäbig** bezeichnet.

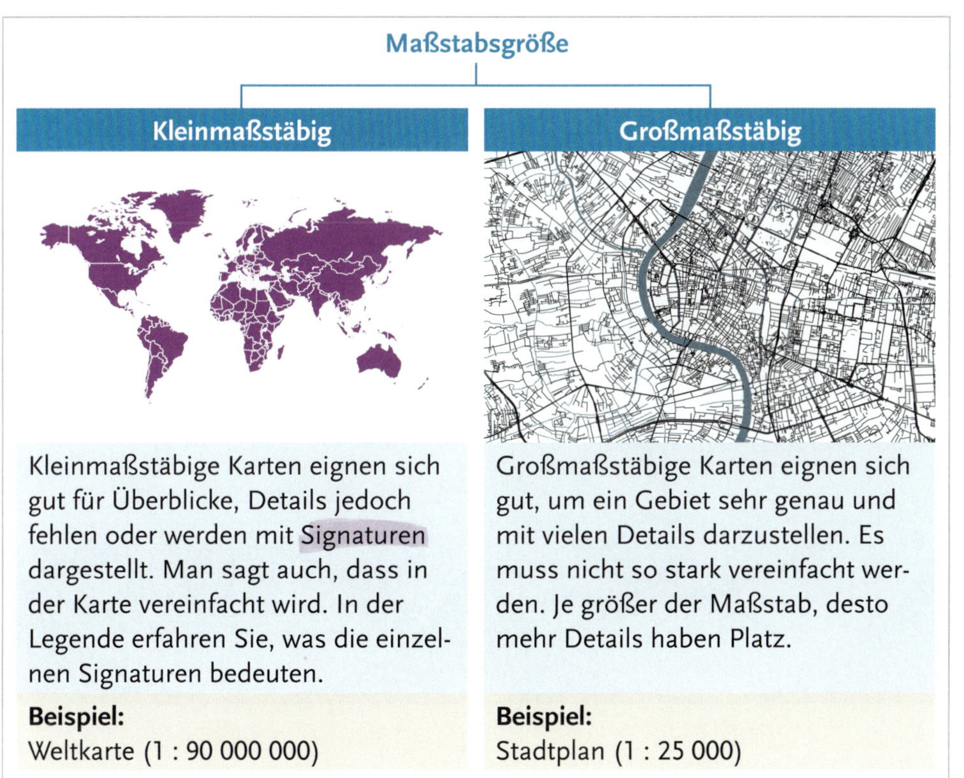

Maßstabsgröße

Kleinmaßstäbig	Großmaßstäbig
Kleinmaßstäbige Karten eignen sich gut für Überblicke, Details jedoch fehlen oder werden mit Signaturen dargestellt. Man sagt auch, dass in der Karte vereinfacht wird. In der Legende erfahren Sie, was die einzelnen Signaturen bedeuten.	Großmaßstäbige Karten eignen sich gut, um ein Gebiet sehr genau und mit vielen Details darzustellen. Es muss nicht so stark vereinfacht werden. Je größer der Maßstab, desto mehr Details haben Platz.
Beispiel: Weltkarte (1 : 90 000 000)	**Beispiel:** Stadtplan (1 : 25 000)

die Signatur = Symbol für die Darstellung bestimmter Gegebenheiten auf einer Landkarte

Arbeitsaufgaben – „Der Maßstab“

1. Sie sehen hier unterschiedliche Maßstäbe. Berechnen Sie die Distanz in Kilometer, wenn Sie einen Zentimeter in der Karte messen würden.

Maßstab	1 cm in der Karte entspricht ...
1 : 25 000	
1: 200 000	
1 : 1 500 000	

2. Sie wollen von Salzburg nach Wien reisen. Auf einer Karte messen Sie zwischen den Orten eine Distanz von 11 cm. Der Maßstab zeigt Ihnen folgendes Verkleinerungsverhältnis: 1 : 2 250 000.

a) Schätzen Sie zunächst die Distanz in km (Luftlinie): ______________ km

b) Berechnen Sie auf Basis der Angaben die Distanz in km: ______________ km

3. Schlagen Sie im Buch die Südamerika-Karte auf. Messen Sie mit einem Lineal die Entfernung (Luftlinie) zwischen den Städten Brasília und Rio de Janeiro. Bestimmen Sie dann mithilfe der Maßstabsleiste die Distanz.

4. Auch in Google Maps finden Sie eine Maßstabsleiste. Öffnen Sie das Programm und zoomen Sie langsam immer weiter heraus, sodass ein größerer Ausschnitt sichtbar wird. Wie verändert sich die Maßstabsleiste am rechten, unteren Bildschirmrand?

2.3 Globus und Karte – Darstellungsformen

Hartnäckig hält sich die Behauptung, dass man vor den Weltumsegelungen, also z. B. im Mittelalter, an eine flache Erde geglaubt habe. Doch bereits in der **Antike** wusste man, dass die **Erde** eine **Kugelform** hat.

Forscher/innen und Geistliche haben sich seit Jahrhunderten bemüht, die damals bekannte Welt auf Karten darzustellen. Als im **16. Jahrhundert** die ersten **Weltumsegelungen** stattfanden, erweiterte sich das Wissen über unseren Globus und so entstand schließlich im Jahr 1569 die **erste große Weltkarte.** Sie stammt von **Gerhard Mercator** und war besonders für die Seefahrt lange Zeit von großer Bedeutung. So sah diese Karte aus:

Vergleichen Sie die Mercator-Karte mit heutigen Weltdarstellungen. Welche Kontinente sind schon ziemlich genau dargestellt, welche noch sehr ungenau und welcher Kontinent fehlt zur Gänze?

Heute verwendet man die folgenden kartografischen Hilfsmittel:

Der **Globus** bildet die Erde dreidimensional ab. Alle Flächen, Strecken und Winkel sind in richtiger Größe, Lage bzw. Länge dargestellt. Allerdings bietet er nur wenige Informationen für eine genaue Orientierung und Ortsbestimmung.

Karten sind vereinfachte, verzerrte Abbilder der Erde. Sie stellen die Erdoberfläche verkleinert dar. Man unterscheidet zwei Typen: **physische und thematische** Karten. Physische Karten zeigen die Landschaft. Thematische Karten enthalten darüber hinaus spezielle Informationen, beispielsweise zu Bevölkerungsdichte, Geologie oder zu den Verkehrswegen.

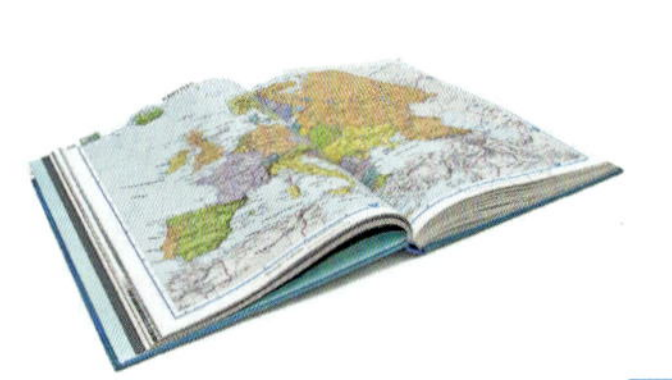

Ein **Atlas** ist eine Sammlung von Karten. Er kann auf eine Vielzahl von Themenkreisen spezialisiert sein: Umweltatlas, Bergbauatlas, Geschichtsatlas, Regionalatlas etc. Er enthält auch Karten zum Auffinden von Städten, Flüssen oder Bergen sowie viele andere Informationen. Es existieren traditionell gedruckte Atlanten, aber auch interaktive Online-Atlanten.

Verzerrt bedeutet, dass die Größenverhältnisse nicht mehr korrekt dargestellt werden. Das passiert, wenn man eine eigentlich kugelförmige Form flach abbildet. Unverständlich? Nehmen Sie eine Orange zur Hand und schälen Sie sie möglichst im Ganzen. Drücken Sie die Schale dann flach auf einen Tisch. Was passiert?

DAS SOLLTEN SIE SPEICHERN

Ein **Atlas** verfügt über ein alphabetisch sortiertes **Register,** mit dem man Orte mühelos finden kann. Anstelle von Koordinaten finden Sie hier üblicherweise Angaben, die der folgenden ähneln: „Shanghai 115, G 3“

Die **erste Zahlenangabe** sagt Ihnen, auf welcher **Seite** Sie suchen müssen, die **zweite Angabe** schränkt den **Suchbereich** weiter ein.

Arbeitsaufgabe – „Globus und Karte“

- Suchen Sie im Atlas folgende topografische Begriffe. Notieren Sie auch die Art des jeweiligen Begriffs: Ort, Fluss, See, Berg oder Insel. Geben Sie dann an, in welchem Land sich der gesuchte Begriff befindet.

Topografischer Begriff	Art	Land (= Staat)
Alexandria		
Balearen		
Kilimandscharo		
Mekong		
Murau		
Sambesi		
Sulawesi		
Titicacasee		

Wenn gerade kein Atlas zur Verfügung steht, können Sie auch digitale Tools nutzen. Eine Auswahl finden Sie in Kapitel 3, „Geoinformation – digitale Karten und mehr“ ab S. 20.

Weltsicht einmal anders

Wir kennen üblicherweise nur Weltkarten, die Europa im Zentrum haben. Eine **veränderte Perspektive** auf die Welt bewirkt aber auch im Betrachter/in der Betrachterin etwas.

Arbeitsaufgabe – „Weltsicht einmal anders“

- Betrachten Sie die beiden Weltkarten genau. Vergleichen Sie sie miteinander.

  a) Beschreiben Sie, welche Unterschiede Sie festgestellt haben. Achten Sie besonders auf die Lage der Kontinente.

  ____

  ____

  b) Diskutieren Sie darüber, weshalb es unterschiedliche Versionen gibt.

Karte 1

Karte 2

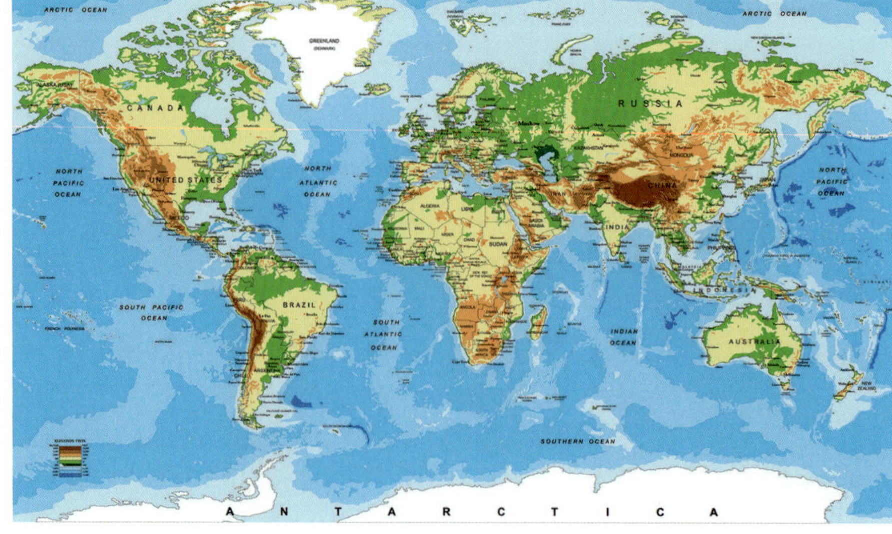

Hilfreiche Formulierungen für die Beschreibung:

- Im Vergleich zu Karte 1 liegen Nord- und Südamerika …
- Der Kontinent XY liegt weiter östlich/westlich als …
- Der Kontinent XY rückt ins Zentrum/an den Rand.

In Karte 1 sieht es so aus, als ob Grönland größer wäre als Australien. Kann das sein? Oder liegt hier ein besonders auffälliger Fall von „Verzerrung“ vor? Finden Sie es heraus und suchen Sie im Internet die Flächengröße beider Länder.

Grönland: ______________ km²

Australien: ______________ km²

Andere Kontinente können ebenso im Zentrum einer Karte stehen.

2.4 Pläne – großer Maßstab, viele Informationen

DAS SOLLTEN SIE SPEICHERN

Ein **Plan** ist eine **großmaßstäbige Karte.** Dabei beträgt der Maßstab von Stadtplänen beispielsweise 1 : 25 000, jener von Gebäudeplänen 1 : 100. Pläne sind besonders **detailreich.**

Wanderkarten

Wanderkarten zeigen Wegmarkierungen und besondere Sehenswürdigkeiten. Die Wege sind mit Nummern versehen und zumeist farbig eingezeichnet. In einer Legende sind häufig auch Wegzeiten und Hütten mit ihren Öffnungszeiten beschrieben.

Für den Klassenausflug könnte eine Wanderkarte ganz nützlich sein.

Hier sehen Sie eine Radwegkarte von Gars am Kamp:

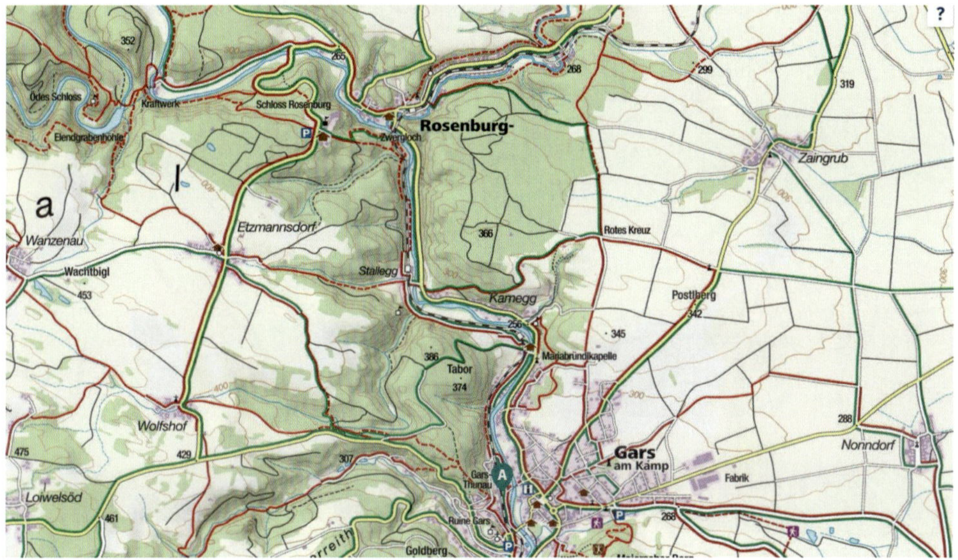

Legende:

- Radweg
- Wanderweg
- Fußweg

Arbeitsaufgabe – „Wanderkarten"

- Helfen Sie dem Radfahrer, vom Bahnhof in Gars zur Rosenburg zu kommen. Ergänzen Sie die Antwort von Manuel.

Entschuldigung, können Sie mir erklären, wie ich am besten zur Rosenburg fahre?

Klar, kein Problem. Also: Vom Bahnhof aus fahren Sie erst Richtung Norden, ...

Stadtpläne

Stadtpläne ermöglichen eine sehr genaue Orientierung, da sie die Straßen und deren Bezeichnung enthalten. Die Straßen werden üblicherweise zusätzlich in einem Straßenverzeichnis aufgelistet – ähnlich dem alphabetischen Register am Ende eines Atlas.

Ist ein Stadtplan speziell für Touristinnen und Touristen gemacht, so werden häufig auch Sehenswürdigkeiten besonders hervorgehoben. Ergänzt wird der Stadtplan durch die Darstellung des öffentlichen Verkehrs.

Beispiel: Stadtplan der Wiener Innenstadt

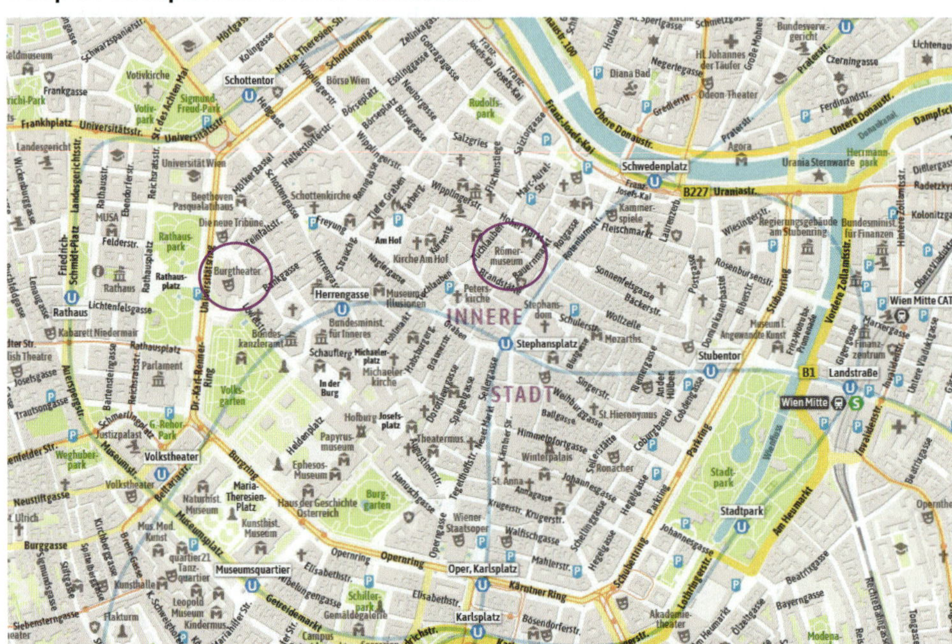

Im Römermuseum Wien kann man Ausgrabungen bestaunen

Arbeitsaufgabe – „Stadtpläne“

- Ihr Schulausflug hat Sie nach Wien geführt. Nach einer Führung durch das Burgtheater wollen Sie noch das Römermuseum besichtigen. Sehen Sie sich den Stadtplan oben an. Beschreiben Sie, wie Sie zu Fuß vom Burgtheater zum Museum gelangen.

  Gerne können Sie auch die U-Bahn in Ihre Route einbauen. Die Strecken sind mit blauen Linien eingezeichnet.

Meine Route:

Hilfreiche Formulierungen für die Beschreibung:

- in eine Straße abbiegen
- einer Straße bis ... folgen
- einen Platz überqueren
- an einem Gebäude vorbeigehen
- an der Haltestelle XY in die U-Bahn einsteigen/aus der U-Bahn aussteigen

Orientierung international: Piktogramme

Um im öffentlichen Raum und in öffentlichen Gebäuden weltweit Orientierung zu ermöglichen und zu erleichtern, ist es erforderlich, **international verständliche Zeichen** (Piktogramme) zu verwenden. So sind z. B. alle in einem Flughafen verwendeten Zeichen weltweit gleich gestaltet.

Dieser sehr detailgetreue Lageplan des Vienna Airports (Ausschnitt) bietet mit seinen vielen Logos, die weltweit gleich sind, eine sehr gute und rasche Orientierung

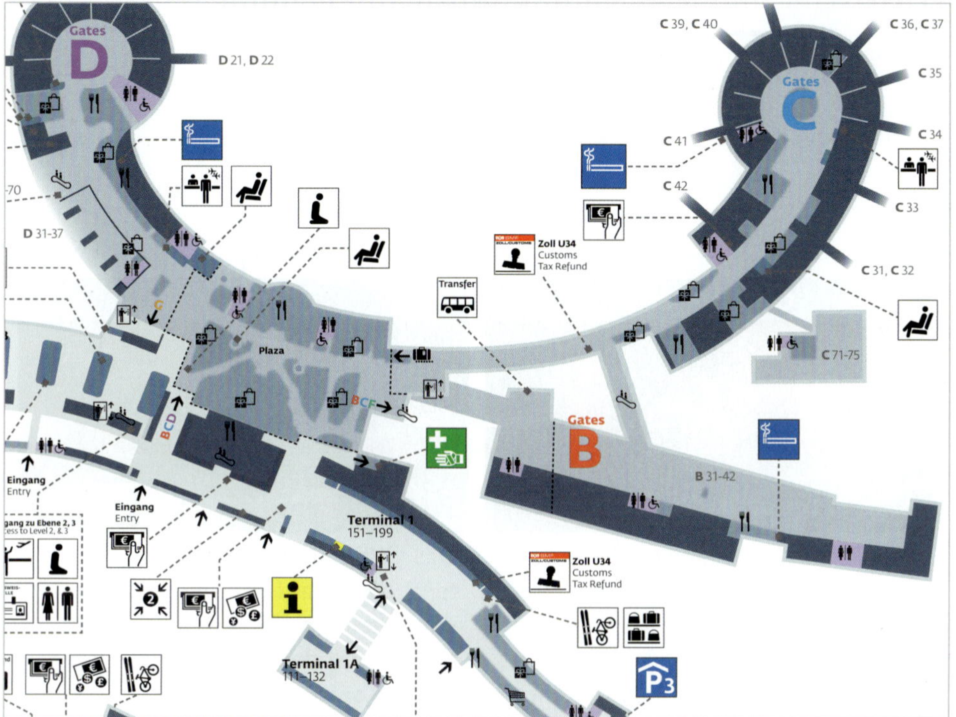

Beispiele für Piktogramme

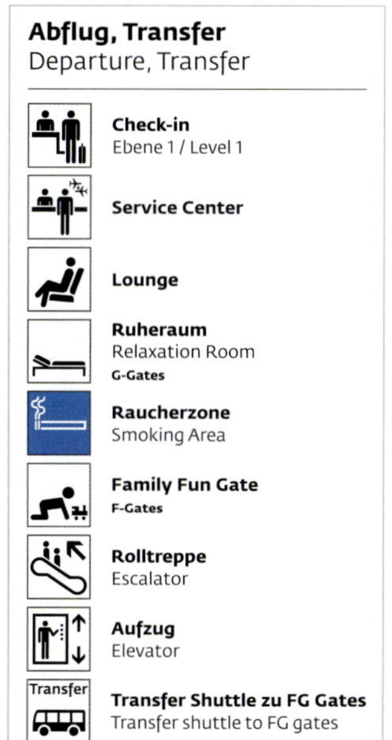

Sehen Sie sich den Lageplan genau an: Welche Piktogramme können Sie noch entschlüsseln?

Arbeitsaufgabe – „Gebäudeplan"

- Zeichnen Sie händisch einen Gebäudeplan für Ihre Schule. Sie können sich dabei auf ein Stockwerk beschränken, falls es mehrere gibt. Denken Sie daran: Ihr Plan braucht eine Legende.

Meine Skizze:

3 Geoinformation – digitale Karten und mehr

Auch vor der Geografie macht die Digitalisierung nicht Halt. Wer vor nicht allzu langer Zeit mit dem Auto unterwegs war, hatte oft noch eine analoge Straßenkarte bei der Hand, um sich zu orientieren. Heute übernehmen diese Aufgabe digitale Apps, zum Beispiel am Smartphone. „Warum soll ich mich da noch damit beschäftigen, wie man Karten richtig liest?“, fragt sich Peter.

Diskutieren Sie über Peters Einwand.

Grundlage für digitale Karten sind **Satelliten** und das **GPS.**

Grundlage für digitale Karten

GPS-Satelliten

GPS-Satelliten umkreisen die Erde in 20.000 km Höhe. Sie brauchen etwa 14 Stunden für eine Umrundung.

Zum Vergleich: Ein großes Verkehrsflugzeug fliegt in einer Höhe von 10 km. Die schnellste Erdumrundung mit einem Überschallflugzeug dauerte 31 Stunden (Concorde, 1995).

GPS

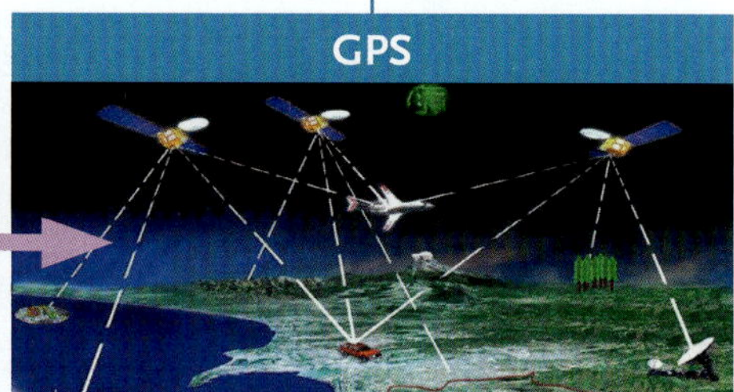

Das GPS (Global Positioning System) beruht auf den Informationen von Satelliten. GPS-Systeme funktionieren auf der Basis von geografischen Koordinaten.

Beispiele für GPS-Systeme:
- Navigationssysteme in Pkw
- Smartphone-Apps

Concorde

So funktioniert das GPS

DAS SOLLTEN SIE SPEICHERN

Das **GPS** benötigt **vier Satellitensignale,** um eine genaue Position bestimmen zu können. Die Strecken zwischen den einzelnen Satelliten und dem Empfangsgerät werden gemessen. Es wird abgelesen, wie lange das **Funksignal vom Empfänger zu den Satelliten** braucht. Danach werden die geografischen Koordinaten des Empfängers, d. h. seine Position, berechnet.

Das GPS kann in vielen Bereichen nützlich sein:

Freizeitbereich

Wanderungen abseits von Wanderwegen werden durch GPS-Koordinaten möglich. Viele Touristinnen und Touristen nutzen die Navigationsfunktion ihres Smartphones, um beim Stadtbummel unterschiedliche Sehenswürdigkeiten oder auch Restaurants leichter zu finden.

Die Genauigkeit des GPS liegt üblicherweise bei unter 10 m und ist von vielen Faktoren abhängig, beispielweise vom Zustand der Atmosphäre (= Lufthülle der Erde).

Straßenverkehr

Nach einem Unfall wird automatisch über das Mobiltelefon eine Notrufzentrale informiert. Im Falle eines Autodiebstahls kann das Fahrzeug rascher gefunden werden. Auch für lebensrettende Maßnahmen wird das GPS immer häufiger verwendet. Zur Ortung und Rettung von Verunglückten in der Wüste oder im Meer ist dieses Positionierungssystem bestens geeignet.

Der häufigste Einsatz: Routenplaner

Routenplaner sind Computerprogramme, mit deren Hilfe ein optimaler Weg zwischen einem Start- und einem Zielort gefunden werden kann. Es kann ausgewählt werden, ob die schnellste, kürzeste, wirtschaftlichste (ökonomischste) oder schönste Route gesucht werden soll.

Routenplaner haben mittlerweile meist die traditionellen Straßenkarten ersetzt. Gegenüber Straßenkarten haben Routenplaner folgende Vorteile:

- Eine **genaue Streckenbeschreibung** mit Kilometer- und Zeitangaben sowie genaue Angaben, wann und wo man abbiegen muss, sind möglich.
- Der **Maßstab** der Karten kann **beliebig** verkleinert oder vergrößert werden.
- **Zusätzliche Informationen** können abgerufen werden, etwa zu Hotels, Tankstellen oder Sehenswürdigkeiten entlang der Strecke.

Google Maps (www.google.com/maps) ist ein gut einsetzbares Online-Tool zur Routenplanung. Es bietet neben der Streckenplanung auch die Möglichkeit, nach Bus- und Bahnverbindungen zu suchen.

Auch der **ÖAMTC** (www.oeamtc.at/routenplaner) stellt einen Routenplaner zur Verfügung.

Google-Earth ist ein weiteres Online-Tool. Es eignet sich gut für Entdeckungen weltweit (earth.google.com/web).

Die Funktion **„Voyager"** ermöglicht in Google-Earth vielfältige Blickwinkel auf unseren Planeten: **Timelapse**-Tools zeigen Veränderungen im Zeitverlauf und **Spiele** verknüpfen Quizfragen mit Orten. Gehen Sie auf Erkundung und erforschen Sie Fußballstadien oder gruselige Orte oder machen Sie eine Ozeansafari. Viel Vergnügen!

Beispiel: Google-Maps-Routenplanung Salzburg – Gmunden

Variante 1: PKW

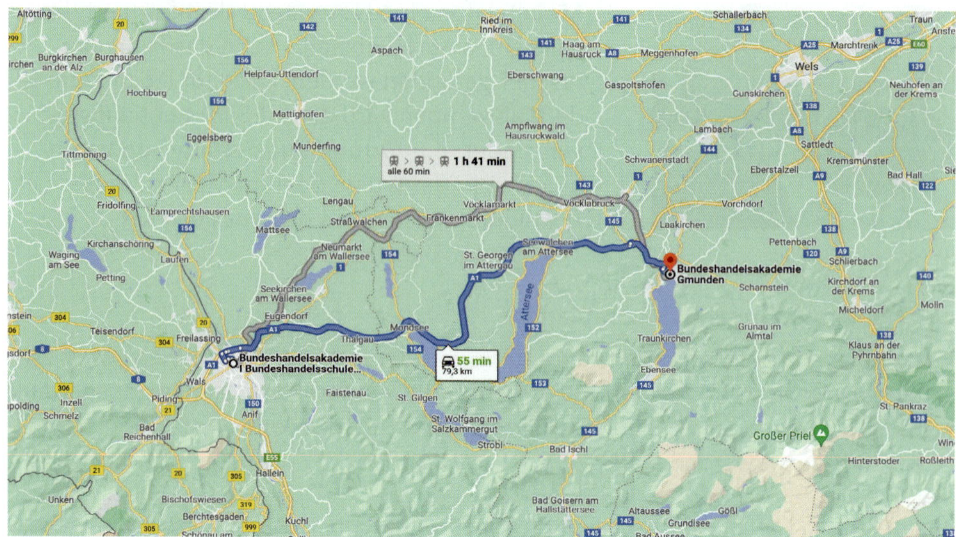

Variante 2: öffentliche Verkehrsmittel – Bahn und Bus

Vergleichen Sie die beiden Varianten. Sprechen Sie in der Klasse darüber, welche Vor- und Nachteile es hat, mit öffentlichen Verkehrsmitteln unterwegs zu sein.

Arbeitsaufgaben – „Geoinformation“

1. Suchen Sie sich selbst einen Ort aus, den Sie gerne besuchen würden. Sie können z. B. Buenos Aires nehmen, das Sie auf den Seiten zuvor schon kennengelernt haben. Erstellen Sie eine kleine Urlaubsplanung:

   Was kann man dort besichtigen?

   Welche Unterkünfte (Hotels, Pensionen) gibt es dort?

2. Sie haben im Rahmen einer Wienwoche kurz vor den Sommerferien vor, einen Ausflug nach Neusiedl am See zu machen. Ihr/e Klassenvorstand/Klassenvorständin bittet Sie, eine Planung für die Hinfahrt zu erstellen. Sie sollten spätestens um 10:00 Uhr in Neusiedl ankommen. Sie sind auf öffentliche Verkehrsmittel angewiesen.

Sie sollten sich auch überlegen, was dort sehenswert sein könnte und wo eine Möglichkeit für ein gemeinsames Mittagessen besteht.

Arbeiten Sie mit Google-Maps sowie dem Routenplaner der ÖBB (www.oebb.at/de/fahrplan) und füllen Sie die Tabelle aus.

Wien → Neusiedl am See	
Abfahrtszeit in Wien	
Fahrtzeit	
Zwei Restaurants inklusive Kontaktmöglichkeit, z. B. Telefonnummer oder Mailadresse	
Zwei Sehenswürdigkeiten oder Freizeiteinrichtungen	

Hier eine Auswahl an weiteren Tools:

- Bing Maps: www.bing.com/maps
- Luftlinie: www.luftlinie.org
- Open Street Map: www.openstreetmap.org
- Stadtplan Wien: www.wien.gv.at/stadtplan
- VOR (Verkehrsverbund für Wien, Niederösterreich und das Burgenland): www.vor.at

4 Orientierung in der Zeit – Zeitzonen

Ayla ist quer durch Österreich gefahren, von Bregenz in Vorarlberg bis nach Eisenstadt im Burgenland. Ein Blick auf eine Karte zeigt ihr, dass sie dabei in etwa 7 Längengrade überschritten hat. 15 Längengrade entsprechen einem Zeitunterschied von einer Stunde. In Eisenstadt müsste es also später sein als in Bregenz. Das wäre aber sehr unpraktisch, denkt sich Ayla. „Wie kommst du denn auf die Idee, dass es in Eisenstadt später sein soll?“, fragt Peter. „Überleg doch mal…“, antwortet Ayla.

Ein kleines Gedankenexperiment: Um wie viele Minuten wäre es in Eisenstadt später als in Bregenz?

Wenn Ost- und Westösterreich eine unterschiedliche Uhrzeit hätten, wäre das im Alltag schwierig. Damit Länder eine einheitliche Uhrzeit haben, gibt es **Zeitzonen,** weltweit **insgesamt 24.**

Die Erde dreht sich von Westen nach Osten. Es wird im Osten also früher dunkel, dafür geht auch die Sonne wieder früher auf.

DAS SOLLTEN SIE SPEICHERN

Die **UTC** (Koordinierte Weltzeit; früher: GMT) bildet das Zentrum der Zeitzonen. Auf der Zeitzonenkarte sehen Sie am unteren Rand 0 (h). Von dort aus zählt man nach Osten pro Zeitzone eine Stunde dazu, nach Westen zieht man je eine Stunde ab.
An die UTC schließen sich im Osten die **MEZ** (Mitteleuropäische Zeit, +1) sowie die **OEZ** (Osteuropäische Zeit, +2) an.

GMT = Greenwich Mean Time

FILM AB!

In diesem Video können Sie die Drehung der Erde mitverfolgen: www.trauner.at/erdrotation

Beispiel

Großbritannien (A) liegt in der UTC. Wenn die Uhr dort 14:00 Uhr anzeigt, ist es in Österreich (B) bereits 15:00 Uhr. In Ägypten (C) ist es sogar noch eine Stunde später: 16:00 Uhr.

Wie Ihnen bestimmt schon beim Betrachten der Zeitzonenkarte aufgefallen ist, verlaufen die **Zeitzonengrenzen** nicht geradlinig von Norden nach Süden. Sie orientieren sich stattdessen an den politischen Grenzen. Staaten mit großer West-Ost-Erstreckung wie die USA oder Russland haben z. B. Anteil an mehreren Zeitzonen. China hingegen, das sich eigentlich über mehrere Zeitzonen erstreckt, hat sich für eine einzige Zeitzone entschieden, weil dies im Alltag einfacher ist.

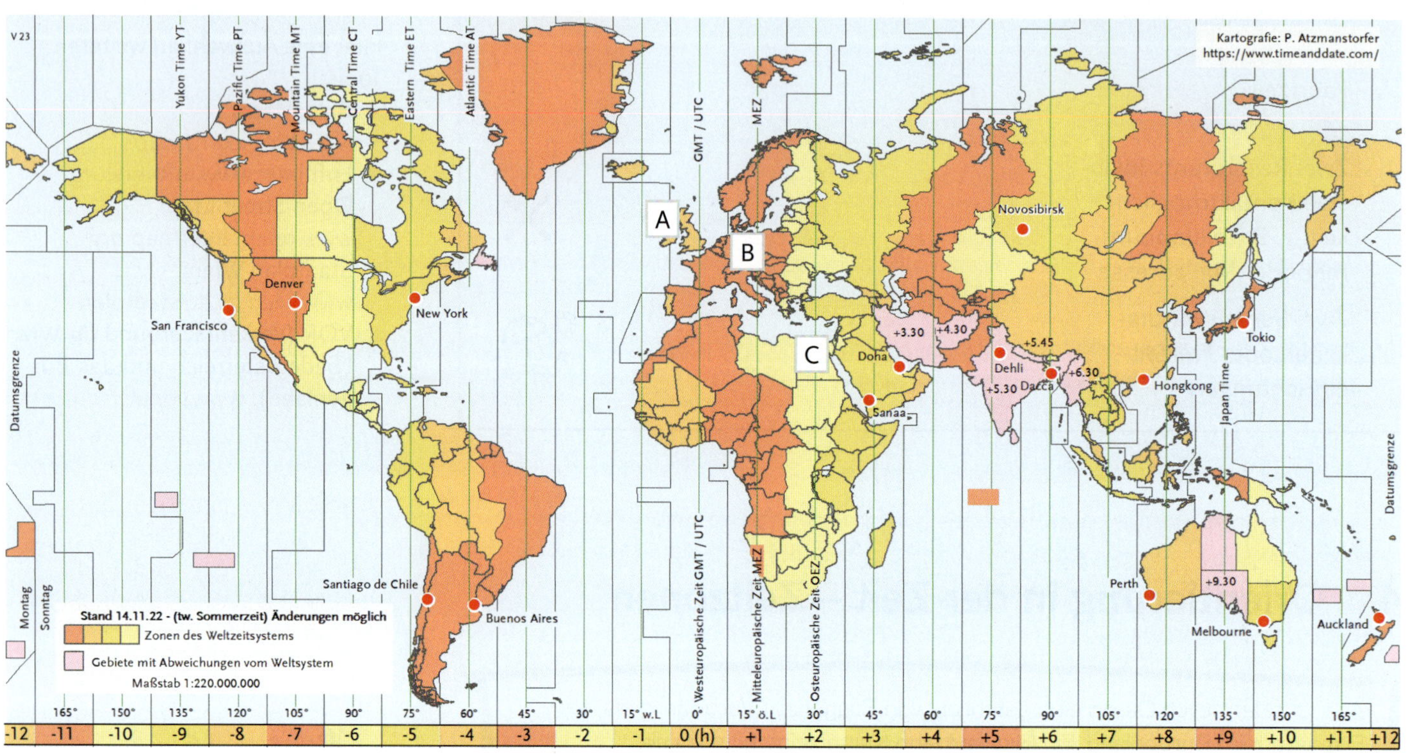

In manchen Staaten gelten Zwischenzeiten. Diese werden in der Zeitzonenkarte gesondert angegeben.

Sommerzeit

In einigen Staaten, z. B. in Österreich und Großbritannien, wird die Uhrzeit Ende März eine Stunde vorgestellt. Ende Oktober wird sie dann wieder eine Stunde zurückgestellt. Lassen Sie sich daher nicht verunsichern, wenn Sie im Internet nach aktuellen Uhrzeiten suchen und diese von der Angabe in der Zeitzonenkarte abweichen.

Beispiel

Zwischen Österreich und Libyen besteht laut Zeitzonenplan eine Stunde Zeitunterschied. Das gilt aber nur von Anfang November bis Ende März. Während der Sommerzeit von Anfang April bis Ende Oktober haben Österreich und Libyen die gleiche Uhrzeit, obwohl sie in unterschiedlichen Zeitzonen liegen.

DAS SOLLTEN SIE SPEICHERN

Die Zeitumstellung funktioniert wie ein Thermometer: im **Frühjahr** ein **Plus** und im **Herbst** ein **Minus.**

Der englische Begriff für Sommerzeit lautet „daylight saving time“.

Arbeitsaufgaben – „Orientierung in der Zeit“

1. Markieren Sie die jeweils richtige Alternative im folgenden Text.
Da sich die Erde in östliche ▪ westliche Richtung dreht, geht die Sonne im Osten jeweils später ▪ früher auf als bei uns. Das bedeutet, dass die Uhrzeit in östliche Richtung gegenüber unserer vor geht ▪ nach geht . Man zählt daher nach Osten die Stunden dazu ▪ weg .

2. Stellen Sie sich vor, Sie haben Freundinnen und Freunde auf der ganzen Welt. Sie beschließen spontan, sich wieder mal zu melden. Doch wann ist die beste Uhrzeit dafür? Schließlich wollen Sie ja nicht mitten in der Nacht stören. Berechnen Sie den Zeitunterschied sowie die Uhrzeit und füllen Sie die Tabelle aus.

Uhrzeit Österreich	Wohnort Freund/in	Zeitunterschied	Uhrzeit am Wohnort der Freundin/des Freundes
10:00 Uhr	Buenos Aires	- 4 h	06:00 Uhr
08:30 Uhr	Tokio		
10:00 Uhr	New York		
13:45 Uhr	Doha		
20:00 Uhr	Delhi		
15:00 Uhr	Denver		

3. Die Zeitumstellung wird immer häufiger infrage gestellt. Eine Abschaffung steht im Raum. Der Text gibt Ihnen dazu genauere Infos. Füllen Sie die Lücken mit den folgenden Wörtern.

vor · März · Oktober · zurück · 2026 · 2021 · Organismus · innere Uhr

Die EU will die Uhrumstellung eigentlich abschaffen

Ob wir wollen oder nicht – zwei Mal im Jahr wird die Uhr umgestellt: am letzten Sonntag im ____________ eine Stunde ____________ – und am letzten Sonntag im ____________ wieder eine Stunde ____________. Dabei sollte damit eigentlich längst Schluss sein. Im Jahr 2019 stimmte das EU-Parlament dem Vorschlag der EU-Kommission zu, die Umstellung ____________ abzuschaffen. Doch seitdem ist nichts passiert. Die Umstellung soll nun doch bis mindestens ____________ bleiben.

Die Umstellung der Uhr ist deshalb so unbeliebt, weil sie wie ein Mini-Jetlag auf unseren Körper wirkt. Jede unserer Zellen besitzt eine ____________ – tief in unserem genetischen Code. In uns ticken also Millionen Uhren, sie sind unsere zentralen Taktgeber und haben viele Aufgaben. Sie regeln unseren ____________, steuern lebenswichtige Vorgänge und organisieren uns sowohl tagsüber als auch in der Nacht. Sie folgen aber einem bestimmten Takt. Wenn sich dieser Takt ändert, dann merken wir das.

www.quarks.de, gekürzt, 17. Oktober 2018

Schritt für Schritt zur richtigen Uhrzeit:
Bei **Buenos Aires** sehen Sie in der Zeitzonenkarte die Angabe -3. Das bedeutet, dass gegenüber Österreich 4 Stunden Zeitunterschied vorliegen. Ziehen Sie diese Stunden nun von der aktuellen Uhrzeit ab. Achten Sie beim Ablesen auf die Farbgebung.

Bei **Tokio** sehen Sie in der Zeitzonenkarte die Angabe +9. Das bedeutet, dass gegenüber Österreich 8 Stunden Zeitunterschied vorliegen. Zählen Sie die Stunden nun zur aktuellen Uhrzeit dazu.

Beachten Sie: Zeitzonenkarten können unterschiedlich aufgebaut sein. Nicht immer ist die UTC Ausgangspunkt der Zeitangaben!

der Jetlag: Wenn man weit verreist und mehrere Zeitzonen durchquert, macht sich das zum Beispiel durch Müdigkeit bemerkbar.

WortschatzBox – „Arbeitstechniken in der Geografie“

■ Welcher Ausdruck passt zu welcher Erklärung? Ordnen Sie folgende Begriffe den richtigen Beschreibungen zu.

Atlas ■ Global Positioning System (GPS) ■ Gradnetz ■ Koordinaten ■ Maßstab ■ Nullmeridian ■ Karte ■ Windrose

______________	⇒	System der Himmelsrichtungen: Norden – Osten – Süden – Westen. Merksatz: „**N**ie **o**hne **S**chirm **w**andern“
______________	⇒	Vereinfachtes, verebnetes und verkleinertes Abbild der Erdoberfläche oder von Teilen von ihr, versehen mit Symbolen für Landschaftsformen, Verkehrswege, Ortschaften etc.
______________	⇒	Weltumspannendes Navigationssatellitensystem zur genauen Bestimmung von Positionen auf der Erdoberfläche
______________	⇒	Genaue Angabe eines bestimmten Punktes auf der Erdoberfläche durch dessen Längen- und Breitenposition in Grad
______________	⇒	Kartensammlung
______________	⇒	Orientierungssystem bestehend aus 360 Längengraden (je 180° West und 180° Ost) und 180 Breitengraden (je 90° Nord und 90° Süd)
______________	⇒	Verkleinerungsverhältnis zwischen der Natur und ihrer Abbildung auf einer Karte; Angabe in 1 (cm auf der Karte): cm in der Natur
______________	⇒	Verbindung vom Nordpol zum Südpol durch Greenwich (Londoner Stadtteil). Ausgangspunkt für die Vermessung der Welt in die westliche und östliche Richtung

Ziele erreicht? – „Arbeitstechniken in der Geografie“

1. **Geografische Rekorde – Arbeiten mit Google Maps**
   Öffnen Sie Google Maps und begeben Sie sich auf geografische Rekordjagd!

   a) Ergänzen Sie die Tabelle. Und so funktionierts:

   ❶ Werfen Sie einen Blick in die Tabelle. Geben Sie den ersten Suchbegriff in Google Maps ein.

   ❷ Zoomen Sie so weit heraus, dass umliegende Länder sichtbar werden und Sie sich besser orientieren können. (A)

   ❸ Stellen Sie bei den Ebenen auf „Satellit“ um. (B)

   ❹ Klicken Sie auf die gesetzte Markierung (C) und notieren Sie die angegebenen Koordinaten. Achtung: Sie müssen selbst entscheiden – nördliche oder südliche Breite? Westliche oder östliche Länge? Geben Sie bei Grönland den südlichsten Punkt an.

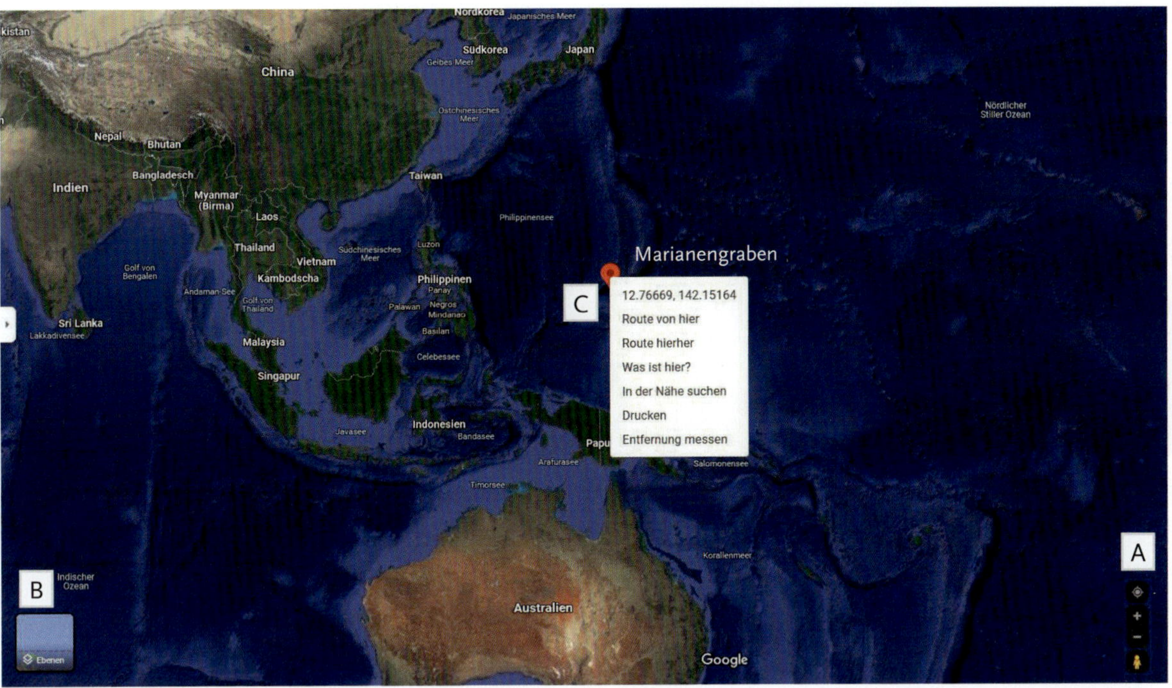

Rekord	Art des Rekords	Koordinaten	Land
Marianengraben	Tiefste Meeresstelle: 11 934 m	13° N / 142° O	-
Mount Everest	Höchster Berg: 8 849 m		
Grönland	Größte Insel der Welt: 2 166 000 km²		
Cherrapunji	Regenreichster Ort der Erde: 26 470 mm/m² in einem Jahr		
Angel Falls (Salto Ángel)	Höchster Wasserfall: 979 m		
Death Valley	Hitzerekord: + 56,7 °C		
Oimjakon	Kälterekord außerhalb von Arktis und Antarktis: - 67,8 °C		

b) Um sich Werte besser vorstellen zu können, ist es manchmal sinnvoll, Vergleiche anzustellen. Recherchieren Sie die Temperatur- sowie Niederschlagsrekorde für Österreich.

Niederschlagsrekord in Österreich

Temperaturrekord in Österreich

c) In der letzten Geografiestunde haben Jan und Maria darüber diskutiert, ob Grönland tatsächlich die größte Insel der Welt ist.   

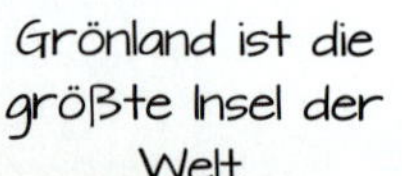

Was sagen Sie dazu? Schreiben Sie Ihre Antwort auf. Vergessen Sie nicht darauf, klar zu sagen, weshalb Sie dieser Meinung sind.

Ich denke, dass ______________________________

____

2. **Zeitzonen**

Wenn Sie noch einmal einen Blick in die Zeitzonenkarte auf Seite 24 werfen, fällt Ihnen vielleicht auf, dass Spanien aufgrund seiner Lage eigentlich in der UTC liegen müsste. Weshalb das Land dennoch in der MEZ liegt, also in der gleichen Zeitzone wie Österreich, das erfahren Sie im folgenden Text.

a) Lesen Sie den Text. Schreiben Sie zu jedem Absatz drei für Sie wichtige Stichwörter auf.   

Warum die Uhren in Spanien anders ticken – oder eben nicht.

In Spanien fängt alles später an. Wenn man morgens um halb 8 Uhr auf die Straße geht, begegnet man selten einem Menschen und hat eher das Gefühl, mitten in der Nacht unterwegs zu sein. Warum ist das so?

Erst ab 8 Uhr öffnen sich langsam die Rollläden vor den Fenstern und die Leute machen sich auf den Weg zur Arbeit, die um 9 oder 10 Uhr beginnt. Dadurch verschiebt sich der ganze Alltag nach hinten, Abendessen gibt es meist erst um 21 oder 22 Uhr. Auch Freizeitaktivitäten und Konzerte oder Partys fangen viel später an, als man es aus Deutschland gewohnt ist. So ist man beispielsweise erst gegen 3 Uhr morgens in der Disko endlich nicht mehr alleine auf der Tanzfläche. Woran liegt das alles? Ticken die Spanier einfach anders?

Nicht die Spanier ticken anders, sondern ihre Uhren und das wiederum liegt an der Zeitzone Spaniens. Um das zu verstehen hilft es, einige Schritte zurückzugehen. Das weltweite Zeitzonensystem entstand vor 131 Jahren in Washington. Dort wurde im Oktober 1884 bei der „Internationalen Meridiankonferenz" festgelegt, dass der Nullmeridian durch die Sternwarte in Greenwich, einem Londoner Stadtteil, verläuft. Der Nullmeridian oder auch nullte Längengrad ist eine senkrecht zum Äquator stehende Linie, die vom Nord- bis zum Südpol geht und wichtig für die Orientierung auf der Erde ist, da sie Ost und West trennt. Von ihm ausgehend wurden die Erde umrundend 24 Zeitzonen in Abständen von je 15 Grad festgelegt. In der Mitte jeder Zeitzone steht die Sonne um 12 Uhr mittags am höchsten Punkt, im Zenit. Die Festlegung der Zeit ist also unmittelbar mit dem Sonnenstand verbunden, der eine starke Auswirkung auf den menschlichen Biorhythmus hat.

Geographisch betrachtet liegt Spanien in der Zeitzone „Mittlere Greenwich Zeit" (GMT), heute Koordinierte Weltzeit (UTC) genannt, und müsste dadurch die gleiche Zeit wie beispielsweise England, Irland oder Portugal haben. Dass in Spanien aber die Mitteleuropäische Zeit (MEZ) mit einer Stunde Zeitverschiebung (nach hinten) gilt, hat politisch-historische Gründe. Von 1936/39 bis 1975 herrschte der rechtsgerichtete Diktator General Franco über Spanien. Im Jahr 1942 verfügte er die Angleichung der Zeit an die Nazi-Deutschlands, die genauen Gründe dafür sind bis heute umstritten. Auch nach dem Tod Francos wurde die Zeit nicht wieder geändert.

Der Tagesrhythmus in Spanien richtet sich eher nach dem Sonnenstand als nach der tatsächlichen Uhrzeit, deshalb ist im Vergleich zu Deutschland trotz gleicher Zeit vieles eine Stunde „zu spät". Es gibt zwar Forderungen, wieder in die UTC-Zeitzone zu wechseln, um die Produktivität des Landes zu erhöhen, doch bisher waren diese erfolglos.

www.youthreporter.eu, 9. November 2015

Meine Stichwörter:

1. Absatz: ______

2. Absatz: ______

3. Absatz: ______

4. Absatz: ______

b) Klären Sie die Bedeutung der Fremdwörter. Verwenden Sie dazu ein Wörterbuch oder den Online-Duden (www.duden.de).

der Zenit ______

der Biorhythmus ______

die Produktivität ______

c) Lesen Sie zuerst alle folgenden Statements und versuchen Sie im Anschluss mit Hilfe des Textes zu bewerten, ob die Aussagen richtig oder falsch sind. Markieren Sie im Text die Stelle, wo Sie die dazugehörige Information gefunden haben. Die letzte Zeile ist frei für eine eigene Aussage mit Bewertung.

Statement	**Wahr**	**Falsch**
In Spanien fangen die Menschen zu einer viel früheren Uhrzeit zu arbeiten an als in Deutschland.	○	○
Das Zeitzonensystem entstand vor 131 Jahren in Washington.	○	○
Es gibt insgesamt 12 Zeitzonen in Abständen von je 15°.	○	○
GMT und UTC bezeichnen die gleiche Zeitzone, es handelt sich nur um unterschiedliche Benennungen.	○	○
Zwischen Spanien und England besteht eine Stunde Zeitunterschied.	○	○
Spanien liegt in der gleichen Zeitzone wie Deutschland, weil die Bevölkerung das so wollte.	○	○
Mein Statement:	○	○

d) Stellen Sie die falschen Aussagen richtig.

3. Manchmal hat man weder Karte noch Handy zur Verfügung, möchte aber schnell mal einem/einer Bekannten aufzeichnen, wie er/sie zu einem bestimmten Ort in der Stadt kommt. Wichtig dabei sind einige markante Gebäude, Brücken, Kreuzungen oder Kreisverkehre, um die Orientierung zu erleichtern.

- Zeichnen Sie eine Skizze Ihres Schulortes: Erklären Sie den Weg von der Schule zum Bahnhof, zum nächsten Supermarkt oder zu einem selbst gewählten Ort.

  So könnte Ihre Skizze aussehen:

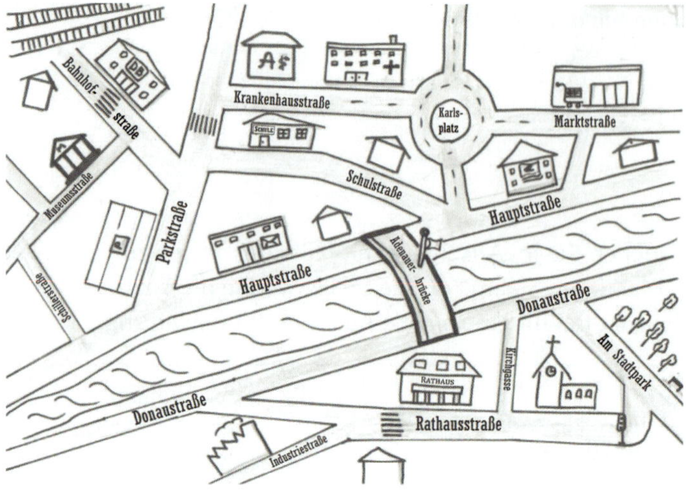

4. Sprachreif!?

Wie gut Sie Inhalte verstanden haben, zeigt sich oft daran, ob Sie mit anderen darüber sprechen können und ob Sie Standpunkte vertreten können. Probieren Sie es aus!

Überlegen Sie sich zuerst, ob Sie den Aussagen voll, teilweise oder gar nicht zustimmen. Vergleichen Sie Ihre Meinungen in der Klasse, zum Beispiel mit simplen Handzeichen. Diskutieren Sie dann über unterschiedliche Ansichten. Achten Sie auf eine wertschätzende und konstruktive Diskussionskultur.

„Ein Globus verschafft einen verkleinerten, aber originalgetreuen Überblick."

„Nur wer sich auf physischen Karten orientieren kann, wird auch Navigationssysteme fehlerfrei nutzen können."

„Thematische Karten bieten einen Überblick zu bestimmten Themen ohne lange Beschreibungen."

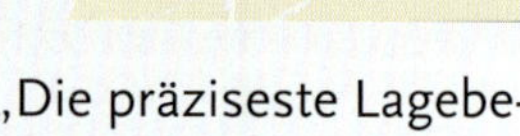

„Die präziseste Lagebeschreibung eines Ortes ist die Angabe seiner Koordinaten."

„Dass auf nahezu allen Weltkarten Europa im Mittelpunkt ist, führt zu einer überschätzten Bedeutung Europas."

„Die Kenntnis der Zeitzonen ermöglicht eine perfekte Kommunikation im Zeitalter des globalen Handels."

 Einen interaktiven Safety-Check finden Sie in der TRAUNER-DigiBox.

II Mensch und Umwelt

Sie finden

Wie die Landschaften entstehen/ Seite 32

Wetter und Klima/ Seite 55

Menschliche Nutzung verändert die Erde/ Seite 83

Wie die Landschaften entstehen

Die Erdoberfläche hat viele Gesichter: Weite Ebenen wechseln sich mit hohen Gebirgszügen ab, beeindruckende Küstenlandschaften locken Touristinnen und Touristen an und tiefe Ozeane warten noch darauf, entdeckt zu werden.

In diesem Kapitel erfahren Sie, welche Kräfte für die unterschiedlichen Landschaftsformen verantwortlich sind und wie sich diese Formen im Laufe der Zeit auch immer wieder verändern.

Meine Ziele

Nach Bearbeitung dieses Kapitels kann ich

- landschaftsbildende Kräfte nennen;
- die Grundzüge der Plattentektonik erklären;
- die Entstehung und die Folgen vulkanischer Erscheinungen erläutern;
- die Entstehung und die Folgen von Erdbeben erläutern;
- die Phasen der Gebirgsbildung erklären;
- Erosions- und Akkumulationsformen anhand von Darstellungen (Fotos, Zeichnungen, ...) zuordnen.

1 Kräfte von innen – Kräfte von außen

Peter war in den Sommerferien mit seiner Familie in Italien, wo er ein leichtes Erdbeben erlebt hat. Glücklicherweise ist nichts Schlimmes passiert. Doch Peter ist nachdenklich geworden: „Was ist da eigentlich los im Inneren der Erde? Welche Kräfte sind da am Werk?“

Tauschen Sie sich mit Ihrem Sitznachbarn/Ihrer Sitznachbarin darüber aus, was Sie zu diesem Thema noch aus der Unterstufe wissen.

Die Erdoberfläche wirkt unveränderlich und beständig. Doch in der **Erdgeschichte** hat sich einiges getan, besonders wenn man bedenkt, dass unser Planet bereits **4,6 Milliarden Jahre** alt ist: So haben sich z. B. Kontinente gebildet und verschoben, Gebirge sind entstanden und Flüsse haben tiefe Täler geformt.

Auch heute und in Zukunft verändert sich die Erdoberfläche weiter. Dabei geht es nicht immer ruhig zu: So begleiten z. B. Erdbeben, Vulkanausbrüche oder Felsstürze diese Veränderungen.

Die Kräfte, die dafür verantwortlich sind, unterteilt man in **endogene** und **exogene Kräfte.**

DAS SOLLTEN SIE SPEICHERN

Während **endogene Kräfte** aus dem Erdinneren auf die Erdoberfläche einwirken, formen **exogene Kräfte** die Landschaft von außen. Das Ergebnis beider Kräfte ist eine besondere **Oberflächenform,** die auch als **Relief** bezeichnet wird.

Kräfte, die auf das Relief der Erde wirken

Endogene Kräfte	Exogene Kräfte

Die **endogenen Kräfte** schaffen die grobe Oberflächenstruktur der Erde	Die **exogenen Kräfte** bilden die kleinen Formen der Landschaften
Endogene Kräfte sind am Werk, wenn Vulkane ausbrechen, Gebirge sich heben und Erdbeben die Erde erschüttern. Allerdings sind die gegenwärtig auftretenden Formen des Vulkanismus oder der Erdbeben nur mehr Restkräfte, die dennoch beträchtliche Zerstörungen verursachen können.	Exogene Kräfte sind z. B. die Kräfte des fließenden Wassers, des Eises, des Meeres und des Windes. Durch Abtragung **(Erosion)** entstehen Täler, Steilküsten und Flachländer. Durch Aufschüttung und Ablagerung **(Akkumulation)** werden z. B. Dünen und Schwemmkegel geformt.

Die exogenen Kräfte begegnen Ihnen im Detail in Kapitel 5 ab S. 46.

2 Endogene Kräfte – die Plattentektonik

Betrachten Sie gemeinsam eine Weltkarte und versuchen Sie, Aylas Beobachtung nachzuvollziehen. Gerne können Sie auch wieder auf digitale Tools zurückgreifen.

„Ist dir schon mal aufgefallen, dass die Kontinente wie ein Puzzle zusammenpassen?", fragt Ayla ihre Sitznachbarin Marija. „Wie kommst du denn darauf?", fragt Marija verwundert. „Na sieh dir doch mal eine Weltkarte an!", fordert Ayla sie auf.

Viele großflächige und weitläufige Oberflächenformen der Erde, etwa kontinentale und untermeerische Gebirge, Tiefseegräben und ozeanische Rücken, sind durch **Verschiebungen der Erdkrustenplatten** entstanden.

Die Wissenschaft spricht hier von der **Plattentektonik.** Die Ursache dieser Bewegungen sind die endogenen Kräfte.

DAS SOLLTEN SIE SPEICHERN

Die **Erdkruste,** die **Lithosphäre,** besteht aus unterschiedlich großen Platten, die bis in eine **Tiefe von ca. 100 km** reichen. Sie sind nicht identisch mit den sichtbaren Kontinenten, sondern setzen sich in den Ozeanen fort.

2.1 Ein Blick in die Erdgeschichte

In welche Richtung sich die Platten derzeit bewegen, können Sie der Karte auf S. 37 entnehmen.

Die beinahe puzzleartige Passung mancher Küstenlinien zeigt, dass diese einmal ein einheitlicher Kontinent waren und sich seitdem verschoben haben. Die Bewegung dauert auch heute noch an. Exakte Satellitenmessungen belegen diese Annahme.

Ein weiterer Hinweis darauf, dass Afrika und Südamerika einst verbunden waren: Auf beiden Kontinenten findet man die gleichen **Versteinerungen** von Pflanzen und Tieren.

Beispiel: Afrika und Südamerika – einst gemeinsam, heute getrennt

Arbeitsaufgabe – „Ein Blick in die Erdgeschichte"

- Sehen Sie sich folgendes Kurzvideo zur Verschiebung der Platten an: www.trauner.at/plattenverschiebung. Ergänzen Sie mit den Infos den folgenden Lückentext:

Vor ______ Mio. Jahren: Alle Kontinente sind im Urkontinent Pangäa vereint.

Vor ______ Mio. Jahren: Pangäa zerbricht in zwei Teile: ______________ und ______________.

Vor ______ Mio. Jahren: Die heutigen Kontinente werden bereits sichtbar, Nordamerika und ______________ sind aber noch getrennt. Indien hat eine ganz andere Lage als heute: Es liegt südöstlich von ______________.

Vor 50 Mio. Jahren: ______________________________

______________________________.

2.2 Plattenbewegungen

Die Ursache für Plattenbewegungen liegt unter den Platten selbst verborgen. Die Platten gleiten auf einem zähflüssigen Untergrund und werden von unterirdischen Strömen (Konvektionsströmungen) bewegt.

DAS SOLLTEN SIE SPEICHERN

Konvektionsströme entstehen durch **Temperaturunterschiede** zwischen dem heißen **Erdmantel** und der schon abgekühlten **Erdkruste.**

Die folgende Abbildung gibt Ihnen einen Einblick in das Innere der Erde:

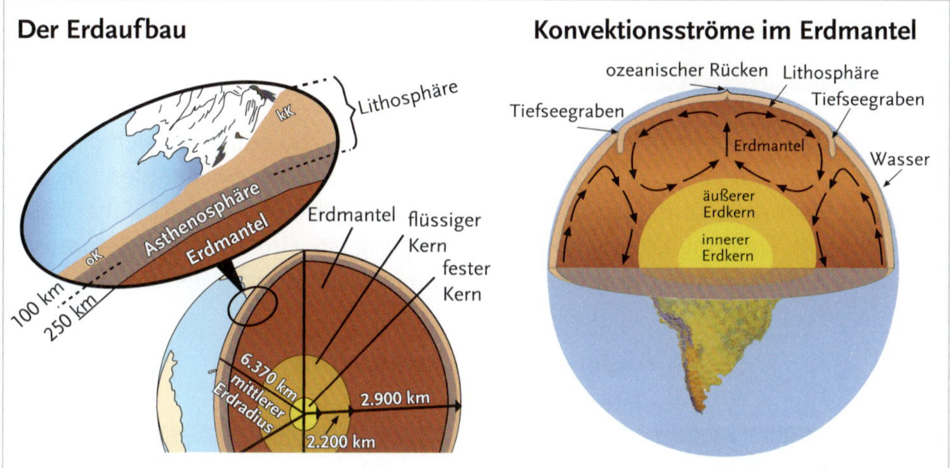

Der innere Erdkern ist im Gegensatz zum äußeren fest. Der hohe Druck ist dafür verantwortlich.

Aber nicht nur im Inneren der Erde kommen diese Strömungen vor: Erhitzen Sie z. B. Wasser in einem Topf, wirkt derselbe Mechanismus, der auch Kontinentalplatten antreibt.

Ähnlich funktioniert z. B. auch die Zirkulation der Luft im Zimmer, wenn im Winter ein Fenster geöffnet wird und die Temperaturunterschiede ebenfalls zu Konvektionsbewegungen führen.

Arten der Plattenbewegungen

Die Plattenbewegungen werden in vier Arten untergliedert:

Kollision

Bewegen sich kontinentale Platten aufeinander zu und kollidieren sie miteinander, bilden sich Hochgebirge.

Beispiel
Himalaja, Alpen

Subduktion

Taucht eine ozeanische Platte unter eine kontinentale, entstehen vulkanische Gebirge auf der einen und Tiefseegräben auf der anderen Seite.

Beispiel
Anden, Marianengraben

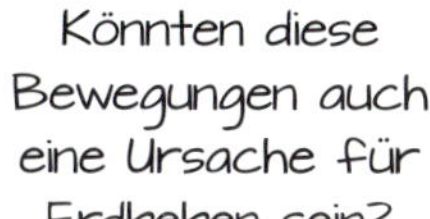

Dehnung

Bewegen sich Platten auseinander, entstehen kontinentale Gräben und im Meer die ozeanischen Rücken.

Beispiel
Der ostafrikanische Grabenbruch Rift Valley, Atlantischer Rücken

Transformstörungen

Wenn sich Platten aneinander vorbeibewegen, entstehen Sprünge in der Erdkruste, die in große Tiefen reichen.

Beispiel
Die San-Andreas-Verwerfung in Kalifornien

Die Erdplatten bewegen sich in der Regel sehr langsam: So entfernen sich die Eurasische und die Nordamerikanische Platte circa 3 cm im Jahr voneinander. Das entspricht in etwa dem jährlichen Wachstum eines Fingernagels und ist daher kaum wahrnehmbar. Dass die Erde dennoch in Bewegung ist, wird an zwei Phänomenen sichtbar, die direkt mit den Plattenbewegungen in Verbindung stehen:

Folgen der Plattenbewegungen

Vulkanismus	Erdbeben
An Subduktions- und Dehnungszonen gelangt flüssiges Gestein an die Erdoberfläche. Vulkanausbrüche – manchmal auch begleitet von Erdbeben – sind die Folge.	An Kollisionszonen und Transformstörungen entladen sich die Kräfte oft ruckartig und es kommt zu schweren Erdbeben.

Arbeitsaufgaben – „Plattenbewegungen“

1. Ordnen Sie die Begriffe der Abbildung zu. Tragen Sie dazu die Nummern an den passenden Stellen ein.

❶ Subduktion ❷ Dehnung ❸ Vulkanisches Gebirge ❹ Ozeanischer Rücken ❺ Kontinentaler Graben ❻ Tiefseegraben

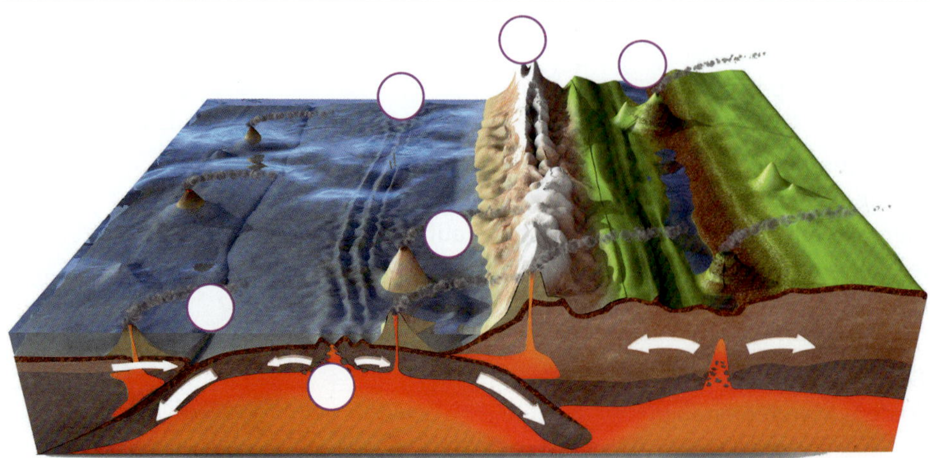

2. Schreiben Sie die Nummern in die entsprechenden Kreise auf der Karte:

❶ **Kollision:** Der Indische Subkontinent schiebt sich gegen die Eurasische Platte – der Himalaja entsteht.

❷ **Subduktion:** Die Nasca-Platte schiebt sich unter die Südamerikanische Platte – die Vulkankette der Anden und der Atacama-Graben entstehen.

❸ **Dehnung:** Mitten im Atlantischen Ozean reißt die Erdkruste auseinander. Aufströmendes Magma schiebt die Krustenteile auseinander – der Mittelatlantische Rücken entsteht.

❹ **Transformstörung:** Pazifische und Nordamerikanische Platte gleiten aneinander vorbei – die San-Andreas-Verwerfung entsteht.

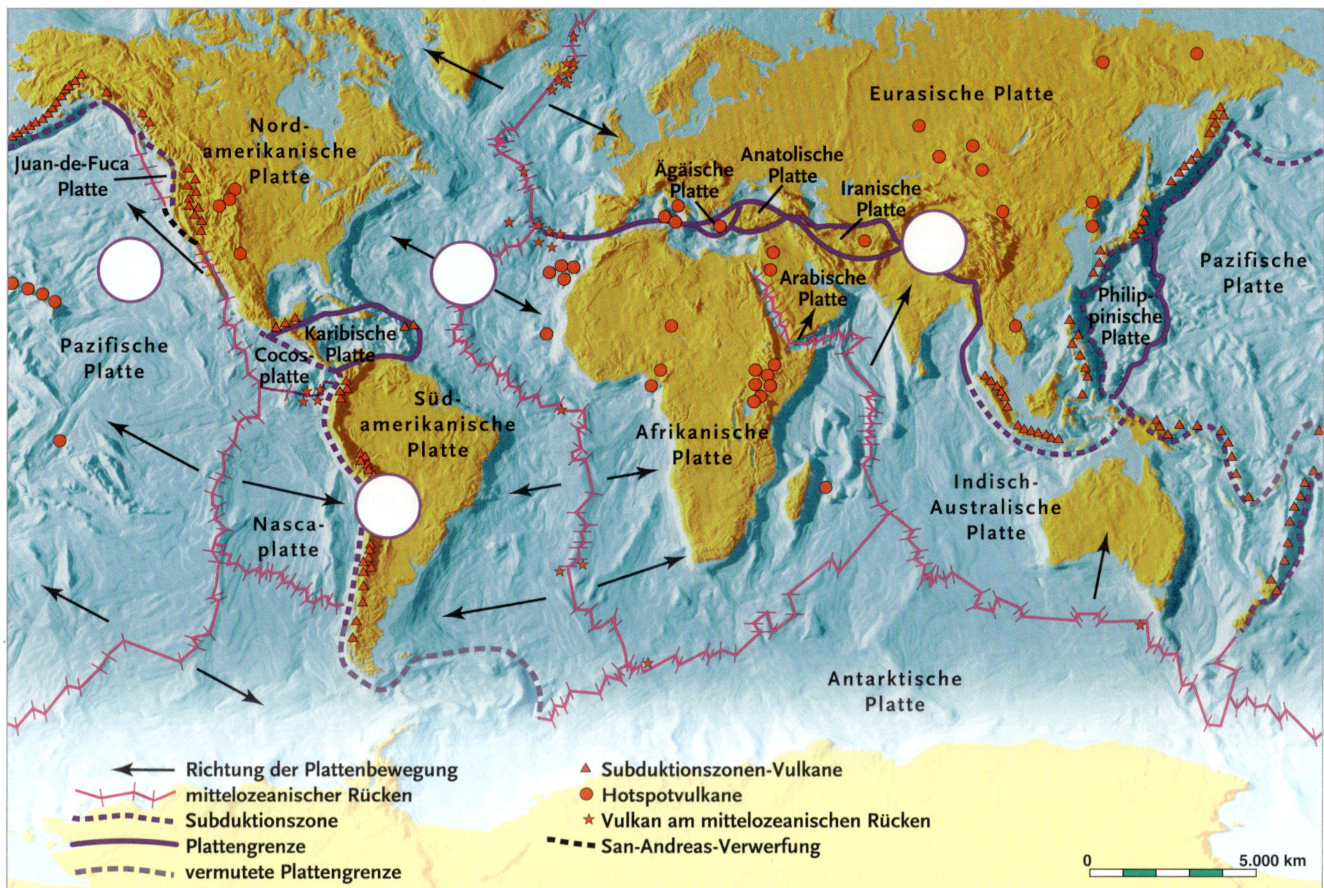

3. Beurteilen Sie, ob folgende Regionen durch Vulkane und Erdbeben gefährdet sind. Kreuzen Sie an, ob die Gefahr hoch oder gering ist.

Region	hohe Gefahr	geringe Gefahr
Skandinavien	◯	◯
Karibik	◯	◯
Bali (Indonesien)	◯	◯
Südafrika	◯	◯
Kalifornien	◯	◯

3 Vulkanismus: Bedrohung – Faszination – Nutzung

Sehen Sie sich gemeinsam das Video von Peter an. Sprechen Sie im Anschluss darüber, was Sie bereits über Vulkanismus wissen.
www.trauner.at/vulkane

Peter sieht sich gerade ein Video eines Vulkanausbruchs auf Youtube an. „Ich bin froh, dass das in Österreich nicht passieren kann.“, stellt er erleichtert fest. „Bist du dir da wirklich sicher?“, gibt Ayla zu bedenken. „Immerhin bebt auch manchmal in Österreich die Erde, und soweit ich mich erinnern kann, gibt es da einen Zusammenhang mit Vulkanen.“ Gemeinsam denken die beiden über Aylas Einwand nach.

der Schlot = verbindet den Vulkan mit dem flüssigen Erdinneren

Vulkanismus ist weltumspannend und tritt vorwiegend an **Schwachstellen der Erdkruste** auf. Bei einem Ausbruch wird geschmolzenes Gestein mit einer Temperatur von 500 bis über 1 000 °C durch den Schlot an die Erdoberfläche befördert. Befindet sich das geschmolzene Gestein noch im Erdinneren, wird es **Magma** genannt. An der Erdoberfläche bezeichnet man es als **Lava.**

DAS SOLLTEN SIE SPEICHERN

Im Gegensatz zu Erdbeben kann der ungefähre **Zeitpunkt eines Vulkanausbruchs** heute **meist vorausgesagt** werden und die **Menschen** können aus gefährdeten Gebieten **evakuiert** werden. Vulkanausbrüche können trotzdem große Zerstörung anrichten.

3.1 Aktive, tätige und erloschene Vulkane

Nicht alle Vulkane sind ständig aktiv, vielmehr wechseln sich **Ausbrüche** oft mit langen **Ruhephasen** ab. Manche Vulkane sind auch erloschen und zeigen keinerlei Aktivität mehr. Gegenwärtig gibt es circa 1 900 aktive Vulkane, die jederzeit ausbrechen können.

die Eruption = Ausbruch

die Evakuierung/jemanden evakuieren = Menschen vor einer Gefahr in Sicherheit bringen

Von den aktiven Vulkanen brechen jährlich nur etwa 50 bis 60 auch aus. Die Ausbrüche kündigen sich durch Erdbeben und Gaseruptionen an, weshalb die Evakuierung der Bevölkerung in vielen Fällen erfolgreich verläuft.

Beispiel: Evakuierung

Vor dem Ausbruch des Pinatubo auf den Philippinen im Juni 1991 konnten ca. 12 000 Menschen in Sicherheit gebracht werden. Weil sie die Warnungen missachteten, starben im November 1985 über 200 000 Menschen beim Ausbruch des Nevado del Ruiz in Kolumbien.

Der Ausbruch des Pinatubo im Jahr 1991 beförderte gewaltige Staubmassen in die Atmosphäre. Es kam zu einer kurzfristigen Abkühlung des Erdklimas.

Vulkane – auch in Österreich

In der **Oststeiermark** befinden sich Vulkane, die vor 12 bis 16 Mio. Jahren aktiv waren. Aufgrund geänderter Ströme im Erdinneren können sie heute nicht mehr ausbrechen. Man spricht daher von **erloschenen Vulkanen.**

Beispiel: erloschener Vulkan
Am Pauliberg, Österreichs „jüngstem" Vulkan, wird heute Basalt abgebaut. Basalt ist ein erstarrtes vulkanisches Gestein, das sehr hart ist und z. B. für Bauwerke verwendet wird.

Arbeitsaufgaben – „Aktive, tätige und erloschene Vulkane"

1. Nennen Sie Anzeichen, dass ein Vulkan immer noch aktiv ist, obwohl dieser im Moment ruhig erscheint.
2. Sie sehen hier eine schematische Zeichnung eines Vulkans. Beschriften Sie diese, indem Sie die folgenden Wörter ergänzen:

Magma Schlot Vulkankegel Lava

3.2 Wo Vulkane ausbrechen

Vulkanismus tritt an bestimmten Stellen in der Erdkruste auf: an Dehnungs- und Subduktionszonen sowie an Hotspots.

Vulkane an Dehnungszonen

An den Dehnungszonen – den sogenannten **mittelozeanischen Rücken** – kommt es zu einer Spaltung des Ozeanbodens. Dort entweichen ca. 80 % der gesamten Lava. Dabei schiebt ständig nachfolgendes Magma die bereits abgelagerte Lava seitlich weg und der Ozeanboden wird gedehnt. Seit der Zeit des Christoph Kolumbus hat sich der Atlantik so um ca. 25 m verbreitert. Die Lava bildet Gebirgsketten mit Höhen von bis zu 3 000 m. Manche Gipfel dieser Gebirge ragen als Inseln über den Meeresspiegel (z. B. Island).

Auf dem Bild: der Eyjafjallajökull in Island

Vulkane an Subduktionszonen

An einer Subduktionszone taucht eine schwere ozeanische Platte unter eine leichtere kontinentale Platte, wobei **Tiefseegräben** entstehen. Die ozeanische Platte schmilzt in der Tiefe durch den hohen Druck auf. Ein Teil der Schmelze entweicht als Lava an die Oberfläche. Es bilden sich **vulkanische Gebirgsketten.** Ein Beispiel dafür sind die Anden, in denen sich ein Vulkan an den anderen reiht.

Auf dem Bild: der Cotopaxi in Ecuador, Südamerika

Hotspotvulkanismus

Hotspotvulkanismus findet man **an dünnen Stellen der Erdkruste,** z. B. im Yellowstone-Nationalpark in den USA, wo die Erdkruste nur 3 bis 4 km dick ist. Dort gelangt Lava sehr leicht an die Erdoberfläche. Ein anderes Beispiel sind die Hawaii-Inseln.

Auf dem Bild: eine Thermalquelle im Yellowstone-Nationalpark

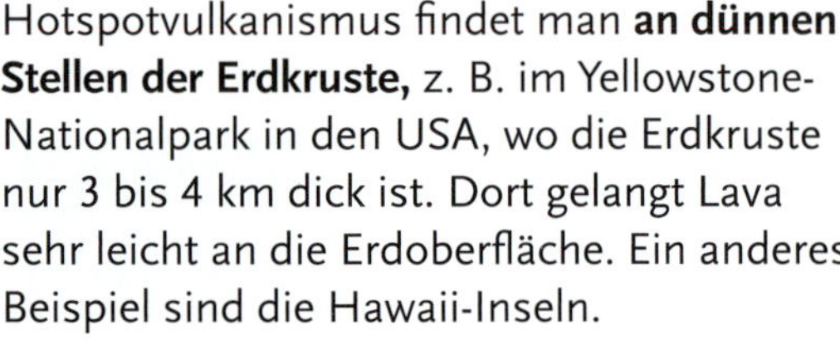

Faszination Vulkan: Touristen beobachten einen Ausbruch in Island. Nicht alle Vulkane können so gut beobachtet werden, es hängt von der Art des Ausbruchs ab.

Arbeitsaufgabe – „Wo Vulkane ausbrechen“

- Finden Sie auf einer Karte zwei weitere Inseln, die an einem mittelozeanischen Rücken liegen. Wo dieser genau verläuft, zeigt Ihnen die Karte auf S. 37.

3.3 Vulkanische Kleinformen

DAS SOLLTEN SIE SPEICHERN

Dass von scheinbar ruhigen Vulkanen noch immer eine Gefahr ausgehen könnte, zeigen vulkanische Kleinformen wie **Geysire** oder **Thermalquellen.**

Geysire

Geysire sind **heiße Springquellen.** Sie kommen in aktiven vulkanischen Gebieten vor und werden in der Regel von Grundwasser gespeist, das durch die unterirdische Wärme erhitzt wird. In regelmäßigen Abständen schießt das fast kochende Wasser in Form von Fontänen aus dem Erdboden. Diese Fontänen erreichen zum Teil eine Höhe von mehr als 60 m.

Auf dem Bild: der Geysir Strokkur in Island

FILM AB!

Beobachten Sie einen Geysir beim Ausbruch: www.trauner.at/strokkur

Thermalquellen

Thermalquellen entstehen, wenn **abgesunkenes Wasser** von einem hoch liegenden Magmakörper **erwärmt** wird. Die heilende Wirkung der aus unterschiedlichen Mineralien zusammengesetzten Wässer wird für den Bädertourismus genutzt. Auch in Österreich verdanken wichtige Tourismusorte wie Bad Gastein, Baden bei Wien und Bad Waltersdorf in der steirischen Thermenregion den Thermalwässern ihre Bedeutung.

Auf dem Bild: die Thermalquellen in Pamukkale, Türkei

3.4 Wirtschaftliche Nutzung von Vulkanismus

Vulkanische Erscheinungen werden auch wirtschaftlich genutzt: Böden im Umfeld von Vulkanen sind sehr **fruchtbar,** die **Energie** aus dem Erdinneren kann genutzt werden und die **Faszination** „Vulkan" lockt Touristinnen und Touristen an. Im Umfeld von Vulkanen befinden sich daher oft größere Ansiedlungen bis hin zu Städten.

Beispiel: Neapel – Stadt am Fuß eines Vulkans

Ein bekanntes Beispiel ist Neapel in Italien: Die Stadt liegt direkt am Fuß des aktiven Vulkans Vesuv. Wissenschaftlerinnen und Wissenschaftler beobachten den Vulkan rund um die Uhr, um mögliche Anzeichen eines Ausbruchs früh zu erkennen. Die Gefahr schreckt die Bevölkerung aber nicht ab: Die Menschen leben damit, denn die wirtschaftlichen Vorteile, die der Vulkan bietet, haben dafür gesorgt, dass die Stadt stetig erweitert wurde.

Im Jahr 79 n. Chr. wurde die antike Stadt Pompeji durch einen Ausbruch des Vesuvs zerstört. Die Ruinen können heute noch besichtigt werden, sie zeugen von der großen Zerstörungskraft des Vulkans.

Ein pyroklastischer Strom, bestehend aus heißer Asche, Gesteinsbrocken und Lava, zerstörte Pompeji so rasch, dass viele Menschen nicht mehr fliehen konnten. Am Bild sehen Sie den Gipsabdruck eines Opfers.

Arbeitsaufgaben – „Wirtschaftliche Nutzung von Vulkanismus"

1. Recherchieren Sie, wann der Vesuv zum letzten Mal ausgebrochen ist.
2. Die folgenden Texte geben Ihnen einen Einblick in die konkreten Nutzungsmöglichkeiten von vulkanischen Erscheinungen. Die Überschriften fehlen aber. Überlegen Sie sich neue.

In vulkanischen Gebieten ist die Erde wärmer als anderswo. Wasser wird in die Tiefe geleitet, erwärmt sich und treibt als Heißwasser oder Dampf direkt eine Turbine an. Geothermische Energie wird zur Heizung der Häuser und Glashäuser sowie in thermischen Kraftwerken genutzt. Obwohl mehr als 250 geothermische Kraftwerke weltweit die Energie des Erdinneren nutzen, decken sie nur 2 bis 3 % des weltweiten Energiebedarfs ab.

Die Region um den Ätna war schon immer dicht besiedelt. Vulkanische Erde zählt zu den fruchtbarsten Böden der Welt und bietet daher beste landwirtschaftliche Voraussetzungen. Nach einem Ausbruch dauert es allerdings etwa 200 Jahre, bis der Boden der Erde wieder genutzt werden kann.

Auch andere Vulkangebiete – insbesondere in den armen Ländern der Erde – sind ein attraktiver Lebensraum, Vulkanausbrüche werden daher in Kauf genommen. So sind in Indonesien Vulkane nicht nur eine Gefahr, sondern sie schaffen auch Leben. Vulkanasche reichert den Boden an und fördert somit die Bodenfruchtbarkeit; Bauern auf Java können pro Saison drei Reisernten einfahren. Auf den benachbarten Inseln mit weitaus weniger Vulkanen ist dies nicht möglich.

4 Wenn die Erde bebt

Recherchieren Sie, warum es in Griechenland häufig zu Erdbeben kommt. Verwenden Sie dazu die Karte auf S. 37.

Ayla hat in den Nachrichten gehört, dass Griechenland von einem heftigen Erdbeben erschüttert worden ist. Häuser wurden beschädigt und es gab sogar einige Verletzte. „Ich bin so froh, dass wir dort nicht auf Urlaub waren.", erzählt sie Michael in der Pause. „Kann man Erdbeben denn gar nicht vorhersagen? Und weißt du eigentlich, warum es zu Erdbeben kommt?", entgegnet Michael.

Erdbeben gehören zu den schrecklichsten Katastrophen der Welt. Die **Erdbebengebiete** sind zwar **weitgehend bekannt,** der **Zeitpunkt** eines Erdbebens kann allerdings **nicht vorausgesagt** werden. Somit sind immer wieder Hunderttausende Menschen von Erdbeben betroffen. Beben setzen gewaltige Kräfte frei und können große Zerstörungen verursachen.

DAS SOLLTEN SIE SPEICHERN

Erdbeben haben verschiedene Ursachen, sodass drei Arten unterschieden werden können:

- **Tektonische Beben:** ausgelöst durch Plattenbewegungen (90 % aller Beben)
- **Vulkanische Beben:** Begleiterscheinungen von Vulkanausbrüchen (8 %)
- **Einsturzbeben:** Einsturz von Hohlräumen im Erduntergrund (2 %)

Fokus: tektonische Beben

Wenn sich Platten aneinander reiben und verhaken, bauen sich **Spannungen** auf, die sich von Zeit zu Zeit **ruckartig** als Beben entladen. Besonders stark sind Beben an Plattenrändern. Sie werden als tektonische Beben bezeichnet.

Der Ausgangspunkt des Bebens, das **Hypozentrum,** liegt senkrecht in Tiefen zwischen ca. 30 und 700 km. Im darüber liegenden **Epizentrum** an der Oberfläche wird die höchste Erdbebenstärke gemessen.

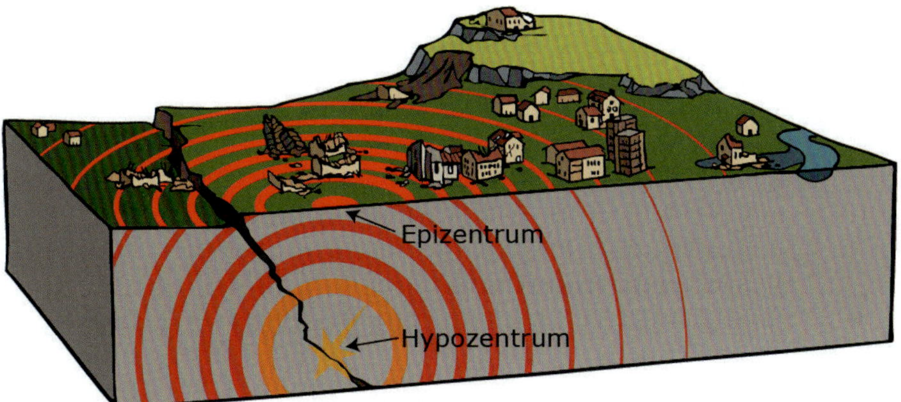

Beispiel: die San-Andreas-Verwerfung
Die San-Andreas-Verwerfung in Kalifornien ist ein Beispiel für eine tektonische Erdbebenzone. Sie bildet die Grenze zwischen der Nordamerikanischen und der Pazifischen Platte. Sie verläuft, vom Golf von Kalifornien in Mexiko kommend, östlich an Los Angeles vorbei und erreicht in der Küstenkette den Raum San Francisco. An dieser Transformstörung schiebt sich die Pazifische Platte jährlich um ca. 6 cm nach Nordwesten. In ca. zehn Mio. Jahren könnte sich daher Los Angeles an San Francisco vorbeibewegen.

Beschreiben Sie das nebenstehende Blockdiagramm im Hinblick auf die Entstehung und Auswirkungen von Erdbeben.

San Francisco: Das nächste schwere Erdbeben ist nur eine Frage der Zeit.

4.1 Wie Beben gemessen werden: Seismograf und Richterskala

Erdbeben werden mit einem Seismografen aufgezeichnet. Die Aufzeichnung wird Seismogramm genannt. Von den jährlich bis zu 20 000 Beben sind viele so schwach, dass sie gar nicht wahrnehmbar sind. Nur eines von 500 Beben verursacht Zerstörungen.

Beispiel: das Seismogramm
Auf dem Bild nebenan sehen Sie ein Seismogramm. Je stärker die Ausschläge nach unten und oben sind, desto stärker ist das Beben.

DAS SOLLTEN SIE SPEICHERN
Die **Richterskala** gibt die **Stärke** eines Erdbebens an. In der Fachsprache bezeichnet man die Stärke eines Bebens als **Magnitude.**

Warum leben dort überhaupt Menschen? Weshalb verlassen sie die Gegend nicht?

Auf der Seite von Geosphere Austria können Sie ein Live-Seismogramm der Erdbebenstation Conrad Observatorium in Niederösterreich mitverfolgen: www.trauner.at/seismogramm

Richter-Magnituden	Spürbarkeit und Auswirkung
< 2,0	Diese Beben sind nicht spürbar und nur durch Messgeräte registrierbar.
2,0 – 2,9	Normalerweise sind Beben dieser Stärke nicht spürbar, aber messbar.
3,0 – 3,9	Oft sind sie spürbar, verursachen aber nur selten Schäden.
4,0 – 4,9	Zimmergegenstände bewegen sich, Erschütterungsgeräusche sind zu hören, Schäden sind unwahrscheinlich.
5,0 – 5,9	Anfällige Gebäude tragen Schäden davon, robuste Gebäude nur leichte oder keine Schäden.
6,0 – 6,9	Beben dieser Stärke können zu Zerstörungen in besiedelten Gebieten führen.
7,0 – 7,9	Bei dieser Magnitude können schwere Schäden über weite Gebiete entstehen.
8,0 – 8,9	Diese Beben können starke Zerstörung im Umkreis von einigen hundert Kilometern verursachen.
ab 9,0	Bei dieser Stärke kann verheerende Zerstörung in Bereichen von tausend Kilometern entstehen.

Das schwerste gemessene Beben fand 1960 vor der Küste Chiles statt und erreichte eine Stärke von 9,5 nach Richter.

Vorsorge ist besser als Nachsorge: bebensicheres Bauen

Nach dem Vorbild ostasiatischer Holzrahmenhäuser werden seit dem 20. Jahrhundert weitgehend erdbebensichere Hochbauten errichtet. Ihre Elastizität und Festigkeit wird mit **Stahlstäben** in Betonsäulen und Betonträgern erreicht. In Betonskeletthäusern dieser Art erhöht sich die Überlebenschance der Bewohner/innen, da **Einstürze** zumindest **verzögert** werden können. Alte, mit herkömmlichen Bruchsteinen gebaute Häuser stürzen bei einem Beben sofort ein.

Stahlbeton-Skelettbau

Erdbeben – auch in Österreich ein Thema

In Österreich liegen die bebengefährdeten Gebiete an tektonischen Schwächezonen im **Großraum von Villach,** in der **Mur-Mürz-Furche** in der Steiermark, in der **Thermenlinie** südlich von Wien, im **Großraum um Innsbruck** und im **Fernpassgebiet** in Tirol. Schwere Beben mit Zerstörungen sind in Österreich aber selten.

Erdbeben in Österreich

Im September 2022 wurden in Österreich zehn Erdbeben von der Bevölkerung wahrgenommen. Jeweils zwei Epizentren lagen in Tirol, Kärnten und Niederösterreich, eines in Vorarlberg, zwei in Liechtenstein und eines in Frankreich. Im südlichen Wiener Becken wurde am 6. September um 21:20 Uhr MEZ ein Erdbeben der Magnitude 2,3 registriert, dessen Epizentrum südlich von Katzelsdorf lag (47,76°N, 16,27°O). Es wurde wegen der relativ großen Herdtiefe von etwa 15 km nur schwach wahrgenommen. Beim Erdbebendienst sind Wahrnehmungsberichte aus insgesamt 18 Orten eingelangt, darunter Wiener Neustadt, Ternitz, Bad Vöslau und Steinbrunn im Burgenland. Deutlich spürbar war ein Erdbeben der Magnitude 2,5 im Raum Zell-Pfarre, Kärnten (46,45°N, 14,42°O), das sich am 23. September frühmorgens um 05:02 Uhr MEZ ereignete. Viele Personen erwachten und bemerkten ein Rütteln von Möbeln und Gebäuden. Das Beben war auch im Raum Ferlach, Klagenfurt und Völkermarkt schwach wahrnehmbar, es sind etwa 80 Wahrnehmungsberichte eingelangt.

www.zamg.at, 17. Oktober 2022, gekürzt

Geosphere Austria erforscht, wie Menschen die Beben in Österreich wahrnehmen. Sollten Sie ein Erdbeben mitbekommen, können Sie hier Ihre Beobachtungen mitteilen: www.trauner.at/erdbebenwahrnehmung

Arbeitsaufgabe – „Erdbeben – auch in Österreich“

- Sie sehen hier eine Karte, die Ihnen zeigt, wo in Österreich die stärksten Erdbeben auftreten. Nennen Sie jene Bundesländer, in denen die Gefahr von Erdbeben gering ist (maximal Stufe 2).

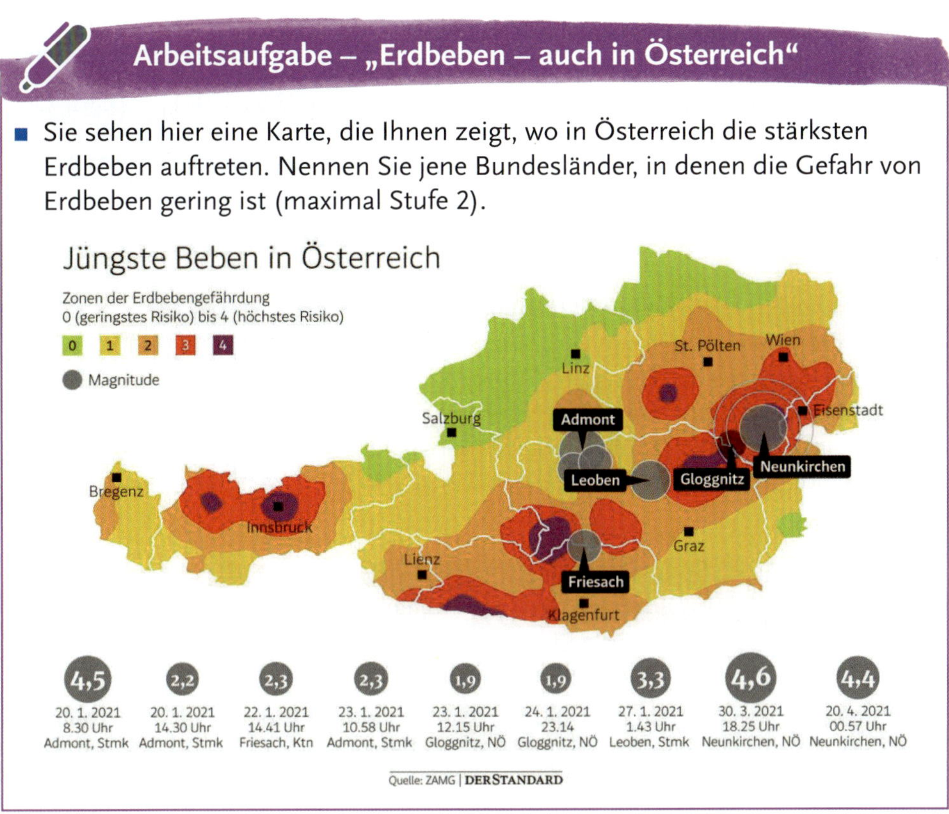

Die stärksten Erdbeben in der jüngeren Geschichte Österreichs:
1972 Seebenstein (NÖ): 5,3
1983 Weichselboden (Stmk.): 5,0
1984 Maria Schutz (NÖ): 4,9

4.2 Tsunamis – eine Folge von Seebeben

Bebt die Erde auf dem Meeresgrund, so werden große Mengen an Wasser bewegt. Eine Tsunamiwelle entsteht und bleibt vorerst oft unbemerkt. Kommt sie jedoch in **Küstennähe** und somit in seichtere Bereiche, so türmt sie sich auf und verursacht große **Zerstörungen.**

DAS SOLLTEN SIE SPEICHERN

Dass ein Tsunami auf die Küste zurollt, ist daran zu erkennen, dass der **Meeresspiegel** plötzlich sehr **stark sinkt oder ansteigt.** Dies geschieht – im Gegensatz zu normalen Gezeitenschwankungen – **innerhalb weniger Minuten.**

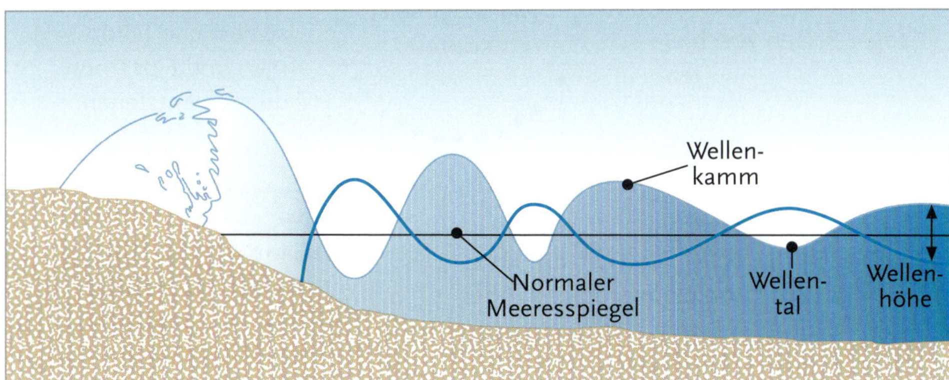

Die von vulkanischen Beben oder Seebeben ausgelöste Tsunamiwelle ist am offenen Meer unbedeutend, an den flachen Küsten aber todbringend

Beispiel: Tsunami in Thailand, Sri Lanka und Indonesien

Am 26. Dezember 2004 starben mehr als 200 000 Menschen durch einen Tsunami, der von einem Seebeben ausgelöst worden war. Das Epizentrum lag südwestlich von Sumatra im Indischen Ozean.

Durch die Erdstöße mit einer Stärke von 9,1 nach Richter wurden große Wassermassen verdrängt, die mit einer Geschwindigkeit von mehreren hundert Kilometern pro Stunde Richtung Küste rasten. Beim Auftreffen auf die flachen Küstengewässer wurde die Welle abgebremst und zu einer bis zu 15 m hohen Welle aufgestaut. Sie verwüstete die flacheren Küstenabschnitte Indonesiens, Thailands und Sri Lankas.

In den pazifischen Anrainerstaaten werden die Menschen von einem satellitengestützten Frühwarnsystem gewarnt. Es wurde nach der Katastrophe von 2004 aufgebaut.

der Anrainer = direkter Nachbar

Arbeitsaufgaben – „Tsunamis – eine Folge von Seebeben"

1. Erklären Sie, warum ein herannahender Tsunami oft erst spät erkannt wird.
2. Überlegen Sie, wie man eine Tsunamiwelle in einem Experiment nachstellen könnte. Vielleicht haben Sie sogar die Möglichkeit, das Experiment auszuprobieren.

5 Exogene Kräfte prägen die Erdoberfläche

Wie war das noch mal? Was ist der Unterschied zwischen exogenen und endogenen Kräften?

Die Erdoberfläche wird durch exogene Kräfte ständig umgestaltet. **Erosion** und **Akkumulation** führen zu unterschiedlichen Formen. Es werden vier Arten von exogenen Kräften unterschieden:

Die Kraft des Windes
Je freier und exponierter die Flächen sind, desto stärker kann der Wind angreifen, unbefestigte Erde oder Sand ausblasen und damit sogar Felsen abschleifen.

Die Kraft des fließenden Wassers
Fließendes Wasser bearbeitet den Untergrund und führt das erodierte Material mit sich. Unterschiedliche Talformen und Flussmündungen entstehen.

Die Kraft des Eises
Schnee wird in den Hochgebirgen oder den Polarregionen nach einigen Jahren zu Eis in großer Mächtigkeit. Dieses übt auf den Untergrund hohen Druck aus und kommt bei Neigung des Untergrunds zum Fließen. Dadurch wird das Gestein langsam erodiert.

Die Kraft des Meeres
Wellen, Meeresströmungen und Gezeiten wirken auf die Küste ein. Das Ergebnis sind unterschiedliche Küstenformen.

exponiert = ungeschützt
erodiert = abgetragen

Arbeitsaufgabe – „Exogene Kräfte prägen die Erdoberfläche“

- Ordnen Sie die Bilder den exogenen Kräften zu.

❶ Wind ❷ Meer ❸ Eis ❹ Fließendes Wasser

5.1 Talformen

Täler werden durch die Kräfte des fließenden Wassers und des Eises (Gletscher) geformt.

DAS SOLLTEN SIE SPEICHERN

Fließendes Wasser löst nach und nach Humus und das darunterliegende Gestein auf. Im Anschluss wird dieses talwärts transportiert. Wie stark die Abtragung ist, hängt von der **Fließgeschwindigkeit** ab. Sie wird durch die **Niederschlagsmenge** und die **Hangneigung** beeinflusst.

Langfristig werden durch die erodierende Kraft des Wassers Täler in verschiedenartiger Form geschaffen. Kein Tal gleicht dem anderen. Unterschiedliche Gesteine lassen verschiedene Talformen entstehen.

der Humus = oberste Schicht des Bodens; sie besteht aus Mikroorganismen sowie verrotteten Pflanzenteilen und ist besonders fruchtbar

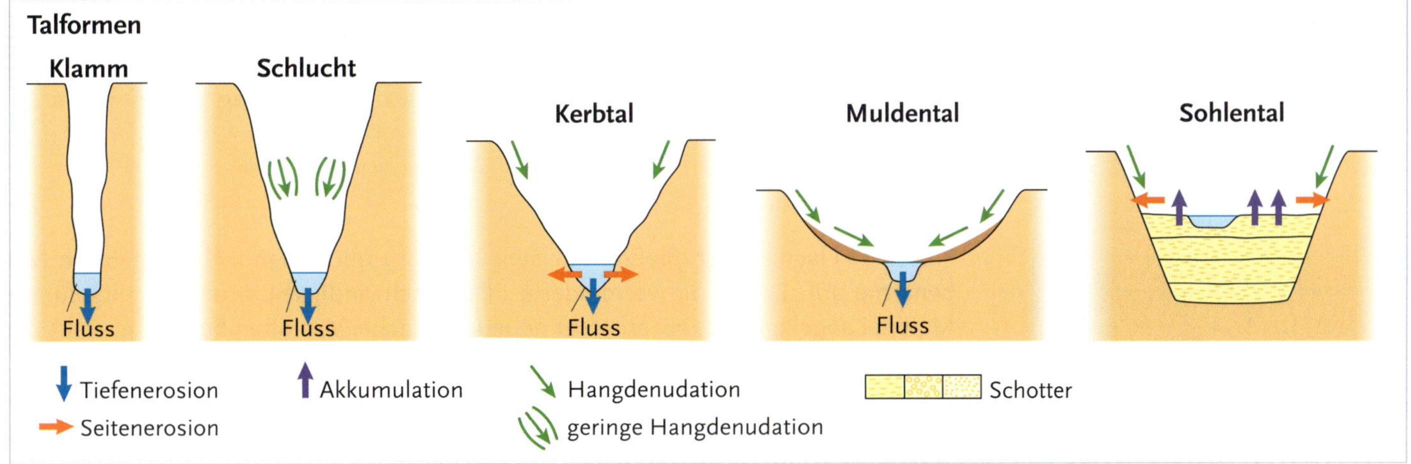

In den Kaltzeiten haben vor allem Gletscher die Täler geformt.

Dabei gibt es folgende **Prozesse** der Erosion (Abtragung):

- Die **Tiefenerosion** = Vertiefung des Flussbettes
- Die **Seitenerosion** = Verbreiterung des Flussbettes
- Die **Hangdenudation** = flächenhafte Abtragung am Hang

Fließendes Wasser kann große Schäden anrichten, wie Hochwasserereignisse zeigen. Erst 2021 kam es im **Ahrtal** zu einer Katastrophe. Das Ahrtal liegt in Deutschland, westlich des Rheins zwischen Bonn und Koblenz. Der Wissenschaftler Wolfgang Büchs erklärt die Ursachen der Überflutungen:

das Einzugsgebiet: Region, aus der sich ein Fluss speist

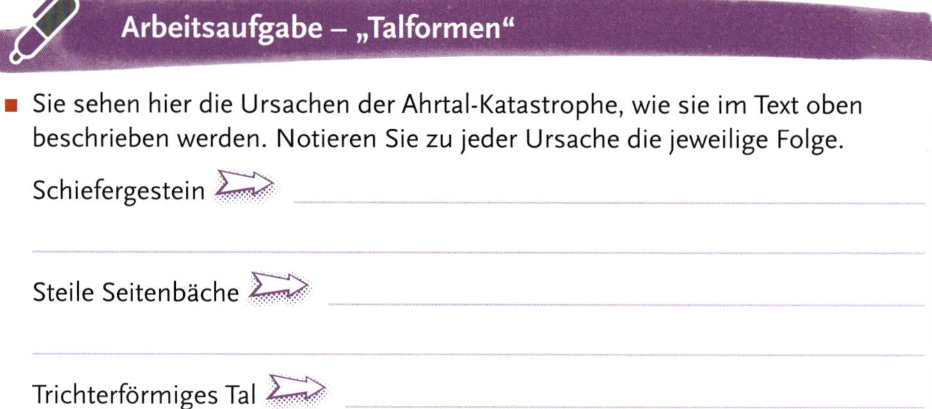

Die Ahr hat mit rund 900 Quadratkilometern eigentlich ein relativ kleines Einzugsgebiet. Das grundsätzliche Problem ist, dass das typische Gestein – Schiefergestein – quasi komplett wasserundurchlässig ist. Wenn es da zu Starkregen kommt, fließt der einfach ab ins Tal. Die Seitenbäche verlaufen zudem sehr steil, da bekommt das Wasser eine hohe Geschwindigkeit. Das macht das Ahrtal zu einer Art Trichter, in der so ein starker Regen gesammelt sehr schnell große Wassermassen bildet, die sich dann mit Gewalt ihren Weg suchen.

www.riffreporter.de, gekürzt, 19. Juli 2021

Das Ahrtal vor der Flutkatastrophe...

... und danach

Arbeitsaufgabe – „Talformen“

- Sie sehen hier die Ursachen der Ahrtal-Katastrophe, wie sie im Text oben beschrieben werden. Notieren Sie zu jeder Ursache die jeweilige Folge.

Schiefergestein ⇨ ______________________

Steile Seitenbäche ⇨ ______________________

Trichterförmiges Tal ⇨ ______________________

5.2 Flussdeltas

DAS SOLLTEN SIE SPEICHERN

Flüsse führen das abgetragene Material so lange mit sich, bis ihre **Kraft** zu **schwach** ist. Dann kommt es zur **Ablagerung** (= Akkumulation; auch: Sedimentation). Das können **Schotterterrassen** an Flussläufen sein, aber auch Mündungsgebiete großer Flüsse.

Flüsse in Flachländern fließen nur sehr langsam und teilen sich in **mehrere Nebenarme** auf. Durch die verminderte Fließgeschwindigkeit wird das mitgeführte Material abgelagert, dabei entsteht neue Landfläche. Von oben betrachtet sieht die Mündung dann wie ein Dreieck aus. Solch eine **Mündung** wird **Delta** genannt.

Auf dem Bild links sieht man gut das verzweigte System an Flüssen und die neu entstehende Landmasse als eine Folge der Ablagerung.

Flussdelta auf der Halbinsel Kamtschatka

Beispiel: Donau- und Gangesdelta
Die Donau mündet ins Schwarze Meer und bildet ein weitläufiges Gebiet an verzweigten Flussarmen. Mit ca. 5 000 km^2 ist es ca. doppelt so groß wie Vorarlberg. Die Donau transportiert jährlich 70 Millionen Tonnen Sedimente ins Schwarze Meer. Eines der größten Deltas der Welt, das Gangesdelta, ist mit 80 000 km^2 fast so groß wie ganz Österreich.

das Sediment = Material, das ein Fluss mit sich führt, z. B. Kies, Schlamm etc.

5.3 Küstenformen

Weil die Küste meist ungeschützt der Kraft des Meeres ausgesetzt ist, verändert sie sich permanent. Ausschlaggebend sind dabei folgende Faktoren:

- Festigkeit des Gesteins
- Höhe der Wellen
- Meeresströmungen
- Gezeiten

Flachküsten entstehen, indem Meereswellen **Sand** und **Kies** aufs Flachland spülen und damit einen Strand **aufschütten.** Verschieben Wellen und Wind den Sand seitwärts, wächst ein Haken aus Sand ins Meer. Dieser wird in seiner Endform als **Lido** oder **Nehrung** bezeichnet.

Die **Brandung** bearbeitet aber auch hartes Gestein, was zur Bildung oder auch Abtragung von Steilküsten führt sowie Buchten entstehen lässt. Die Meeresbrandung verändert die Form und den Verlauf von Küsten stark.

Flachküste: Lido Key Beach, Florida

Steilküste: Irland

6 Gebirge entstehen und verändern sich

Ayla hat kürzlich eine ungewöhnliche Schlagzeile gelesen: „Die Alpen wandern: Gebirge wächst weiter in die Höhe." Als sie das ihrer Freundin Kathrin erzählt, schüttelt die nur ungläubig den Kopf. „Berge können doch nicht wachsen. So ein Unsinn." „Doch", behauptet Ayla, „das hat was mit der Plattenverschiebung zu tun."

Schätzen Sie, wie stark sich die Höhe der Alpen innerhalb eines Jahres verändert.

DAS SOLLTEN SIE SPEICHERN

Gebirge entstehen an **Kollisions- und Subduktionszonen** in der Erdkruste.

Arbeitsaufgabe – „Gebirge entstehen und verändern sich"

- Sie sehen hier die drei Phasen der **Gebirgsbildung am Beispiel der Alpen.** In der Randspalte finden Sie Beschreibungen dazu. Diese sind aber durcheinandergeraten. Ordnen Sie die Texte den dazugehörigen Bildern zu.

1 Sedimentation

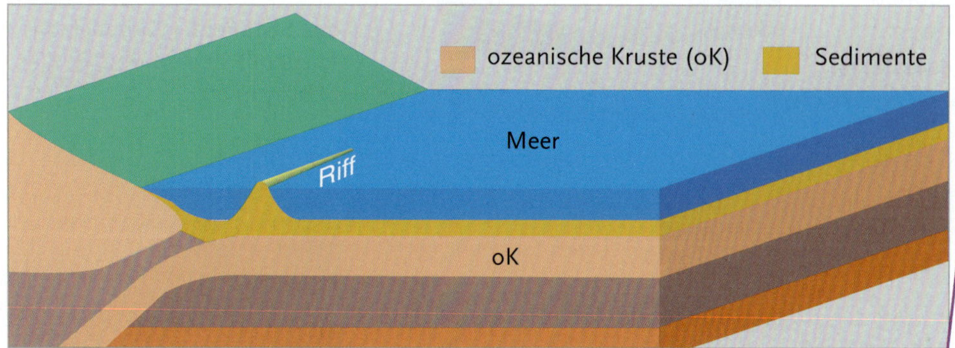

2 Faltung

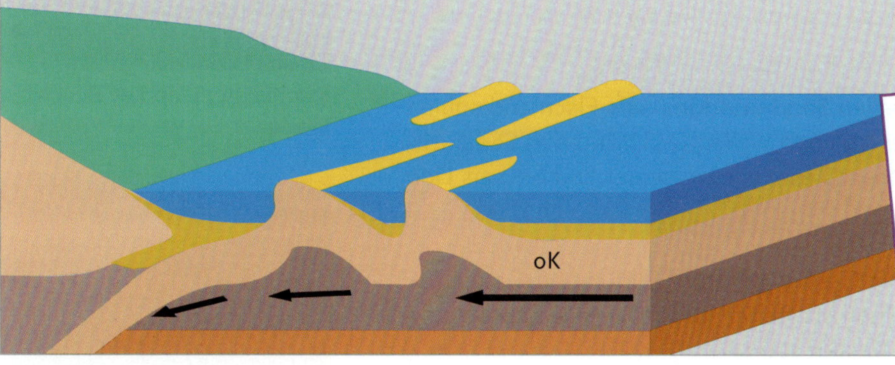

3 Hebung

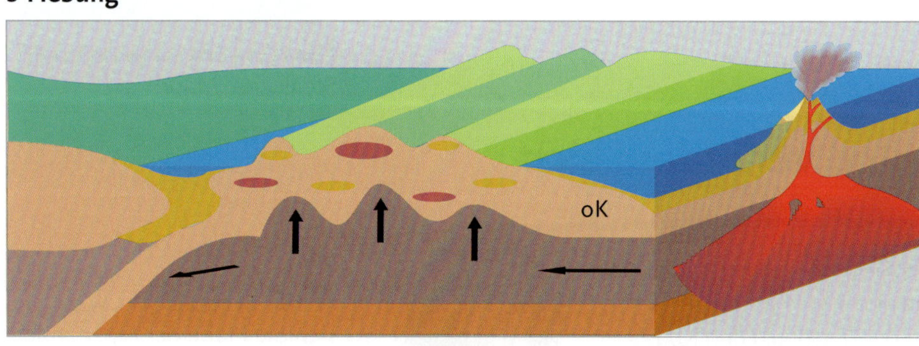

Beständiger Druck der Afrikanischen Platte hob vor ca. 65 Mio. Jahren die Gesteinsmassen. Als die Kalksedimente zerbrachen, richteten sie sich vertikal auf, es entstanden die Nördlichen und die Südlichen Kalkalpen. Die Hebung hält an, sie beträgt heute noch ca. 1 mm/Jahr.

Vor ca. 145 Mio. Jahren begann die Subduktion der Afrikanischen Platte unter die Eurasische, dabei wurden Teile der Meeressedimente zusammengeschoben und gefaltet.

Vor ca. 250 Mio. Jahren wurden Sedimente im damals bestehenden Meer abgelagert. Im Kalkgestein finden sich z. B. versteinerte (fossile) Riffkorallen und Meeresmuscheln.

Beispiel: Fossilien in den Alpen – ein Hinweis auf die Gebirgsbildung

Schon die ersten Bergsteiger haben auf den höchsten Kalkbergen, etwa dem Dachstein, der Zugspitze oder in den Dolomiten, Fossilien gefunden. Das bedeutet, dass diese Berge nichts anderes als Korallenriffe im Urmeer waren.

Auf dem Bild: Trilobiten

Arbeitsaufgabe – „Hochgebirge und Hochländer“

- Ordnen Sie die Nummern in der Karte den topografischen Begriffen in der Tabelle zu. Suchen Sie die Berggipfel (A–K) und ordnen Sie diese jeweils den Gebirgen zu.

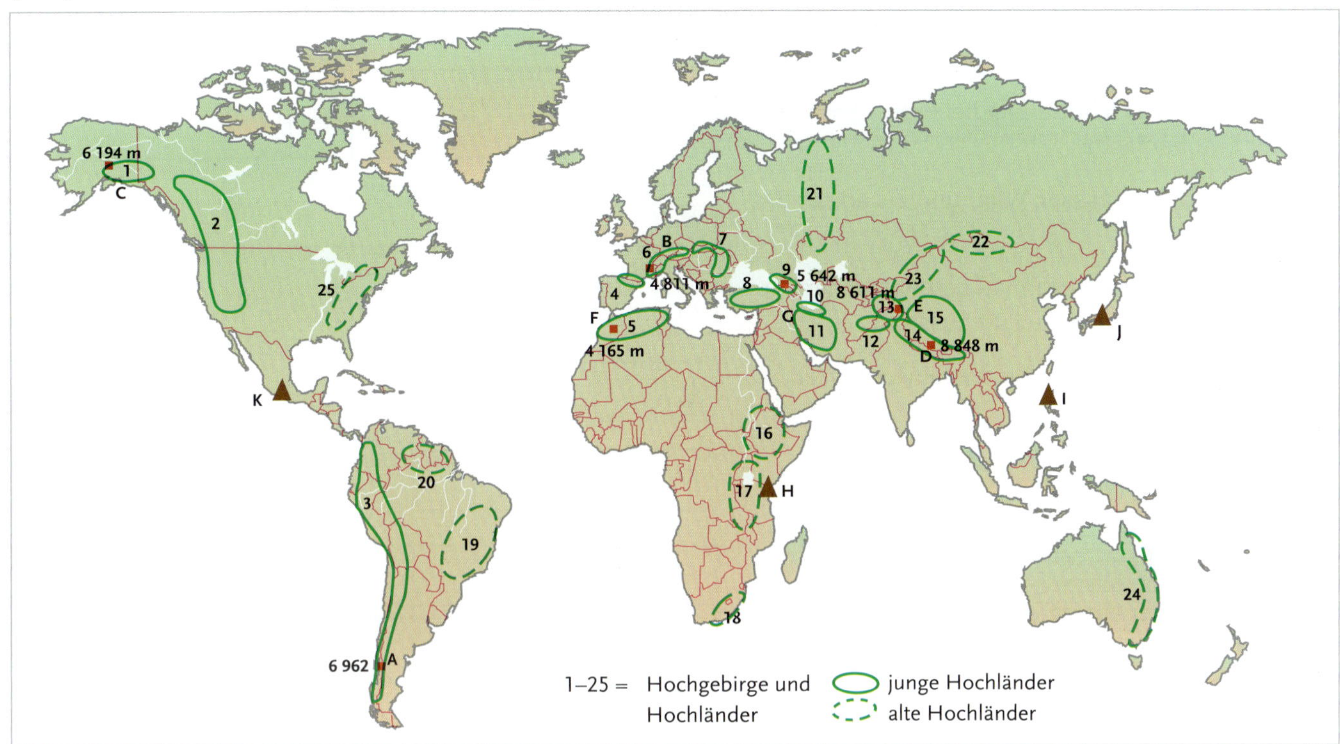

Alte Hochgebirge und Hochländer

- ☐ Brasilianisches Bergland
- ☐ Drakensberge
- ☐ Appalachen
- ☐ Ural
- ☐ Bergland von Guyana
- ☐ Tienschan
- ☐ Altai
- ☐ Great Dividing Range
- ☐ Hochland von Äthiopien
- ☐ Ostafrikanisches Seenhochland

Junge Hochgebirge und Hochländer

- ☐ Anden — A ______
- ☐ Alpen — B ______
- ☐ Pyrenäen
- ☐ Alaska Range — C ______
- ☐ Himalaja — D ______
- ☐ Rocky Mountains
- ☐ Hindukusch
- ☐ Hochland von Tibet
- ☐ Karakorum — E ______
- ☐ Karpaten
- ☐ Atlas — F ______
- ☐ Hochland von Anatolien
- ☐ Elburs
- ☐ Hochland von Iran
- ☐ Kaukasus — G ______

Weitere wichtige Berge (Vulkane)

H ______ J ______

I ______ K ______

WortschatzBox – „Wie die Landschaften entstehen“

■ Ergänzen Sie die fehlenden Fachbegriffe.

Beschreibung	1	2	3	4	5	6	7	8	9	10	11	12
Aufschüttung und Ablagerung	A		K									
Zone höchster Erschütterung bei einem Erdbeben an der Erdoberfläche	E											
Abtragung durch Wasser, Wind und Eis an der Erdoberfläche	E											
Heiße Quelle, die in regelmäßigen Abständen ihr Wasser als Fontäne in die Luft ausstößt	G											
Flüssige Gesteinsmasse, die aus einem Vulkan austritt	L											
Flüssige Gesteinsmasse in der Tiefe	M											
Bewegungen der einzelnen Platten der Erdkruste	P							–				
	T											
Große Welle, die von einem Seebeben ausgelöst wird und die Küstenregionen überschwemmt	T											
Stärke eines Erdbebens	M											
Ausbruch, z. B. eines Vulkans	E			P								
Formen der Erdoberfläche	R											
Plattenbewegung, bei der eine Platte der Erdkruste unter eine andere gleitet und dabei verflüssigt wird	S			D								

Ziele erreicht? – „Wie die Landschaften entstehen“

1. Vulkanismus: Grundlagen

Verfassen Sie einen kurzen Infotext zu der Frage, wie es zu einem Vulkanausbruch kommt. Folgende Wörter können dabei hilfreich sein:

- Kontinentalplatten
- abtauchen/Subduktion
- ungeheurer Druck
- verflüssigen/Verflüssigung
- Magma
- Erdinneres
- aufsteigen/Aufstieg
- Vulkanschlot
- Oberfläche
- Lava
- Erstarrung/erstarren

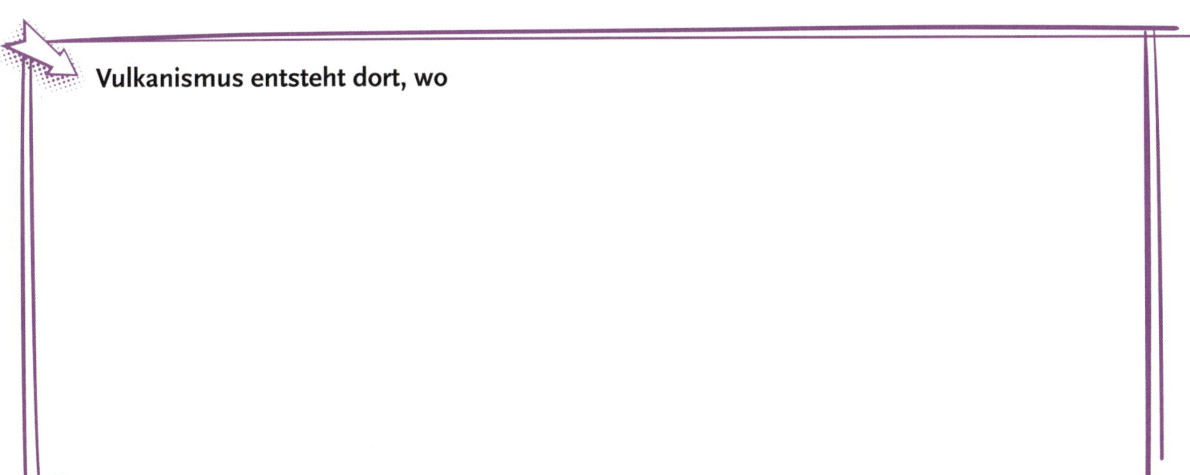

2. Oberflächenformen

Auf dem Bild sind unterschiedliche Formen der Akkumulation und Erosion zu sehen. Ordnen Sie die Beschreibungen den Formen auf dem Bild zu.

1. Das Gebirge wird zuerst von innen gehoben. Je gewaltiger die Kräfte aus dem Erdinneren sind, desto höher werden die Landmassen angehoben. Meistens entstehen Hochgebirge dann, wenn zwei riesige Kontinentalplatten aufeinanderstoßen (endogene Kraft).
2. Auf den Gipfeln wirken Eis und Schnee auf das darunterliegende Gestein. Gletscher höhlen den Untergrund aus (Erosion) und schieben Material vor sich her, das dann abgelagert wird (Akkumulation – exogene Kräfte).
3. Regenfälle und die Schwerkraft führen dazu, dass die Hänge langsam wieder abgetragen werden (Erosion). An den Hängen entstehen Rinnen, in denen das Wasser abfließt und Material weggeschwemmt wird (exogene Kraft). (zwei Pfeile)
4. Das vom Regen abgetragene Material sammelt sich am Fuß der Berghänge als Schutthalde an. Ursprünglich handelt es sich nur um Gestein, später beginnen sich hier erste Pflanzen anzusiedeln (Akkumulation – exogene Kräfte). (zwei Pfeile)
5. Das aus den Bergen kommende Wasser wird zu einem Bach und später zu einem Fluss. Das Wasser schneidet sich tief in das Gestein des Gebirges hinein und bildet so Täler (Tiefenerosion – exogene Kraft).
6. Flüsse lagern links und rechts ihres Laufes Schottermaterial ab, das die Fließkraft nicht mehr transportieren kann. Es entstehen Schotterterrassen (Schwemmebenen) (exogene Kraft – Akkumulation).
7. Die älteren und höheren Flussterrassen werden mit Vegetation bedeckt. Es entstehen Flächen, die auch für Landwirtschaft und Siedlung geeignet sein können. Allerdings besteht hier auch Hochwassergefahr.

3. Wenn die Erde bebt

Japan gehört zu jenen Ländern, die am stärksten von Erdbeben betroffen sind. Die Inseln liegen am Kreuzungspunkt von gleich drei unterschiedlichen Kontinentalplatten.

a) Bestimmen Sie, welche drei Platten in Japan aufeinandertreffen. Verwenden Sie dazu die Karte auf S. 37.

b) Entnehmen Sie der Karte auch, welche Form der Plattenverschiebung in Japan stattfindet.

c) Lesen Sie den folgenden Artikel zu den Auswirkungen eines schweren Erdbebens in Japan. Bearbeiten Sie im Anschluss die Aufgaben.

Die Dreifach-Katastrophe von Tohoku in Japan

Zweieinhalb Minuten dauerten die gewaltigen Erdstöße des Seebebens der Magnitude 9.1, das Japan am 11. März 2011 in eine Katastrophe ungeahnten Ausmaßes führte. Zahlreiche Gebäudeschäden waren die Folge, sogar im 375 Kilometer vom Bebenherd entfernten Tokio stürzten Gebäude ein.

Etwa 20 Minuten später erreichte eine 10 Meter hohe Tsunami-Flutwelle die Ostküste von Honshu (lokal maximale Wellenhöhen bis 40 Meter), der einen bis zu mehreren Kilometer breiten Küstenstreifen über Hunderte Kilometer Länge verwüstete. Ganze Dörfer und Landstriche wurden völlig ausradiert, Schiffe an Land gespült, brennende Häuser von den Wassermassen davongetragen. Auch in Indonesien und den USA wurden in manchen Buchten noch Wellenhöhen von fünf Metern gemessen. Es war das größte bekannte Tsunami-Ereignis in der japanischen Geschichte.

Das Megabeben und der Tsunami hatten eine weitere Tragödie zur Folge: zum ersten Mal in der Technologiegeschichte von Kernreaktoren kam es zu einem Unfall infolge einer Naturkatastrophe. Das an der Küste gelegene Kernkraftwerk Fukushima Dai-ichi (163 km vom Epizentrum entfernt) erlitt einerseits nur leichte Erdbebenschäden, den Supergau löste aber der bis 15 Meter hohe Tsunami aus. Sechs Meter hohe Tsunami-Schutzmauern waren viel zu niedrig konzipiert. Infolge der fünf Meter tief überschwemmten Reaktorblöcke und der unter Wasser gesetzten Notstromgeneratoren fielen die Kühlsysteme aus. Innerhalb weniger Tage explodierten drei Reaktorblöcke, es kam zu mehreren Kernschmelzen und Bränden, radioaktive Stoffe wurden freigesetzt und verstrahlten Arbeiter/innen und die umliegende Bevölkerung.

Japan ordnete das Unglück in der höchsten Gefahrenstufe 7 ein, es war damit so schwerwiegend wie der Supergau in Tschernobyl, auch wenn nur ein Bruchteil der Strahlungsmenge freigesetzt wurde. Die freigesetzten radioaktiven Stoffe wurden aber in geringen Mengen auch in Österreich nachgewiesen.

ZAMG, 10. März 2012, gekürzt

- Ergänzen Sie den Steckbrief, um zentrale Fakten zum Erdbeben festzuhalten.

Steckbrief Tohoku-Beben

Datum	
Stärke	
Lage des Epizentrums	
Folgen	

- Erklären Sie, welche Ereignisse zur Zerstörung des Kernkraftwerks Fukushima geführt haben.
- Auch das Wasser (Flüsse und Meer) wurde durch den Reaktorunfall radioaktiv verseucht. Beurteilen Sie, welche Auswirkungen das für Natur und Mensch (Wirtschaft) hat.

Einen interaktiven Safety-Check finden Sie in der TRAUNER-DigiBox.

Wetter und Klima

„Wenn's im Februar nicht schneit, schneit es in der Osterzeit."
„April, April, der tut, was er will."

Ist Ihnen schon einmal eine dieser Bauernregeln untergekommen? Diese Regeln kann man sich leicht merken. Häufig treffen sie sogar zu, denn das Wetter ist nicht so wechselhaft, wie es oft scheint: Regelmäßige Abläufe prägen das Wetter und das Klima.

In diesem Kapitel erfahren Sie, welche Einflussfaktoren auf Klima und Wetter einwirken. Darüber hinaus erhalten Sie einen Einblick in die Klima- und Vegetationszonen der Erde.

Meine Ziele

Nach Bearbeitung dieses Kapitels kann ich

- Faktoren beschreiben, die für die unterschiedlichen Klimata auf der Erde verantwortlich sind;
- die Entstehung von Jahreszeiten, Tief- und Hochdruckgebieten und Winden erklären;
- Klimadiagramme zeichnen, interpretieren und den Klimazonen zuordnen;
- die Klima- und Vegetationszonen nennen, beschreiben und lokalisieren;
- die Ursachen und Folgen des Klimawandels sowie Maßnahmen gegen den Klimawandel bewerten.

Es gibt auch lustige Bauernregeln:

„Kräht der Hahn auf dem Mist, ändert sich das Wetter oder es bleibt, wie's ist!"

Nennen Sie weitere Ihnen bekannte Bauernregeln. Recherchieren Sie gegebenenfalls im Internet.

1 Wetter- und Klimagrundlagen

Rufen Sie den aktuellen Wetterbericht für Ihr Bundesland ab: www.trauner.at/wetterbericht. Notieren Sie in Ihren Lernunterlagen Begriffe, die für Wetterberichte typisch sind.

Peter verfolgt bereits die ganze Woche den Wetterbericht, denn am Wochenende geht's hoffentlich auf die Skipiste. Die vielen Begriffe, die im Bericht auftauchen, sind aber gar nicht so leicht zu verstehen: Hochdruck, Tiefdruck, Westströmung ... Was steckt da eigentlich dahinter?

DAS SOLLTEN SIE SPEICHERN

Das **Wetter** beschreibt den Zustand der Troposphäre an einem bestimmten Ort zu einer bestimmten Zeit. Es kann sich rasch ändern. Das **Klima** hingegen ist der mittlere Zustand, der für lange Zeiträume in bestimmten Regionen typisch ist.

die Troposphäre = unterste Schicht der Atmosphäre; sie reicht je nach Region in eine Höhe von 8 km (polare Zone) bis 16 km (am Äquator).

Die Erde weist unterschiedliche **Klimatypen** auf. Von den heißen, feuchten Tropen bis zu den kalten, trockenen Polargebieten gibt es eine große Bandbreite. Welches Klima in welchem Gebiet vorherrscht, ist abhängig von **mehreren Faktoren:**

- geografische Breite
- Entfernung zum Meer
- Höhenlage
- Bodenbedeckung

Beispiel: Bodenbedeckung

Dunkle Flächen absorbieren das Sonnenlicht, sie saugen es quasi auf. Die Folge: Sie heizen sich rasch auf. Helle Flächen hingegen reflektieren das Sonnenlicht, sie werfen es wieder zurück. Die Folge: Sie heizen sich weniger schnell auf.

1.1 Die Sonne – Motor von Wetter und Klima

Treibende Kraft für Wetter und Klima ist die **Sonneneinstrahlung.** Doch nicht überall auf der Erde ist diese gleich stark. Das hat folgende Gründe:

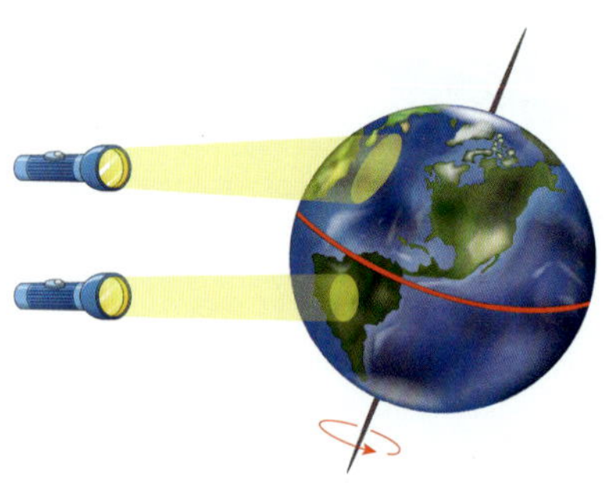

Ungleich verteilte Sonneneinstrahlung

Neigung der Erdachse	Erdrevolution	Erdrotation
Der Erdachse ist um 23,4° geneigt. Während die Sonnenstrahlen am Äquator steil auf die Erdoberfläche treffen, fallen sie an den Polen relativ flach ein. Dabei gilt: Je flacher der Einstrahlungswinkel, desto geringer die Erwärmung – und umgekehrt.	Die Erde dreht sich innerhalb eines Jahres einmal um die Sonne. Dabei neigt sich im Sommer die Nordhalbkugel Richtung Sonne. Im Winter ist das Gegenteil der Fall.	Die Erde dreht sich in 24 Stunden einmal um ihre eigene Achse. Dabei wechseln sich Tag und Nacht ab. In der Nacht kühlt es aufgrund der fehlenden Sonneneinstrahlung ab.

Die Abbildung zeigt Ihnen, wie diese drei Faktoren zusammenwirken:

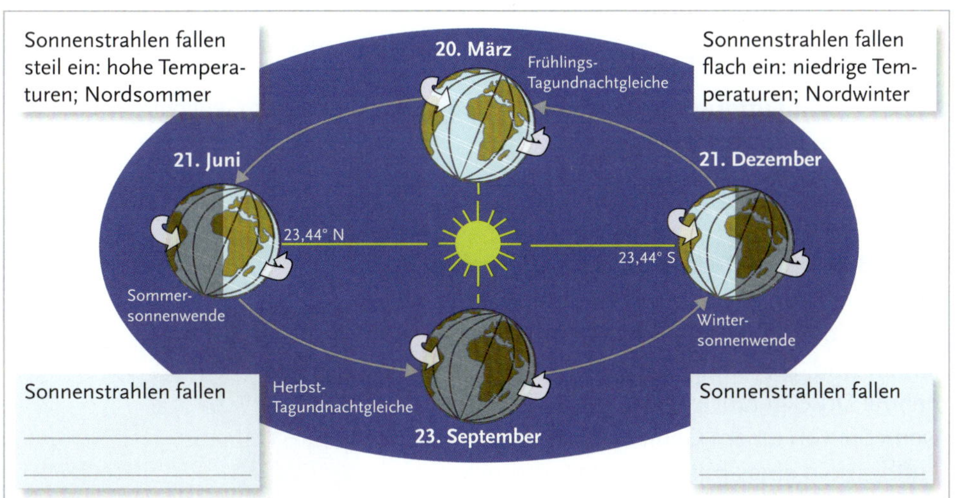

Betrachten Sie die nebenstehende Abbildung. Ergänzen Sie die Texte für die Südhalbkugel.

Beispiel: Auswirkung der Erdrevolution – Sonnenwenden

- Am **21. Juni** ist Sommersonnenwende, der **Tag** ist **am längsten.** Zu diesem Zeitpunkt steht die Sonne auf der Nordhalbkugel am höchsten. Man sagt auch, sie steht im Zenit.
- Am **21. Dezember** ist Wintersonnenwende, der **Tag** ist **am kürzesten.** Zu diesem Zeitpunkt steht die Sonne am tiefsten, die längste Nacht des Jahres bricht an. Aber nicht vergessen: Ab diesem Datum werden die Tage auch schon wieder länger.

der Zenit = Punkt des Himmels, der genau senkrecht über dem Ort ist, an dem man sich befindet. Steht die Sonne im Zenit, würde ein senkrecht auf dem Boden stehender Stab keinen Schatten werfen.

Arbeitsaufgabe – „Die Sonne – Motor von Wetter und Klima"

- Überprüfen Sie, ob folgende Aussagen richtig oder falsch sind:

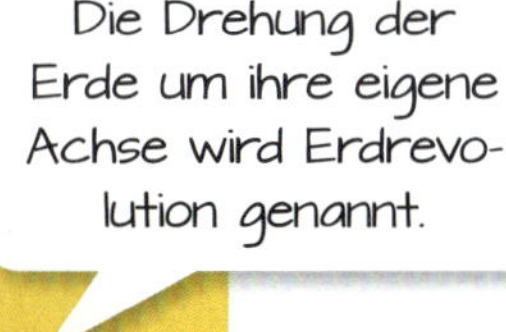

1.2 Klimaelement: Luftdruck

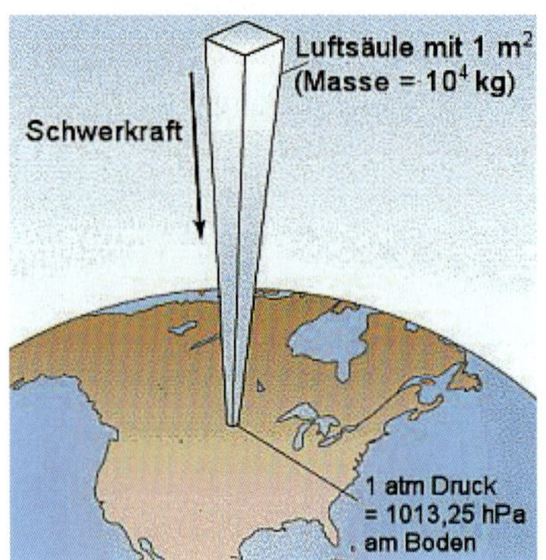

Luftsäule bis Atmosphären-obergrenze

DAS SOLLTEN SIE SPEICHERN

Mit **Luftdruck** bezeichnet man den Druck, den das Gewicht der Luft auf die Erdoberfläche ausübt.

Beispiel: Luftdruckunterschiede wahrnehmen

Wenn Sie schon einmal mit einem Flugzeug gelandet oder mit dem Auto rasch bergab gefahren sind, kennen Sie bestimmt das unangenehme Druckgefühl in den Ohren. Es entsteht, wenn Sie von einem Gebiet mit niedrigerem Luftdruck in eines mit höherem Luftdruck gelangen. Die sensiblen Ohren merken den Unterschied!

Die Höhenlage hat also einen Einfluss auf den Luftdruck: In der **Höhe** herrscht grundsätzlich immer ein **niedrigerer Luftdruck als am Boden.**

Wenn die Luft in Bewegung gerät: die Luftzirkulation

Die Sonneneinstrahlung verursacht Temperaturunterschiede und die Luft reagiert darauf:

- **Erwärmung** führt zu **Ausdehnung,** die **Luft steigt auf.**
  → **Folge:** Am Boden sinkt der Luftdruck. Ein **Tiefdruckgebiet** (Tief) entsteht.
- **Abkühlung** führt zu **Verdichtung,** die **Luft sinkt ab.**
  → **Folge:** Am Boden steigt der Luftdruck. Ein **Hochdruckgebiet** (Hoch) entsteht.

Liegen ein Tief- und ein Hochdruckgebiet nebeneinander, so setzt eine **Ausgleichsbewegung** ein: der Wind. Er weht immer vom Hoch zum Tief.

Die Luftzirkulation vom Hoch zum Tief

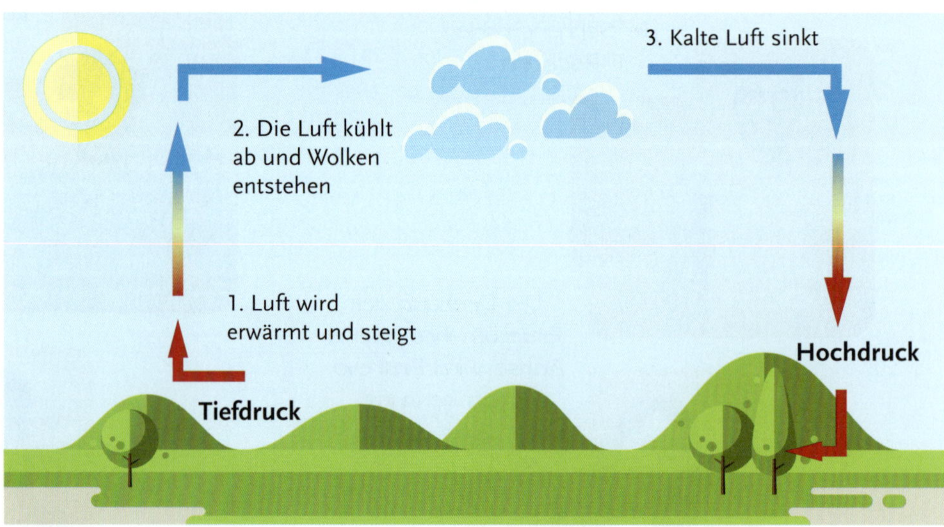

Was hat die Luftzirkulation mit dem Wetter zu tun?

Die aufsteigende Luft kühlt sich mit zunehmender Höhe ab und der Wasserdampf kondensiert, es bilden sich Wolken. Der in den Wolken enthaltene Wasserdampf fällt oft als Regen (auch als Schnee oder Hagel) zur Erde.

kondensieren = Übergang vom gasförmigen in den flüssigen Zustand

Die kalte und mittlerweile trockene Luft sinkt wieder zu Boden. Dort entsteht ein **Hochdruckgebiet.** Bei Hochdruck ist der **Himmel meist wolkenfrei.**

Ein **wolkenfreier Himmel** bedeutet, dass die Wärme in der **Nacht** ungehindert abstrahlen kann. Wolkenfreie, klare Nächte sind daher **oft sehr kalt** – z. B. in Wüsten!

1.3 Globale Luftdruckgürtel – globale Winde

Rund um den Erdball wehen ständig Winde, die aufgrund der unterschiedlichen Erwärmung der Erdoberfläche entstehen. Sie bilden eine stabile **Luftzirkulation**, die auf der **Nordhalbkugel** folgendermaßen funktioniert:

Startpunkt ist der **Äquator:** Dort erwärmt sich die Luft am stärksten. Sie steigt auf und am Boden entsteht ein **Tiefdruckgebiet.** Dieses Tief wird als **äquatoriale Tiefdruckrinne oder innertropische Konvergenzzone (ITCZ)** bezeichnet.

die Konvergenz = Zusammenfließen; der Name sagt schon, was dort passiert: Zwei Winde, nämlich der Passat aus Südost und jener aus Nordost, prallen aufeinander.

Je weiter die Luft aufsteigt, desto stärker **kühlt** sie **ab.** Die Folge: Sie **sinkt** wieder zu Boden. Das passiert allerdings nicht am Äquator, sondern **am Wendekreis.** Dort entsteht ein **Hochdruckgebiet.** Dieses Hoch wird **subtropischer Hochdruckgürtel** genannt.

Trifft die Luft am **Wendekreis** auf den **Boden,** teilt sie sich in **zwei Windsysteme** auf:

- **Passatwind:** Er strömt am Boden **zurück zum Äquator** und kommt aus nordöstlicher Richtung. Die äquatoriale Tiefdruckrinne zieht ihn an.
- **Westwind:** Er strömt am Boden **Richtung Pole** und kommt aus westlicher Richtung. Das Klima in Österreich steht unter seinem Einfluss.

Nennen Sie drei Staaten, durch die der nördliche Wendekreis verläuft. Sie können für diese Übung die Karten im letzten Buchkapitel verwenden.

Schlussendlich kommt es zu einem letzten, finalen Aufeinandertreffen zweier Winde: Der **Westwind** trifft an der **subpolaren Tiefdruckrinne** auf den **polaren Ostwind,** der – wie sein Name schon verrät – seinen Ursprung an den kalten Polen hat. Kommt es zur Konfrontation, müssen beide Windströme in die Höhe ausweichen. Von dort strömen sie wieder zurück: der Ostwind Richtung Pole, der Westwind Richtung Wendekreise.

FILM AB!

Alles noch schwer vorstellbar? Ein Video zu den globalen Winden finden Sie hier: www.trauner.at/globale_winde

DAS SOLLTEN SIE SPEICHERN

Diese **Luftzirkulation** findet in **gleicher Weise auch auf der Südhalbkugel** statt. Es gibt diese Winde und Luftdruckgürtel also immer in zweifacher Ausführung. Mit Ausnahme der äquatorialen Tiefdruckrinne natürlich!

Arbeitsaufgaben – „Globale Luftdruckgürtel – globale Winde“

1. Bestimmen Sie, ob folgende Aussagen zum globalen Windsystem richtig sind.

Aussagen	Richtig	Falsch
Am Äquator liegt ein ständiges Hochdruckgebiet.	○	○
Beim Aufsteigen kühlt die Luft ab.	○	○
Die Passatwinde strömen Richtung Äquator.	○	○
Österreich liegt in der Zone der polaren Ostwinde.	○	○

2. Ergänzen Sie die Grafik mit den vorgegebenen Begriffen.

Polarhoch (zweimal) ■ Südostpassat ■ Nordostpassat ■ äquatoriale Tiefdruckrinne ■ subtropischer Hochdruckgürtel (zweimal) ■ außertropischer Westwind (zweimal) ■ polarer Ostwind (zweimal) ■ subpolare Tiefdruckrinne (zweimal)

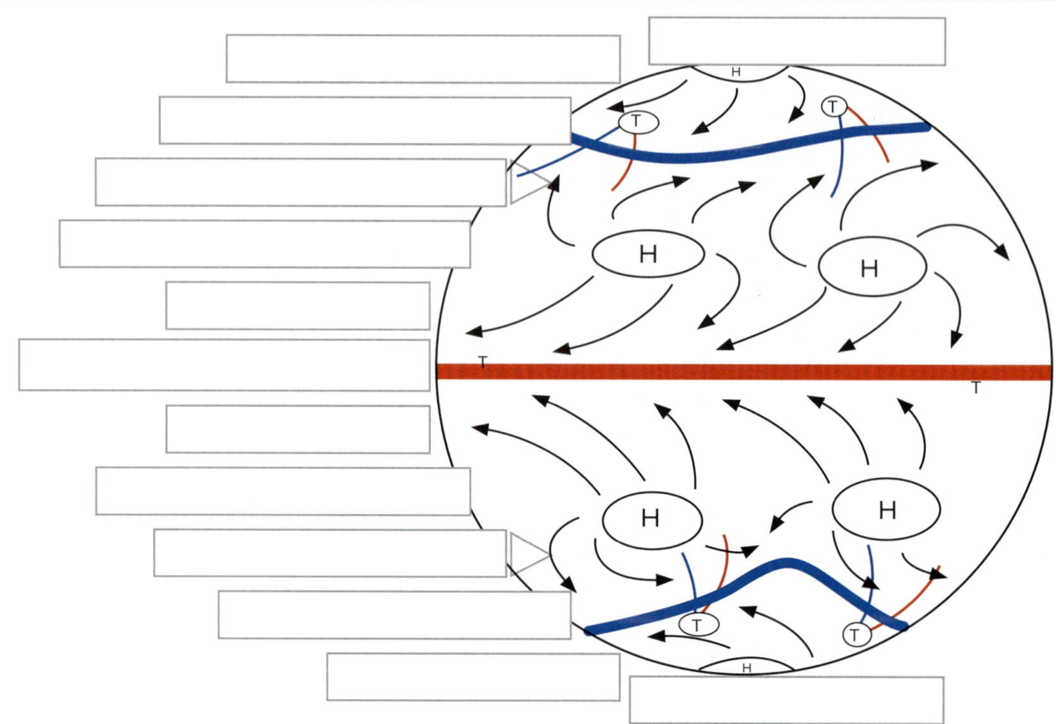

Ablenkung von globalen Windströmungen

Globale Winde wie der Passat wehen nicht geradlinig von A nach B. Sie werden **abgelenkt.** Grund dafür ist die **Drehung der Erde.** Legen Winde große Distanzen zurück, kommen sie in Gebiete mit höherer oder geringerer Drehgeschwindigkeit. Dabei wirkt die **Corioliskraft** auf sie ein. Blickt man in Windrichtung, ergibt sich folgende Ablenkung:

- Auf der Nordhalbkugel nach rechts
- Auf der Südhalbkugel nach links

Sie wissen doch bestimmt noch den Umfang des Äquators. Berechnen Sie die Drehgeschwindigkeit der Erde am Äquator und an den Wendekreisen.

Arbeitsaufgabe – „Windströmungen“

- Recherchieren Sie, ob die unterschiedlichen Drehrichtungen auch Wasserstrudel (z. B. beim Abfließen von Wasser im Waschbecken) betreffen. Begründen Sie Ihre Antwort.

2 Das Klimadiagramm

DAS SOLLTEN SIE SPEICHERN

Ein **Klimadiagramm** zeigt, wie sich der **Niederschlag** und die **Temperatur** im Verlauf eines Jahres verändern. Es wird immer für einen konkreten Ort erstellt.

Die **blaue Kurve** stellt den Verlauf der **Niederschläge** im Jahr dar, die **rote Kurve** den Verlauf der **Temperatur.** Je nach Lage der beiden Kurven unterscheidet man zwei Zeiten:

- **Aride Zeit = Trockenzeit**
  Es verdunstet mehr, als durch Niederschlag nachkommt. Im Diagramm liegt die Temperaturkurve über der Niederschlagskurve.
- **Humide Zeit = feuchte Zeit**
  Es fällt mehr Niederschlag, als in der gleichen Zeit verdunstet. Im Diagramm liegt die Temperaturkurve unter der Niederschlagskurve.

Hier sehen Sie das Klimadiagramm von Rom. Rom ist ein Beispiel für das Mittelmeerklima: Im Sommer ist es heiß und trocken, der Winter ist kühl und regnerisch.

Arbeitsaufgaben – „Das Klimadiagramm"

1. Finden Sie folgende zwölf Informationen im Klimadiagramm. Schreiben Sie die Zahlen aus dem Diagramm in die Kreise.

- ◯ Mittlere Jahrestemperatur
- ◯ Niederschlagsskala in Millimeter
- ◯ Trockene Zeit (arid)
- ◯ Mittlere jährliche Niederschlagsmenge
- ◯ Temperaturkurve
- ◯ Höhe über dem Meer (in Meter)
- ◯ Temperaturskala in Grad Celsius
- ◯ Monate Jänner–Dezember (auf der Südhalbkugel Juli–Juni)
- ◯ Feuchte Zeit (humid)
- ◯ Wachstumszeit (über 5 °C, wenn genügend Feuchtigkeit vorhanden ist)
- ◯ Niederschlagskurve
- ◯ Name der Wetterstation

Hinweis: Üblicherweise werden bei sehr hohen Niederschlägen in den Klimadiagrammen die Werte oberhalb von 100 mm Niederschlag um den Faktor 1 : 10 verkürzt dargestellt. Grafisch bedeutet das, dass dieser Bereich über 100 mm schwarz eingefärbt wird. (siehe Seite 64 ff.)

Beispiel eines Klimadiagramms: Rom

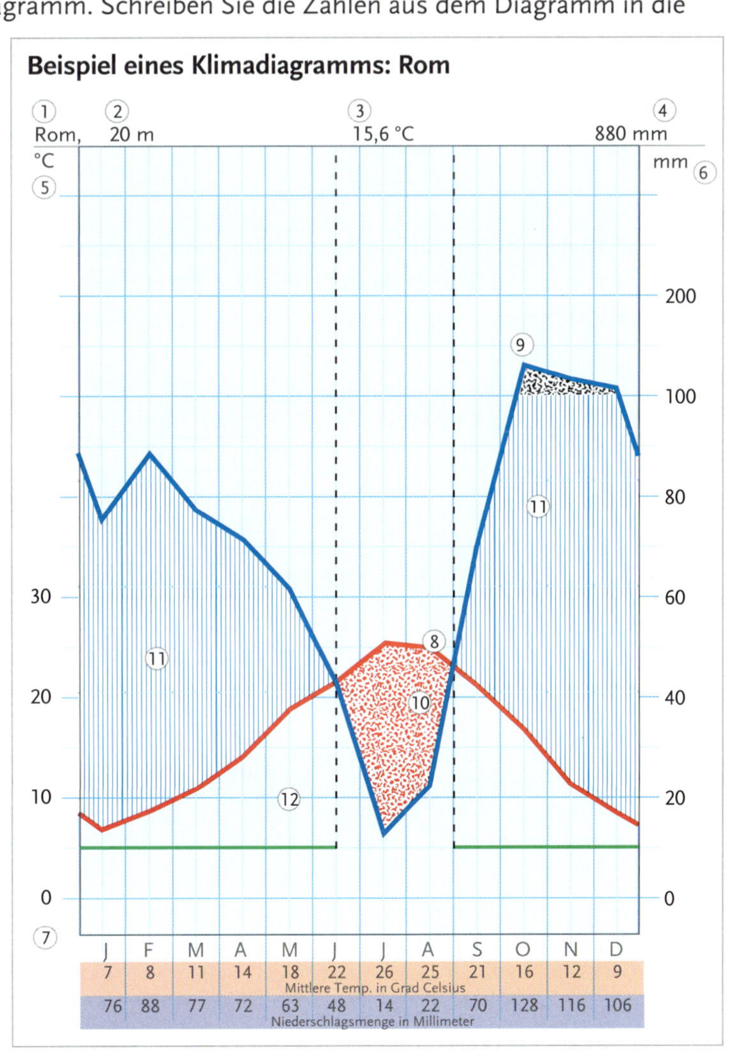

2. Ordnen Sie die nummerierten Aussagen den entsprechenden Klimadiagrammen zu.

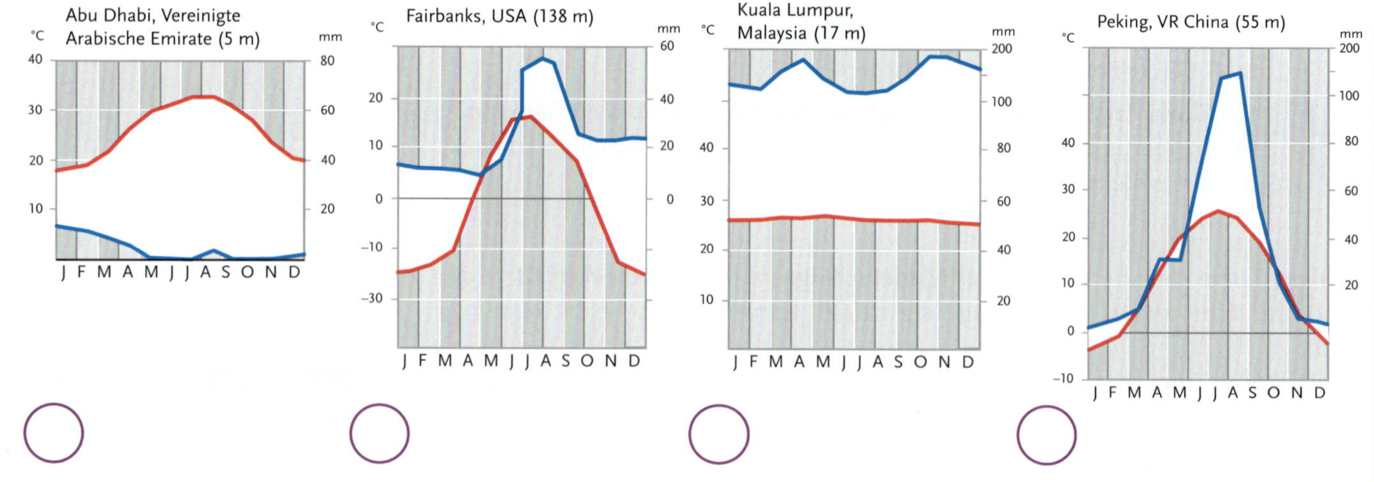

❶ Hohe Luftfeuchtigkeit erfordert leichte Kleidung. Ein Moskitonetz schützt vor Insekten (nicht notwendig in Hotels gehobener Kategorie). Es besteht Erkältungsgefahr durch Klimaanlagen.

❷ Trinken (mehr als zu Hause, keinen Alkohol!); Sonnenschutz (nach dem Vorbild der Einheimischen nicht der Sonne aussetzen); Gewitterregen in der Wüste können Wadis oft meterhoch überfluten – Lebensgefahr!

❸ Die Stadt liegt zwar auf der geografischen Breite von Süditalien, es herrscht jedoch wintertrockenkaltes Klima.

❹ Trotz geringer Niederschläge im Sommer Regenkleidung und Insektenschutz nicht vergessen. Die Wintertemperaturen werden durch Wind verschärft (Windchill).

3. In den Tabellen finden Sie die Temperatur- und Niederschlagswerte von San Francisco und Sydney. Erstellen Sie auf Basis dieser Werte die beiden Klimadiagramme.

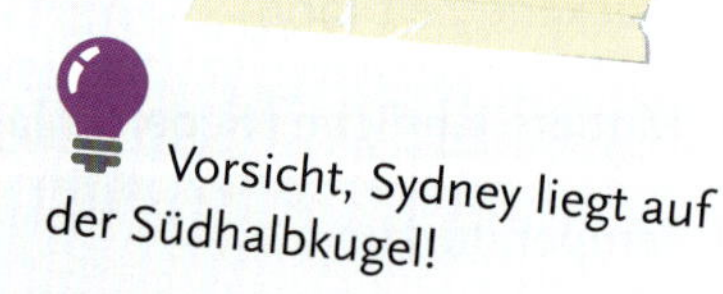

San Francisco, USA (5 m)

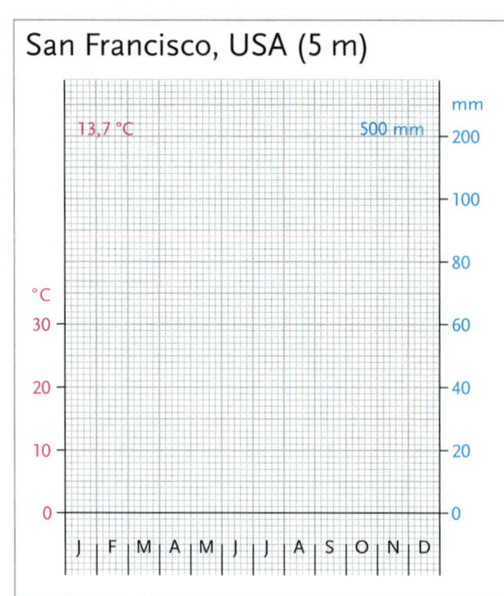

Monat	mm	°C
Jan.	118	9,2
Feb.	82	10,9
März	67	11,5
April	39	12,7
Mai	8	14,3
Juni	3	15,9
Juli	1	16,8
Aug.	1	17,2
Sept.	5	16,9
Okt.	27	15,9
Nov.	58	12,5
Dez.	90	9,6

Sydney, Australien (3 m)

17,9 °C 1173 mm

J A S O N D J F M A M J

Monat	mm	°C
Juli	54	12,0
Aug.	90	13,2
Sept.	60	15,4
Okt.	74	17,9
Nov.	101	19,8
Dez.	81	22,1
Jan.	116	22,8
Feb.	113	22,8
März	148	21,5
April	120	18,6
Mai	88	15,9
Juni	128	12,9

3 Die Klima- und Vegetationszonen

Die Tropen – Ayla gerät bei diesem Begriff ins Schwärmen: Dort ist es immer warm, die Sonne scheint den ganzen Tag und die Natur ist einfach atemberaubend. „Da mal Urlaub machen, das wär's", denkt sie sich und fängt auch schon an, Pläne zu schmieden. Doch hat sie gut genug recherchiert?

Was verbinden Sie mit den Tropen?

Das Zusammenspiel der Klimafaktoren bringt unterschiedliche Landschaften hervor, die durch eine angepasste Vegetation gekennzeichnet sind. Es gibt vier große Klima- und Vegetationszonen:

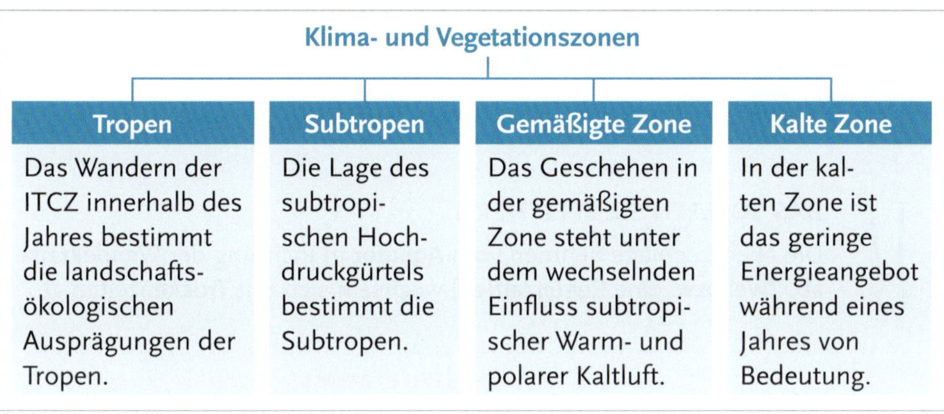

Klima- und Vegetationszonen

Tropen	Subtropen	Gemäßigte Zone	Kalte Zone
Das Wandern der ITCZ innerhalb des Jahres bestimmt die landschaftsökologischen Ausprägungen der Tropen.	Die Lage des subtropischen Hochdruckgürtels bestimmt die Subtropen.	Das Geschehen in der gemäßigten Zone steht unter dem wechselnden Einfluss subtropischer Warm- und polarer Kaltluft.	In der kalten Zone ist das geringe Energieangebot während eines Jahres von Bedeutung.

Die folgende Karte zeigt Ihnen die weltweite Lage der unterschiedlichen Zonen:

Tropen
1 Immerfeuchte Tropen – tropischer Regenwald
2 Wechselfeuchte Tropen – Savannen

Subtropen
3 Steppen und Wüsten
4 Mittelmeerklima (Westseitenklima)
5 Ostseitenklima

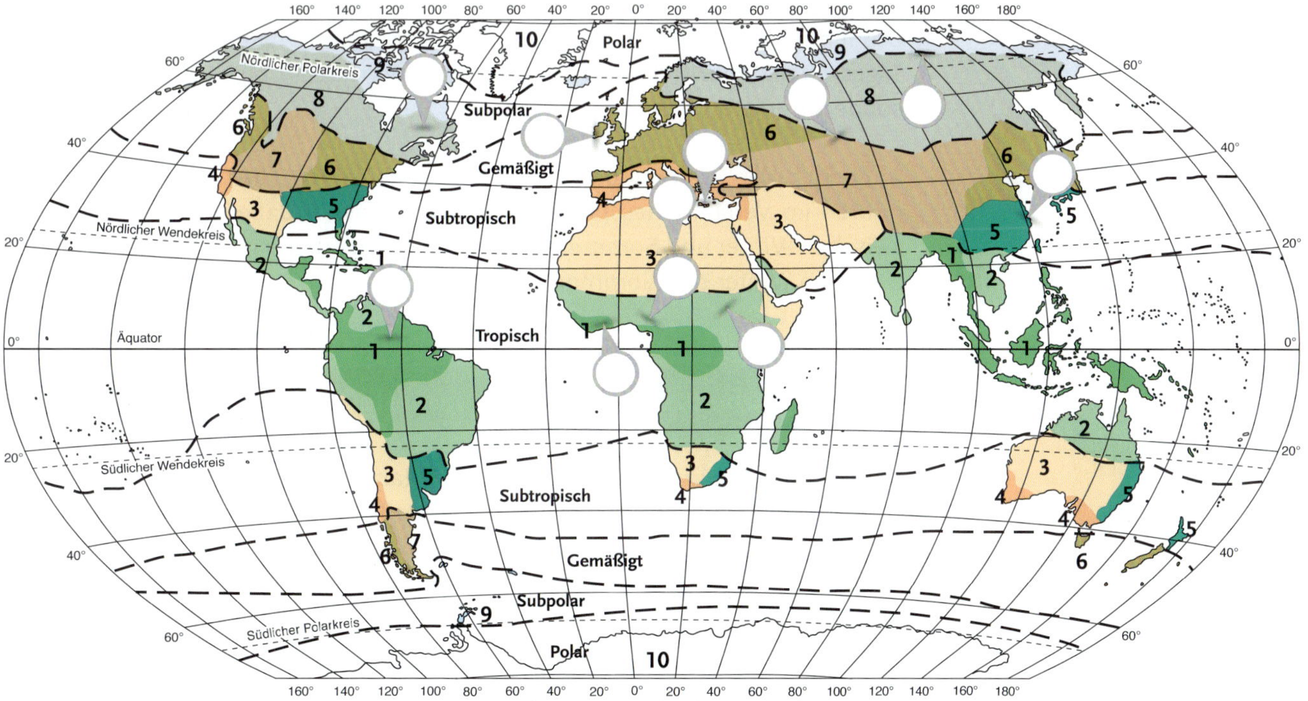

Nördlicher Polarkreis
Nördlicher Wendekreis
Äquator
Südlicher Wendekreis
Südlicher Polarkreis
Polar
Subpolar
Gemäßigt
Subtropisch
Tropisch

Gemäßigte Zone
6 Feuchtgemäßigte Zone
7 Steppen und Wüsten

Kalte Zone (= subpolare und polare Zone)
8 Borealer Nadelwald
9 Tundra
10 Ewiges Eis

3.1 Tropen

Die Tropen liegen – grob definiert – zwischen dem Äquator und den Wendekreisen. Nach der Anzahl der humiden Monate unterscheidet man zwei Typen:

Tropischer Regenwald

Savanne

Im Kapitel „Menschliche Nutzung verändert die Erde" erfahren Sie mehr über das sensible Ökosystem Regenwald.

DAS SOLLTEN SIE SPEICHERN

Die Niederschläge nehmen vom **Äquator** in Richtung der **Wendekreise** ab. **Zwei bzw. eine Regenzeit(en)** wechseln sich mit **Trockenzeiten** ab.

3.1.1 Die immerfeuchten Tropen: tropische Regenwälder

Die immerfeuchten Tropen haben fast das ganze Jahr Niederschläge. Die intensiven täglichen Nachmittagsgewitter, auch **Zenitalregen** genannt, sorgen für große Regenmengen. Besonders heftig sind die Niederschläge, wenn im Frühling und im Herbst die ITCZ den Äquator überquert. Zehn bis zwölf Monate sind humid.

Die Temperatur schwankt während des Jahres kaum, man spricht daher von einem **Tageszeitenklima.** In diesem entstehen immergrüne, tropische Regenwälder, die besonders üppig und artenreich sind.

Außerhalb der Tropen gibt es das Jahreszeitenklima. Hier schwanken die Temperaturen im Verlauf eines Jahres stark. Man braucht dabei nur an den Gegensatz zwischen Winter und Sommer zu denken. In den Tropen gibt es keinen Unterschied zwischen Winter und Sommer!

Auf den folgenden Seiten finden Sie zu jeder Klimazone passende Klimadiagramme. Tragen Sie die Nummern der Klimadiagramme in die Karte auf der vorherigen Seite ein.

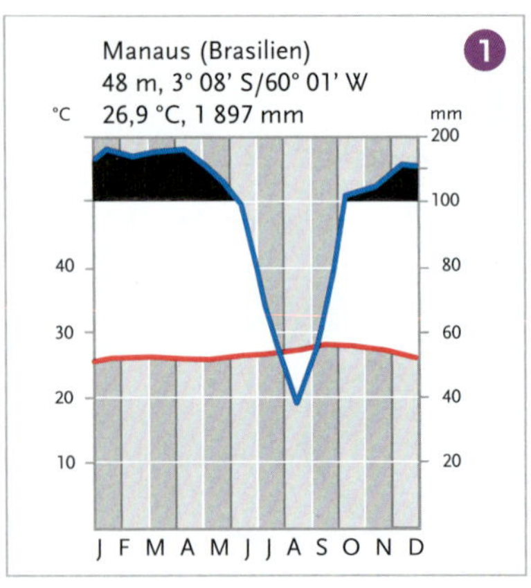

Arbeitsaufgabe – „Die immerfeuchten Tropen"

- Zeichnen Sie im Klimadiagramm von Manaus in der weißen Fläche zwischen der blauen Niederschlags- und der roten Temperaturkurve mit senkrechten blauen Strichen die humiden und mit roten Punkten die ariden Monate ein.

3.1.2 Die wechselfeuchten Tropen: Savannen

Während in Äquatornähe zwei Regenzeiten heftige Starkregen bringen, muss sich in Äquatorferne die Vegetation mit einer kurzen Regenzeit begnügen. Die Temperaturen bleiben in den wechselfeuchten Tropen das ganze Jahr mit nur geringen Schwankungen hoch.

Mit den abnehmenden Regenmengen in Richtung der Wendekreise wandelt sich auch die Vegetation, die sich an die zunehmende Trockenheit anpasst. Vor allem **Gräser** dominieren in der natürlichen Vegetation, man spricht von Savannen.

Äquator ⟶ **Wendekreise**

	Feuchtsavanne	Trockensavanne	Dornsavanne
Jährlicher Niederschlag	1 000–1 500 mm	500–1 000 mm	200–500 mm
Vegetation	■ Ganzjährig laubtragende Sträucher ■ Immergrüne „Galeriewälder" entlang von Flüssen – vergleichbar mit den tropischen Regenwäldern ■ Übermannshohe Gräser	■ Grasland ■ Einzeln stehende Bäume (z. B. Schirmakazien) ■ Auch Wälder und laubwerfende Sträucher ■ In Australien: Eukalyptusbäume	■ Niedrige Gräser und Dornsträucher ■ Keine geschlossene Grasdecke ■ Unter 200 mm Niederschlag beginnt die Halbwüste
	Feuchtsavanne im Nordosten Brasiliens	Trockensavanne im Tarangire-Nationalpark, Tansania	Dornsavanne in der Sahelzone, Niger
	2a Buaké (Côte d'Ivoire) 365 m, 7° 42' N/5° 00' W 26,6 °C, 1 210 mm	2b Kano (Nigeria) 470 m, 12° 03' N/8° 32' O 26,2 °C, 873 mm	2c El-Fasher (Sudan) 730 m, 13° 38' N/25° 21' O 26,1 °C, 286 mm

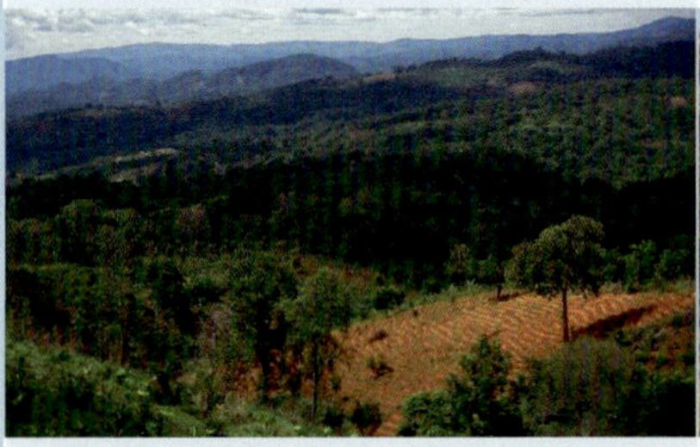

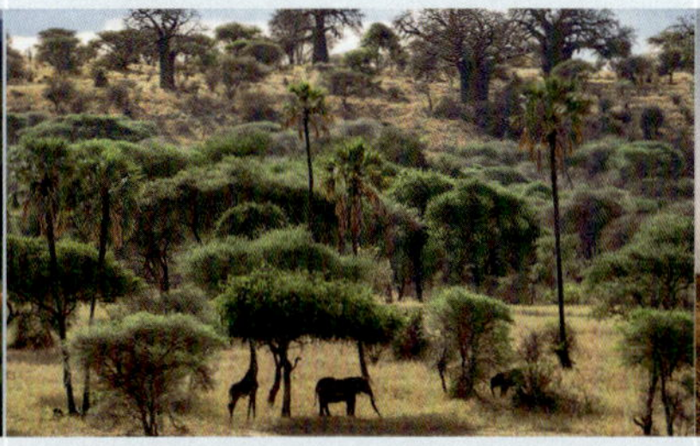

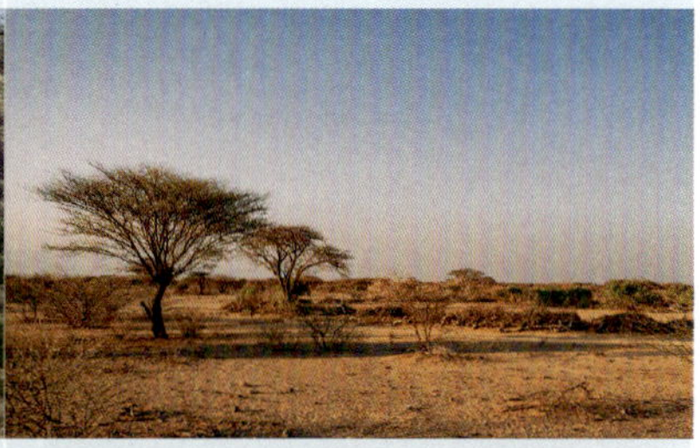

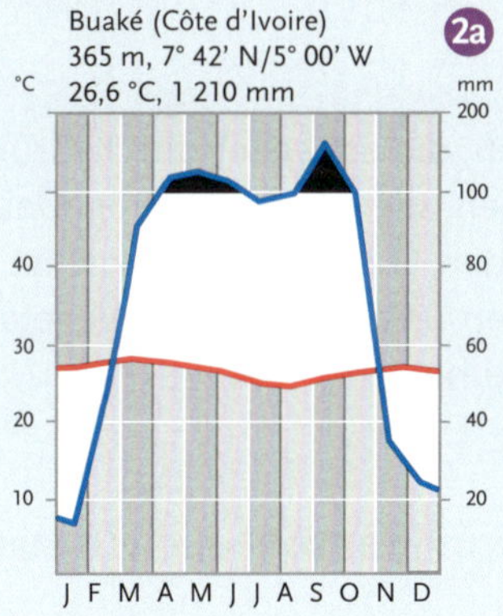

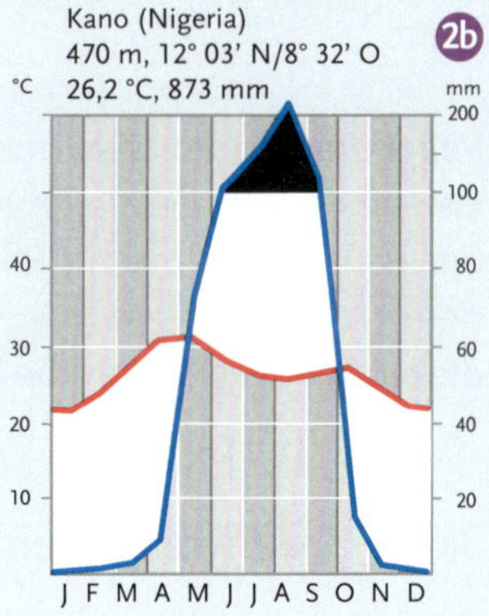

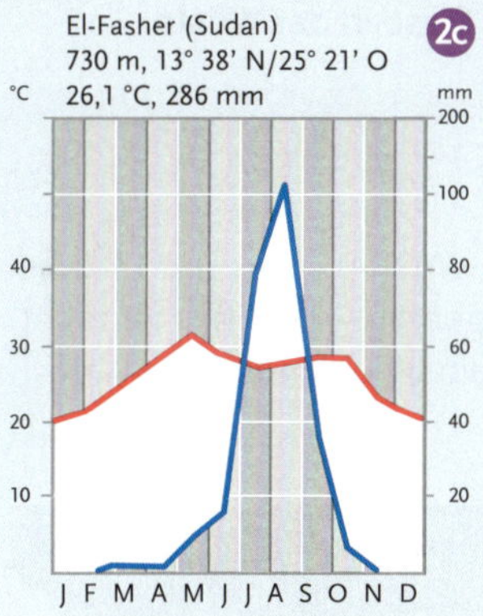

3.2 Die Subtropen

Die Zone der Subtropen schließt sich nördlich und südlich an die Tropen an. Sie reicht dann ungefähr bis 40° nördlicher bzw. südlicher Breite. Um eine Vorstellung zu bekommen: Rom, die Hauptstadt Italiens, liegt bei 42° nördlicher Breite.

DAS SOLLTEN SIE SPEICHERN

Im Gegensatz zu den Tropen gibt es in den Subtropen **jahreszeitliche Temperaturschwankungen** und **ausgeprägte Jahreszeiten.** Man spricht vom **Jahreszeitenklima.**

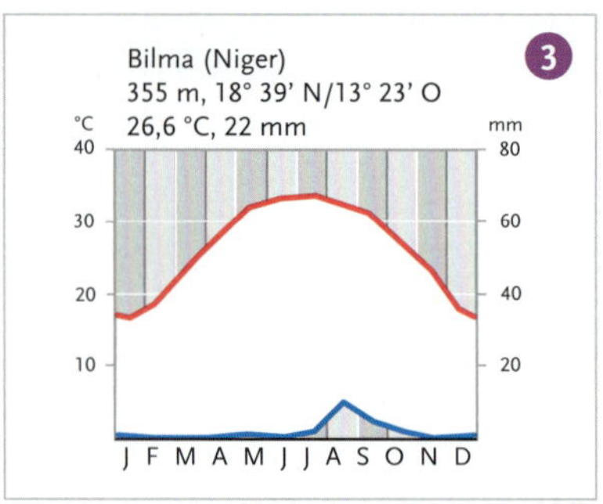

Eine Oase in der Wüste

Wüsten sind durch Trockenheit geprägt, die Hitze ist nicht das entscheidende Kriterium.

Rinde einer Korkeiche

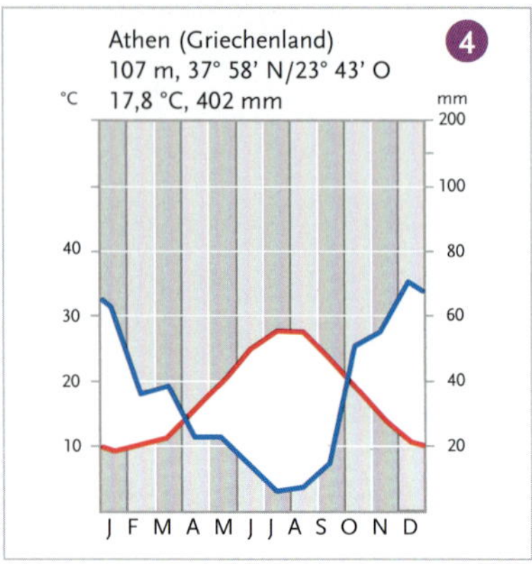

Man unterscheidet folgende Typen:

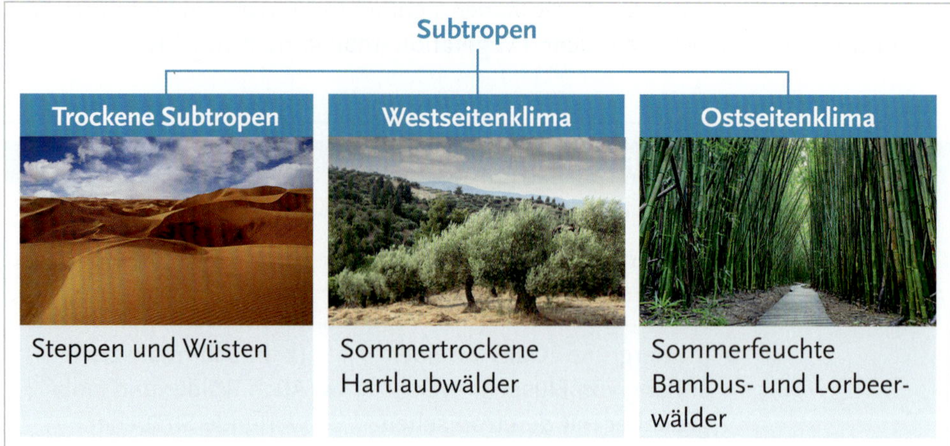

3.2.1 Trockene Subtropen: Steppen und Wüsten

Extreme Trockenheit (zwölf Monate arid) kennzeichnet diese Zone. Wenn alle paar Jahre Niederschläge fallen, können diese intensiv sein und z. B. Wadis (Trockentäler) überfluten. Auch **Nachtfröste** sind möglich, da während der Nacht die Energie mangels schützender Wolkendecke wieder in das Weltall abgestrahlt wird. Die Temperaturgegensätze zwischen Tag und Nacht zerlegen das Gestein.

Bei den Wüsten unterscheidet man Steinwüsten (Hamadas), Kieswüsten (Serire) und Sandwüsten (Ergs). Das Ausgangsgestein bestimmt, welche Wüstenform entsteht.

Vegetation findet man nur in **Oasen,** die entweder durch Grundwasservorkommen entstehen, oder entlang von Flüssen, die aus feuchteren Gebieten kommen (z. B. der Nil). Eine typische Pflanze in den Oasen Nordafrikas ist die Dattelpalme. Andere typische Pflanzen sind Kakteen und Agaven. Die Vegetation schützt sich mit dicken Blättern gegen die Verdunstung.

3.2.2 Das Westseitenklima: sommertrockene Hartlaubwälder

Das Westseitenklima liegt – wie der Name verrät – an der Westseite der Kontinente. In **Europa** zählt zu dieser Zone der Mittelmeerraum, weshalb man vom **Mittelmeerklima** spricht. Aber auch in Mittelkalifornien, Mittelchile, im Kapland Südafrikas sowie im Süden Australiens gibt es Regionen mit diesem Klimatypus.

Fast alle Niederschläge fallen vom Herbst bis ins Frühjahr. Im Sommer sorgt der **subtropische Hochdruckgürtel** für eine heiße und trockene Phase. Die Pflanzen haben sich an die Trockenheit angepasst und harte Blätter entwickelt. Man spricht daher von Hartlaubgewächsen. Beispiele sind Oleander, Olivenbaum, Lorbeer, Korkeichen oder Zitrusbäume (Orange, Zitrone etc.).

Im **Mittelmeerraum** existiert heute fast nur noch **Buschwald,** der in Italien **Macchia** genannt wird. Überweidung und Abholzung haben die ursprüngliche Vegetation zerstört.

3.2.3 Das Ostseitenklima: sommerfeuchte Lorbeer- und Bambuswälder

An der Ostseite der Kontinente befindet sich das Ostseitenklima, z. B. im Südosten der USA oder im Südosten Chinas. **Ganzjährig humides Klima** sorgt für eine üppige Vegetation in Form von Lorbeer- und Bambuswäldern.

Die Hauptniederschläge fallen – im Gegensatz zum Westseitenklima – im Sommer. Die Niederschläge bringt der Monsun, auch tropische Wirbelstürme spielen eine wichtige Rolle. Im Winter sind sogar Minusgrade möglich.

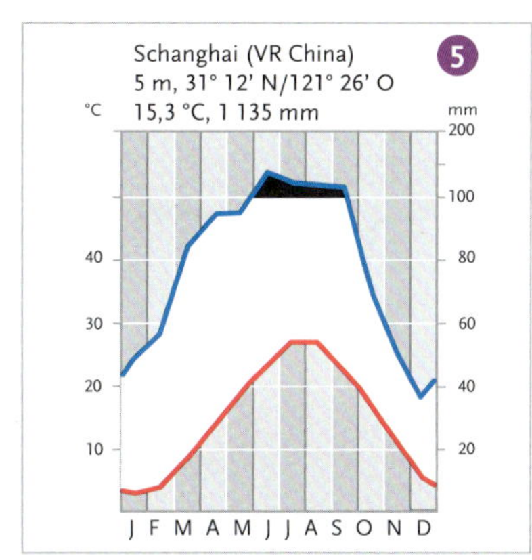

3.3 Die gemäßigte Zone

Die gemäßigte Zone liegt in den **mittleren Breiten.** Sie schließt sich nördlich und südlich an die Subtropen an und reicht bis zur kalten Zone (60° nördliche sowie südliche Breite). Wie in den Subtropen auch, herrscht in der gemäßigten Zone ein **Jahreszeitenklima.**

Die Westwinde – ein wichtiger Einflussfaktor

Die Westwinde haben einen wesentlichen Einfluss auf die gemäßigte Zone. Sie sind Teil der globalen Windzirkulation und wehen in den mittleren Breiten beständig von West nach Ost.

Winde werden oft nach der Richtung bezeichnet, aus der sie kommen.

Auf dem Weg über den **Ozean** speichert die Luft viel **Feuchtigkeit,** die sie wieder abgibt, wenn die Küste erreicht wird. Je weiter man also ins **Landesinnere** kommt, desto **weniger Niederschlag** fällt, da die Luft trockener wird. Gleichzeitig werden die Temperaturunterschiede zwischen Sommer und Winter größer.

DAS SOLLTEN SIE SPEICHERN

In den **küstennahen Gebieten** wird das Klima als **ozeanisch** bezeichnet, das Klima **im Inneren der Kontinente** hingegen als **kontinental.** Dazwischen gibt es eine **Übergangszone,** zu der auch Österreich zählt.

Die gemäßigte Klimazone ist also sehr unterschiedlich. Man unterscheidet zwischen folgenden Zonen:

Mischwälder: Laub- und Nadelbäume kommen hier gemeinsam vor.

3.3.1 Feuchtgemäßigte Zone: sommergrüne Laub- und Mischwälder

Die feuchtgemäßigte Zone ist **mild.** Das bedeutet, dass die Sommer nicht sehr heiß sind, die Winter aber auch nicht sehr kalt. Hitze- und Kälterekorde findet man hier kaum. Sommergrüne **Laub- und Mischwälder** dominieren die Vegetation. Die Laubbäume werfen im Herbst ihre Blätter ab, im Frühjahr beginnen sie erneut zu wachsen.

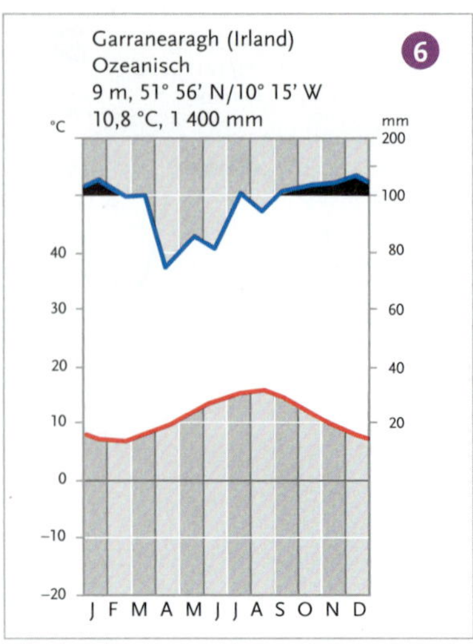

Man findet diese Zone in Küstennähe, z. B. in der Bretagne in Frankreich oder in Irland. Aber auch weiter nördlich ist dieses Klima noch anzutreffen, z. B. im südlichen Norwegen.

DAS SOLLTEN SIE SPEICHERN

Durch die **warmen Meeresströmungen** des **Golfstroms** und des **Nordpazifischen Stroms** reicht das feuchtgemäßigte Klima **weit nach Norden.**

Das gemäßigte Klima Nordamerikas weist eine Besonderheit auf, denn hier kommt der Einfluss der Nord-Süd-verlaufenden Rocky Mountains hinzu: Die feuchten Luftmassen, die der Westwind bringt, müssen aufsteigen. Im Luv des Gebirges gibt es daher die außertropischen Regenwälder, im Lee hingegen ist es trocken.

Luv = Seite, die dem Wind zugewandt ist

Lee = windabgewandte Seite

Begründen Sie, warum im Luv viel Niederschlag fällt.

3.3.2 Steppen

Mit abnehmenden Niederschlagsmengen verändert sich auch die Vegetation: Der Mischwald geht in **Grasland,** in die Steppe, über. Sie reicht von Ungarn über die Ukraine, Südsibirien bis in die Mongolei und Nordchina. Auch Nordamerika hat Anteil an dieser Zone.

Beispiel: Prärie und Pampa
In Nordamerika bedeckt die Steppe das gesamte Innere des Kontinents. Dort nennt man die Steppe Prärie, in Argentinien Pampa. In den Steppen gibt es die fruchtbarsten Böden der Erde, die Schwarzerden.

Kuibyschew (Russland)
Kontinental
44 m, 55° 27' N/78° 18' O
3,8 °C, 449 mm
7

3.3.3 Wüsten

In Zentralasien, China und der Mongolei haben sich, teilweise auch durch Hochgebirge von Regenfällen abgeschirmt, **winterkalte Wüsten** gebildet.

Beispiel: Wüste Gobi
Die Wüste Gobi ist ein Beispiel für eine Wüste in der gemäßigten Zone. Die große Entfernung zum Ozean und ihre Lage im Lee des Himalaja-Gebirges machen sie zu einem der trockensten Orte der Erde. Bei Jahresniederschlägen von weniger als 50 mm schwankt die Temperatur je nach Jahreszeit zwischen +40 °C und –40 °C.

Beachten Sie:
Auf der **Südhalbkugel** findet man die gemäßigte Zone nur im Süden von Chile, in Tasmanien und auf der Südinsel Neuseelands vor, da ansonsten diese geografischen Breiten von Meer bedeckt sind.

3.4 Die kalte Zone

Die kalte Zone schließt sich nördlich und südlich an die gemäßigte Zone an und reicht bis zu den Polen.

DAS SOLLTEN SIE SPEICHERN
Je weiter man sich den **Polen nähert,** desto dünner wird die Vegetation. Das liegt daran, dass es im Durchschnitt **immer kälter** wird, die **Vegetation** hat **wenig Zeit,** um zu wachsen.

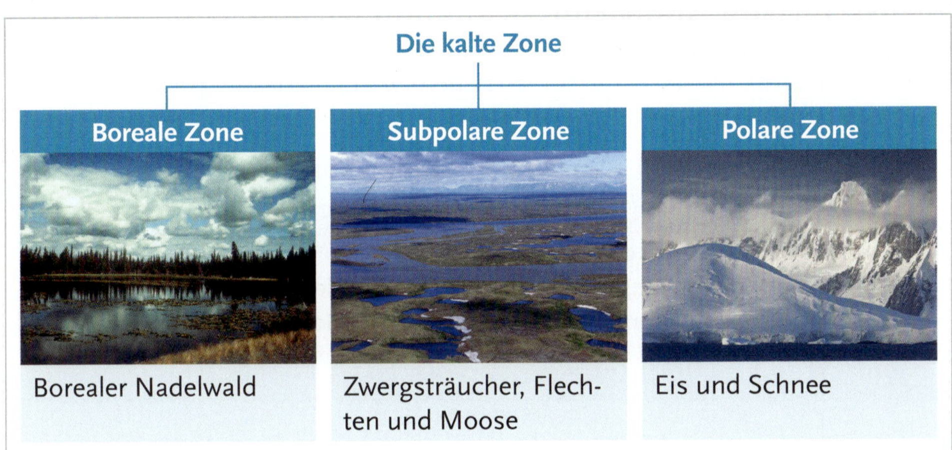

3.4.1 Die boreale Zone: borealer Nadelwald

In der borealen Zone dauert der Winter ca. neun Monate. Die Zeit, die die Pflanzen zum Wachsen haben, beschränkt sich daher auf ca. drei Monate. Die Flüsse tauen Anfang Juni auf und frieren Ende September wieder zu.

Der boreale Nadelwald umspannt den Norden der Nordhalbkugel in einer Breite von 700–3 000 km. Auf der Südhalbkugel kommt er nicht vor, da sich in diesen geografischen Breiten lediglich Meer befindet. In Nordeuropa überwiegen die klimatisch unempfindlichen Fichten und Kiefern, in Sibirien, wo der boreale Nadelwald **Taiga** genannt wird, die nadelwerfenden Lärchen. Der nördliche Nadelwald ist artenarm.

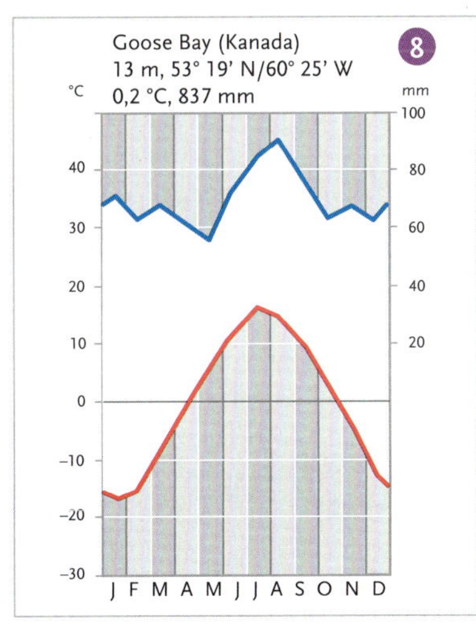

3.4.2 Die subpolare Zone: baumlose Tundra

Die Vegetationszeit in der **Tundra** liegt aufgrund der langen Winter unter zwei Monaten. Selbst im Sommer erreichen die Monatsmitteltemperaturen weniger als 10 °C. Die Niederschlagsmenge ist extrem gering. Wie auch in der Nordzone des borealen Nadelwaldes taut in der Tundra der Boden im kurzen Sommer nicht mehr zur Gänze auf, man spricht von **Permafrost- oder Dauerfrostboden.**

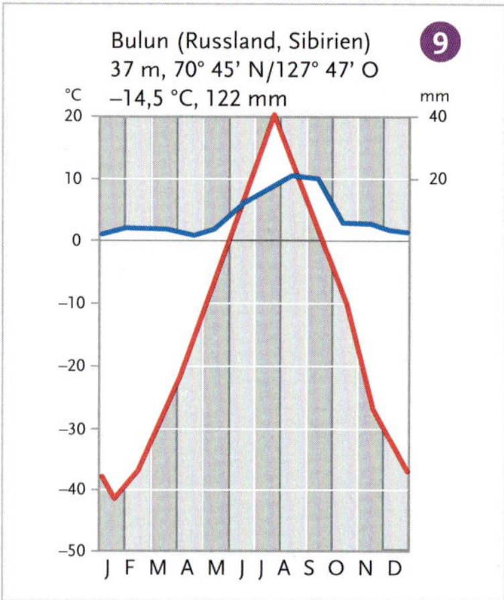

Der Permafrostboden taut im kurzen **Sommer** nur an der Oberfläche auf. Großflächige **Seen** und v. a. **Sumpfgebiete** entstehen, da sich das Wasser im Sommer an der Oberfläche staut. Verkehrslinien, Pipelines oder Siedlungen müssen aufwendig auf Stelzen errichtet werden, ansonsten würden sie im Sommer im aufgeweichten Boden versinken.

Der Tundrengürtel bedeckt ein Zehntel der Festlandoberfläche, seine Vegetation ist spärlich. Wegen der langen Winter können sich nur **niederwüchsige Pflanzen** wie Zwergsträucher, Flechten, Moose, Gräser und Birkengebüsch entwickeln.

3.4.3 Die polare Zone: ewiges Eis

Das Nordpolargebiet, Grönland und die Antarktis sind bis auf wenige Küstengebiete von Eis bedeckt. Ob dies aufgrund des menschlich verursachten Klimawandels in einigen Jahrzehnten noch der Fall sein wird, ist unklar.

Die Niederschläge sind sehr gering, nur die Ausläufer von Tiefdruckgebieten aus den gemäßigten Breiten bringen manchmal Regen. So beträgt der Niederschlag im Inneren der Antarktis aufgrund des polaren Hochs nur 150 mm pro Jahr. Das Jahresmittel der Temperatur liegt bei –35 °C, die tiefste gemessene Temperatur betrug –89,6 °C.

Charakteristisch sind die vielen Stürme. Es werden bis zu 340 Sturmtage pro Jahr gezählt. **Blizzards** (Schneestürme) erreichen Windgeschwindigkeiten von über 200 km/h.

Wie sieht der Tagesverlauf am Südpol aus, wenn im Norden die Polarnacht herrscht?

Kein Tageslicht in Sicht: die Polarnacht
Während der Polarnacht geht bis zu einem halben Jahr die Sonne nicht auf, der Winter ist daher sehr lang, die Vegetationsperiode, wenn überhaupt vorhanden, sehr kurz.

Arbeitsaufgaben – „Die Klima- und Vegetationszonen"

1. Ordnen Sie die Begriffe den Definitionen bzw. längeren Texten zu.

Tundra	Klimazone nördlich und südlich des Äquators; keine jahreszeitlichen Temperaturschwankungen; immer warm bis heiß
Tropen	Kältesteppe; baumlose Vegetation (Gräser, Moose, Flechten) auf der Nordhalbkugel
Mittelmeerklima	Baumloses Grasland in den Subtropen und im gemäßigten Klima, v. a. in Zentralasien
Ozeanisches Klima	Vegetationsform der wechselfeuchten Tropen; einzelne Baumgruppen und Bäume, Gräser; Trockenzeiten und Regenzeiten
Savanne	Form des gemäßigten Klimas: heiße Sommer, kalte Winter, eher trocken
Steppe	Weitgehend niederschlagsfreie und deshalb vegetationslose Regionen in den Subtropen und in der gemäßigten Zone
Taiga	Russische Bezeichnung für den borealen (nördlichen) Nadelwald
Kontinentales Klima	Form des gemäßigten Klimas: kühle Sommer, milde Winter, eher feucht
Wüste	Subtropische Zone: heiße, trockene Sommer, milde, aber niederschlagsreiche Winter (Winterregenklima)

2. Waldgebiete der Erde

Die Karte zeigt Ihnen wichtige Verbreitungsgebiete unterschiedlicher Waldarten. Ordnen Sie diese den Regionen in der Tabelle zu.

Region	Waldgebiet
Nordwesten der USA, Südwesten Kanadas	6 B
Amazonasbecken	
Chile	
Alaska	
Südostasien	
Nordskandinavien	
Madagaskar	
Mittelamerika	

Region	Waldgebiet
Queensland, Australien	
Kongobecken	
Ostküste Südafrikas	
Nordkanada	
Westafrika	
Nordrussland	
Sibirien	

3. Welcher Begriff passt nicht zu den anderen? Streichen Sie ihn durch und begründen Sie kurz Ihre Wahl. Notieren Sie, zu welcher Klimazone die übrigen Begriffe gehören.

	Klimazone
Äquator → Prärie → Tageszeitenklima → Savanne	
Blizzards → Macchia → Monsun → Mittelmeerklima	
Jahreszeitenklima → Österreich → Westwinde → Tundra	
Taiga → Permafrost → Laubwald → Sibirien	

4. Nachdem Sie sich mit den Klimazonen nun im Detail beschäftigt haben: Welche Klimazone würden Sie Ayla für einen Urlaub in den Sommerferien empfehlen?

4 Extreme Wetterphänomene

Das Klima kann auch extreme Wetterphänomene hervorbringen: Der **Monsun** bringt heftige Niederschläge, die in regelmäßigen Abständen immer wieder auftreten. **Wirbelstürme** entfalten ihre zerstörerische Kraft. Das hängt nicht immer mit dem Klimawandel zusammen. Klar ist jedoch: Der **Klimawandel** hat einen Einfluss darauf und macht alles weniger berechenbar.

4.1 Der Monsun

Wie war das noch mal? Genau: An der ITCZ treffen Südost- und Nordostpassat aufeinander.

DAS SOLLTEN SIE SPEICHERN

Ein **Monsun** (von arabisch „mausim" = Jahreszeit) ist ein **regelmäßig auftretender Wind,** der je nach Jahreszeit die Richtung wechselt. Es gibt einen **Sommermonsun,** der große Niederschlagsmengen mit sich führt. Der **Wintermonsun** hingegen ist ein trockener Wind.

Wie entsteht der Monsun?

Die innertropische Konvergenzzone (ITCZ) befindet sich ungefähr auf der Höhe des Äquators. Sie bewegt sich jedoch mit dem Sonnenhöchststand mit: im Nordsommer Richtung Norden, im Südsommer Richtung Süden. Die Passatströmungen folgen ihr.

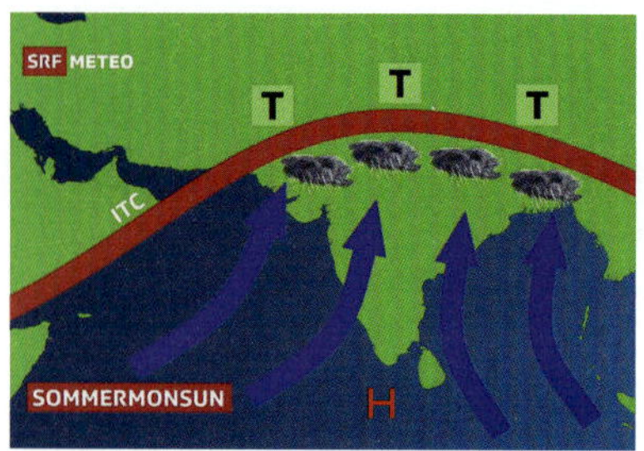

Beispiel: der indische Monsun

Der indische Monsun ist nichts anderes als der Südostpassat, der der ITCZ Richtung Norden nacheilt. Nördlich des Äquators wird er Richtung Nordost abgelenkt. Dabei überquert die Windströmung den warmen Indischen Ozean und nimmt viel Feuchtigkeit auf. Trifft der Monsunwind nun auf Indien, gibt er die Feuchtigkeit in Form von Niederschlägen ab. Besonders stark sind diese Regenfälle am Fuße des Himalaja-Gebirges.

Auch in anderen Teilen der Erde gibt es Monsunwinde:

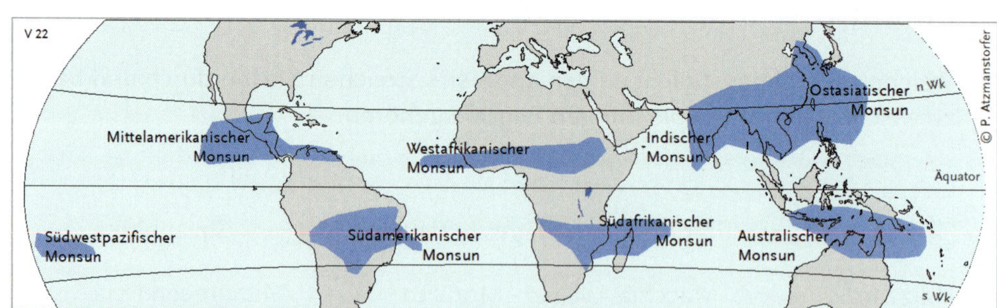

Können Sie sich noch an Cherrapunji erinnern? Sie haben diesen indischen Ort bereits bei den geografischen Rekorden auf S. 27 kennengelernt. Jetzt wissen Sie, warum dieser Ort der regenreichste der Erde ist.

Der Monsun – ein Faktor für die Landwirtschaft

Der Monsunniederschlag zeigt von Jahr zu Jahr starke **Schwankungen**, die für **Dürren** und **Überschwemmungen** verantwortlich sein können. In vielen Monsungebieten ist die Landwirtschaft daher in hohem Maße von den sommerlichen Monsunniederschlägen abhängig.

Beispiel: Landwirtschaft in Indien

Die indische Landwirtschaft ist zu mehr als 70 % vom Monsun abhängig. Kommt der Sommermonsun zu spät, gibt es Ernteausfälle, die zu Hungerkatastrophen führen können. Ist der Monsun zu heftig, können Überschwemmungen große Landesteile zerstören.

Trotz verheerender Niederschläge fast so etwas wie Normalität

Arbeitsaufgabe – „Der Monsun"

- Erstellen Sie einen Steckbrief, der die wichtigsten Infos zum Monsun beinhaltet.

4.2 Wirbelstürme – zerstörerische Kräfte

DAS SOLLTEN SIE SPEICHERN

Ein **Wirbelsturm** ist eine **rotierende Luftsäule. Im Inneren** herrscht ein **geringer Luftdruck,** der einen **Sog** verursacht – ähnlich einem Staubsauger, der die Luft ansaugt. Die Luft steigt im Inneren des Wirbelsturms spiralförmig auf und kühlt rasch ab. Die Kondensation verursacht starke **Niederschläge** und **Gewitter.**

rotierend = sich drehend

Es gibt unterschiedliche Arten von Wirbelstürmen, die sich in Größe und Ort des Vorkommens voneinander unterscheiden:

	Tornado	Tropischer Wirbelsturm
Vorkommen	Subtropen und gemäßigte Breiten, am häufigsten im amerikanischen Mittelwesten („Tornado Alley")	Zwischen 5° und 25° nördlich und südlich des Äquators
Häufigstes Auftreten	März bis Mai	Jänner bis März auf der Südhalbkugel Juli bis Oktober im Nordatlantik und in der Karibik
Ort der Entstehung	Über Land	Über dem Meer
Größe	Einige hundert Meter	100 bis 1 500 km
Geschwindigkeit	Spitzen bis zu 500 km/h	Spitzen bis 250 km/h, im Kern windstill
Wissenswert	Die Gewalt dieser Stürme ist kurzlebig, aber äußerst heftig. Oft dauern sie nur wenige Minuten.	Tropische Wirbelstürme werden unterschiedlich bezeichnet, je nachdem, wo sie auftreten: ■ Karibik und Golf von Mexiko: Hurrikan ■ Golf von Bengalen: Zyklon ■ Südostasien: Taifun ■ Australien: Willy-Willy

Hurrikan; im Zentrum des Sturms ist das windstille Auge gut erkennbar

Tornado

Aufbau eines Wirbelsturms

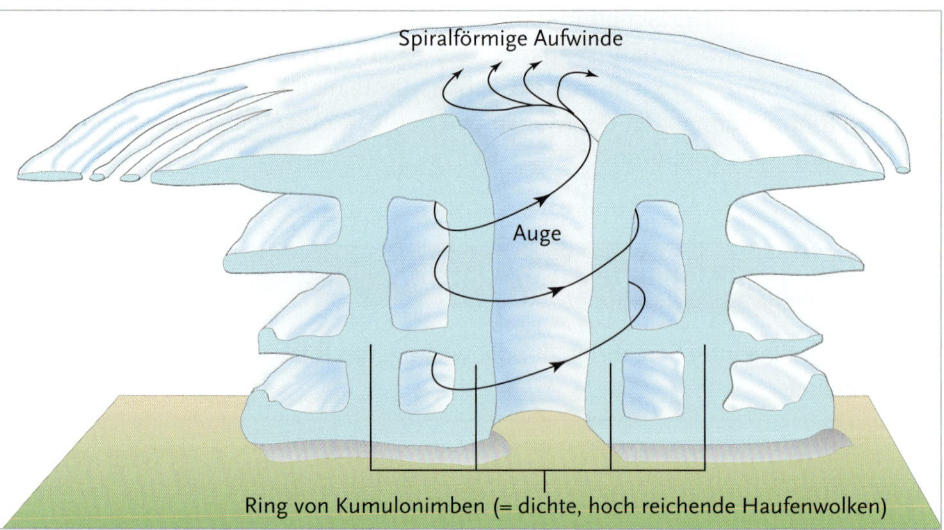

Arbeitsaufgaben – „Wirbelstürme – zerstörerische Kräfte"

1. Nennen Sie zwei Unterschiede zwischen Tornados und tropischen Wirbelstürmen.

2. Taifune treten in Südostasien auf. Nennen Sie zwei Inselstaaten in dieser Region, die möglicherweise davon betroffen sein könnten. Zur Orientierung können Sie die Südostasien-Karte im letzten Buchkapitel verwenden.

3. Arbeiten Sie mit einem Atlas und ordnen Sie die häufig von Hurrikans betroffenen Regionen in der untenstehenden Karte zu:

❶ Florida ❷ Mississippimündung (New Orleans) ❸ Mittelamerika
❹ Karibische Inselwelt

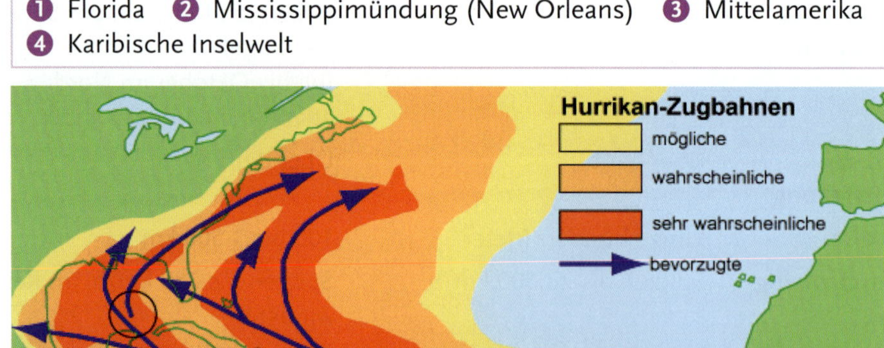

New Orleans wurde 2005 von Hurrikan Katrina getroffen. Heftige Überschwemmungen waren die Folge.

Zerstörungen durch den Taifun Rai 2021, Philippinen

5 Der Klimawandel

Aylas Tante besitzt ein Weingut in der Südsteiermark. Ein schwerer Hagelsturm hat letztes Jahr einen Großteil der Ernte zerstört, der wirtschaftliche Schaden war enorm. Das hat etwas mit dem Klimawandel zu tun, ist sich ihre Tante sicher. „Aber hat es Unwetter nicht früher auch schon gegeben?", fragt Ayla kritisch nach. „Schon", meint ihre Tante, „doch heute ist das Wetter viel unberechenbarer."

Tauschen Sie sich über den Klimawandel aus: Notieren Sie spontan Begriffe an der Tafel, die Sie damit verbinden.

Klimaschwankungen hat es in der Erdgeschichte bereits des Öfteren gegeben. Doch sie waren natürlichen Ursprungs: So verdunkelten große **Vulkanausbrüche** die Atmosphäre durch Aerosole, sodass weniger Sonnenlicht auf die Erdoberfläche gelangte. Auch die **Kraft der Sonne** unterliegt Schwankungen.

Aerosole = feine Partikel in der Luft

Heute jedoch ist ein zusätzlicher Faktor zu berücksichtigen: der **Mensch** und seine wirtschaftliche Aktivität. Die derzeitige Klimaveränderung bezeichnet man deshalb auch als „anthropogenen Klimawandel".

anthropogen = vom Menschen verursacht

DAS SOLLTEN SIE SPEICHERN

Mittlerweile gilt es **wissenschaftlich als gesichert,** dass der derzeitige Klimawandel auf die **industrielle Wirtschafts- und Lebensweise** des Menschen zurückzuführen ist. **Treibhausgase** sind der Hauptgrund für den **Temperaturanstieg.**

Treibhausgase – Grund für den Temperaturanstieg

Als Hauptverursacher der weltweit zunehmenden Temperaturen wird der stark ansteigende CO_2-Ausstoß gesehen. Mit zeitlicher Verzögerung steigt der CO_2-Gehalt in der Atmosphäre und wirkt wie ein **Hitzeschild.** Das heißt, die eingestrahlte Wärme kann nicht mehr ausreichend ins Weltall entweichen. So wird der natürliche **Treibhauseffekt** verstärkt.

DAS SOLLTEN SIE SPEICHERN

Sollte es zu keiner Reduzierung der CO_2-Emissionen kommen, wird die Weltdurchschnittstemperatur bis 2100 um 4–5 °C ansteigen.

die Emission = Ausstoß, z. B. von Autoabgasen

„Hard Facts" zum Klimawandel

- Die durchschnittliche Temperatur der Atmosphäre ist in den vergangenen 100 Jahren um 1 °C gestiegen.
- In der zweiten Hälfte des 20. Jahrhunderts haben Naturkatastrophen auf der Nordhalbkugel um 2–4 % zugenommen.
- Seit Ende der 1960er Jahre ist die Schneedecke auf unserem Planeten um 10 % kleiner geworden. Die Eisdicke in der Arktis im Sommer hat seit den 1950er Jahren um 40 % abgenommen.

5.1 Auswirkungen des Klimawandels

nachhaltig = dauerhaft, unumkehrbar; die Auswirkungen treten oft viel später auf

Ein Temperaturanstieg um 1 °C in den letzten 100 Jahren – das klingt zunächst nicht schlimm. Doch das Klima reagiert sensibel, schon kleine Veränderungen können ganze Ökosysteme nachhaltig schädigen. Diese Veränderungen zeigen sich in unterschiedlichen Bereichen:

Niederschlagsverteilung und -häufigkeit

Heizt sich die Atmosphäre auf, kann die Luft auch mehr Feuchtigkeit aufnehmen. **Verstärkte Niederschläge** sind die Folge – so die allgemeine Überlegung. In der Realität ist es aber so, dass Extremereignisse zunehmen: Während die Niederschläge in manchen Gebieten der Erde heftiger werden, nehmen andernorts die **Dürreperioden** zu.

prognostiziert = erwartet; **die Prognose** = Aussage über zukünftige Ereignisse, die auf Beobachtungen aus der Vergangenheit und deren Veränderung beruht

Hier sehen Sie eine Karte der prognostizierten Niederschlagsverhältnisse:

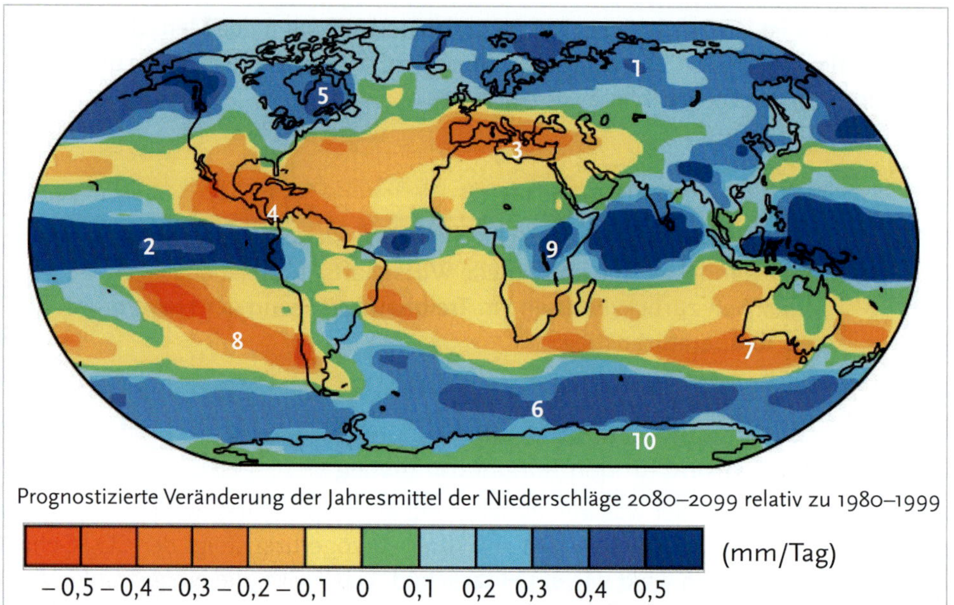

Prognostizierte Veränderung der Jahresmittel der Niederschläge 2080–2099 relativ zu 1980–1999

– 0,5 – 0,4 – 0,3 – 0,2 – 0,1 0 0,1 0,2 0,3 0,4 0,5 (mm/Tag)

Arbeitsaufgabe – „Niederschlag“

- Ordnen Sie die Nummern, welche Sie in der Karte oben sehen, den Regionen der Tabelle zu. Geben Sie mit einem Plus oder Minus an, ob sich die Niederschläge verstärken oder abschwächen.

Region	Nummer	–/+
Grönland, Kanada		
Sibirien		
Mittelmeerraum		
Karibik		
Pazifik äquatornah		
Zentralafrika		
Südpazifik		
Südaustralien		
Südatlantik		
Antarktis		

Interaktive Karten zum Klimawandel finden Sie hier: www.trauner.at/klimawandel_interaktiv

Gletscher und Polargebiete

Die Gletscher und Polargebiete reagieren besonders sensibel und „sichtbar" auf die Klimaerwärmung. Bis auf wenige Ausnahmen ziehen sich die Gletscher in allen Gebirgen der Erde um mehrere Meter pro Jahr zurück.

Beispiel: Gletscherrückgang
Bekannte Beispiele sind die Gletscher Grönlands, die Pasterze unterhalb des Großglockners sowie der Gletscher am **Kilimandscharo,** dem höchsten Berg Afrikas. Schätzungen zufolge ist die Eismasse dort zwischen 1912 und 2007 um etwa 85 % geschrumpft und der Trend dauert an: Zwischen 2040 und 2060 dürfte der Gletscher gänzlich verschwunden sein.
Auf dem Bild: der Gipfel des Kilimandscharo im Jahr 2020

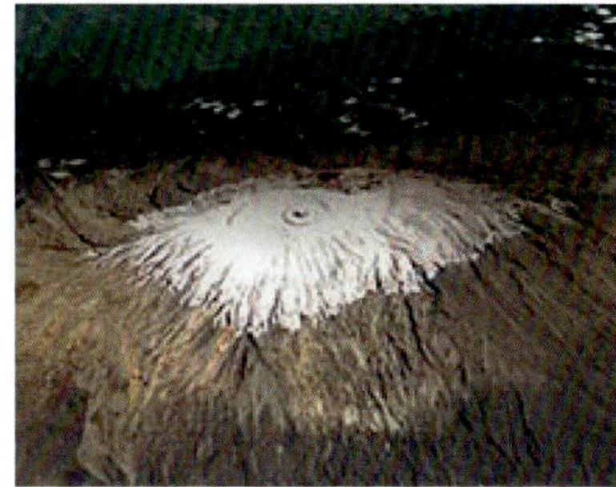

Der Kilimandscharo im Februar 2000

Ozeane

DAS SOLLTEN SIE SPEICHERN

Wasser dehnt sich aus, wenn es sich **erwärmt.** Es nimmt also **mehr Volumen** ein. Zusätzlich erhöht sich die **Wassermenge** in den Ozeanen durch das **Abschmelzen der Gletscher,** v. a. in der Arktis.

Berechnungen lassen erwarten, dass der Meeresspiegel bis zum Ende dieses Jahrhunderts um mehr als 80, eventuell sogar um bis zu 180 cm steigt. Das Abschmelzen der antarktischen und grönländischen Gletscher dürfte sich noch bis weit über das nächste Jahrhundert hinaus verstärken.

Beispiel: Kiribati versinkt im Meer
Steigt der Meeresspiegel weiter an, werden zahlreiche Inselstaaten des Pazifiks nicht mehr bewohnbar sein. Kiribati hat bereits Australien um Ökoasyl für seine Bewohner/innen gebeten. Viele Millionenstädte direkt an den Küsten müssen Schutzbauten errichten oder diese verstärken.

Suchen Sie nach weiteren Inseln und Küstengebieten, die vom steigenden Meeresspiegel betroffen sein werden.

Obendrein verursacht die Erwärmung der Meere auch einen großen Eingriff in das marine Ökosystem. **Korallenriffe** sind ebenso gefährdet wie bestimmte **Fischarten,** die in kühlere Gewässer abwandern.

marin = zum Meer gehörend

Landwirtschaft und Tourismus – vom Klimawandel besonders betroffen

Global gesehen verschieben sich die **Anbauzonen** in Richtung Norden. Man rechnet mit einer Verschiebung um 100–150 km bei einer Erwärmung um 1 °C. Außerdem wandern die Anbaugrenzen bei einer Temperaturerhöhung um 1–3 °C zwischen 100 und 450 m in die Höhe.

Beispiel: Getreide in Finnland, Wüsten in Spanien
Die Verschiebung der Anbauzonen nach Norden führt beispielsweise dazu, dass in Finnland Getreide angebaut werden könnte. Im Süden Europas hingegen breiten sich die Wüsten aus, vor allem in Spanien. Man spricht von Desertifikation. Davon betroffen sind auch Gebiete in Afrika, Zentralasien und den USA.

Auch in Europa sind die Wüsten im Vormarsch, etwa hier in Spanien

die Desertifikation = anthropogen bedingte Ausbreitung von Wüsten

Mehr zur Desertifikation erfahren Sie im Kapitel „Menschliche Nutzung verändert die Erde" ab S. 94.

Klimaveränderungen wirken sich in der Landwirtschaft auf die **Pflanzenproduktion,** die Böden, auf Pflanzenkrankheiten und den Schädlingsbefall sowie auf die **Tierzucht** aus. Ob der höhere CO_2-Gehalt der Luft auch positive Auswirkungen auf die Pflanzen zeigt, hängt von zahlreichen anderen Faktoren wie der Strahlung, dem Nährstoffangebot oder der Wasserversorgung ab.

die Wasserrationierung: Wenn das Wasser knapp wird, bekommt jeder nur eine gewisse Menge, damit für alle genug übrig bleibt.

Auch auf den **Tourismus** hat die Klimaveränderung großen Einfluss. Üblicherweise sind Sonne, wenig Niederschlag und hohe Temperaturen im Tourismus gefragt, doch wenn es über 40 °C heiß wird sowie Wasserrationierungen eingeführt werden und neue Krankheiten auftauchen, hat das für den Tourismus negative Folgen. Ebenso gilt dies für den alpinen Raum, wo ohne künstliche Beschneiung kein Pistenskilauf mehr möglich wäre.

Fahren wir in Österreich in Zukunft nur mehr Ski auf Schnee aus den Beschneiungsanlagen?

Klimawandel treibt Malariamücken nach Europa

Die Geografin Elke Hertig von der Universität Augsburg hat ein Modell vorgelegt, das genauere Aussagen zur Verbreitung der Malaria im Mittelmeerraum ermöglicht. Die Wissenschaftlerin kommt zu dem Ergebnis, dass Veränderungen von Temperatur und Niederschlag zu einer deutlichen Ausbreitung von Malariamücken in Richtung Norden führen werden.

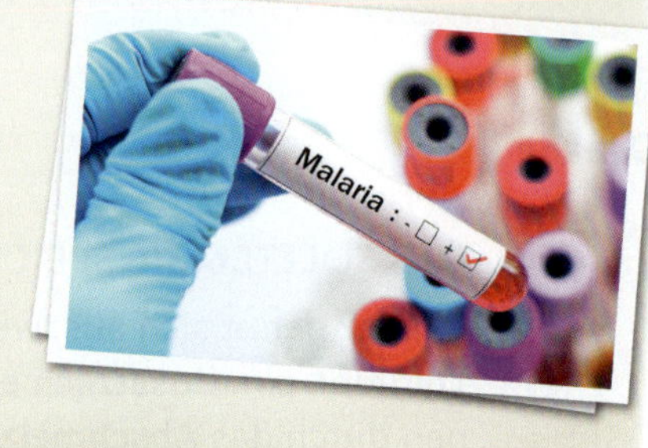

Nach: www.mimikama.at, 27. Mai 2019, gekürzt

5.2 Was tun gegen den Klimawandel?

Das Pariser Klimaabkommen ist der Nachfolger des Kyoto-Protokolls aus dem Jahr 1997.

2015 wurde das **Pariser Klimaabkommen** beschlossen. 189 Staaten haben sich darin verpflichtet, ihre Treibhausgas-Emissionen zu beschränken. Das Ziel ist es, den **Anstieg der Temperatur auf maximal +1,5 °C** einzudämmen. In den Klimakonferenzen der UNO werden die Fortschritte laufend überprüft. Die Konferenzen finden jährlich in unterschiedlichen Ländern statt.

Diskutieren Sie, weshalb es schwierig ist, eine weltweite Einigung zur Reduktion des CO_2-Ausstoßes zu erreichen.

Die globale Zusammenarbeit gegen den Klimawandel ist aber nur die eine Seite der Medaille: Veränderungen fangen immer auch im Kleinen an und hier können Sie persönlich etwas bewirken!

Praxistipps: klimafreundliches Verhalten

- Fahren Sie mit dem Fahrrad, dem Bus oder der Bahn.
- Reduzieren Sie den Fleischanteil Ihrer Ernährung.
- Verzichten Sie auf Inlands- und Kurzstreckenflüge.
- Kaufen Sie biologisch erzeugte Nahrungsmittel aus Ihrer Region.
- Drehen Sie die Heizung runter.
- Schauen Sie bei der Neuanschaffung elektrischer Geräte auf die Energieeffizienz.
- Schalten Sie alle elektrischen Geräte ab, die Sie gerade nicht benutzen.

Darüber hinaus gibt es auch Bewegungen, die sich für den Schutz des Klimas einsetzen, beispielsweise **Fridays for Future.** Auch hier können Sie mitwirken.

Die Energieeffizienz eines Gerätes wird durch Farben und Buchstaben gekennzeichnet:
Grün/A = höchste Effizienz
Rot/G = niedrigste Effizienz

die Effizienz = Wirksamkeit

Arbeitsaufgaben – „Was tun gegen den Klimawandel?“

1. Begründen Sie die Tipps in der Liste: Was tragen die einzelnen Verhaltensweisen zur Verbesserung des Klimas bei?
2. Beurteilen Sie, ob sich die Tipps im Alltag gut umsetzen lassen. Welche Schwierigkeiten könnten auftreten?

WortschatzBox – „Wetter und Klima“

- Welcher Ausdruck passt zu welcher Erklärung? Ordnen Sie folgende Begriffe den richtigen Beschreibungen zu.

Steppe ■ Passat ■ Troposphäre ■ Taifun ■ Permafrost ■ Luftdruck ■ Humid ■ Monsun ■ Tundra ■ Kontinental ■ Lee ■ Zenit

______________	⇒ Gewicht der Luftsäule über einem bestimmten Ort: Unterscheidung zwischen Hoch und Tief
______________	⇒ Unterste Schicht der Atmosphäre, in der sich das Wettergeschehen abspielt
______________	⇒ Periode im Klimadiagramm, in welcher die Niederschlagskurve über der Temperaturkurve liegt
______________	⇒ Windschatten eines Gebirges; im Gegensatz zum Luv hier nur wenig Niederschlag
______________	⇒ Offene, baumlose Graslandschaft in der gemäßigten Zone
______________	⇒ Eis im Boden, das nur im Sommer in der oberen Schicht auftaut, während die untere Schicht dauerhaft gefroren bleibt
______________	⇒ Wirbelsturm in Südostasien
______________	⇒ Gedachter höchster Punkt am Himmel, senkrecht über dem Standort der Beobachterin/des Beobachters
______________	⇒ Wind, der aus Nordosten und Südosten Richtung Äquator zur ITCZ weht
______________	⇒ Wind, der im Sommer in Indien starke Niederschläge verursacht, im Winter jedoch Trockenheit
______________	⇒ Klima, bei dem die Temperaturextreme zunehmen und die Niederschläge mit Entfernung vom Ozean abnehmen
______________	⇒ Baumlose Hochfläche im Norden Russlands und Kanadas in der kalten Zone

Ziele erreicht? – „Wetter und Klima“

1. Wetter- und Klimagrundlagen

a) Achtung Falschmeldung! Fünf der folgenden Aussagen sind falsch oder stimmen nur teilweise. Finden Sie heraus, welche das sind. Stellen Sie sie anschließend richtig. Schreiben Sie die korrigierten Sätze auf.

Aussagen	Richtig	Falsch
Die Neigung der Erdachse ist verantwortlich für die Entstehung von Tag und Nacht.	◯	◯
Das Wetter kann sich rasch ändern, das Klima hingegen bleibt über einen langen Zeitraum gleich.	◯	◯
Erwärmt sich die Luft, so wird sie dichter und sinkt zu Boden.	◯	◯
Das Wetter spielt sich in der Troposphäre ab.	◯	◯
Winde wehen immer vom Tief zum Hoch.	◯	◯
Am 21. Dezember ist auf der Südhalbkugel Winterbeginn.	◯	◯
Die Passatwinde wehen zwischen dem Äquator und den Wendekreisen.	◯	◯
Der Mensch ist für den Treibhauseffekt verantwortlich.	◯	◯

b) Stellen Sie die falschen Aussagen richtig. Formulieren Sie in ganzen Sätzen.

Meine Korrekturen:

1. ______________________
2. ______________________
3. ______________________
4. ______________________
5. ______________________

2. Das Klimadiagramm

Ergänzen Sie die Informationen für das nebenstehende Klimadiagramm.

◯ Südhalbkugel ◯ Nordhalbkugel

Anzahl arider Monate ______________________

Heißester Monat im Jahr ______________________

Niederschlag im Dezember ______________________

Klimazone:

◯ Tropen

◯ Gemäßigte Zone

◯ Subtropen

37° N/23° O
°C 17,8 °C, 402 mm mm
200
100
40 80
30 60
20 40
10 20
J F M A M J J A S O N D

3. Die Klima- und Vegetationszonen

Sie sehen hier unterschiedliche Begriffe zu den Klima- und Vegetationszonen. Markieren Sie alle Begriffe, die zu einer Zone gehören, mit einer gemeinsamen Farbe. Achtung: Ein Begriff ist nicht eindeutig zuordenbar. Streichen Sie ihn durch. Begründen Sie Ihre Entscheidung.

Macchia · Antarktis · Zenitalregen · Österreich · Wüste · Savanne · Westwinde · Olivenbaum · Taiga

4. Extreme Wetterphänomene: Wirbelstürme

Ordnen Sie die Begriffe richtig zu. Achtung: Ein Begriff trifft sowohl auf den Tornado als auch auf den tropischen Wirbelsturm zu.

Amerikanischer Mittelwesten · Golf von Bengalen · Hurrikan · Kurz und heftig · Entsteht über Land · Entsteht über dem Meer · Rotierende Luftsäule · Durchmesser im Kilometerbereich · Spitzengeschwindigkeit bis 500 km/h

Tornado	Tropischer Wirbelsturm

5. **Der Klimawandel**

a) Betrachten Sie das Bild. Beschreiben Sie, was darauf zu sehen ist.

b) Diskutieren Sie mit einem/einer Mitschüler/in darüber, was damit gemeint sein könnte.

c) Schreiben Sie zwei Tipps auf, wie man sich klimafreundlicher verhalten könnte.

Tipp 1: ______

Tipp 2: ______

d) Nennen Sie drei Bereiche, in denen sichtbar wird, dass der Klimawandel bereits deutliche Spuren hinterlässt. Beschreiben Sie einen der drei Bereiche genauer.

6. Sprachreif!?

Wie gut Sie Inhalte verstanden haben, zeigt sich oft daran, ob Sie mit anderen darüber sprechen können und ob Sie Standpunkte vertreten können. Probieren Sie es aus!

Überlegen Sie sich zuerst, ob Sie den Aussagen voll, teilweise oder gar nicht zustimmen. Vergleichen Sie Ihre Meinungen in der Klasse, z. B. mit simplen Handzeichen. Diskutieren Sie dann über unterschiedliche Ansichten. Achten Sie auf eine wertschätzende und konstruktive Diskussionskultur.

„Der sogenannte Klimawandel ist eine Erfindung mancher Klimaforscher. Klimaveränderungen hat es immer gegeben."

„Jeder von uns ist dafür verantwortlich, dass der Klimawandel nicht zur Katastrophe wird."

„Österreich und besonders die Alpen gehören zu den ‚Gewinnern' des Klimawandels."

„Wenn es in Sibirien wärmer wird, kann man dort Getreide anbauen und die Nahrungsmittel werden günstiger."

„Der Pkw-Verkehr müsste in den Großstädten weitgehend abgeschafft werden."

„Die Industrie soll mehr in den Umweltschutz investieren."

„Ich möchte nur in einem Unternehmen arbeiten, das sich aktiv mit dem Klimaschutz auseinandersetzt."

„Ich werde im Beruf auf einen Pkw verzichten und nur öffentliche Verkehrsmittel benutzen."

Einen interaktiven Safety-Check finden Sie in der TRAUNER-DigiBox.

Menschliche Nutzung verändert die Erde

Der Mensch ist Teil der Natur. Durch seine besonderen Fähigkeiten hat er sich jedoch über die Natur erhoben und gelernt, sie zu seinem Vorteil zu nutzen: Regenwälder liefern wertvolles Holz, fruchtbare Ackerböden sorgen für ertragreiche Ernten und die Kräfte der Natur (Sonne und Wasser) sorgen für die notwendige Energie, um ganze Städte zu versorgen.

Bei dieser Nutzung kommt es auch zu Konflikten mit der Umwelt. Letztendlich stellt sich die Frage: Inwieweit darf oder soll der Mensch in die Natur eingreifen?

In diesem Kapitel lernen Sie Beispiele für wirtschaftliche Nutzungen und deren Auswirkungen kennen.

Meine Ziele

Nach Bearbeitung dieses Kapitels kann ich

- Funktionen des tropischen Regenwaldes wiedergeben;
- kommerzielle und ursprüngliche Nutzungsformen des Regenwaldes unterscheiden;
- die ökologische Bedeutsamkeit tropischer Regenwälder erklären;
- das Phänomen der Desertifikation und dessen Ursachen erläutern;
- mich mit meiner eigenen Rolle und Verantwortung im Naturschutz auseinandersetzen;
- die Bedeutung des Wassers in verschiedenen Regionen beurteilen.

1 Der Mensch verändert die Naturlandschaften

Was ist eigentlich Natur? Notieren Sie spontan Begriffe, die Ihnen dazu einfallen.

Peter ist oft in der Natur unterwegs, am liebsten in den Bergen. Er genießt die Wildnis und das Gefühl der Freiheit, wenn er draußen ist. Daher sieht er es auch kritisch, dass immer mehr Natur verschwindet.

Reine Naturlandschaften sind heute nur noch wenige vorhanden. Es sind dies die unbewohnten oder von Naturvölkern besiedelten Gebiete an den Polen, in Gebirgen, Wüsten und Wäldern.

In dicht besiedelten Regionen sind Naturlandschaften nur noch in geschützten Bereichen als Nationalparks oder Naturschutzgebiete zu finden.

DAS SOLLTEN SIE SPEICHERN

Menschliche Nutzung macht **aus Naturlandschaften Kulturlandschaften.** Eine **nachhaltige Nutzung** berücksichtigt dabei die **Tragfähigkeit** der Natur. Damit ist gemeint, dass die Natur nicht unendlich viel zu geben hat. Sie muss sich auch wieder **regenerieren** können.

regenerieren = erholen

1.1 Landwirtschaftliche Nutzung formt Kulturlandschaften

Die landwirtschaftliche Nutzung der Böden ist eine Grundlage der menschlichen Zivilisation. Viele Kulturlandschaften, wie wir sie heute kennen, sind das Resultat von Landwirtschaft.

das Resultat = Ergebnis

Arbeitsaufgabe – „Landwirtschaftliche Nutzung formt Kulturlandschaften"

- Die folgenden Fotos zeigen einige typische landwirtschaftliche Kulturlandschaften, die heute auf der Erde zu finden sind. Zu jedem Foto gibt es einen Titel und einen kurzen Text. Ordnen Sie Fotos, Titel und Texte zu, indem Sie die Nummer in den ersten Kreis und den Buchstaben in den zweiten Kreis schreiben.

1. Almwirtschaft in den Alpen
2. Olivenbäume auf dem Peloponnes (Griechenland)
3. Brandrodungsfeldbau in Brasilien – ein traditionelles System der Landnutzung
4. Oasenwirtschaft im Dadestal (Marokko)
5. Die Reisterrassen von Banaue – die älteste Kulturlandschaft auf den Philippinen
6. Kaffeeplantage in Kolumbien
7. Der Wheat Belt – ein Anbaugebiet im Westen der USA

A Sie liegen in einer gebirgigen Landschaft etwa 1 500 Meter über dem Meeresspiegel. Vor etwa zweitausend Jahren begannen die Einwohner dieser Gegend, Reisfelder zu bauen. Die Hänge haben eine bis zu siebzigprozentige Steigung. Bis zum heutigen Tag werden auf den Terrassen Reis und Gemüse von Einheimischen für den Eigenbedarf angebaut.

- **B** Entlang der Flüsse, die aus dem Atlasgebirge kommen, sind am Rande der Sahara fruchtbare Kulturlandschaften entstanden. In intensiver Gartenkultur werden verschiedene Pflanzen auf Stockwerken angebaut: Dattelpalmen auf dem obersten Stockwerk, Obstbäume auf dem mittleren (z. B. Feigenbäume), Gemüse, Getreide und Viehfutter darunter. Die Produkte dienen der Selbstversorgung und werden auf den lokalen Märkten verkauft. Die starke Bewässerung der kleinen Felder führt allerdings oft zur Versalzung der Böden.
- **C** Hier wird in großflächigen Monokulturen v. a. Weizen für den Weltmarkt angebaut. Die baumlose Landschaft war ursprünglich eine Steppe (die sogenannte Prärie). Durch den Anbau von Getreide ist der Boden oft starken Erosionen ausgesetzt. Die fruchtbare Schwarzerde wird nach der Ernte durch Regen und Wind weggespült.
- **D** Diese Pflanzungen prägen den gesamten Mittelmeerraum und sind neben Wein und Zitrusfrüchten ein typischer Bestandteil der mediterranen Kulturlandschaft. Die Geschichte der Nutzung dieser Pflanzen reicht bis in die Antike zurück. Die ältesten Bäume sind fast 2 000 Jahre alt. Die Früchte werden v. a. zur Ölgewinnung herangezogen.
- **E** Mit Hackmessern, Äxten und Sägen wird Regenwald gerodet, nur die größten Bäume bleiben stehen. Anschließend zündet man das Holz an; es verbrennt und liefert nährstoffhaltige Asche. Angebaut wird für den Eigenbedarf: Maniok, Yams, Kochbananen, Bohnen. Die Erträge gehen nach kurzer Zeit allerdings stark zurück. Spätestens nach vier Jahren liefert der Boden nur noch geringe Erträge, sodass ein Ortswechsel notwendig wird.
- **F** Diese Wirtschaftsform prägt das Landschaftsbild der Hochgebirge in Europa, der Alpen, Pyrenäen, Karpaten und anderer. Ohne diese Wirtschaftsform wären die europäischen Hochgebirge bis auf ca. 1 500 Meter durchgehend bewaldet. Früher wurde viel und unkontrolliert gerodet, um neue Weideflächen zu gewinnen. Heute sind die Pflege vorhandener Weideflächen und die Rodung von Bergwald in den gesamten Alpen strengen Regeln unterworfen.
- **G** Es handelt sich um forst- oder landwirtschaftliche Großbetriebe, die sich auf die Erzeugung eines einzigen Produktes (Monokultur) für den Weltmarkt spezialisiert haben. Typische Produkte sind Bananen, Baumwolle, Holz, Kaffee, Kakao und Tee. Um die großen Betriebsflächen zu gewinnen, müssen Regenwälder oder Savannen gerodet werden. Die einseitige Nutzung belastet die Böden.

Baum fällt – die Folgen von Rodungen

Die meisten Landschaftszerstörungen beginnen mit der Rodung von Wäldern. Das heißt, dass Bäume gefällt werden, um Platz für menschliche Nutzungen wie Acker- oder Siedlungsbau zu schaffen. Meist ist uns nicht bewusst, was die Abholzung eines Baumes bewirkt. Das folgende Beispiel soll zunächst den Nutzen eines Baumes darstellen. Wenn wir den Nutzen kennen, erkennen wir auch die negativen Folgen der Rodung.

Eine ausgewachsene Buche mit einem Alter von ca. 100 Jahren (800 000 Blätter, überschirmte Fläche 150 m²)

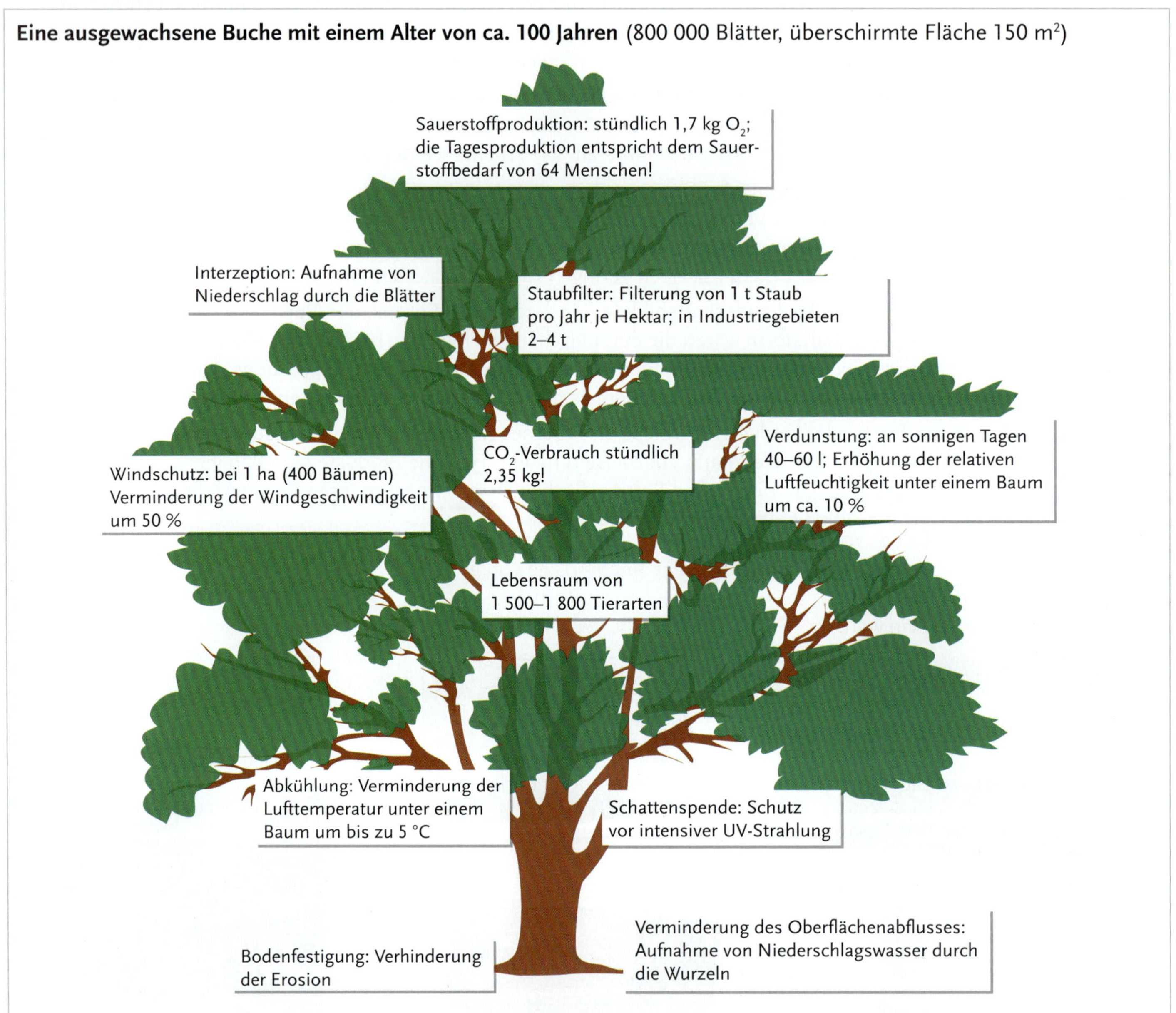

Arbeitsaufgabe – „Baum fällt – die Folgen von Rodungen“

- Bäume haben wichtige Funktionen für das Ökosystem. Notieren Sie fünf mögliche Folgen, die das Fällen eines Baumes nach sich zieht.

1. ______
2. ______
3. ______
4. ______
5. ______

1.2 Landschaftsveränderungen in Industrieländern

DAS SOLLTEN SIE SPEICHERN

Industrieländer sind Länder, in denen nur noch **wenige Menschen** in der **Landwirtschaft** beschäftigt sind. **Viele** arbeiten im **Handel,** in der **Produktion** oder im **Dienstleistungssektor.**

Auch in Industrieländern entzieht der Mensch der Natur stetig weitere Flächen. Emissionen belasten zudem die Siedlungsräume.

Arbeitsaufgabe – „Industrieländer"

- Die Texte beschreiben Landschaftsveränderungen in Industrieländern. Ordnen Sie diese den Fotos zu.

1. Hochhausbauten minimieren zwar die benötigte Grundfläche im Verhältnis zur geschaffenen Wohnfläche, aber gerade die Stadtränder mit den oftmals günstigeren Grundstückspreisen sind von der Verbauung besonders betroffen.
2. Der Abbau wertvoller Rohstoffe bringt auch eine Unmenge taubes Gestein zu Tage, das – einmal vom wertvollen Rohstoff getrennt – auf riesigen Abraumhalden deponiert wird.
3. Flüsse – hier die Donau mit Blickrichtung Wien – wurden und werden wegen besserer Schiffahrtsrouten oder der einfacheren Anlage von größeren Siedlungen begradigt. Die Altarme können da und dort erhalten bleiben, in den meisten Fällen werden sie jedoch zugeschüttet und bebaut.
4. Zur Energiegewinnung werden Flüsse gestaut, um Wasserkraftwerke zu bauen. Die entstandenen Speicherseen füllen oft ganze Täler. Manchmal – wie am Reschensee (Lago di Resia) – werden auch Gebäude oder ganze Siedlungen überflutet.
5. Autobahnen überziehen ehemals fruchtbaren Ackerboden und sorgen für eine maximale Verkehrsbelastung. Die Abgase gefährden Mensch und Natur.

das taube Gestein = Gestein, das keinen nutzbaren Rohstoff enthält; beispielsweise das Gestein, das übrig bleibt, wenn man Eisenerz fördert

der Altarm = ehemaliger Flussarm, der keine Verbindung mehr zum Hauptfluss hat

Vor mehr als einem halben Jahrhundert sind die Dörfer Reschen und Graun geflutet worden, um einen Speichersee für ein Wasserkraftwerk zu erzeugen. Mehr als 160 Häuser sind damals gesprengt und geflutet worden und die Dorfbewohner/innen mussten umziehen. Nur der Kirchturm aus dem 14. Jahrhundert wurde aus Denkmalschutzgründen stehen gelassen.

2 Mensch und Umwelt: Beispiele für Konfliktfelder

Ayla setzt sich für den Umweltschutz ein. In der Klasse hat sie deshalb ein Referat darüber gehalten und auch Tipps gegeben, wie man im Alltag umweltfreundlich handeln kann. In der anschließenden Diskussionsrunde ist Clarissa skeptisch: „Was macht das schon aus, ob ich mich umweltfreundlich verhalte? Das ist doch nur ein Tropfen auf dem heißen Stein."

Was würden Sie Clarissa antworten, wenn Sie an Aylas Stelle wären?

Etwas ist ein Tropfen auf dem heißen Stein: Etwas macht nicht viel Unterschied

Wenn der Mensch in die Natur eingreift, passiert das nicht immer mit der notwendigen Vorsicht und Rücksicht. Für die Umwelt hat das oft Folgen, die im schlimmsten Fall nur mühevoll rückgängig gemacht werden können.

In diesem Kapitel lernen Sie zwei Beispiele für Konfliktfelder kennen: Urwälder, hier insbesondere den tropischen Regenwald, sowie die Ausbreitung der Wüsten.

2.1 Der tropische Regenwald

DAS SOLLTEN SIE SPEICHERN

Die tropischen Regenwälder gehören zu den letzten verbliebenen **Urwäldern** der Erde.

Ein Urwald ist ein Wald, der von menschlicher Nutzung unberührt ist. Die Gebiete, wo das tatsächlich noch der Fall ist, werden jedoch weniger. Die Karte zeigt Ihnen, wo derzeit noch große, zusammenhängende Waldgebiete existieren und wie die Situation vor ca. 8 000 Jahren aussah:

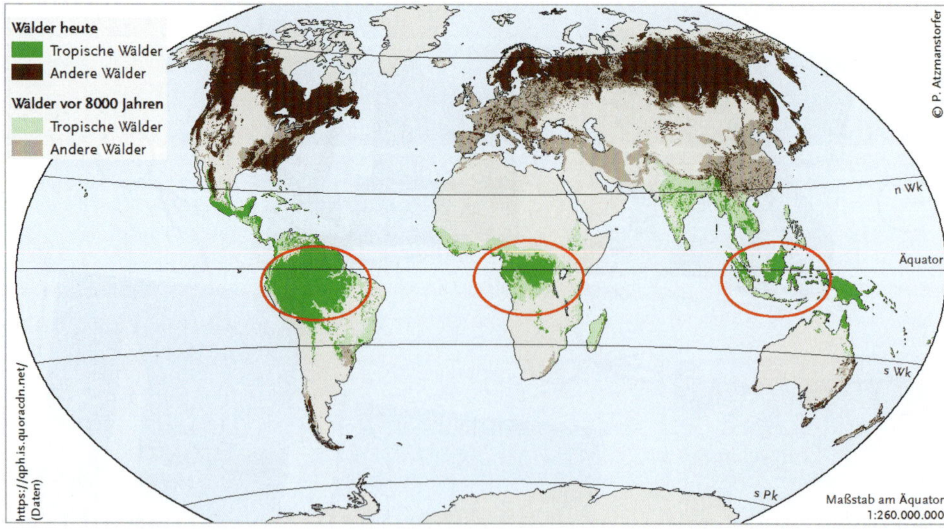

Beschreiben Sie die nebenstehende Karte: Nennen Sie Gebiete, in denen besonders viele Wälder verschwunden sind.

Arbeitsaufgabe – „Der tropische Regenwald“

- Arbeiten Sie mit dem Atlas: Welche Staaten haben wesentlichen Anteil am tropischen Regenwald in den folgenden Gebieten?

Südamerika	Afrika	Südostasien
B	K	T
E	K	I
K	G	M

2.1.1 Ökosystem Regenwald

Der tropische Regenwald ist die **artenreichste Naturlandschaft** der Erde. Millionen Tier- und Pflanzenarten existieren darin in einer Lebensgemeinschaft. Auf nur wenigen Hektaren Fläche können mehrere Hundert Baumarten wachsen.

Arbeitsaufgabe – „Ökosystem Regenwald“

- Finden Sie den zweiten Teil des Satzes bzw. der Aussage. Notieren Sie die vollständigen Sätze bzw. Aussagen in Ihrer Lernunterlage.

1. Die Regenwälder spielen eine bedeutende Rolle für die Atmosphäre, ...
2. Sie beherbergen 80 % aller Insektenarten sowie 60 % aller bekannten Pflanzenarten.
3. Sie sind eine unerschöpfliche Apotheke.
4. Ungefähr 75 000 essbare Pflanzen wurden bereits gefunden, ...
5. Regenwälder speichern enorme Mengen von Wasser.
6. Die Tropenwälder beeinflussen durch ihren Wasserhaushalt das Weltklima. Die dunklen Wälder speichern Hitze, darüber ist die Luft kühler. Es kommt dadurch zur Wolkenbildung.
7. Der tropische Regenwald ist die fruchtbarste Naturlandschaft der Erde.

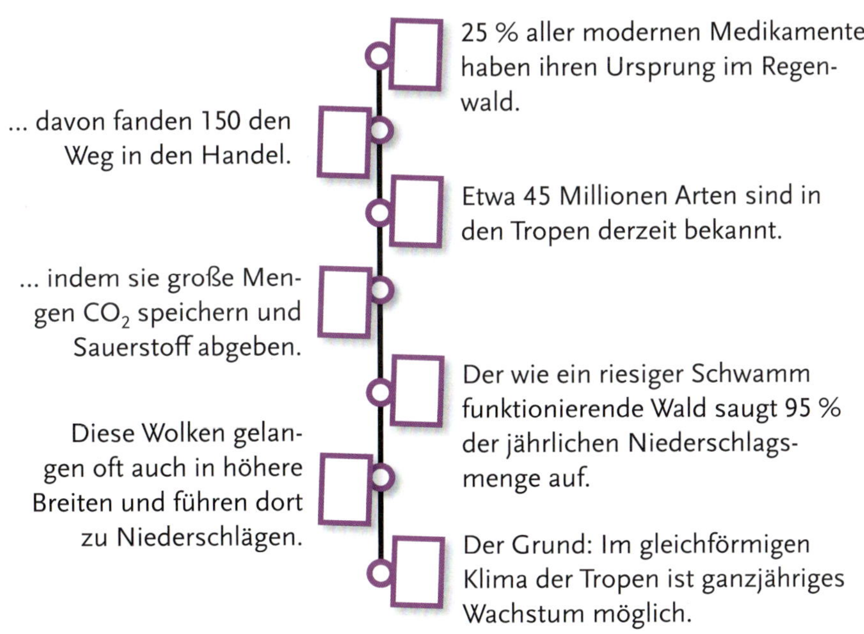

Tropischer Regenwald mit dem typischen Stockwerksaufbau

Notieren Sie mindestens drei tropische Früchte.

2.1.2 Die Nutzung und Zerstörung des Regenwaldes

die indigene Bevölkerung = Völker, die ein Gebiet bereits vor der Kolonialisierung oder Eroberung durch europäische oder andere Staaten bewohnt haben.

kommerziell = mit Gewinnabsicht

Während die **indigene Bevölkerung** den Regenwald zur **Selbstversorgung** nutzt, ist die **kommerzielle** Nutzung darauf ausgerichtet, **Gewinne** zu erzielen.

Ursprüngliche Nutzung

300 Mio. **Indigene** (Ureinwohner/innen) leben auf der Erde, 50 Mio. davon in den tropischen Regenwäldern. So verschieden die indigenen Völker sind, seien es die Yanomami in Südamerika, die Pygmäen in Zentralafrika, die Papuas in Neuguinea oder die Penan auf Borneo, so haben sie doch eines gemeinsam: **Sie leben im und vom Regenwald, ohne ihn dadurch zu zerstören.**

Beispiel: Arten ursprünglicher Nutzung

- Sammeln von Waldfrüchten, Nüssen, Wurzeln und anderen Pflanzen
- Jagd auf Wildtiere
- Sammeln und Verarbeitung von Arzneipflanzen
- Gewinnung von Harzen und Farbstoffen aus Pflanzen

Weiters ist der **Wanderfeldbau** wichtig. **Kleine Felder für den Eigenbedarf** werden durch **Brandrodung** gewonnen. Die Baumstümpfe bleiben im Boden, sie geben ihm Halt und die Erosion wird verhindert. Ebenso bleibt die Asche liegen. Sie dient als Dünger und gibt dem Boden wertvolle Nährstoffe. Der Boden ist sehr empfindlich, da er nur eine sehr dünne Humusschicht aufweist. Die Ureinwohner/innen wissen, wie man damit umgehen muss:

JOHANN KANDLER arbeitete von 1972 bis 1992 in Brasilien, wo er gemeinsam mit der lokalen Bevölkerung für den Erhalt des Regenwaldes und die Rechte der Einheimischen kämpfte. Er verstarb 2021.

„Sie arbeiten bei den Rodungen vorsichtig und gehen auch beim Abbrennen dieser gerodeten Flächen vorsichtig vor, damit zu große Hitze vermieden wird und die Samen nicht abgetötet werden. Dann pflanzen sie sofort Kulturen aus, es sind Kürbisarten, die sich sehr rasch entwickeln und den Boden gegen die Sonneneinstrahlung und heftige Regenfälle schützen."

JOHANN KANDLER, ZIT. N. KAERNTEN.ORF.AT/STORIES, 7. FEBRUAR 2022

auflassen = stilllegen

der Sekundärwald = Wald, der sich nach der Zerstörung des Urwaldes bildet; er besteht aus wenigen, schnellwüchsigen Arten.

Die gerodeten Flächen werden für ein paar Jahre genutzt. Danach werden die Felder aufgelassen. Man wandert in andere Gebiete des Waldes, um dort neue Felder zu bebauen. In der Zwischenzeit kann sich der Boden auf den alten Feldern erholen. Rasch wächst ein Sekundärwald nach. Nach frühestens zehn Jahren werden die ehemaligen Felder abermals verwendet.

Kommerzielle Nutzung

DAS SOLLTEN SIE SPEICHERN

Die Ureinwohner/innen betreiben eine sehr schonende Landwirtschaft mit Mischkulturen und nur **geringen Rodungen.** Die **westliche Landwirtschaft** mit **großflächigen Rodungen** und **Monokulturen** zerstört hingegen das Ökosystem Regenwald.

Holzwirtschaft

Sie ist die Hauptursache für die Zerstörung und passiert durch nationale und internationale Gesellschaften. **Urwaldriesen** werden ihres wertvollen Holzes wegen als Einzelstämme entnommen. Der Abtransport verursacht dabei oft mehr Schäden als die Holzentnahme selbst.

Beispiel: tropische Edelhölzer
Teak, Mahagoni und Ebenholz sind tropische Edelhölzer, die vor allem für den Möbelbau verwendet werden.

Plantagen

Großunternehmen zerstören die ursprüngliche Vegetation großflächig, um Plantagen anzulegen. Diese bestehen vorwiegend aus **Monokulturen,** welche anfällig für Schädlingsbefall sind. Die folgenden Produkte werden für den Verkauf auf dem Weltmarkt angebaut: Kakao, Zucker, Kaffee, Ananas, Mangos, Kokosnüsse und Ölpalmen. Die Arbeiter/innen auf den Plantagen werden ausgebeutet.

Beispiel: Ölpalmen
Aus Ölpalmen wird Palmöl gewonnen. Ölpalmen sind sehr ertragreich, weshalb das daraus gewonnene Öl günstig ist. Weltweit ist es daher das wichtigste Pflanzenfett.

In all diesen Produkten steckt meist Palmöl: Blätterteiggebäck, Dessertcreme, Eis, Fertigpizza, Fertigsuppen, Knabbergebäck, Nougatcreme, Schokolade, Suppenwürze, veganer Käse etc.

Rohstoffgewinnung und Straßenbau

Der Rohstoffabbau (v. a. **Metalle** wie Eisenerz, Bauxit, Kupfer, aber auch Diamanten) trägt ebenfalls zur Vernichtung der Wälder und des sozialen Lebens bei. Dazu werden Straßen zum Abtransport in zuvor unwegsames Gelände geschlagen. In der Folge werden auch Stammesgebiete indigener Bewohner/innen zerstört.

Beispiel: Rohstoffgewinnung
Im brasilianischen Bundesstaat Minas Gerais wird Bergbau betrieben. Im Jahr 2015 brach ein Damm, in dessen Becken Schlamm aus einem Eisenerzbergwerk gesammelt wurde. Eine Schlammlawine ergoss sich in ein Tal, zerstörte Dörfer und verseuchte einen Fluss. Noch heute sind die Folgen für Natur und Mensch unübersehbar.

Arbeiten Sie mit Google Earth und suchen Sie das Dorf Bento Rodrigues in Minas Gerais. Es wurde 2015 durch eine Schlammlawine zerstört. Beschreiben Sie die Lage des Ortes.

Energiegewinnung

Durch den Bau von Kraftwerksanlagen werden Hunderttausende Hektare Regenwald von **Stauseen** überschwemmt. Grund für den Bau ist die Gewinnung von billiger Energie. Der Dammbau hat meist negative Auswirkungen auf die Umwelt: Die nun mögliche intensive Bewässerung führt zu **Versalzung** auf den landwirtschaftlich genutzten Böden und die Industrie, die mit der neuen Energie gespeist wird, verschmutzt häufig die Luft oder den Boden.

Beispiel: Wasserkraft
Die Kraftwerksanlage von Itaipu mit einer Jahresproduktion von zwölf Mio. kW deckt 25 % des brasilianischen und 75 % des paraguayanischen Strombedarfs.

Gewinnung von Siedlungsfläche

Neben der ursprünglichen sowie kommerziellen Nutzung tritt ein weiterer Faktor hinzu: Menschen wandern legal und illegal in die Randgebiete des tropischen Regenwaldes ein und brennen diese nieder, um Siedlungs- und Anbauflächen zu gewinnen. Während der Mensch dadurch Lebensraum schafft, wird die Natur immer weiter zurückgedrängt.

legal = rechtlich in Ordnung; hier: gesetzlich gefördert

illegal = verboten

Beispiel: Der Regenwald brennt
Im Sommer 2019 wüteten außergewöhnlich viele Feuer im Amazonas-Regenwald. Sie geraten bei der Brandrodung häufig außer Kontrolle. Die anhaltende Dürre trägt zusätzlich zur Ausbreitung der Brände bei.

Ausmaß der Zerstörung

Halbierung der Regenwaldfläche:
Thailand, Philippinen

Größter Verlust an altem Baumbestand:
Brasilien, DR Kongo und Indonesien

Jede Minute
40 Fußballfelder

Pro Tag
einmal die Fläche von Wien

Pro Jahr
zweimal die Fläche Österreichs

Nahezu komplett gerodet:
Regenwald in Indien, Bangladesch, Sri Lanka, an der Elfenbeinküste und auf Haiti

Der Lebensraum der Gorillas liegt in den tropischen Regenwäldern Afrikas

Beispiel: Brasilien und Indonesien
Besonders kritisch ist derzeit die Lage in Brasilien, weil dort mit dem amtierenden Präsidenten der Schutz des Regenwaldes komplett aufgeweicht worden ist. Im Besonderen gilt dies für den Bergbau und Zuckerrohranbau.
In Indonesien hingegen gelingt es durch strenge staatliche Kontrollen, die Abholzung zu reduzieren.

Regenwälder mit altem Baumbestand sind von besonderer Bedeutung: Sie speichern mehr Kohlenstoff als andere Wälder und sind als Ökosystem unersetzlich.

Arbeitsaufgaben – „Nutzung und Zerstörung“

1. Vergleichen Sie die ursprüngliche Regenwaldnutzung mit der kommerziellen. Stellen Sie die Unterschiede in der Tabelle stichwortartig dar.

Ursprüngliche Nutzung	Kommerzielle Nutzung

2. Überprüfen Sie die Produkte, die Sie täglich konsumieren. Notieren Sie jene, in denen Palmöl verarbeitet worden ist.

2.1.3 Chancen für den Regenwald

Der Widerstand gegen die Zerstörung der tropischen Regenwälder und gegen die rücksichtslose Ausbeutung der Natur wächst. Eine Chance zur Rettung liegt bei den Einheimischen selbst, die andere Chance haben die **Konsumentinnen und Konsumenten** in der Hand. Es gibt mehrere Möglichkeiten, den Regenwald zu schützen:

Praxistipps: Konsum zum Schutz des Regenwaldes

- Kaufen Sie Recyclingpapier, da viel Holz als Basis für die Papiererzeugung aus dem Regenwald kommt.
- Sparen Sie Papier: Überlegen Sie, ob Sie alles ausdrucken müssen.
- Achten Sie bei Regenwaldprodukten wie Kaffee, Kakao und tropischen Früchten darauf, dass diese fair gehandelte Bioprodukte sind.
- Reduzieren Sie Ihren Fleischkonsum. Für die Mast nutzen Betriebe oftmals Futtersoja, für dessen Anbau große Regenwaldgebiete gerodet werden.
- Meiden Sie Produkte, die Palmöl enthalten, beispielsweise Lebensmittel wie Margarine sowie viele Kosmetika.
- Seltene Erden kommen meist nur in tropischen Wäldern vor, ihr Abbau ist durch die Verwendung von Säuren äußerst schädlich. Für die Herstellung vieler technischer Produkte sind sie aber unerlässlich, zum Beispiel für Handys. Nutzen Sie Ihr aktuelles Handy daher so lange, wie es funktioniert!
- Vermeiden Sie den Kauf von Verpackungen aus Aluminium (vor allem Getränkedosen). Für die Herstellung von Aluminium wird Bauxit verwendet, für dessen Gewinnung Regenwald zerstört wird.

„Sei du selbst die Veränderung, die du dir wünschst für diese Welt.“

Mahatma Gandhi, 1869–1948, indischer Rechtsanwalt, Publizist und Pazifist

der Pazifist/die Pazifistin = Person, die sich für den Frieden einsetzt; **der Pazifismus.**

Seltene Erden = Metalle, die in vielen Schlüsseltechnologien eingesetzt werden; ihr Abbau ist aber äußerst umweltschädlich, da dabei Säuren verwendet werden.

Arbeitsaufgaben – „Chancen für den Regenwald“

1. Diskutieren Sie in der Klasse darüber, welche dieser Maßnahmen leicht bzw. schwer umsetzbar sind. Begründen Sie Ihre Meinung.
2. Gestalten Sie ein Plakat zu den Maßnahmen. Hängen Sie es in der Klasse oder an einem anderen Ort in Ihrer Schule auf.

2.2 Desertifikation: die Ausbreitung der Wüsten

Die Wüsten wachsen. Jedes Jahr verschlingen sie weltweit rund 40 000 km^2 Ackerland, eine Fläche so groß wie die Schweiz.

DAS SOLLTEN SIE SPEICHERN

Ist der **Mensch verantwortlich** für die **Ausbreitung der Wüsten,** spricht man von **Desertifikation.**

Auch Europa bleibt nicht verschont: Ein Fünftel der Fläche in Spanien ist ebenfalls gefährdet, zur Wüste zu werden.

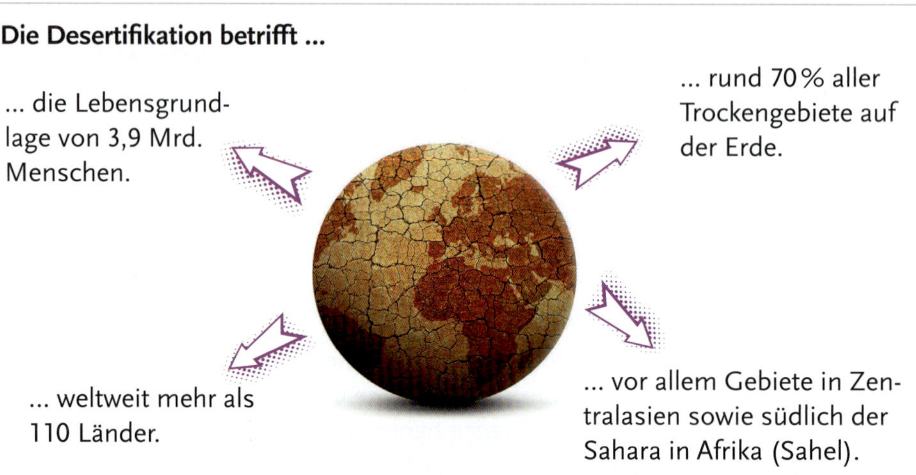

Arbeitsaufgabe – „Desertifikation"

Die folgende Karte zeigt Ihnen Gebiete, die von der Desertifikation betroffen sind.

- Verorten Sie die genannten Gebiete auf der Karte. Tragen Sie dazu die Nummern in die Kreise ein.

❶ Sahelzone ❷ Kasachstan ❸ Nordchina
❹ Great Plains (USA) ❺ Südspanien ❻ Gran Chaco (Nord-Argentinien, Paraguay)

Desertifikationsgefährdung
keine
mäßige
starke
Wüste / Halbwüste

n Wk
Äquator
s Wk
s Pk
Maßstab am Äquator 1:260.000.000
http://soils.usda.gov
© P. Atzmanstorfer

2.2.1 Gründe für die Desertifikation

DAS SOLLTEN SIE SPEICHERN

Einerseits ist **der menschlich verursachte Klimawandel** für die Desertifikation verantwortlich, **andererseits** zerstört die **nichtangepasste Nutzung** der Böden wertvollen Lebensraum.

Von einer nichtangepassten Nutzung spricht man, wenn die natürlichen Voraussetzungen nicht ausreichend berücksichtigt werden.

Arbeitsaufgabe – „Gründe für die Desertifikation“

Sie sehen hier Beispiele für nichtangepasste Nutzungen.

- Ordnen Sie den Beispielen ihre Folgen zu.

Beispiele

1. Der Boden wird mit schweren Maschinen intensiv bewirtschaftet.
2. Immer mehr Bauern bewirtschaften Böden, die eigentlich für den Ackerbau ungeeignet sind.
3. Die Viehherden werden immer größer.
4. Falsche Bewässerungstechniken werden eingesetzt (zu viel Wasser steht in den Bewässerungskanälen).

Folgen

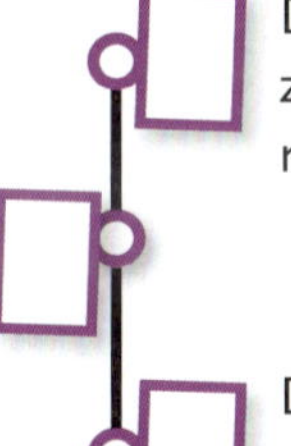

☐ Die spärliche Vegetation wird zertrampelt und dadurch vernichtet.

☐ Die Böden werden ausgelaugt, der Ertrag wird immer geringer.

☐ Die Böden werden verdichtet, sodass das Wasser nicht mehr abfließen kann. Die Pflanzen verfaulen.

☐ Das stehende Wasser verdunstet, die Böden versalzen. Durch den hohen Salzgehalt sterben die Pflanzen ab.

Diese Nutzungen führen dazu, dass die **Erosion** voranschreitet. Die fruchtbare Humusschicht wird durch Winde weggeblasen oder durch starke Regenfälle weggeschwemmt. In letzter Konsequenz werden die Böden unbrauchbar für eine weitere Nutzung.

Bodenversalzung

Im Folgenden lernen Sie zwei Beispiele für Desertifikation kennen: China und die Sahelzone in Afrika.

2.2.2 Chinas Grüne Mauer

China gilt für viele Europäer/innen als dicht bevölkertes Land. Die Hälfte der chinesischen Staatsfläche besteht jedoch aus dünn besiedeltem Hochgebirge oder Wüste. Und die Wüste (v. a. die Wüste Gobi) breitet sich immer mehr aus.

Die Grüne Mauer soll der Desertifikation entgegenwirken

Sie ist das größte und ehrgeizigste Megaprojekt eines Landes, in dem es an kühnen Projekten wahrlich nicht mangelt. Begonnen wurde Ende der 1970er mit der Großen Grünen Mauer und erst im Jahr 2050 soll sie fertig sein.

Es ist das gewaltigste Aufforstungsprogramm der Welt. Es besteht aus drei Streifen neu angelegten Waldes. Zusammen sind sie so groß wie Deutschland, 4 500 km Länge soll der Wald haben. Auf diese Weise will Peking die Ausdehnung der Wüste Gobi stoppen, das regionale Klima und die dortigen Böden verbessern und eine Forstwirtschaft etablieren.

Nach: www.stern.de, 17. Juni 2021

kühn = mutig, dreist

die Aufforstung = das Pflanzen neuer Bäume

etablieren = etwas Neues aufbauen

Arbeitsaufgabe – „Chinas Grüne Mauer“

- Die Grüne Mauer besteht zu einem großen Teil aus Pappeln. Das ist eine sehr schnell wachsende Baumart. Welche Probleme könnten durch diese Monokultur entstehen?

Denken Sie bei dieser Aufgabe an die Plantagen im tropischen Regenwald.

2.2.3 Die Sahelzone – eine gefährdete Region

Im **Mittelalter** war der Sahel am Südrand der Sahara eine **blühende Region.** Die Staaten des Gebietes galten als die reichsten der Welt. **Heute** ist Sahel oft gleichbedeutend mit **Hunger und Dürre.**

Die Bezeichnung **Sahel** kommt aus dem Arabischen und bedeutet Ufer (as-sahil). Gemeint ist der Rand der Wüste.

Die wiederkehrenden Katastrophen sind aber nur zum Teil naturbedingt, sie gehen hauptsächlich auf den Einfluss des Menschen zurück. Die Staaten des Sahel gehören zu den ärmsten der Welt.

Arbeitsaufgabe – „Die Sahelzone“

- Arbeiten Sie mit einem analogen oder digitalen Atlas und finden Sie heraus, welche sechs Sahelstaaten hier gesucht sind. Sie sind von West nach Ost geordnet.

1. S ____________________
2. M ____________________
3. M ____________________
4. N ____________________
5. T ____________________
6. S ____________________

Die Lage der Sahelzone sehen Sie auch auf der Karte auf S. 94.

Was läuft in der Sahelzone schief?

Problemfeld 1: Bevölkerungszunahme

Die enorme Bevölkerungszunahme in der Sahelzone bewirkt, dass die Brachezeiten der Felder verkürzt werden. Diese zu starke Nutzung der Böden bewirkt einen fortwährend sinkenden Ertrag. Die Bauern reagieren darauf: Sie erweitern die Anbauflächen in noch trockenere Gebiete. Die Felder werden des schlechten Ertrags wegen (zu wenig Wasser) rasch wieder aufgelassen, Erosion ist die Folge.

Aufgrund des weiter ausgedehnten Ackerbaus werden die Nomaden mit ihren Viehherden in immer trockenere Räume abgedrängt. Dort zerstören ihre Herden die letzten Vegetationsdecken endgültig. So müssen die Nomaden ihre Existenz aufgeben und in die Städte wandern, wo sie in Slums wohnen und häufig auf Nahrungsmittelhilfe angewiesen sind.

Mit der Bevölkerung wächst auch der **Holzverbrauch.** Für das Kochen und Einzäunen der Weiden werden die letzten Bäume und Sträucher abgeholzt. Der Brunnenbau durch Entwicklungshilfe-Organisationen führt zwar zum ersehnten Wasserangebot. Allerdings werden die Böden in der Umgebung überweidet und so ebenfalls zerstört.

die Brachezeit = Zeit, während der ein Acker unbebaut bleibt

Nomaden = Hirtenvolk ohne ganzjährig fixen Wohnsitz

Die Tuareg – ein Nomadenvolk; heute sind viele bereits sesshaft geworden

Arbeitsaufgaben – „Problemfeld 1: Bevölkerungszunahme"

1. Ordnen Sie die Texte folgerichtig in das Flussdiagramm ein.

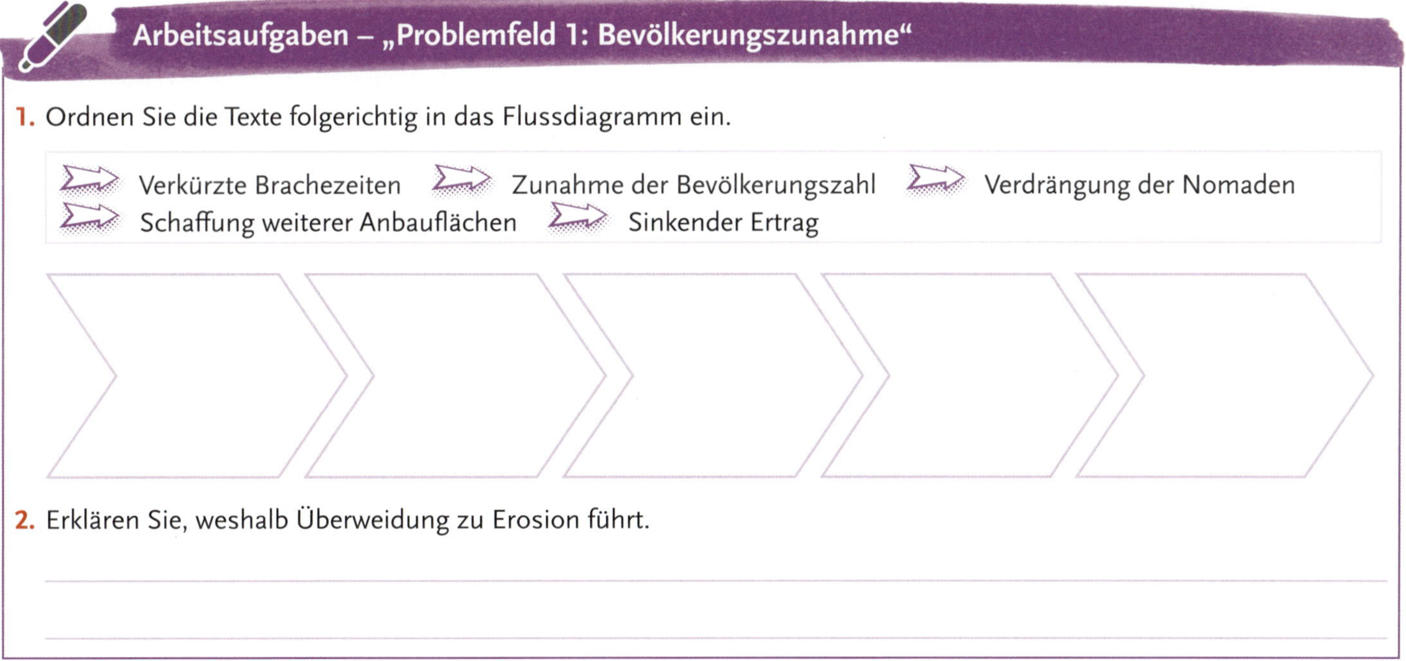

2. Erklären Sie, weshalb Überweidung zu Erosion führt.

Problemfeld 2: Cash-Crop-Anbau

Landwirtschaftliche Erzeugnisse – vor allem **Baumwolle** und **Erdnüsse** – sind die Hauptexportgüter der Sahelzone. Diese Produkte werden auf den ertragreichsten Feldern angebaut, Getreide für die Ernährung der Bevölkerung muss hingegen vielfach importiert werden.

DAS SOLLTEN SIE SPEICHERN

Cash Crops sind landwirtschaftliche Kulturen für die **kommerzielle Nutzung.** Das Gegenteil sind **Subsistenzkulturen:** Diese dienen der **Selbstversorgung.**

Baumwollpflanze

Problemfeld 3: Hilfsleistungen

Bei Katastrophen ist **Nahrungsmittelhilfe** unumgänglich. Sie darf aber langfristig die Selbstversorgung nicht ersetzen, da

- Nahrungsmittelgeschenke die **Preise der Nahrungsmittel** senken und eigener Anbau unattraktiv wird,
- gespendeter Weizen und Milchpulver die **Essgewohnheiten** der Empfänger/innen verändern und einheimische Nahrungsmittel wie Hirse, Sorghum oder Mais verdrängen, wodurch lokale Produzenten dann weniger anbauen, und
- die Abhängigkeit auch in „guten" Jahren bleibt und dauernde **Abhängigkeit** entsteht.

Das Ziel der Entwicklungshilfe

Anders als überlebenssichernde Not- und Katastrophenhilfe verfolgt die Entwicklungshilfe ein langfristiges Ziel: allen Menschen die Chance zu geben, ihr Recht auf ein selbstbestimmtes Leben in Würde und Gerechtigkeit wahrzunehmen – und damit Entwicklungshilfe überflüssig zu machen, weil sich die Menschen selbst helfen können.

www.welthungerhilfe.de, 8. Februar 2022

Problemfeld 4: Bürgerkriege

Innerhalb der künstlich geschaffenen Staaten finden laufend bewaffnete Konflikte statt. Diese zerstören wertvolle Ackerflächen und vertreiben Menschen aus ihren Dörfern. So kümmert sich in manchen Regionen niemand mehr um den Ackerbau oder die Viehzucht. Diese nicht mehr bestellten Böden werden ebenfalls zu Wüsten.

einen Boden bestellen = landwirtschaftlich bearbeiten

Problemfeld 5: geografische Lage und Klimawandel

Die Sahelzone liegt in einem ökologisch sensiblen Gebiet im Übergangsraum zwischen Sahara und Dornsavanne. Der Klimawandel hat dafür gesorgt, dass das Klima heißer und trockener geworden ist. Die Niederschläge kommen unregelmäßiger, sie sind schwieriger vorherzusagen.

Das Basiswissen zum Thema Klimadiagramm finden Sie im Kapitel „Wetter und Klima" auf S. 61.

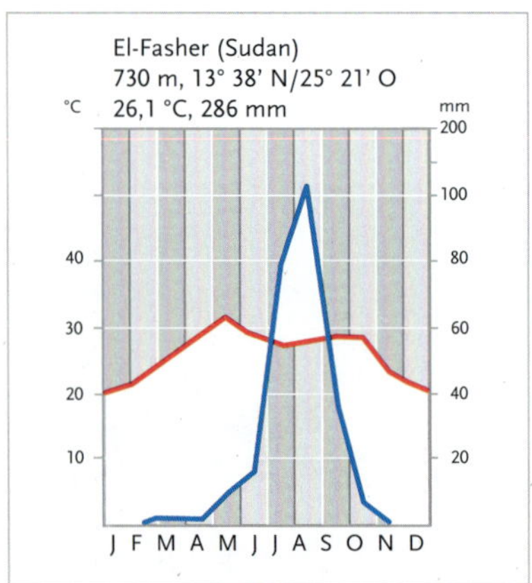

Arbeitsaufgabe – „Geografische Lage und Klimawandel"

- Sie sehen in der Randspalte das Klimadiagramm von El-Fasher, einer Stadt im Sudan. Diese liegt in der Sahelzone. Beschreiben Sie das Diagramm.

Anzahl arider Monate ______________________

Heißester Monat im Jahr ______________________

Niederschlagsreichster Monat ______________________

Klimazone:

○ wechselfeuchte Tropen ○ immerfeuchte Tropen ○ Subtropen

3 Mangelware Wasser

„Wassermangel – wie kann es das geben auf unserem blauen Planeten?“, fragt sich Peter. Bei genauerem Hinsehen wird schnell klar: Das meiste Wasser ist für uns Menschen gar nicht oder nur eingeschränkt nutzbar.

Diskutieren Sie darüber, was dazu führen könnte, dass Wasser für Menschen nicht mehr nutzbar ist.

3.1 Globale Wasserverteilung

97,5 % des Wassers auf der Erde sind **Salzwasser.** Nur **2,5 %** sind **Süßwasser** und selbst davon ist ein Großteil in den Gletschern von Arktis und Antarktis gespeichert und somit nicht verfügbar. Übrig bleiben etwa **1,2 %**, die tatsächlich **nutzbar** sind. Um sich die Größen besser vorstellen zu können, ist ein Vergleich sinnvoll:

Wie viel Wasser gibt es auf der Erde?

Die Gesamtmenge als Badewanne stelle man sich mit 150 Liter Inhalt vor.

Dann entspricht ein halb voller Eimer dem gesamten Süßwasser.

Die Menge, von der die Menschen leben müssen, füllt ein Likörglas (0,02 l).

Auf der Erde gibt es insgesamt 1,4 Mrd. km³ Wasser. Eigentlich unvorstellbar viel!

Hinzu kommt, dass das Süßwasser global gesehen ungleich verteilt ist. Manche Regionen haben mehr davon, manche weniger. Auf **60 % der Landfläche** herrscht **Wasserknappheit.**

Unterschiedliche Wasserverteilung – einige Beispiele

Kalifornien liegt im Bereich des subtropischen Winterregenklimas. Die Sommer sind heiß und trocken. Durch die sehr aufwendige Lebensart der Amerikaner/innen mit sehr hohem Wasserbedarf kommt es regelmäßig zu Wasserknappheit.

Sibirien liegt größtenteils im Bereich des kalten Klimas. Obwohl es wenig Niederschlag gibt, existiert ein Wasserüberschuss. Wegen der Kälte verdunstet nur wenig.

Der gesamte **Norden Afrikas** wird großteils von der größten Wüste der Welt, der Sahara, eingenommen. Dort regnet es fast nie. Nur in einzelnen Grundwasser- oder Flussoasen gibt es Wasser.

Die größte Insel der Welt, **Grönland,** ist nach der Antarktis der größte Süßwasserspeicher der Erde.

Das gesamte **Innere Australiens** besteht aus Wüsten und Savannen. Dürreperioden treten dort in regelmäßigen Abständen auf.

Die **Alpen** sind wie alle Hochgebirge bedeutende Wasserreservoirs. Die Niederschläge steigen mit zunehmender Seehöhe. Viel Wasser ist in den Gletschern gespeichert.

das Reservoir = Speicher

Arbeitsaufgabe – „Globale Wasserverteilung"

- Ordnen Sie die Buchstaben auf der Karte den folgenden Gebieten zu. Kreuzen Sie an, ob dort ein Wassermangel oder ein Wasserüberschuss besteht.

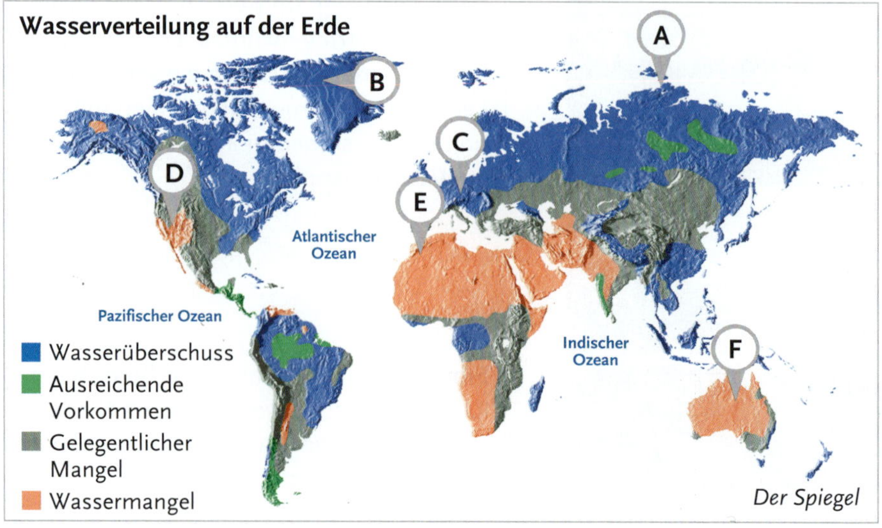

Wasserverteilung auf der Erde

A
B
C
D
E
F
Atlantischer Ozean
Pazifischer Ozean
Indischer Ozean

- Wasserüberschuss
- Ausreichende Vorkommen
- Gelegentlicher Mangel
- Wassermangel

Der Spiegel

	Buchstabe	Wassermangel	Wasserüberschuss
Kalifornien	○	○	○
Nordafrika	○	○	○
Sibirien	○	○	○
Grönland	○	○	○
Australien	○	○	○
Alpen	○	○	○

3.2 Der Wasserkreislauf

Insgesamt fallen **110 000 km³** Wasser in Form von Niederschlag auf die Landfläche der Erde. **40 000 km³** fließen jährlich oberflächlich wieder in die Weltmeere zurück, der Rest versickert ins Grundwasser oder verdunstet. Die größte Wassermenge jedoch bewegt sich zwischen Meer und Atmosphäre **(ca. 400 000 km³)** in Form von Verdunstung und Niederschlag.

die Verdunstung = Übergang in einen gasförmigen Aggregatzustand

Arbeitsaufgabe – „Der Wasserkreislauf"

- Schreiben Sie die entsprechenden Nummern in die Kreise.

❶ Verdunstung an Land ❷ Verdunstung über dem Meer ❸ Oberirdischer Abfluss ❹ Transport durch Winde ❺ Niederschlag über dem Meer ❻ Niederschlag über dem Land

Alle Volumina in km³

110 000

70 000

40 000

425 000

Atmosphäre

Eisschichten und Gletscher 29 000 000

Seen und Flüsse 200 000

40 000

385 000

Ozeane 1 380 000 000

Grundwasser 8 400 000

Verdunstung im tropischen Regenwald

3.3 Wasser wird knapp

Da Wasser in einem **Kreislauf** zirkuliert, wird die gesamte Wassermenge der Erde nicht geringer. Was sich jedoch stetig verringert, ist die Menge an Wasser, die für den Menschen nutzbar ist. Das hat folgende Gründe:

stetig = gleichmäßig über eine relativ lange Zeit

1. **Übernutzung der Wasservorräte durch**
   - industrielle Produktion,
   - Bevölkerungswachstum und
   - Bewässerung
2. **Verschmutzung von Flüssen und Grundwasser**
3. **Klimawandel**

Der Ganges in Indien ist einer der am stärksten verschmutzten Flüsse weltweit. Dennoch nehmen die Menschen aus religiösen Gründen Bäder und nutzen sein Wasser. Das hat auch Folgen für die Gesundheit.

Gegenwärtig entfällt allein auf Indien (19 %), China (15 %) und die USA (12 %) knapp die Hälfte der weltweiten Wasserentnahme. In vielen Staaten der Welt haben die Menschen nicht ausreichend Wasser zur Verfügung.

Beispiel: Wasser ist knapp

Laut UNICEF haben 2,2 Mrd. Menschen weltweit keinen regelmäßigen Zugang zu sauberem Wasser. Rund 785 Mio. Menschen verfügen noch nicht einmal über eine Grundversorgung mit Trinkwasser.

Betroffen sind vor allem Menschen oder Familien in den ärmeren Regionen der Welt – und dort vor allem in den ländlichen Gebieten.

Der weltweite Wasserverbrauch hat sich zwischen 1930 und 2000 etwa versechsfacht. Die Gründe dafür waren die Verdreifachung der Weltbevölkerung und die Verdoppelung des durchschnittlichen Wasserverbrauchs pro Kopf.

Derzeit leben 8 Mrd. Menschen auf der Erde. Berechnen Sie den Prozentanteil jener, die keinen regelmäßigen Zugang zu sauberem Wasser haben.

▸ ______________________ %

Nutzung der Wasservorräte

DAS SOLLTEN SIE SPEICHERN

Weltweit werden jährlich rund 4 000 km³ Frischwasser entnommen. Davon werden etwa **70 %** in der **Landwirtschaft, 22 %** in der **Industrie** und **8 %** von den **Haushalten** verbraucht.

Die beiden Diagramme geben Ihnen einen Einblick, wie viel Wasser pro Kopf in ausgewählten Ländern weltweit verbraucht wird. Zum Vergleich sehen Sie auch den Verbrauch in Österreich sowie die Aufteilung des Verbrauchs auf unterschiedliche Handlungen im Alltag.

Der hohe Wasserverbrauch in Estland wird durch den Abbau von Ölschiefer verursacht.

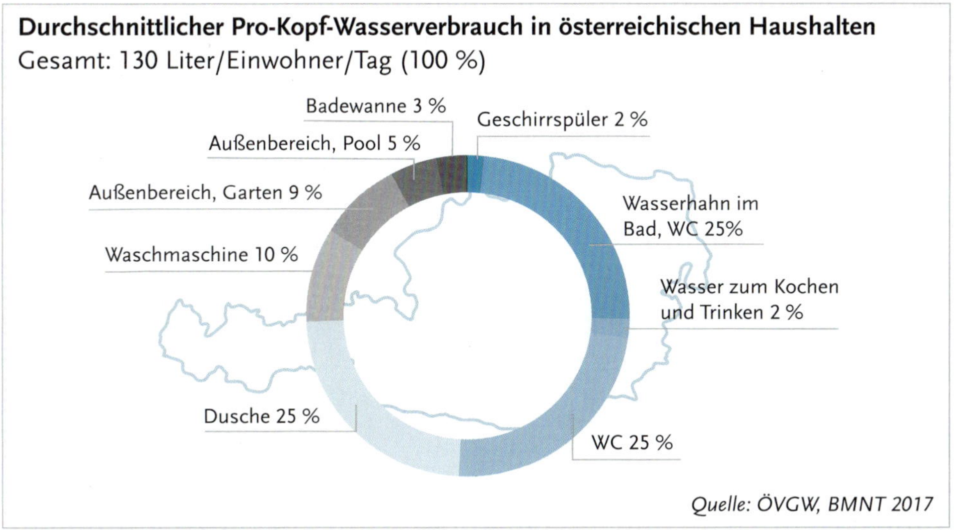

Arbeitsaufgaben – „Wasser wird knapp"

1. Beurteilen Sie folgende Aussagen zu den Diagrammen. Kreuzen Sie an, ob die Aussagen richtig oder falsch sind.

Diagramm 1: „So viel Wasser verbraucht die Welt"	Richtig	Falsch
Das Diagramm gibt Auskunft über den jährlichen Gesamtverbrauch in den angegebenen Ländern.		
Die Daten beziehen sich mit einer Ausnahme auf das Jahr 2018.		
Der jährliche Pro-Kopf-Verbrauch in den USA beträgt 1 400 l.		
Mehr als die Hälfte der Länder liegt in Europa.		

Diagramm 2: „Durchschnittlicher Pro-Kopf-Wasserverbrauch in österreichischen Haushalten"	Richtig	Falsch
Der Wasserverbrauch beim Toilettengang nimmt den zweiten Platz ein.		
Die Werte stammen aus dem Jahr 2021.		
Alle Österreicher/innen gemeinsam verbrauchen täglich 130 l Wasser.		

2. Betrachten Sie noch einmal Diagramm 2 zum Wasserverbrauch in Österreichs Haushalten. Diskutieren Sie darüber, wo Einsparungspotenzial besteht. Notieren Sie Ihre Einfälle.

Arbeitsaufgabe – „Die Meere der Welt"

- Ordnen Sie die Buchstaben und Zahlen auf der Karte den Meeren, Meeresstraßen und Kanälen zu.

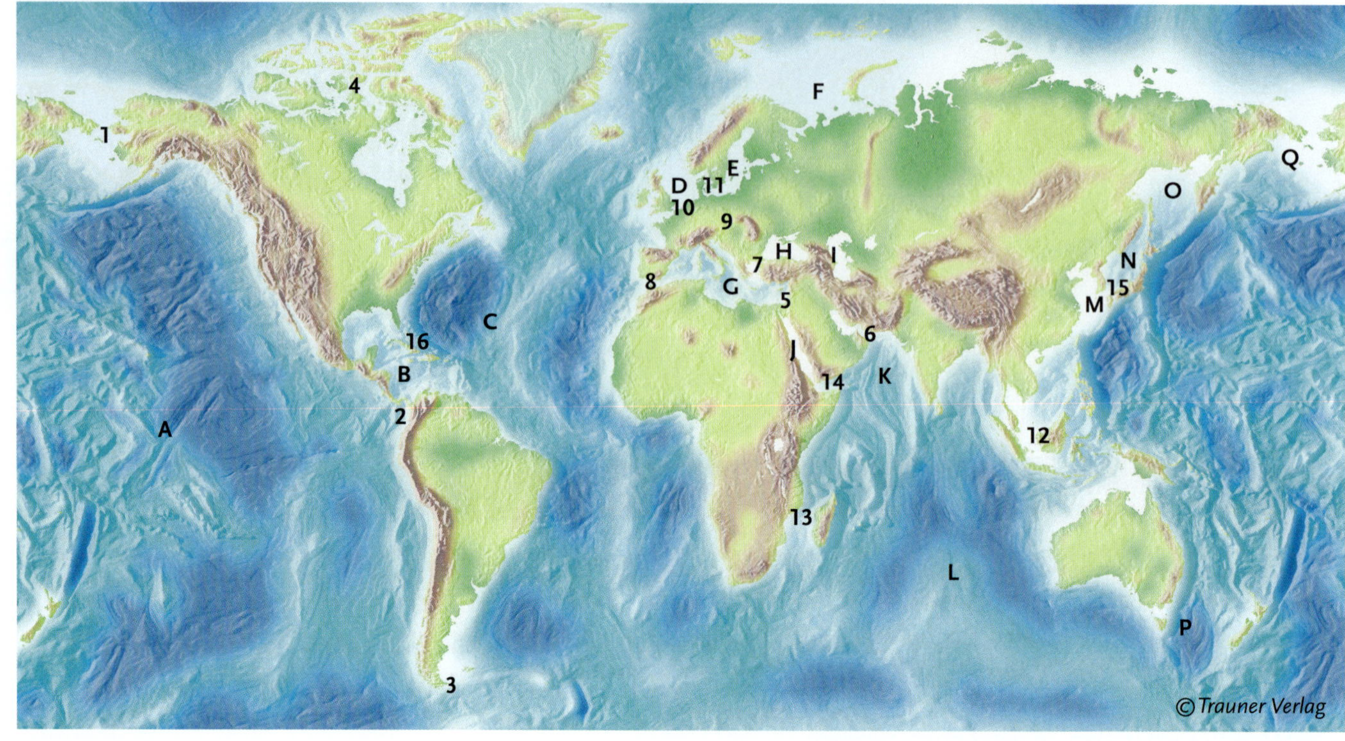

Meere (A–Q)

- ☐ Gelbes Meer
- ☐ Atlantischer Ozean
- ☐ Beringsee
- ☐ Ostsee
- ☐ Japanisches Meer
- ☐ Ochotskisches Meer
- ☐ Pazifischer Ozean
- ☐ Nordsee
- ☐ Mittelmeer
- ☐ Tasmansee
- ☐ Indischer Ozean
- ☐ Rotes Meer
- ☐ Schwarzes Meer
- ☐ Kaspisches Meer
- ☐ Nördliches Eismeer
- ☐ Karibisches Meer
- ☐ Arabisches Meer

Meeresstraßen und Kanäle (1–16)

- ☐ Bosporus
- ☐ Straße von Dover
- ☐ Straße von Hormus
- ☐ Malakkastraße
- ☐ Beringstraße
- ☐ Sueskanal
- ☐ Panamakanal
- ☐ Straße von Mosambik
- ☐ Magellanstraße
- ☐ Rhein-Main-Donau-Kanal
- ☐ Nordwestpassage
- ☐ Straße von Gibraltar
- ☐ Bab al Mandab
- ☐ Koreastraße
- ☐ Straße von Florida
- ☐ Kattegat

4 Nachhaltigkeit

Ayla hat nach der Bearbeitung der letzten Kapitel festgestellt, dass auch sie durch ihren Lebensstil die Umwelt beeinflusst. Einige Bereiche hat sie schon überdacht, z. B. ihre Konsumgewohnheiten. Es gibt aber auch konkrete Berechnungsmethoden wie den ökologischen Fußabdruck, mit dem Ayla ihren Lebensstil noch genauer analysieren kann.

Diskutieren Sie darüber, welche Konsumgewohnheiten Ayla bereits geändert haben könnte.

Alles ist jederzeit und beinahe grenzenlos verfügbar – dieses Gefühl haben viele Menschen in den reichen Industrieländern. Viel weniger im Bewusstsein ist oft die Tatsache, dass für die Produktion von Gütern Ressourcen verbraucht werden. Dabei unterscheidet man zwischen **nicht erneuerbaren** und **erneuerbaren Ressourcen.**

die Ressource = Hilfsmittel, Reserven; unter natürlichen Ressourcen verstehen wir Rohstoffe und Energieträger, z. B. Bodenschätze

Beispiel: nicht erneuerbare und erneuerbare Ressourcen
Nicht erneuerbare Ressourcen sind z. B. Bodenschätze. Ihr Vorkommen ist begrenzt. Erneuerbare Ressourcen hingegen regenerieren sich wieder. So kann Holz z. B. nachwachsen.

regenerieren = erholen

Werden die erneuerbaren Ressourcen **zu stark beansprucht,** kann es passieren, dass sie sich nicht mehr regenerieren und ebenfalls zu Ende gehen. Die Nutzung ist dann nicht mehr nachhaltig.

Notieren Sie Beispiele für nicht erneuerbare und erneuerbare Ressourcen:

4.1 Der Boden – eine begehrte Ressource

Fruchtbarer Boden ist eine unverzichtbare Ressource, da er die Grundlage für die Produktion von Nahrungsmitteln ist. Gleichzeitig ist er aber **begrenzt:**

Nur **149 Mio. km²** stehen global gesehen zur Verfügung. Davon sind **zwei Drittel** allerdings für den Menschen **nicht nutzbar.** Das betrifft z. B. Gebirgsregionen, Wüstengebiete oder andere klimatische Extremzonen wie die Antarktis. Übrig bleiben etwa **48 Mio. km²**, die theoretisch **für den Menschen nutzbar** sind.

Flächennutzung der Erde (in Mio. km²)

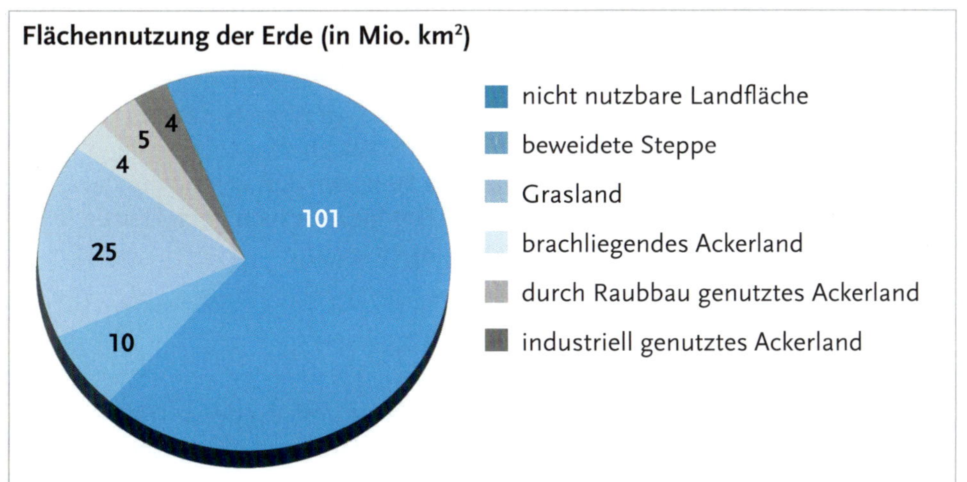

Bemerkenswert ist die Tatsache, dass nur **4 Mio. km² industriell genutzt** werden. Vergleicht man diese Zahl mit der gesamten Landfläche, so sind das lediglich **2,7 %** – also ein verschwindend kleiner Teil, wenn man bedenkt, dass davon die **Weltbevölkerung ernährt** werden muss.

Die **industrielle Landwirtschaft** versucht, mit modernen Methoden die **Produktivität** zu **erhöhen** und so möglichst viel Ertrag zu erzielen. Das ist angesichts der steigenden Bevölkerungszahlen auch notwendig, denn nur so können genug Nahrungsmittel produziert werden. Wird der Boden allerdings über eine längere Zeit **überbeansprucht,** kann das zu irreparablen Schäden führen: Schwere Maschinen können z. B. die Böden **verdichten,** sodass der Lebensraum wichtiger **Mikroorganismen** zerstört wird. Dadurch nimmt die Fruchtbarkeit des Bodens ab.

irreparabel = nicht wiederherstellbar

DAS SOLLTEN SIE SPEICHERN

Fruchtbare Böden zählen grundsätzlich zu den **erneuerbaren Ressourcen.** Eine falsche oder zu intensive Nutzung kann aber das sensible Gleichgewicht zum Kippen bringen.

4.2 Biokapazität und ökologischer Fußabdruck

Nicht alle Ökosysteme sind gleichermaßen **belastbar** – man sagt, sie haben eine unterschiedliche **Biokapazität.** Wie groß diese ist, hängt von zwei Faktoren ab:

die Kapazität = Leistungsfähigkeit

1. **Ertragsfähigkeit:** Wie viel biologisch nutzbringendes Material kann produziert werden?
2. **Aufnahmefähigkeit:** Wie sehr ist die Umwelt in der Lage, die von Menschen produzierten Abfallstoffe aufzunehmen?

Beispiel: Ertrags- und Aufnahmefähigkeit

Das Amazonasbecken in Südamerika hat eine sehr hohe Biokapazität. Die üppige Natur in Form von tropischen Regenwäldern trägt entscheidend dazu bei, aber auch die Fähigkeit der Wälder, z. B. CO_2 zu speichern. Ein Gegenbeispiel ist Saudi-Arabien, da dieses Land durch vegetationsarme Wüsten geprägt ist.

Die Biokapazität verändert sich: Im Amazonasbecken nimmt sie infolge der Abholzungen seit Jahren stetig ab.

Je nach Region sind Ökosysteme also mehr oder weniger stark belastbar. Die Belastungen werden vom Menschen verursacht, man spricht vom **ökologischen Fußabdruck.** Er gibt an, wie viele **Ressourcen verbraucht** werden, und zwar in unterschiedlichen Bereichen:

Anteil = 16 %

Wohnen

Die Wohnverhältnisse sind ein wichtiger Faktor bei der Berechnung des ökologischen Fußabdrucks. Die **Größe** des Wohnraums ist ebenso entscheidend wie die Frage, wie viele **Personen** dort wohnen und wie geheizt wird. Der **Energieverbrauch** beim Heizen fällt dabei besonders ins Gewicht.

Anteil = 16 %

Persönliche Mobilität

Die persönliche Mobilität umfasst den privaten **PKW-Verkehr,** den **Flugverkehr** und den **öffentlichen Verkehr** (Bus und Bahn). PKW und Flugzeug tragen mit einem Anteil von 90 % am stärksten zur Erhöhung des ökologischen Fußabdrucks bei. Der Transport von Gütern wird den anderen Kategorien zugerechnet.

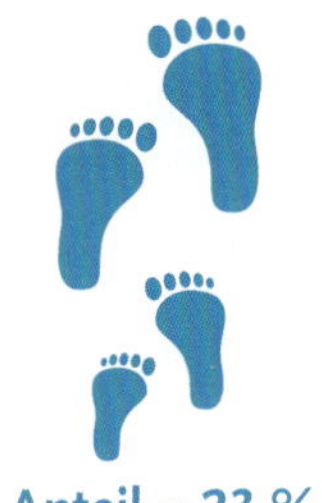

Anteil = 23 %

Grauer Fußabdruck

Der Graue Fußabdruck ergibt sich aus der **Nutzung allgemein angebotener Leistungen.** Man spricht auch vom „gesellschaftlichen Overhead“. Die Aktivitäten in dieser Kategorie können nicht eindeutig einzelnen Personen zugeordnet werden. Darunter fallen z. B. die Verkehrs- und Versorgungsinfrastruktur, das Bildungs- und Gesundheitswesen oder politische Tätigkeiten.

Anteil = 20 %

Konsum

Der Konsum umfasst sowohl **Güter** als auch **Dienstleistungen.** Dazu zählen die Bereitstellung und der Kauf von Fahrzeugen und Konsumgütern wie Papier, Möbeln, Elektronik, Bekleidung oder Sportgeräten, aber auch Hotelnächtigungen, Friseurbesuche und vieles mehr.

Anteil = 25 %

Ernährung

Die Produktion von Lebensmitteln, insbesondere die Fleischproduktion, benötigt **große Flächen.** Die **moderne Landwirtschaft** ist durch den hohen Einsatz von Kunstdünger und Pestiziden sehr **energieintensiv** und vergrößert damit den ökologischen Fußabdruck. Dazu kommt all die Nahrung, die wir nie essen. Fast 30 % aller Nahrung werden in Europa weggeworfen.

Schätzen Sie sich selbst ein! Beurteilen Sie, in welchen Bereichen (mit Ausnahme des Grauen Fußabdrucks) Sie vermutlich eher gut oder eher schlecht abschneiden. Später können Sie einen Test machen, der Ihnen die genauen Werte zeigt.

4.3 Ökologische Schuldner – ökologische Gläubiger

Um herauszufinden, wie **nachhaltig** ein Land wirtschaftet, vergleicht man die Biokapazität mit dem ökologischen Fußabdruck. Heraus kommt in der Regel ein ökologisches **Defizit** oder eine ökologische **Reserve:**

das Defizit = Mangel

die Reserve = Überschuss

DAS SOLLTEN SIE SPEICHERN

Verbrauchen die Menschen mehr, als die Natur zu geben hat, entsteht ein Defizit. Länder mit einem ökologischen **Defizit** werden als ökologische **Schuldner** bezeichnet. Länder mit einer **Reserve** nennt man ökologische **Gläubiger.**

Globaler Hektar – Maßzahl für die Nachhaltigkeit

Biokapazität und ökologischer Fußabdruck werden in **Globalen Hektaren (gha)** angegeben. Die Fläche in gha weicht von der tatsächlichen Fläche eines Landes ab: Ist der Boden z. B. sehr ertragreich, erhöht dies den gha-Wert. Ein hoher Ressourcenverbrauch hingegen verringert ihn wieder.

Beispiel: Vergleich von Fläche und Globalem Hektar

Österreich hat eine tatsächliche Fläche von 8 387 100 Hektar (ha). Das entspricht **0,9 ha** pro Person. Berücksichtigt man die Biokapazität, steigt dieser Wert auf 23 790 567 Globale Hektar (gha). Das entspricht **2,6 gha** pro Person. Diese Fläche reicht aber in Österreich nicht aus, da der Ressourcenverbrauch vergleichsweise hoch ist. So wären derzeit ungefähr **6,1 gha** notwendig, damit ein nachhaltiges Wirtschaften möglich ist.

So viele Erden wären notwendig, wenn alle Menschen so leben würden wie in den folgenden Ländern:

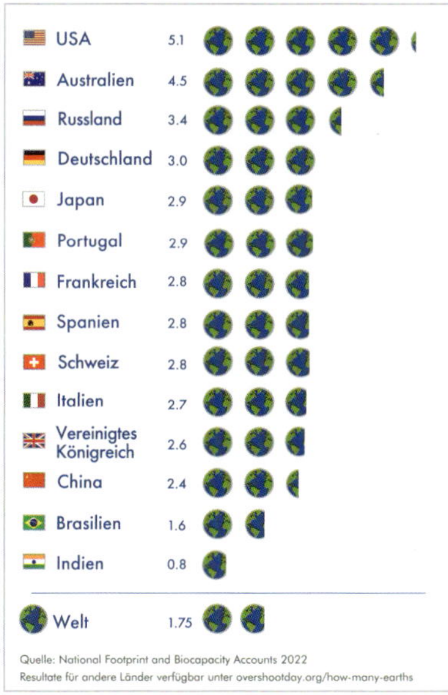

Arbeitsaufgaben – „Ökologische Schuldner – ökologische Gläubiger“

1. **Ländervergleich: eine erste Gegenüberstellung**

   Sie sehen hier einen Vergleich von Biokapazität und ökologischem Fußabdruck für zwei Länder: Brasilien und Deutschland.

Brasilien

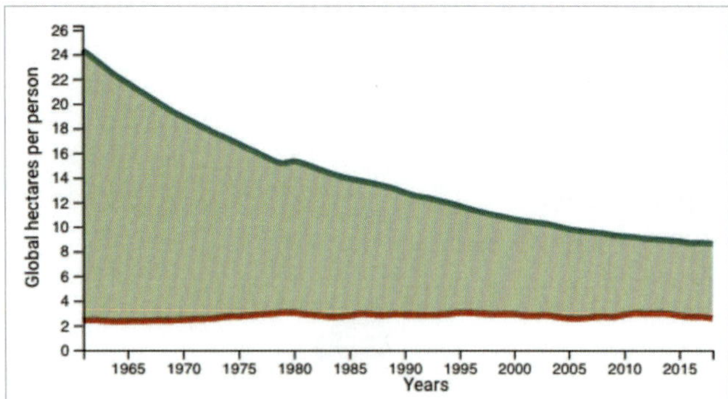

Deutschland

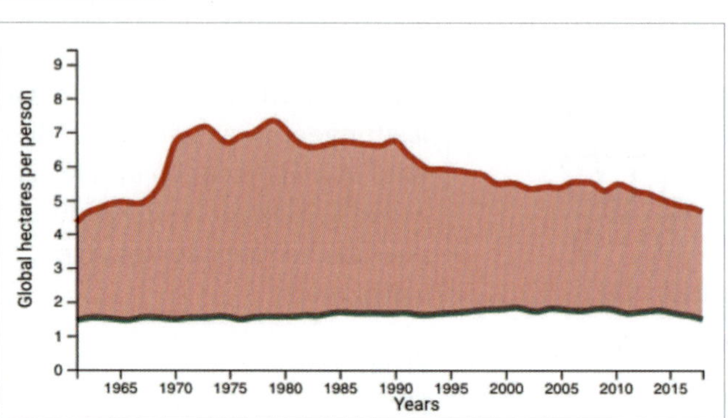

grüne Linie = Biokapazität in gha rote Linie = ökologischer Fußabdruck (Ressourcenverbrauch) in gha

a) Bestimmen Sie, ob es sich um ökologische Gläubiger oder Schuldner handelt.

b) Berechnen Sie das Defizit bzw. die Reserve für das Jahr 2015 und tragen Sie den Wert ein.

	Gläubiger	Schuldner	Defizit (–)/Reserve (+)
Brasilien	◯	◯	______ gha
Deutschland	◯	◯	______ gha

c) Beschreiben Sie die Veränderung der Biokapazität sowie des ökologischen Fußabdrucks im Zeitverlauf.

d) Stellen Sie Vermutungen an, warum sich die Werte im Zeitverlauf verändert haben.

2. **Ländervergleich: ein weltweiter Blick**

   a) Recherchieren Sie die gha-Werte für die in der Tabelle angegebenen Länder. Verwenden Sie jeweils die aktuellen Werte folgender Quelle: www.trauner.at/footprintnetwork.

Staat	Biokapazität in gha/Person	Ökologischer Fußabdruck in gha/Person	Defizit (–)/Reserve (+) in gha/Person
Bolivien			
USA			
Vereinigte Arabische Emirate			
DR Kongo			
China			

   b) Setzen Sie sich mit möglichen Gründen für die recherchierten Zahlen auseinander.

4.4 Reserven verbraucht – der Welterschöpfungstag

Jedes Jahr wird vom **Global Footprint Network** der Tag berechnet, an dem – weltweit gesehen – der Ressourcenverbrauch so groß ist, dass die Erde sich nicht mehr regenerieren kann.

DAS SOLLTEN SIE SPEICHERN

Der **Welterschöpfungstag** verlagert sich seit 1961, dem Jahr der ersten Berechnung, immer weiter nach vorne. Lag dieser Tag **1970** noch im **Dezember,** so war die Erde **2019** bereits im **Juli** „erschöpft", sie kam also in ein ökologisches Defizit.

Arbeitsaufgaben – „Reserven verbraucht"

1. Lesen Sie die folgenden zwei Artikel. Erledigen Sie im Anschluss die Aufgaben.

Manche Länder haben ein ökologisches Defizit, manche auch (noch) eine Reserve. Betrachtet man allerdings den globalen Durchschnitt, so befinden wir uns seit Anfang der 1970er Jahre im Defizit. Dieser „Globale Overshoot" hat bereits sichtbare Auswirkungen: Die Desertifikation schreitet voran, die Artenvielfalt geht verloren und der Treibhauseffekt wird durch die Anhäufung von CO_2 in der Atmosphäre verstärkt. Dadurch schmelzen auch die Gletscher, was wiederum zur Erhöhung des Meeresspiegels führt. Ein negativer Kreislauf entsteht.

Immer weiter, immer höher, immer mehr – das ist ein Lebensstil, den viele Menschen als selbstverständlich erachten. Er wird auch dann oft weitergeführt, wenn eigentlich nichts mehr geht, es also bereits ein Defizit gibt. Dazu werden auch die Ressourcen anderer Länder ausgebeutet, die noch über Reserven verfügen. Dabei darf man allerdings nicht vergessen: Beutet man die Ressourcen weiter aus, obwohl bereits ein Defizit herrscht, dann wird die Erde dauerhaft geschädigt. Sie kann sich davon nur mehr sehr schwer erholen. Für die zukünftigen Generationen eine fatale Entwicklung, denn sie sind es, die die Folgen besonders hart treffen werden.

a) Fassen Sie die Kernaussagen stichwortartig zusammen. Notieren Sie dafür pro Text mindestens vier Stichworte.

Artikel 1	Artikel 2

b) Formulieren Sie zu jedem Artikel eine passende Schlagzeile.

Auch Menschen erholen sich nur mehr schwer, wenn sie längere Zeit ihre Grenzen überschreiten! Das können Sie bestimmt auch an sich selbst beobachten.

Was man unter **„Desertifikation"** versteht, können Sie auf S. 94 noch einmal nachlesen.

Die Menschheit nutzt die Natur 1,8-mal schneller, als sich die Biokapazität regenerieren kann.

2. Die Erde spricht Klartext

Stellen Sie sich vor, Sie könnten unsere Erde am Welterschöpfungstag interviewen. Führen Sie das Interview mit Ihrem Sitznachbarn/Ihrer Sitznachbarin. Alternativ können Sie das Interview auch schriftlich in Ihren Lernunterlagen festhalten.

4.5 Mein persönlicher Beitrag

Vielleicht haben Sie sich beim Durcharbeiten des Kapitels schon gefragt, was Sie persönlich dazu beitragen können, damit die Erde wieder ins **Gleichgewicht** kommt. Zunächst ist es wichtig, den eigenen **Lebensstil** zu analysieren: In welchen Bereichen haben Sie einen hohen ökologischen Fußabdruck, in welchen schneiden Sie vielleicht schon sehr gut ab?

Sind die Bereiche mit Verbesserungsbedarf gefunden, können Sie sich Maßnahmen überlegen, um den Fußabdruck zu verringern. Dafür gibt es drei **Strategien:**

Strategien zur Senkung des ökologischen Fußabdrucks

Suffizienz	Effizienz	Konsistenz
Suffizienz bedeutet **Genügsamkeit.** → Weniger ist mehr! Hier soll das Verhalten der Menschen geändert werden. Es ist daher der wohl schwierigste Weg zur Nachhaltigkeit.	Effizienz bedeutet **Wirksamkeit.** → Mit dem kleinstmöglichen Einsatz zum größtmöglichen Nutzen! Effizienz wird durch technische Innovationen erreicht. Es ist meist keine Änderung des Lebensstils erforderlich.	Konsistenz bedeutet, dass Ressourcen in **Kreisläufe** eingebunden sind. → Langfristig denken und auf Beständigkeit setzen! Technologien sollen naturverträglich sein. Sie sollen Stoffe und Leistungen der Ökosysteme nutzen, ohne diese zu zerstören.

Arbeitsaufgaben – „Mein persönlicher Beitrag“

1. **Mein ökologischer Fußabdruck**

   a) Berechnen Sie Ihren persönlichen ökologischen Fußabdruck. Verwenden Sie dazu das Berechnungstool auf folgender Webseite: www.trauner.at/footprint-rechner. Tragen Sie Ihre Ergebnisse in die Tabelle ein. Hinweis: Der Graue Fußabdruck ist nicht individuell berechenbar und deshalb bereits eingetragen.

Bereich	Mein Ergebnis in gha	Mein Ergebnis in %	Ergebnis Österreich in gha	Ergebnis Österreich in %
Wohnen			0,76	14,3
Ernährung			1,25	23,5
Mobilität			0,78	14,7
Konsum			1,02	19,3
Grauer Fußabdruck	1,5		1,5	28,2
Gesamtergebnis		100 %	5,31 gha	100 %

Das bedeutet Ihr persönliches Ergebnis:
> 9: Extrem hoch im Vergleich zu anderen – Sie sollten dringend etwas dagegen unternehmen!
6,2–9: Sie haben noch viel zu tun!
4,4–6,1: Schon besser, aber immer noch kritisch.
3,5–4,3: Sie sind auf einem guten Weg!
2,8–3,4: Sie sind auf dem Weg zur Meisterschaft!
< 2,8: Sie sind Meister/in des kleinen Fußabdrucks. Die Erde wird es Ihnen danken!

b) Vergleichen Sie Ihr Ergebnis mit dem gesamtösterreichischen. Heben Sie eventuelle Unterschiede hervor.

2. **Strategien zur Senkung**

a) Ordnen Sie folgende Maßnahmen den drei Strategien „Suffizienz“, „Effizienz“ und „Konsistenz“ zu.

	Suffizienz	Effizienz	Konsistenz
Biolandwirtschaft statt Massentierhaltung			
Keine Flüge, wenn es auch vernünftige Bahnverbindungen gibt			
Gut erhaltene Möbel oder Textilien auf diversen Plattformen (z. B. „willhaben“) anbieten oder zu Sammelstellen (z. B. Caritas) bringen			
Produkte langlebiger machen			
Dämmung von Häusern			
Ein neues Handy erst dann kaufen, wenn das alte nicht mehr repariert werden kann			

b) Nennen Sie weitere Beispiele für die drei Strategien.

In Bangladesch verbrauchen die Bewohner/innen übrigens nur 0,9 Globale Hektar. Das bedeutet, wenn alle Menschen so leben würden, kämen wir mit den Ressourcen einer halben Erde aus.

WortschatzBox – „Menschliche Nutzung verändert die Erde“

- Welcher Fachbegriff ist gesucht? Ergänzen Sie ihn.

Ausbreitung von Wüsten aufgrund menschlicher Eingriffe	_ _ S _ _ _ _ _ _ _ _ _ _ _ _
Zerstörungsform des Bodens durch Überweidung bzw. Abholzung	E _ _ _ _ O _
Ureinwohner/innen	_ _ _ _ G _ _ _
Wald, der von menschlicher Nutzung völlig unberührt ist	U _ _ _ _ _
Fällen von Bäumen, um Ackerland zu gewinnen	_ _ _ _ N _
Mit Gewinnabsicht	_ _ M _ _ _ _ _ _ _ L
Große Felder, auf denen nur eine Pflanzenart angebaut wird	M _ _ O _ _ _ _ _ R
Wanderndes Hirtenvolk	_ _ _ _ D _ _
Zeit, in der ein Feld nicht bepflanzt wird	B _ _ _ _ _
Landwirtschaftliche Kulturen, die für den Verkauf bzw. Export angebaut werden	_ _ _ _ C _ _ _ S
Landwirtschaft zur Eigenversorgung	_ U _ _ _ _ _ _ _ _ - W _ _ _ _ _ _ _ _ _
Mangel	_ E _ _ _ _ _
Überschuss	R _ _ _ _ _ _

Ziele erreicht? – „Menschliche Nutzung verändert die Erde“

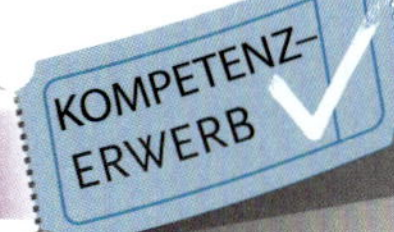

1. Nennen Sie vier Funktionen, die der tropische Regenwald erfüllt.

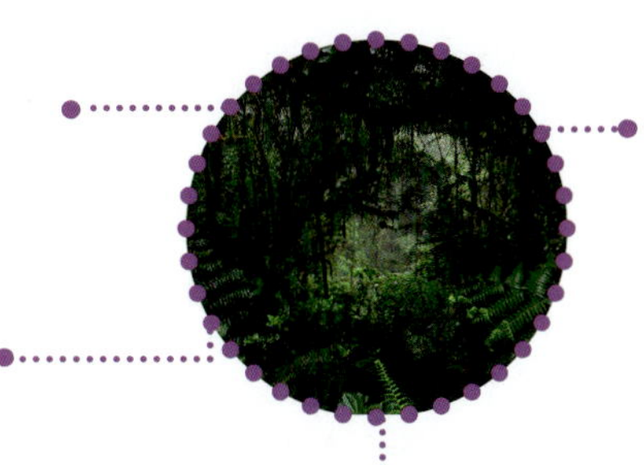

2. **Umweltzerstörung**

Beziehen Sie Stellung zu folgender Behauptung:

a) Stimmen Sie zu oder nicht? Begründen Sie Ihre Meinung.

b) Machen Sie Vorschläge, wie man auch als Einzelperson im Alltag umweltfreundlich handeln kann. Denken Sie dabei nicht nur an den Regenwald, sondern auch an die Wassernutzung.

3. **Wo ist was?**

In diesem Kapitel haben Sie viele Gegenden kennengelernt. Sie haben sich damit beschäftigt, wie dort der Mensch die Umwelt verändert.

a) Lokalisieren Sie mindestens vier Gegenden, die in diesem Kapitel vorgekommen sind. Markieren Sie diese in einer stummen Weltkarte.

b) Beschreiben Sie dann auch kurz, was mit dieser Gegend in Verbindung steht: Ist sie beispielsweise stark von Desertifikation betroffen? Gibt es dort viel Regenwald? Lebt dort ein indigenes Volk? War man dort besonders erfolgreich im Kampf gegen die Umweltzerstörung?

4. Nachhaltigkeit

a) Definieren Sie folgende Fachbegriffe. Sie können diese Formulierungen dafür verwenden:

- Unter XY versteht man ...
- XY bedeutet, dass ...
- Mit dem Begriff XY wird ... bezeichnet, beschrieben, gekennzeichnet, ...

Fachbegriff	Definition
Biokapazität	
Ökologischer Fußabdruck	
Globaler Hektar	

b) Nennen Sie Bereiche, die in die Berechnung des ökologischen Fußabdrucks einfließen.

c) Geben Sie drei Strategien an, um den ökologischen Fußabdruck zu senken.

d) Erklären Sie den Unterschied zwischen ökologischen Gläubigern und Schuldnern.

e) Erstellen Sie eine Liste mit Argumenten, die für die Umsetzung eines nachhaltigen Lebensstils sprechen. Sie können dazu auch folgende Satzanfänge ergänzen:

Ein nachhaltiger Lebensstil ist wichtig, weil ______________________________

____

Wenn wir nicht auf Nachhaltigkeit achten, dann ______________________________

____

f) Diskutieren Sie mögliche Hindernisse auf dem Weg zu mehr Nachhaltigkeit.

5. Sprachreif!?

Wie gut Sie Inhalte verstanden haben, zeigt sich oft daran, ob Sie mit anderen darüber sprechen können und ob Sie Standpunkte vertreten können. Probieren Sie es aus!

Überlegen Sie sich zuerst, ob Sie den Aussagen voll, teilweise oder gar nicht zustimmen. Vergleichen Sie Ihre Meinungen in der Klasse, zum Beispiel mit simplen Handzeichen. Diskutieren Sie dann über unterschiedliche Ansichten. Achten Sie auf eine wertschätzende und konstruktive Diskussionskultur.

„Regenerierbare Ressourcen können uneingeschränkt ausgebeutet werden."

„Desertifikation kann verhindert werden."

„Die Wasserknappheit führt zu den Kriegen der Zukunft."

„Tropische Regenwälder werden vor allem durch die Profitgier der Konzerne zerstört."

„Die Zerstörung der Regenwälder verändert das globale Klima."

„Menschen in Europa und den USA können die Zerstörung der Regenwälder verhindern."

Einen interaktiven Safety-Check finden Sie in der TRAUNER-DigiBox.

III Bevölkerung

Sie finden

Die Bevölkerung der Erde/
Seite 116

Alles in die Stadt –
das Zeitalter der Megacitys/
Seite 135

Die Bevölkerung der Erde

Betätigen Sie sich als Bevölkerungsforscher/in: Fragen Sie Ihre Eltern oder Bekannten, ob sich die Familiengrößen verändert haben. Vergleichen Sie dann Ihre Ergebnisse in der Klasse!

Wie viele Geschwister haben Sie? Wie groß ist die Familie Ihrer Eltern und Großeltern? Oder Ihrer Urgroßeltern? Vielleicht können Sie Veränderungen feststellen: Vor allem in Europa hat sich nämlich etwas getan: Die Familien sind im Durchschnitt kleiner geworden. Zugleich sind auch viele Menschen auf der ganzen Welt unterwegs: Sie verlassen ihre Heimatländer und lassen sich andernorts wieder nieder.

In diesem Kapitel können Sie sich auf die Suche nach Antworten auf die großen Fragen der Bevölkerungsentwicklung begeben.

Meine Ziele

Nach Bearbeitung dieses Kapitels kann ich

- die Bevölkerungsverteilung und -entwicklung beschreiben;
- Bevölkerungsdiagramme analysieren;
- die Bevölkerungsentwicklung in Industrie- und Entwicklungsländern miteinander vergleichen;
- die Bevölkerungspolitik von China und Indien beschreiben;
- die großen Migrationsbewegungen verorten;
- Gründe für Migration nennen.

1 Acht Milliarden Menschen bevölkern unseren Planeten

„Acht Milliarden! So viele Menschen leben auf unserem Planeten. Einfach unvorstellbar!", denkt sich Peter. Gleichzeitig wird er nachdenklich und fragt sich, was das für die Zukunft bedeuten könnte. Ist diese Entwicklung gut oder kommen hier große Herausforderungen auf uns zu?

Überlegen Sie, welche Herausforderungen eine so große Bevölkerungszahl mit sich bringt. Notieren Sie zwei Punkte.

1.1 Das Wachstum der Bevölkerung

Das Wachstum der Bevölkerung verläuft seit zwei Jahrhunderten in einem zuvor nicht gekannten Tempo: Rund **drei Mrd. Menschen** lebten **1960** auf unserer Erde. **2011** waren es schon knapp **sieben Mrd.** Voraussichtlich wird die Einwohnerzahl unseres Planeten bis **2060** auf **zehn Mrd.** ansteigen. Dazwischen liegt die Phase des größten Bevölkerungswachstums in der Menschheitsgeschichte.

Entwicklung der Weltbevölkerung
Die Bevölkerung wächst, aber in Zukunft langsamer

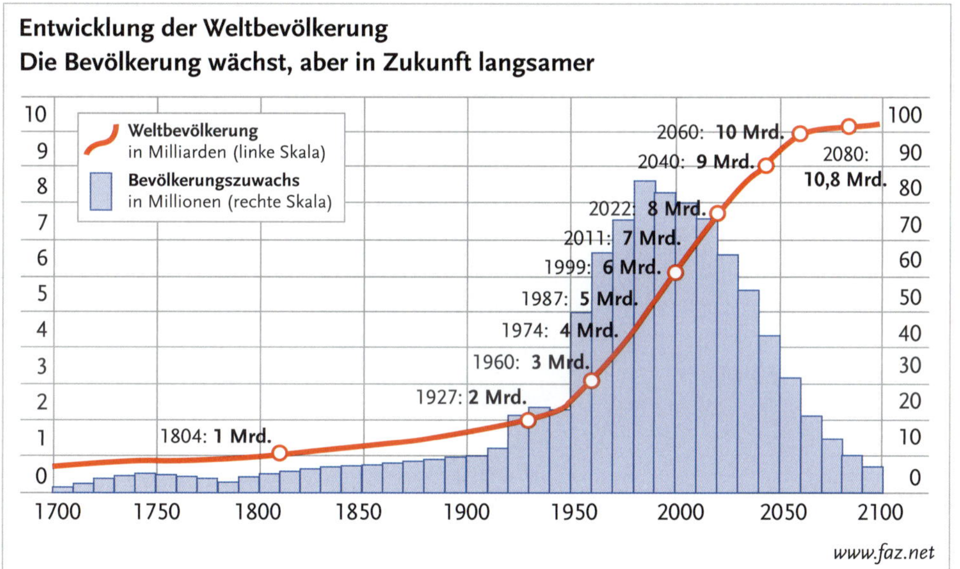

www.faz.net

Wachstum der Weltbevölkerung

Pro Jahr	65 810 005 Menschen
Pro Tag	180 301 Menschen
Pro Minute	125 Menschen
Pro Sekunde	2,1 Menschen

Stiftung Weltbevölkerung

Vergleichen Sie den täglichen Bevölkerungszuwachs auf der Welt mit der Einwohnerzahl einer österreichischen Stadt.

Verwenden Sie dazu folgenden Link: www.trauner.at/oestaedte

Stadt: ____________

Einwohnerzahl: ____________

Arbeitsaufgaben – „Das Wachstum der Weltbevölkerung"

1. Kreuzen Sie an, ob folgende Behauptungen zum Wachstum der Weltbevölkerung richtig oder falsch sind. Überprüfen Sie die Behauptungen, indem Sie das Diagramm oben aufmerksam studieren.

Behauptungen	Richtig	Falsch
1750 wurde die Ein-Mrd.-Grenze bei der Bevölkerungszahl erreicht.	○	○
Die Säulen im Diagramm zeigen an, wie viele Menschen innerhalb von zehn Jahren hinzukommen.	○	○
Seit 1950 hat sich das Bevölkerungswachstum gegenüber dem Zeitraum davor beschleunigt.	○	○

2. Das Diagramm zur Weltbevölkerung zeigt, dass der Bevölkerungszuwachs in Zukunft abnimmt. Trotzdem steigt die Gesamtzahl weiter an. Wie kann das sein? Sehen Sie sich folgendes Video an: www.trauner.at/wachstum_weltbevölkerung. Notieren Sie dann, warum die Weltbevölkerung weiterhin wächst.

1.2 Bevölkerungsverteilung und -dichte

der Ballungsraum, auch: **die Agglomeration** = städtisches Gebiet mit hoher Bevölkerungsdichte

DAS SOLLTEN SIE SPEICHERN

Die **Staaten der Welt** sind **unterschiedlich dicht besiedelt.** Leben in einem Land sehr viele Menschen, heißt das nicht unbedingt, dass sich diese gleichmäßig verteilen. **Fast menschenleere Gebiete** können sich mit **Ballungsräumen** abwechseln.

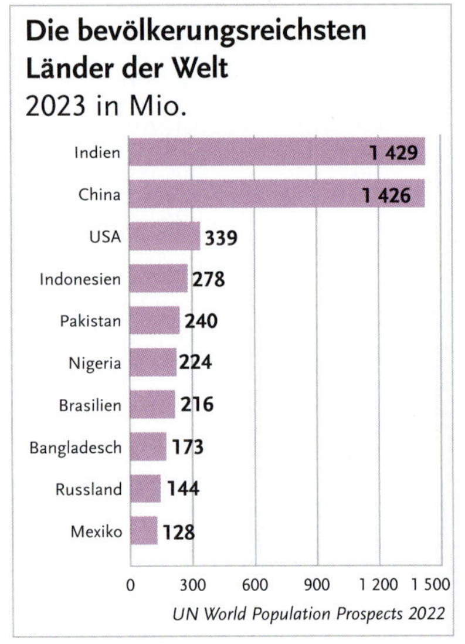

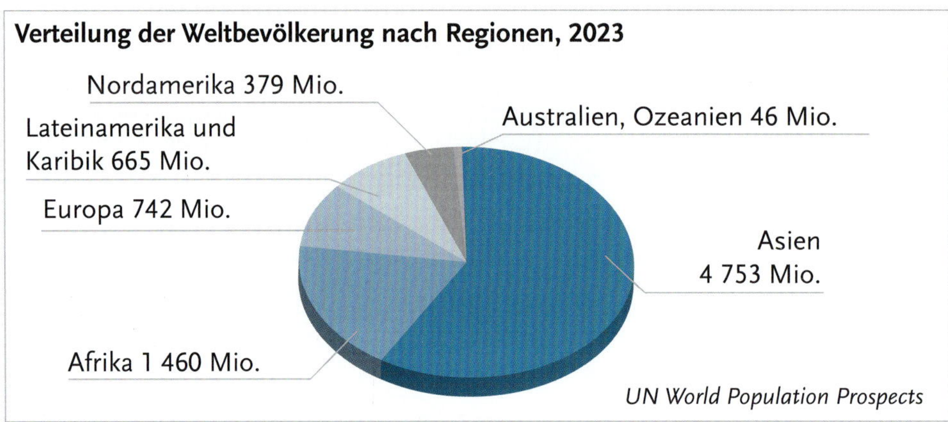

Arbeitsaufgaben – „Bevölkerungsverteilung und -dichte“

1. Stellen Sie sich vor, auf der ganzen Welt gäbe es nur 100 Menschen. Ermitteln Sie, wie viele Menschen dann auf den einzelnen Kontinenten jeweils leben würden.

   Die Welt – ein Dorf: Wenn die Welt ein Dorf mit 100 Einwohnerinnen und Einwohnern wäre, wären davon:

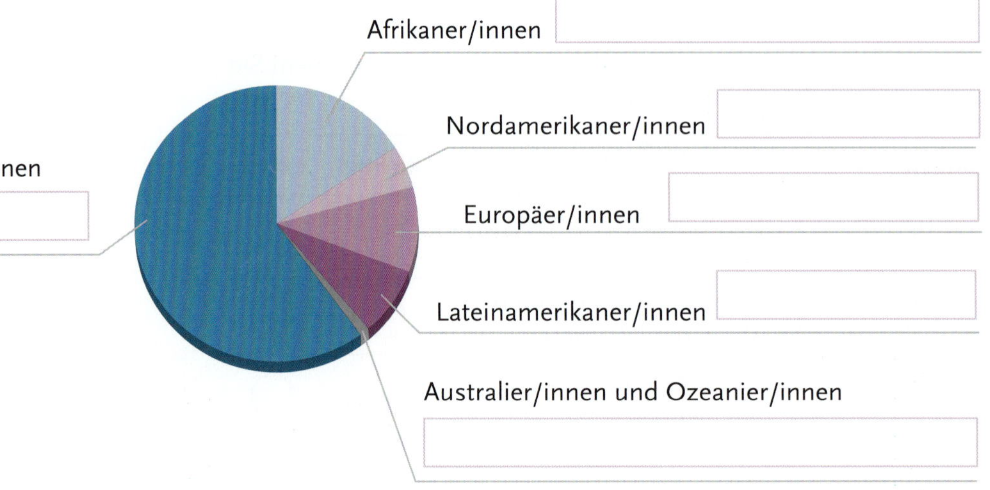

2. Schreiben Sie die Nummern der Länder in die Kreise auf der Karte. Ordnen Sie dann die Texte den genannten Ländern zu.

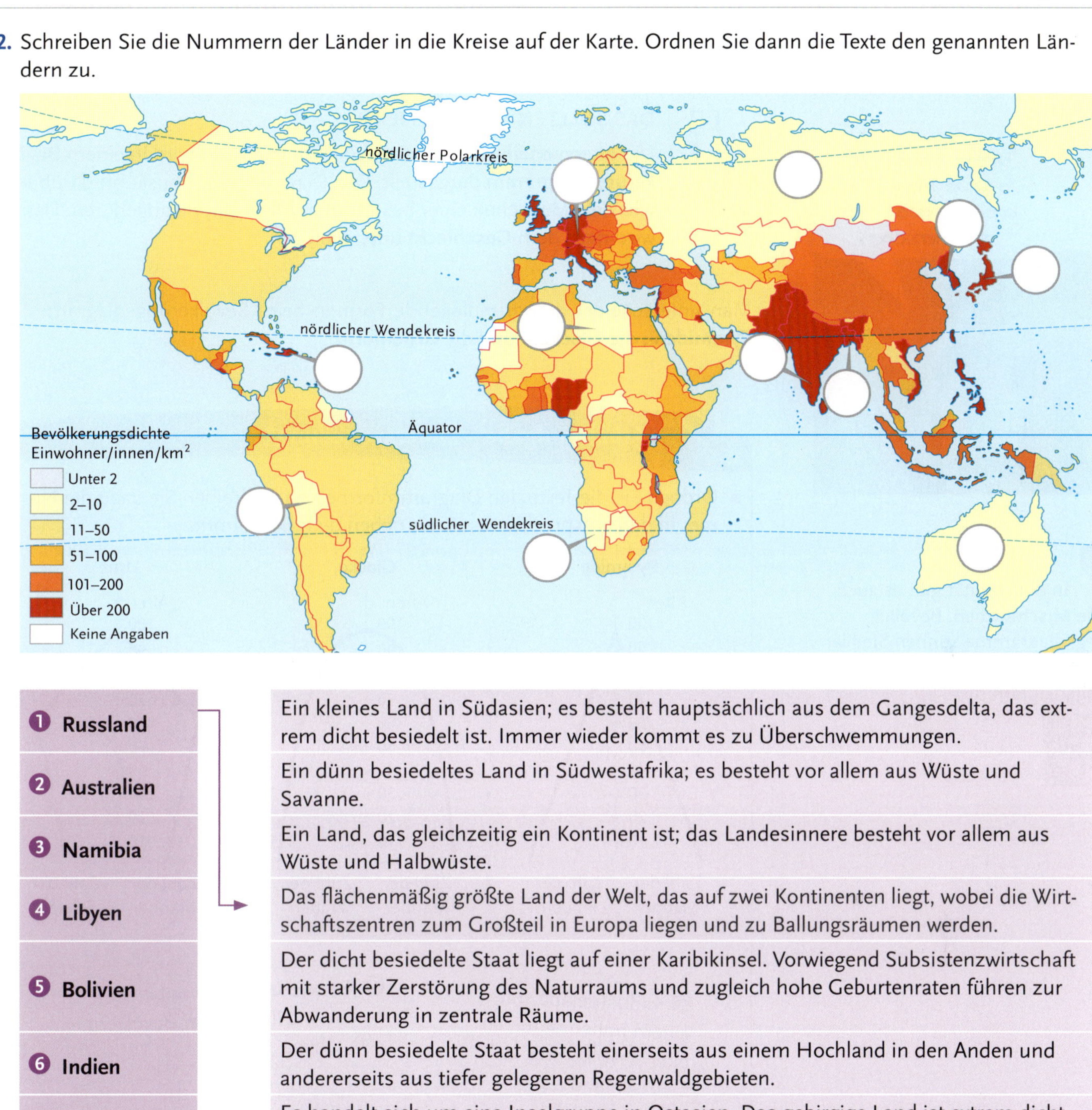

❶ **Russland**	Ein kleines Land in Südasien; es besteht hauptsächlich aus dem Gangesdelta, das extrem dicht besiedelt ist. Immer wieder kommt es zu Überschwemmungen.
❷ **Australien**	Ein dünn besiedeltes Land in Südwestafrika; es besteht vor allem aus Wüste und Savanne.
❸ **Namibia**	Ein Land, das gleichzeitig ein Kontinent ist; das Landesinnere besteht vor allem aus Wüste und Halbwüste.
❹ **Libyen**	Das flächenmäßig größte Land der Welt, das auf zwei Kontinenten liegt, wobei die Wirtschaftszentren zum Großteil in Europa liegen und zu Ballungsräumen werden.
❺ **Bolivien**	Der dicht besiedelte Staat liegt auf einer Karibikinsel. Vorwiegend Subsistenzwirtschaft mit starker Zerstörung des Naturraums und zugleich hohe Geburtenraten führen zur Abwanderung in zentrale Räume.
❻ **Indien**	Der dünn besiedelte Staat besteht einerseits aus einem Hochland in den Anden und andererseits aus tiefer gelegenen Regenwaldgebieten.
❼ **Haiti**	Es handelt sich um eine Inselgruppe in Ostasien. Das gebirgige Land ist extrem dicht besiedelt.
❽ **Japan**	Das Land besteht vor allem aus Sandwüste und ist Teil der größten Wüste der Welt.
❾ **Deutschland**	Das Land ist dicht besiedelt und ein entwickeltes Industrieland in Mitteleuropa.
❿ **Südkorea**	Es handelt sich um einen Teil einer dicht besiedelten Halbinsel in Ostasien.
⓫ **Bangladesch**	Das Land in Südasien hat die größte Einwohnerzahl der Welt.

Wie dicht ein Land besiedelt ist, hängt beispielsweise von der Topografie, dem Klima oder der Verfügbarkeit von Wasser ab.

1.3 Altersverteilung: Bevölkerungsdiagramme

DAS SOLLTEN SIE SPEICHERN

Die **Altersverteilung** in einer Bevölkerungsgruppe wird in einem **Bevölkerungsdiagramm** dargestellt. Das Diagramm gibt Auskunft darüber, **wie viele Menschen** einer bestimmten **Altersgruppe** angehören. Dabei wird nach dem **Geschlecht** unterschieden.

Man unterscheidet drei grundlegende Formen beim Bevölkerungsdiagramm: die **Pyramiden-**, die **Glocken-** und die **Urnenform.**

Arbeitsaufgabe – „Altersverteilung"

- Ordnen Sie die Texte den Diagrammformen zu. Schreiben Sie dazu die Nummer in den entsprechenden Kreis neben dem Diagramm.

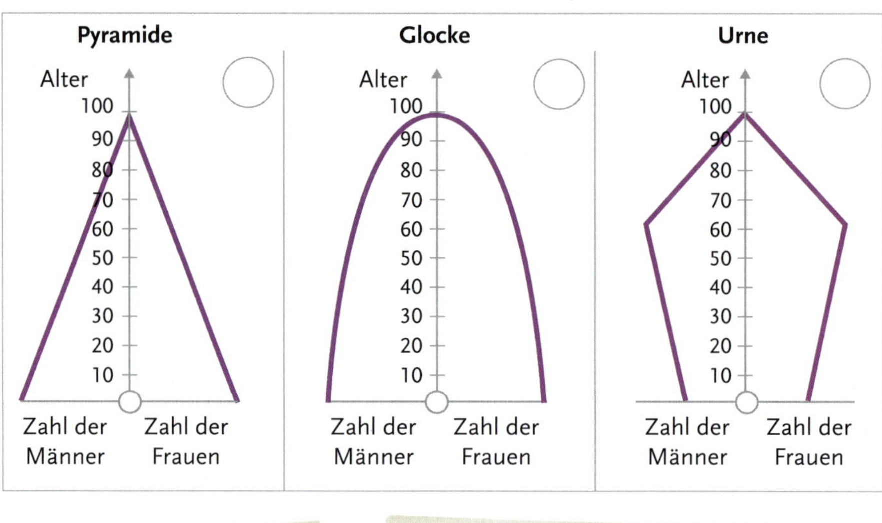

❶ Industrieland mit einem hohen Anteil an alter Bevölkerung, z. B. Deutschland

❷ Entwicklungsland mit einem hohen Anteil an junger Bevölkerung, z. B. Ghana

❸ Schwellenland mit einer relativ ausgeglichenen Altersstruktur (etwas mehr Kinder und Jugendliche als Menschen im erwerbsfähigen Alter), z. B. Brasilien

In der Realität gibt es auch viele Mischformen. Bevölkerungsdiagramme können Sie hier abrufen: www.trauner.at/bevoelkerungsdiagramme

Mehr zu den Schwellenländern finden Sie ab S. 197.

1.4 Der demografische Übergang

Der demografische Übergang beschreibt, wie sich die Bevölkerungszahl seit dem 19. Jahrhundert in Europa, Nordamerika und Australien entwickelt hat. Dabei fallen vor allem zwei Tendenzen auf:

1. Die Sterberate ist zurückgegangen.
2. Auch die Geburtenrate ist gesunken. Das passierte allerdings erst, nachdem die Sterberate bereits gesunken war.

die Demografie = Wissenschaft, die die Entwicklung der Bevölkerung erforscht und beschreibt

die Sterberate = Zahl der Todesfälle je 1 000 Einwohner/innen pro Jahr

die Geburtenrate = Zahl der Geburten je 1 000 Einwohner/innen pro Jahr

Das Modell des demografischen Übergangs zeigt diese Entwicklungen im Zeitverlauf. Ebenso sichtbar wird, wie sich die Zahl der Gesamtbevölkerung dadurch verändert hat.

Ein **Modell** vereinfacht die Wirklichkeit und beschreibt überblicksmäßig Sachverhalte.

Der demografische Übergang Geburten und Sterbefälle (pro 1 000 und Jahr)

40, 30, 20, 10

Geburtenrate

Gesamtbevölkerung

Sterberate

Phase I	Phase II	Phase III	Phase IV	Phase V
Bis 1840	1840–1910	1910–1980	Seit den 1980er Jahren	

Arbeitsaufgaben – „Der demografische Übergang"

1. Sie sehen hier Beschreibungen zu den einzelnen Phasen des demografischen Übergangs, allerdings in der falschen Reihenfolge. Ordnen Sie die Beschreibungen so, dass der zeitliche Ablauf wieder stimmt (I bis V).

- ☐ Die Geburtenrate ist niedrig und liegt nur mehr knapp über der Sterberate. Das Bevölkerungswachstum stagniert.
- ☐ Während der Industriellen Revolution geht die Sterberate stark zurück. Fortschritte in der Medizin und Nahrungsmittelproduktion sind der Grund dafür. Die Geburtenrate bleibt aber unverändert hoch. Das alles lässt die Bevölkerung anwachsen.
- ☐ Seit Beginn des 20. Jahrhundert geht die Geburtenrate stark zurück. Dennoch wächst die Bevölkerung weiter an, da die Lebenserwartung steigt und Menschen zuwandern.
- ☐ Die Sterberate ist hoch, aber ebenso die Geburtenrate. Die Zahl der Gesamtbevölkerung ändert sich daher kaum. Sie ist im Vergleich zu heute auch wesentlich niedriger.
- ☐ In dieser Phase ist die Sterberate zum ersten Mal höher als die Geburtenrate. Es gibt immer mehr alte Menschen, da die Lebenserwartung gestiegen ist. Gleichzeitig kommen immer weniger junge Menschen nach.

stagnieren = stillstehen, gleich bleiben

Industrielle Revolution: Als Folge der Erfindung der Dampfmaschine im 18. Jahrhundert entstanden im 19. Jahrhundert riesige Industriebetriebe. In diesen Fabriken konnten von nun an massenhaft Güter hergestellt werden, die mit der Eisenbahn und Dampfschiffen schnell zu den Käuferinnen und Käufern gebracht werden konnten.

2. Begründen Sie, warum in vielen europäischen Ländern immer weniger Kinder zur Welt kommen.

____

____

3. Überlegen Sie, wo die Bevölkerungsdiagramme Pyramide, Glocke und Urne im demografischen Übergang anzusiedeln sind.

____

Meine Oma hatte sechs Geschwister, ich hab' nur einen Bruder.

1.5 Die Bevölkerung in Industrie- und Entwicklungsländern

Beim Bevölkerungswachstum gibt es große Unterschiede zwischen den Industrie- und den Entwicklungsländern. Der Großteil des Zuwachses – nämlich 95 % – entfällt auf die Entwicklungsländer.

Ab den 1970er Jahren beginnt auch in den Entwicklungsländern die Sterberate stark zu sinken, die Geburtenrate hingegen nur allmählich.

Das wirkt sich auf die Bevölkerungszahlen aus: In Afrika, Asien und Lateinamerika wird die Bevölkerungszahl auch in Zukunft wachsen. Nur Europa verzeichnet bereits heute einen Rückgang.

13 Kinder sind für Familien in Österreich mittlerweile eine große Ausnahme

	2022		2050	
	Mio.	%	Mio.	%
Asien	4 708	59,3	5 290	54,6
Afrika	1 410	17,8	2 466	25,5
Lateinamerika, Karibik	658	8,3	749	7,7
Europa	744	9,4	704	7,3
Nordamerika	376	4,7	421	4,3
Australien, Ozeanien	45	0,6	58	0,6

UN World Population Prospects 2022

Arbeitsaufgaben – „Industrie- und Entwicklungsländer"

Auch in Afrika werden Familien kleiner, wenngleich Großfamilien viel öfter Realität sind.

1. Lesen Sie den folgenden Artikel. Ergänzen Sie dann den Lückentext.

Europäer/innen sehen die Kinder als Problem

Für Afrikaner/innen sind Kinder eine Bereicherung, eine Zukunftsinvestition und Voraussetzung für Wohlstand. Europäer/innen hingegen sehen afrikanische Kinder in ihrer großen Anzahl als ein Problem, das alle Fortschritte und Wachstumsraten zunichtemacht. Dass Frauen in Niger durchschnittlich sieben Kinder bekommen und dass man das ändern müsse, fehlt in kaum einer europäischen Politikerrede zu dem Thema. In Niger selbst steht nicht die Zahl der Kinder im Mittelpunkt der Diskussion. Es geht eher darum, ob Frauen frei darüber entscheiden können, ob sie überhaupt Kinder haben wollen. Wenn Kinder zur Welt kommen, dann oft sehr knapp hintereinander. Auch das kann zum Problem werden, wenn die Familien arm sind und die Versorgung schon vorher unsicher gewesen ist. Dennoch haben Bauernfamilien oft keine andere Wahl, als Kinder zu haben, da sie als Arbeitskräfte gebraucht werden.

www.taz.de, 3. Dezember 2019, gekürzt

Während in Afrika kinderreiche Familien als ____________________ wahrgenommen werden, betrachten Menschen in Europa eine große Kinderzahl als ____________________ für Wachstum und Fortschritt. Im afrikanischen Staat Niger wird allerdings nicht die Kinderzahl diskutiert, sondern die Frage, ob Frauen die ____________________ darüber selbst in der Hand haben. Es darf auch nicht vergessen werden, dass Familien am ____________________ ihre Kinder als Arbeitskräfte brauchen.

2. Erheben Sie die Fruchtbarkeitsrate der Länder, die in der Tabelle angegeben werden. Verwenden Sie für Ihre Recherche die Länderdatenbank der Deutschen Stiftung Weltbevölkerung (www.trauner.at/laenderdatenbank).

Westafrika: Burkina Faso

Nordafrika: Marokko

Nordamerika: Kanada

Südasien: Afghanistan

Ostasien: China

Karibische Inseln: Haiti

die Fruchtbarkeitsrate; auch: Fertilitätsrate = durchschnittliche Anzahl an Kindern, die eine Frau in ihrem Leben zur Welt bringt

2 Familienpolitik

Regierungen haben die Aufgabe, Familien- und Gesundheitspolitik zu betreiben und somit die notwendigen Rahmenbedingungen für eine verantwortungsvolle Elternschaft zu sichern.

DAS SOLLTEN SIE SPEICHERN

Entwicklungsländer müssen vor allem die **Verringerung der Kinderanzahl** anstreben. Im Gegensatz zu den Entwicklungsländern bemühen sich die **Regierungen der hoch industrialisierten Staaten** um Anreize, damit die **Geburtenzahlen** wieder **steigen.**

Die geringe Kinderzahl in den reichen Staaten Europas hat auch mit der mangelnden Vereinbarkeit von Familie und Beruf zu tun.

Arbeitsaufgabe – „Familienpolitik“

- Werden folgende Maßnahmen eher in Entwicklungsländern (E) oder in Industrieländern (I) durchgeführt? Kreuzen Sie an!

Maßnahmen	E	I
Kinderbetreuungsgeld	○	○
Mehr Bildung für Frauen	○	○
Arbeitsplätze für Frauen und damit Erhöhung des Haushaltseinkommens	○	○
Väter und Mütter in der Karenz gleichstellen	○	○
Mehr und kostengünstigere Verhütungsmittel	○	○
Mehr Kinderbetreuungseinrichtungen schaffen	○	○
Bessere medizinische Versorgung und Senkung der Kindersterblichkeit	○	○
Steuerliche Besserstellung von Eltern	○	○

Zwei Typen von Ländern – zwei unterschiedliche Aufgaben der Familienpolitik:

diktatorisch/die Diktatur: Nicht die Mehrheit des Volkes bestimmt, sondern einige wenige, z. B. eine einzige Partei oder sogar nur eine einzelne Person: der Diktator.

die Demokratie = Regierungssystem, in dem das Volk die Regierungsvertreter/innen wählt

2.1 Familienpolitik in China und Indien

China und Indien gehören zu den bevölkerungsreichsten Ländern der Erde. Sie gehen aber unterschiedliche Wege bei der Familienpolitik:

China versuchte, die Geburtenrate mit **staatlichen Maßnahmen** zu senken: Die Regierung legte in der Vergangenheit die Anzahl der Kinder pro Paar fest. Wer sich nicht daran hielt, musste mit Strafen rechnen. Das war unter anderem auch dadurch möglich, dass China diktatorisch regiert wird. In **Indien** hingegen – einer Demokratie – sind solche Vorschriften nicht möglich. Daher wächst dort die Bevölkerung weiter und das Land wird in wenigen Jahrzehnten das bevölkerungsreichste der Erde sein.

2.1.1 China – die Ein-Kind-Politik

Ausgangslage
Seit 1949 hat sich die Bevölkerung Chinas mehr als verdoppelt. Hungersnöte in den 1960er Jahren zeigten, dass die stark steigende Bevölkerung nicht mehr ernährt werden konnte.

Maßnahme
Daher wurden zunächst mehr als zwei Kinder verboten. 1979 wurde schließlich die Ein-Kind-Familie verordnet. Wer mehr als ein Kind bekam, musste mit dem Entzug von Sozialleistungen rechnen. Ausnahmen gab es nur für Bauern, deren erstes Kind ein Mädchen war, da Söhne dringend als Arbeitskräfte auf dem Land benötigt wurden. Auch Minderheiten waren von dieser Regelung teilweise ausgenommen.

Auswirkungen
Die Ein-Kind-Politik war einerseits ein Erfolg – weniger Menschen mussten ernährt werden und weniger Arbeitsplätze mussten geschaffen werden –, aber andererseits auch eine Gefahr: Die Überalterung der Bevölkerung wurde ebenso ein großes Problem wie das Fehlen junger Arbeitskräfte. Auch das soziale Gefüge der Familien änderte sich grundlegend. Verwöhnte Einzelkinder standen plötzlich im Mittelpunkt.

Diskutieren Sie darüber, welche staatlichen Maßnahmen grundsätzlich möglich wären, um die Kinderzahl zu erhöhen.

Konsequenz
Daher beschloss die chinesische Regierung die Aufhebung der Ein-Kind-Politik. Mehr Kinder sollen künftig den dringenden Arbeitskräftebedarf bewältigen. Die Gefahr der Überalterung der chinesischen Gesellschaft soll verhindert werden. Staatliche Maßnahmen sollen dazu führen, dass sich Paare wieder für mehr Kinder entscheiden. Die Erfahrungen zeigen aber, dass sich die Geburtenzahlen nicht wesentlich erhöhen. Chinesische Eltern haben sich an Einzelkinder gewöhnt, die sie, so gut es geht, fördern wollen.

Der Staat darf Menschen doch nicht vorschreiben, wie viele Kinder sie bekommen sollen!

Arbeitsaufgaben – „China“

1. Markieren Sie im obenstehenden Text zur Ein-Kind-Politik folgende Informationen. Verwenden Sie unterschiedliche Farben.
   - Folgen für Paare, die sich nicht an die Ein-Kind-Regel hielten
   - Gefahren der Ein-Kind-Regel
   - Grund, warum die Kinderzahl nach Aufhebung der Ein-Kind-Regel nicht wesentlich stieg
2. Beziehen Sie Stellung zur Frage in der Randspalte, ob sich ein Staat in die Familiengröße einmischen darf.

Frauen und Mädchen in China

1992 beschloss China das **Frauenrechtsschutzgesetz.** Es wurde 2005 um Verbote der sexuellen Belästigung und der häuslichen Gewalt erweitert.

DAS SOLLTEN SIE SPEICHERN

China gehört zu den ersten Unterzeichnerstaaten des UN-Übereinkommens über die **Beseitigung jeder Form der Diskriminierung von Frauen** und hat auch bereits zwei Frauenentwicklungsprogramme aufgelegt. Auf dem Land sind die Rechte der Frauen und Töchter jedoch immer noch nicht umgesetzt.

die Diskriminierung = Benachteiligung oder Entwürdigung

So haben Frauen in ländlichen Gebieten keinen Anspruch auf Besitz von Grund und Boden, weshalb sie nach einer **Scheidung** wieder auf jemanden angewiesen sind. Generell werden Frauen auch bei der **Alterssicherung** und **Beschäftigung** bis zum Pensionsalter benachteiligt.

Viele Mädchen werden von ihren Familien abgelehnt. Ihre Geburt gilt als Enttäuschung. Nicht wenige werden verstoßen oder misshandelt. Manchmal kommt es gar nicht dazu, dass ein Mädchen geboren wird, da es abgetrieben wird. Daher gibt es in China auch einen **Männerüberschuss.**

Kinder werden Opfer von Menschenhändlern

Manche Mädchen und Frauen werden an **Menschenhändler** verkauft. Diese verkaufen sie dann weiter an Männer, die wegen des Männerüberschusses keine Frau finden. Zehntausende landen auch in der Prostitution.

Arbeitsaufgaben – „Frauen und Mädchen in China"

1. Ergänzen Sie die folgenden Wörter im Lückentext.

Ungleichgewicht · Kriminalität · Mädchen · Altersversorgung · Frauenhandel · Staat · ländlichen · Prostitution · Traditionen

Mädchen unerwünscht?

In China werden ______________ oft abgetrieben. Die Ursachen sind vielfältig: Männliche Nachkommen werden bevorzugt, da sie für die ______________ zuständig sind, die bei uns in Österreich der ______________ übernimmt. Hinzu kommen die chinesischen ______________, die männlichen Nachkommen einen größeren Wert beimessen. Die Folge: Auf 100 Mädchen kommen etwa 120 Jungen.

Besonders ausgeprägt ist das Problem in ______________ Regionen. Hier sind die Traditionen viel stärker als in der Stadt und das ______________ zwischen den Geschlechtern ist noch viel größer. Bis zu einem Drittel Mädchen fehlen. Im Jahr 2020 hatten circa 40 Mio. chinesische Männer keine Partnerin. Sie sind unzufrieden, weil sie keine Familie gründen können. Das führt zu weiteren Problemen mit ______________, ______________ und ______________.

Die Abtreibung aufgrund des Geschlechtes steht auch in China unter Strafe!

In Österreich können sich Frauen an die Frauenhelpline wenden, wenn sie Opfer von Gewalt werden: www.frauenhelpline.at

Die Künstlerin Tan Weiwei

2. Lesen Sie den Text und beantworten Sie im Anschluss die Fragen.

Popsong löst breite Diskussion aus

Als Popstar Tan Weiwei ihre Single „Xiao Juan" herausbrachte, war das ein Schock. Chinesische Popsongs greifen selten gesellschaftliche Probleme auf, aber „Xiao Juan" beleuchtet ein Thema, das in China gerne unter den Teppich gekehrt wird: Gewalt gegen Frauen. Tan beschreibt reale Fälle: Frauen, die von ihren Männern geschlagen, misshandelt oder grausam ermordet wurden. In China traf der Song einen Nerv und löste im Internet heftige Diskussionen aus. Hashtags dazu wurden über 340 Millionen Mal aufgerufen. „In dem Lied geht es um Strafen und Gewalt, die Frauen aller Altersstufen wahrscheinlich schon mal erlebt haben", erklärt Texterin Yin Yue den Erfolg des Songs in einem Interview.

Ruth Kirchner, www.tagesschau.de, 19. März 2021

a) Worum geht es in dem Lied von Tan Weiwei?
b) Was passierte, nachdem Tan Weiwei ihren Song veröffentlicht hatte?
c) Kennen Sie andere Beispiele aus der Musik (Musiker/innen, konkrete Lieder), die sich gegen Gewalt aussprechen? Wenn nicht: Recherchieren Sie im Internet.

2.1.2 Indien

Großfamilie in Südindien – Armut auch in der Zukunft?

Während in China die Fruchtbarkeitsrate (Fertilitätsrate) immer weiter zurückgeht und mittlerweile bei 1,2 Kindern pro Frau liegt, ist sie in Indien noch vergleichsweise hoch: Durchschnittlich **zwei Kinder pro Frau** kommen dort zur Welt. Vor etwa 60 Jahren waren es noch fünf Kinder. Ein deutlicher **Rückgang** ist vor allem in der gebildeten und wohlhabenden **Mittelschicht** zu beobachten.

DAS SOLLTEN SIE SPEICHERN

Lange Zeit war China das bevölkerungsreichste Land der Erde. Mittlerweile hat Indien aufgeholt und liegt mit 1,4 Mrd. Menschen auf dem ersten Platz. Zum Vergleich: In den USA leben derzeit rund 338 Mio. Menschen, also nur etwa ein Viertel der Bevölkerung Indiens.

Familien suchen die Ehepartner aus: Vor der Hochzeit werden die Sterne befragt, nicht die Brautleute

Frauen und Mädchen in Indien

Auch in Indien haben Mädchen und Frauen einen geringeren Stellenwert als Jungen und Männer. Das hat mehrere Gründe:

Religion und Kultur
In einem altindischen hinduistischen Text heißt es: „Die Geburt eines Mädchens schenk jemand anders, in unserem Haus gebt uns einen Sohn." Diese Auffassung ist in Indien noch heute weitverbreitet. Es gibt einen ausgeprägten Wunsch nach Söhnen.

Mitgift

Eltern müssen tief in die Tasche greifen, um ihre Töchter zu verheiraten. Bräute müssen Güter (die Mitgift) in die Familie des Ehemannes mitbringen. Die Höhe der Mitgift richtet sich vor allem nach der sozialen Stellung des Bräutigams. Daher können ärmere Frauen kaum in reichere Familien einheiraten. Die Hochzeit ist aber auch innerhalb ärmerer Schichten sehr kostspielig. Familien müssen sich oft hoch verschulden, um sich die Heirat der Tochter leisten zu können. Es kommt sogar vor, dass die Ehefrau vom Ehegatten oder von seiner Familie ermordet wird, wenn die Mitgift zu gering erscheint.

Kulturelle Vorstellungen können das Leben der Menschen stark beeinflussen – sowohl positiv als auch negativ.

Armut

Etwa 300 Mio. Inder/innen zählen heute zur gebildeten Mittelschicht. Etwa genauso viele Menschen in Indien leben jedoch unterhalb der Armutsgrenze. Das hat auch Auswirkungen auf den Umgang mit Mädchen: Hunderte Mio. arme Inder/innen sparen bei ihren Töchtern beim Essen und bei der Medizin. Sind die Mittel knapp, werden die Buben bevorzugt. Auch werden viel lieber Buben in die Schulen geschickt als Mädchen. Denn Buben kosten im Gegensatz zu Mädchen keine Mitgift, wenn sie einen sozialen Aufstieg machen und in bessere Schichten einheiraten können.

Die wohlhabenderen indischen Mittelschichten handeln kaum anders: Sie sind daran interessiert, ihre Kinder in die Staaten am Persischen Golf, nach Europa oder in die USA zu schicken, wo sie aufgrund ihrer Ausbildung gut bezahlte Arbeit finden können. Und dies ist für Männer viel leichter als für Frauen.

All diese Faktoren führen dazu, dass schon vor der Geburt das Geschlecht bestimmt wird – wie auch in China. Obwohl es streng verboten ist, werden viele Mädchen daraufhin noch im Mutterleib getötet. Dazu kommen jährlich noch bis zu 10 000 Fälle von Kindestötungen.

Beispiel: Geschlechterverhältnis

Im Jahr 2020 betrug bei den Geburten das Geschlechterverhältnis 1 068 Jungen zu nur 1 000 Mädchen. Das entspricht nicht dem natürlichen Verhältnis.

Das natürliche Geschlechterverhältnis beträgt circa 1 050 Jungen zu 1 000 Mädchen.

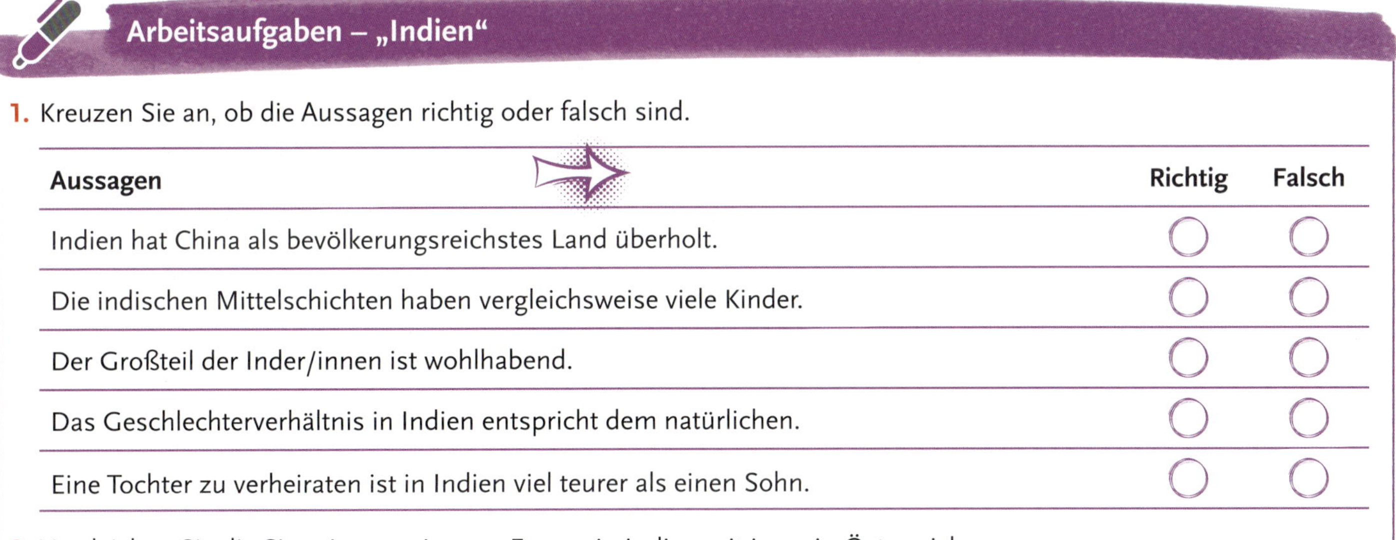

Arbeitsaufgaben – „Indien"

1. Kreuzen Sie an, ob die Aussagen richtig oder falsch sind.

Aussagen	Richtig	Falsch
Indien hat China als bevölkerungsreichstes Land überholt.	◯	◯
Die indischen Mittelschichten haben vergleichsweise viele Kinder.	◯	◯
Der Großteil der Inder/innen ist wohlhabend.	◯	◯
Das Geschlechterverhältnis in Indien entspricht dem natürlichen.	◯	◯
Eine Tochter zu verheiraten ist in Indien viel teurer als einen Sohn.	◯	◯

2. Vergleichen Sie die Situation von jungen Frauen in Indien mit jener in Österreich.

3 Weltweite Migration

Sprechen Sie in der Klasse darüber, welche Aussagen Ayla im Bus gehört haben könnte. Wie würden Sie reagieren?

Täglich fährt Ayla mit dem Bus an einem Erstaufnahmezentrum für Flüchtlinge vorbei. Oft hört sie dann andere Schüler/innen, die sich darüber negativ äußern. Ein ungutes Gefühl macht sich breit: „Die haben leicht reden", denkt sich Ayla. „Aber ob sie sich schon mal wirklich damit beschäftigt haben?"

DAS SOLLTEN SIE SPEICHERN

Migrantinnen und Migranten sind alle, die an einen anderen Ort ziehen. In der Regel können sie in ihre Heimat zurückkehren. Bei **Flüchtlingen** hingegen ist das nicht immer der Fall: Eine **Rückkehr** ist mit Gefahren verbunden.

Schätzen Sie, wie viel Prozent der **300 Mio. Menschen** Flüchtlinge sind.

- ◯ 10 %
- ◯ 50 %
- ◯ 80 %

Weltweit leben fast 300 Mio. Menschen in einem anderen Land, als sie geboren wurden. Das ist auf den ersten Blick eine sehr große Zahl, oft ist aber ein zweiter Blick aufschlussreich: Im Vergleich zur Gesamtbevölkerung von circa 8 Mrd. Menschen sind das nicht einmal 4 %.

Die Gründe für eine Auswanderung sind unterschiedlich: Auf der einen Seite gibt es gut ausgebildete, junge Menschen, die auf der Suche nach einer passenden Arbeitsstelle ihren Wohnort wechseln. Auf der anderen Seite stehen Flüchtlinge, deren einziger Ausweg es ist, ihre Heimat zu verlassen.

Arbeitsaufgabe – „Weltweite Migration"

- Die Karte gibt Ihnen einen Überblick über die weltweiten Migrationsströme. Halten Sie mindestens drei wichtige Erkenntnisse in jeweils einem Satz fest.

Daten für 2022: http://www.laenderdaten.de

V 23

© P. Atzmanstorfer nach LeMonde Diplomatique

aus China / Korea
NORDAMERIKA
aus Philppinen
Mexiko
Zentralamerika Karibik
nach JAPAN
Andenstaaten
WESTEUROPA
RUSSLAND
Zentralasien
China
Korea
Japan
in die USA
Nordafrika
GOLF STAATEN
Indischer Subkontinent
Westafrika
Zentral- und Ostafrika
Südostasien
Äquator
SÜDAFRIKA
AUSTRALIEN NEUSEELAND

Migrationssaldo
- positiv
- stabil
- negativ

Migrationsströme
- wenig qualifizierte Arbeitsmigranten
- hochqualifizierte Arbeitsmigranten
- Kriegsflüchtlinge
- Binnenmigration

Migration nach Regionen 2022
Weltweit: 272 Millionen (3,5 % der Weltbevölkerung)
Europa: 81 Mio.
Nordamerika: 59 Mio.
Nordafrika: 49 Mio.
Westasien: 49 Mio.

Maßstab am Äquator 1:205.000.000

3.1 Push- und Pull-Faktoren

Wirtschaft, Politik, Umwelt – die Gründe dafür, sein Heimatland zu verlassen, sind vielfältig. In der Geografie werden dabei Push- und Pull-Faktoren unterschieden:

DAS SOLLTEN SIE SPEICHERN

Push-Faktoren sind jene Faktoren, die jemanden dazu bringen, seine **Heimatregion** zu verlassen. Wohin jemand auswandert, wird durch die **Pull-Faktoren** beeinflusst.

Beispiel: Push- und Pull-Faktoren
Wird die Heimatregion durch eine Umweltkatastrophe zerstört, so ist dies ein Push-Faktor. Wandert man aus, weil man im Zielgebiet wahrscheinlich eine Arbeitsstelle bekommt, so ist die voraussichtliche Arbeitsstelle ein Pull-Faktor.

Arbeitsaufgaben – „Push- und Pull-Faktoren"

1. Ordnen Sie folgende Faktoren zu: Handelt es sich um einen Push- oder einen Pull-Faktor?

	Push-Faktoren	Pull-Faktoren
Hohe zivilisatorische Standards	○	○
Nahrungsmittelknappheit	○	○
Armut und Arbeitslosigkeit	○	○
Gesellschaftlicher Aufstieg	○	○
Hohes Lohnniveau	○	○
Ethnische und religiöse Diskriminierung	○	○
Zwangsmaßnahmen (Vertreibung, Deportation, Zwangsumsiedelung)	○	○
Freie wirtschaftliche Betätigung	○	○
Diktaturen	○	○
Positive Erwartungen an die Zukunft im Zielort	○	○

2. Geben Sie weitere Gründe an, die jemanden dazu bringen könnten, das Heimatland zu verlassen. Beachten Sie dazu auch die Bilder in der Randspalte.

Es gibt viele Gründe, das Heimatland zu verlassen:

3.2 Migration in Afrika

DAS SOLLTEN SIE SPEICHERN

Vier Mio. Afrikaner/innen wandern **jährlich** aus. Dazu kommen noch **Mio. Menschen,** die gar nicht die Grenzen Europas erreichen: Sie sind **Binnenflüchtlinge** oder Arbeitsmigrantinnen und -migranten **innerhalb des Kontinents.**

3.2.1 Traumziel Europa

subsaharisch = Bezeichnung für Gebiete, die südlich der Wüste Sahara liegen; sub = unter

Armut und eine **ausweglose Situation** lassen oft keine andere Wahl, als die Heimat zu verlassen. Pro Jahr machen sich zwischen 65 000 und 120 000 Menschen aus dem subsaharischen Afrika durch die Wüste Sahara auf den Weg nach Europa. Der Preis dafür ist allerdings hoch: Schätzungen besagen, dass jährlich mehr als 2 000 Menschen auf der Flucht ihr Leben verlieren.

afrikanische Mittelmeeranrainerstaaten = Algerien, Tunesien, Libyen, Ägypten

Nachdem die Grenzen nach Europa weitgehend unüberwindbar geworden sind, sind Mio. von Menschen in den afrikanischen Mittelmeeranrainerstaaten gleichsam hängengeblieben. Dort leben sie unter schlechtesten Bedingungen und belasten zusätzlich noch diese nicht besonders wohlhabenden Regionen.

Georges – ein Schicksal aus Afrika

Ich bin 30 Jahre alt, diplomierter Betriebswirtschaftler der Universität Douala in Kamerun und arbeitslos. Ein Jahr habe ich mit dem Versuch verbracht, von Afrika nach Europa zu gelangen.

Wir haben uns in einen Toyota gezwängt, aneinandergedrängt wie die Ziegen, insgesamt passen 35 bis 40 Leute auf einen solchen Wagen. Man muss kräftig sein, um seinen Platz verteidigen zu können. Wer schwächelt, kann herunterfallen, und meistens fährt das Auto dann einfach weiter. Wir haben mehrere junge Leute in der Wüste begraben.

Ich fuhr nach Tripolis (Libyen) am Mittelmeer, um dort auf ein Schiff nach Europa zu kommen. Jeder weiß, wie das geht. Als Passagier musst du verhandeln. Der eine zahlt 1 000 Dollar, ein anderer vielleicht 1 200. Es existieren zwei Sorten von Booten: große Fischerboote, auf denen ist mehr Platz, und kleine Boote, genannt „Lampa-Lampa" nach ihrem Zielort Lampedusa, die sind gefährlicher. Dort passen 25 bis 30 Menschen drauf, aber meistens sind es doppelt so viele. Es werden immer zwei Illegale eingewiesen, das Boot zu steuern, einer sitzt vorne und einer hinten. Sie lernen das eine Woche lang. Die Passagiere dürfen nichts mitnehmen, auch keinen Proviant, sie werden vorher durchsucht.

Nach einiger Zeit, ich glaube, wir waren nur noch 100 Kilometer von Lampedusa entfernt, holte uns die libysche Küstenwache ein, stoppte unser Boot und verlangte 50 Dollar von jedem Passagier. Wir hatten dieses Geld nicht, und so fing die Küstenwache an, unser Boot zu rammen. Wir begannen reihenweise ins Wasser zu fallen. Zum Glück kam eine italienische Marinepatrouille vorbei, die Libyer ergriffen die Flucht. Ich schwamm schon im Meer und kämpfte mit den Wellen. Einige waren bereits ertrunken. Die Italiener retteten uns.

www.taz.de, 2. Juli 2009, gekürzt

Arbeitsaufgabe – „Georges – ein Schicksal aus Afrika“

- Widerlegen Sie die folgenden Aussagen mit Beispielen aus dem Text. Markieren Sie die entsprechenden Stellen mit Textmarker oder unterstreichen Sie sie.
  - Georges hat keine Ausbildung.
  - Auch schwache, alte oder kranke Menschen können die Flucht gefahrlos bewältigen.
  - Die Fahrt über das Meer ist kostenlos.
  - Sind die Plätze auf den Booten vergeben, dürfen keine weiteren Menschen mehr einsteigen.

widerlegen = beweisen, dass etwas falsch ist

3.2.2 Binnenmigration in Afrika

Die meisten Menschen wandern bzw. flüchten in ihrem Herkunftsland, so auch in Afrika. Man spricht dann von Binnenmigration. Viele schaffen es auch nur in den Nachbarstaat, da Flucht bzw. Migration kostspielig ist.

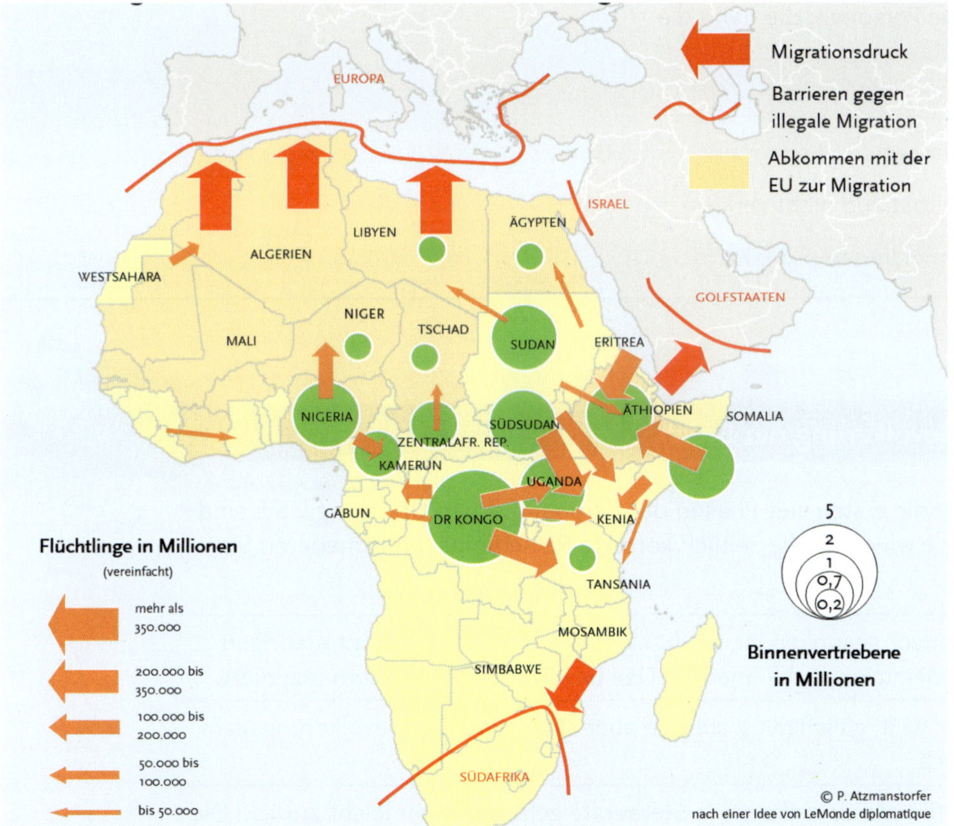

Afrikaner/innen, die Europa erreichen, sind nicht die allerärmsten, da die Reise Tausende Euro kostet: Großfamilien und/oder ganze Dörfer sparen, um einem Einzelnen die Migration zu ermöglichen.

Flüchtlingslager in Somalia

Arbeitsaufgaben – „Binnenmigration in Afrika“

1. Nennen Sie fünf Staaten mit besonders vielen Binnenvertriebenen.

2. Nennen Sie die drei Regionen bzw. Kontinente, wohin besonders viele Afrikaner/innen flüchten bzw. auswandern.

WortschatzBox – „Die Bevölkerung der Erde“

- Ordnen Sie den einzelnen Begriffen die Erklärungen zu.

Diskriminierung ⋙ Push-Faktor ⋙ Fruchtbarkeitsrate/Fertilitätsrate ⋙ Demokratie ⋙ Demografie ⋙ Sterberate ⋙ Diktatur ⋙ Binnenflüchtling ⋙ Migration ⋙ Demografischer Übergang

Erklärung	Fachbegriff
Wissenschaft von der Bevölkerung	
Durchschnittliche Kinderzahl pro Frau	
Übergang von hohen zu niedrigen Geburten- und Sterberaten	
Nicht die Mehrheit des Volkes bestimmt, sondern eine einzige Partei oder eine Person	
Benachteiligung oder Entwürdigung einzelner oder ganzer Gruppen	
Das Volk bestimmt in einer Wahl die Personen, die dann die Regierung bilden	
Wanderung	
Grund, um das Heimatland zu verlassen	
Jemand, der auf der Flucht sein Heimatland nicht verlässt	
Zahl der Todesfälle je 1 000 Einwohner/innen pro Jahr	

Ziele erreicht? – „Die Bevölkerung der Erde“

KOMPETENZ-ERWERB

1. Die folgenden Aussagen beschreiben die ersten vier Phasen des demografischen Übergangs. Sie sind durcheinandergeraten. Bringen Sie sie wieder in die zeitlich korrekte Reihenfolge. Nummerieren Sie dazu die Aussagen.

- ◯ Nachdem die Geburtenrate zuvor gesunken ist, bleibt sie nun auf einem konstant niedrigen Niveau. Die Sterberate ist – wie zuvor auch – niedrig. Das Bevölkerungswachstum stagniert.
- ◯ Viele Menschen kommen zur Welt, gleichzeitig sterben aber auch viele. Die Bevölkerungszahl verändert sich nicht wesentlich.
- ◯ Jetzt beginnt auch die Geburtenrate zu sinken. Die Sterberate geht nur mehr leicht zurück. Die Bevölkerung wächst dennoch weiter.
- ◯ Die Sterberate sinkt, es werden aber weiterhin viele Kinder geboren. Die Bevölkerungszahl steigt.

2. Erklären Sie, was in der fünften Phase des demografischen Übergangs passiert.

3. Sie sehen hier zwei Bevölkerungsdiagramme zum Kongo und zu Indien. Bestimmen Sie, um welche Form es sich handelt. Notieren Sie auch, für welchen Ländertyp diese Form charakteristisch ist: Entwicklungsland oder Schwellenland?  

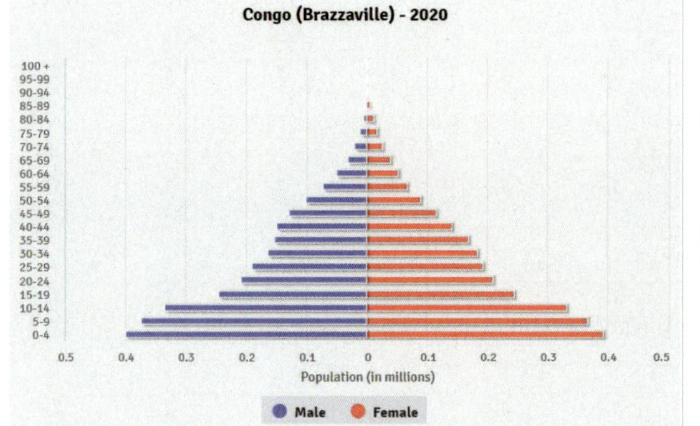

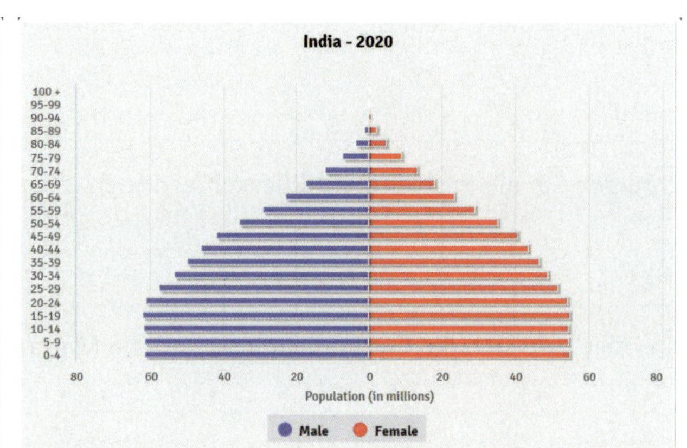

Form:

Ländertyp:

Form:

Ländertyp:

4. Lesen Sie den folgenden Text. Bearbeiten Sie anschließend die Arbeitsaufträge.   

„Das Geld kommt bei den Falschen an“

Mustapha Sallah erzählt von seiner Odyssee durch Afrika: Er wurde in Libyen als Sklave verkauft, floh durch Libyen und wurde wieder festgenommen. Der damals 26 Jahre alte Gambier träumte von einem Leben in Deutschland, wohin er über das Mittelmeer aufbrechen wollte. Sallah wollte Informatik studieren und seine Familie in Westafrika finanziell unterstützen. Nach seiner erzwungenen Rückkehr nach Gambia gründete er die Organisation „Youth Against Irregular Migration“. Seitdem versucht Sallah jüngere Menschen davon abzuhalten, ihr Leben aufs Spiel zu setzen.

Rückkehrer/innen hätten es schwer, sich wieder in die gambische Gesellschaft zu integrieren, sagt Sallah. Viele würden in ihnen Verlierer/innen sehen, die es nicht geschafft hätten, mit dem gesammelten Geld nach Europa zu kommen und ihre Familien aus der Ferne zu unterstützen.

Sallah möchte den Menschen ihren Wunsch von Europa ausreden. Doch deren Möglichkeiten in der Heimat sind begrenzt. „Viele junge Leute wollen ihr Business starten, aber ihnen wird der Zugang verwehrt“, sagt Sallah. Die Regierung, die von der EU Geld erhalten habe, stelle zu wenig Minikredite aus. „Das Geld für Projekte kommt bei den Falschen an.“ Er glaubt, dass in nächster Zeit wieder viele Richtung Europa aufbrechen könnten. Die Coronakrise habe den für Gambia wichtigen Tourismussektor schachmatt gesetzt, die Strände und Küsten seien leer. „Durch die Medien erfahren wir die Todeszahlen in Europa. Einige junge Leute denken hier, dass in Europa viele gestorben sind und nun Arbeitsplätze frei werden“, sagt Sallah.

Nach: Martin Franke, www.faz.net, 9. Juli 2021

die Odyssee = Reise, die mit vielen Schwierigkeiten verbunden ist
Youth Against Irregular Migration = Jugend gegen illegale Migration
schachmatt setzen = lahmlegen, schädigen, in die Knie zwingen

a) Stellen Sie die Träume von Mustapha Sallah der Fluchtwirklichkeit gegenüber.

Träume	Fluchtwirklichkeit

b) Beschreiben Sie die Probleme für Rückkehrer/innen in Gambia.

c) Erklären Sie, wie sich die Coronapandemie auf die Migration aus Gambia auswirkt.

5. Ergänzen Sie die Satzanfänge zum Thema „Familienpolitik in Indien und China". Tauschen Sie sich dann im Klassenverband darüber aus. Diskutieren Sie über Unstimmigkeiten.

Die Ein-Kind-Politik in China hat dazu geführt, dass ______.

In Indien wäre die Ein-Kind-Politik nicht durchsetzbar gewesen, weil ______.

Die Kinderzahl sinkt, wenn ______.

Frauenrechte in China und Indien ______.

6. Sprachreif!?

Wie gut Sie Inhalte verstanden haben, zeigt sich oft daran, ob Sie mit anderen darüber sprechen können und ob Sie Standpunkte vertreten können. Probieren Sie es aus!

Überlegen Sie sich zuerst, ob Sie den Aussagen voll, teilweise oder gar nicht zustimmen. Vergleichen Sie Ihre Meinungen in der Klasse, z. B. mit simplen Handzeichen. Diskutieren Sie dann über unterschiedliche Ansichten. Achten Sie auf eine wertschätzende und konstruktive Diskussionskultur.

„Man muss die Probleme im Süden lösen, um die Wanderungen nach Norden zu verhindern."

„Die chinesische Ein-Kind-Politik war die beste Lösung für die Bevölkerungsproblematik."

„Frauenrechte sind die Grundlage für eine angemessene Bevölkerungsentwicklung."

„Illegale Einwanderinnen und Einwanderer müssen ausnahmslos abgeschoben werden."

„Der Norden braucht Arbeitskräfte, also sollten Migrantinnen und Migranten aus dem Süden willkommen sein."

„Traditionen und kulturelle Gepflogenheiten können der Entwicklung im Weg stehen."

Einen interaktiven Safety-Check finden Sie in der TRAUNER-DigiBox.

Alles in die Stadt – das Zeitalter der Megacitys

Raus aus dem Dorf – rein in die Stadt! Für viele Menschen in den wohlhabenden Ländern, ob jung oder alt, ist das ein Wunsch. Für zahlreiche Menschen in Entwicklungs- und Schwellenländern ist es aber auch eine Notwendigkeit: Auf der Suche nach Arbeit und Wohlstand verlassen sie die Dörfer und siedeln sich in den großen Städten oder in deren unmittelbarem Umfeld an. Doch wird ihr Wunsch nach einem besseren Leben dort Realität?

In diesem Kapitel erfahren Sie mehr über die Lebensbedingungen in den großen Städten der Entwicklungs- und Schwellenländer.

Wo würden Sie am liebsten leben? In der Stadt oder am Land? Diskutieren Sie über Vor- und Nachteile des Stadt- bzw. Landlebens.

Meine Ziele

Nach Bearbeitung dieses Kapitels kann ich
- die Gründe der weltweiten Verstädterung beschreiben;
- Merkmale von Großstädten in Entwicklungs- und Schwellenländern wiedergeben;
- die Folgen des Wachstums am Beispiel von Elendsvierteln erläutern;
- die Bedeutung des informellen Sektors in den Ländern des Südens erklären;
- die Lebenswelten in den Städten des Südens vergleichen.

1 Verstädterung der Welt

Kennen Sie große Städte in Entwicklungs- und Schwellenländern? Notieren Sie drei:

London, Paris, New York – diese Antworten kommen Ayla spontan in den Sinn, als Peter sie nach den größten Städten der Welt fragt. Was Ayla allerdings nicht bedenkt: Die meisten Megacitys liegen dort, wo die Bevölkerung am stärksten wächst, also in den Entwicklungs- und Schwellenländern.

Seit etwa 100 Jahren wachsen die Städte in Afrika, Asien und Lateinamerika enorm. Die Hoffnung auf ein besseres Leben, die Aussicht auf Arbeit und die vielfach sehr schlechten Lebensbedingungen in den Dörfern veranlassten Hunderte Mio. Menschen, in die Städte zu ziehen – und der Zuzug geht weiter: Mehr als 50 % der Menschen lebten im Jahr 2008 weltweit in Städten. 2030 werden es bereits zwei Drittel der Weltbevölkerung sein, das sind dann über fünf Mrd. Personen.

In Tokio leben viermal mehr Menschen als in ganz Österreich. Das muss man sich mal vorstellen!

1.1 Megacitys

Um 1900, also vor über 100 Jahren, lagen noch neun der zehn größten Städte der Welt in Europa oder Nordamerika. Heute sieht die Situation anders aus: Die größten Städte sind in **Entwicklungs- und Schwellenländern** in Asien, Afrika oder Lateinamerika zu finden.

DAS SOLLTEN SIE SPEICHERN

Städte mit **mehr als zehn Mio. Einwohnerinnen und Einwohnern** werden als **Megacitys** bezeichnet.

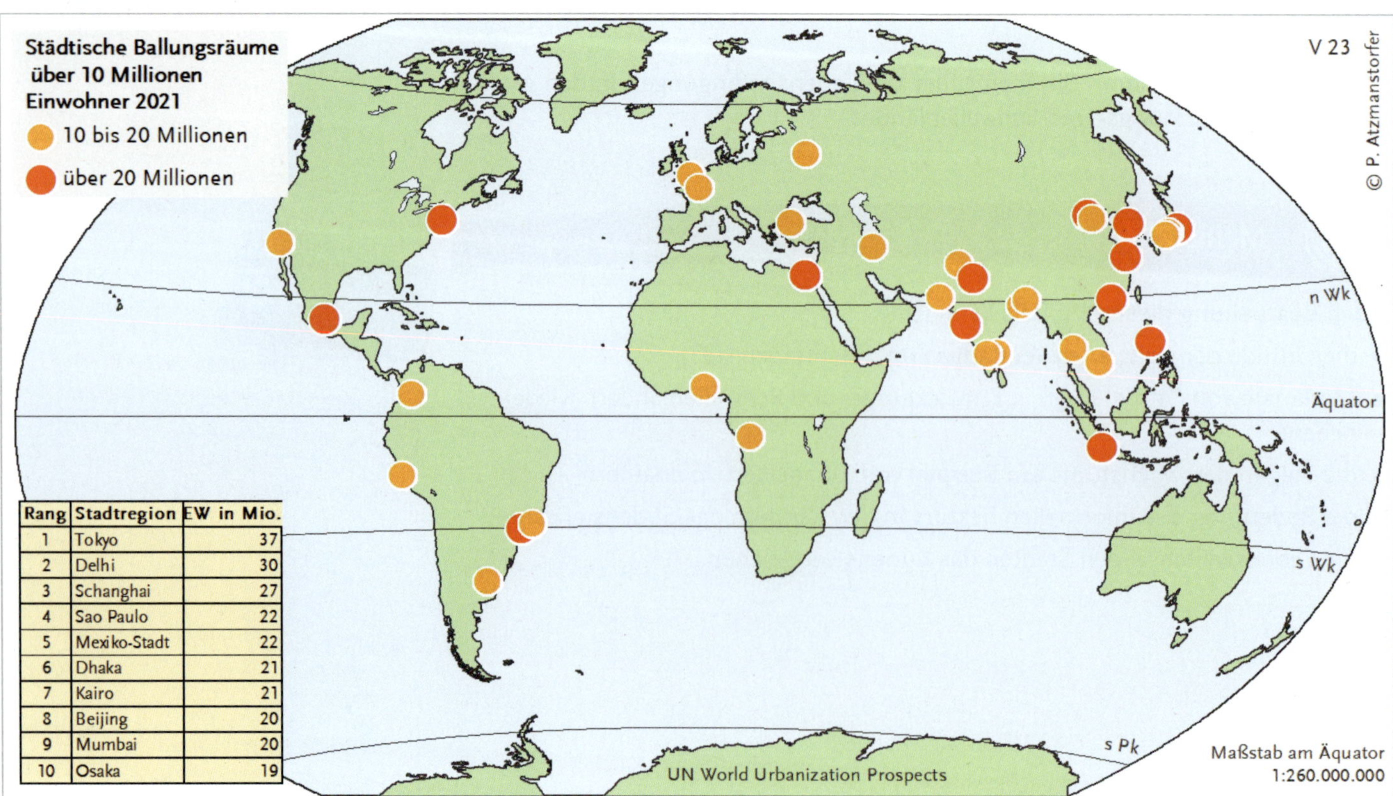

Rang	Stadtregion	EW in Mio.
1	Tokyo	37
2	Delhi	30
3	Schanghai	27
4	Sao Paulo	22
5	Mexiko-Stadt	22
6	Dhaka	21
7	Kairo	21
8	Beijing	20
9	Mumbai	20
10	Osaka	19

Arbeitsaufgabe – „Megacitys“

- Verorten Sie die Städte in der Tabelle auf der Karte. Tragen Sie dazu die Nummer in die entsprechende Stelle auf der Weltkarte ein.

1.2 Bieten Städte Chancen?

Die Lebensbedingungen in den ländlichen Regionen der Entwicklungs- und Schwellenländer sind vielfach derart schlecht, dass jährlich Millionen von Menschen in die Städte abwandern. Man bezeichnet das als **Landflucht.** In den Dörfern fehlt es beispielsweise an

- genügend fruchtbarem Land, um die stark wachsende Bevölkerung ernähren zu können,
- Gesundheitsvorsorge, Schulen und Verkehrswegen sowie
- Arbeits- und Verdienstmöglichkeiten außerhalb der Landwirtschaft.

Arbeitsaufgaben – „Bieten Städte Chancen?“

1. Teilen Sie die unten genannten Gründe für die Landflucht nach Push- und Pull-Faktoren auf.

	Push	Pull		Push	Pull
Medizinische und soziale Versorgung			Schlechte Verkehrsverhältnisse		
Bevölkerungsexplosion			Naturkatastrophen		
Bürgerkrieg			Mehr Arbeitsplätze		
Wohnkomfort			Besitz und Reichtum		
Ausbildungsmöglichkeiten			Ungerechte Bodenverteilung		

2. Welche der genannten Gründe könnten für Menschen in reichen Industrieländern bedeutsam sein? Notieren Sie drei. Begründen Sie Ihre Wahl.

Push-Faktoren: Was bewegt die Menschen zur Landflucht?

Pull-Faktoren: Was erwarten die Menschen von einem vermeintlich besseren Leben?

2 Städtisches Leben zwischen Arm und Reich

Peter kann sich nichts Besseres vorstellen, als in einer großen Stadt zu leben. Er malt sich aus, wie das Leben dort sein könnte: „Man kommt überall bequem hin, es gibt viel zu erleben ...“ Eniola, die mit ihrer Familie aus Nigeria nach Österreich gekommen ist, sieht das etwas anders: „Ich bin froh, endlich aus der Großstadt raus zu sein.“

Nur die wenigsten Menschen, die aus Dörfern in die großen Städte der Entwicklungs- und Schwellenländer ziehen, haben dort tatsächlich ein besseres Leben. Und trotzdem sind die Städte attraktiver als die Dörfer – sie wachsen täglich.

Eniola hat in Nigeria in der Großstadt Lagos gelebt. Diskutieren Sie über ihre Bemerkung. Was könnte Eniola damit meinen?

Lagos ist die größte Stadt in Nigeria. Wie die Menschen dort leben, erfahren Sie ab S. 140.

Zugleich grenzen sich die sozialen Schichten immer mehr voneinander ab: **Gated Communitys** und **Elendsviertel** stehen sich als Extreme gegenüber.

2.1 Gated Communitys

Gated Community – freiwillig hinter Gittern?

Wenige Reiche und die Mittelschichten, die ein abgesichertes Leben führen, grenzen sich von der weitverbreiteten Armut ab. Sie leben in eigenen Stadtvierteln, in die nur Berechtigte Zutritt haben. Man nennt diese Viertel Gated Communitys.

DAS SOLLTEN SIE SPEICHERN

Unter **Gated Communitys** versteht man **umzäunte, meist elektronisch gesicherte moderne Wohnanlagen** für **gutverdienende Mittel- und Oberschichten.**

In diesen Wohnanlagen fehlt es an nichts: Kinderbetreuung, Shopping- und Fitnesscenter, Kinder- und Hausmädchen, gut bezahlte Jobs. Die Bewohner/innen leben dort ähnlich wie in Nordamerika oder Westeuropa.

2.2 Elendsviertel

Es gibt auch andere Namen für Elendsviertel:

- Brasilien: Favela
- Peru: Barrida
- Westafrika: Bidonville
- Türkei: Gecekondu
- Südafrika: Township

Vor allem durch den massiven Zuzug von Menschen aus den ländlichen Regionen entstehen jedoch auch Elendsviertel. Diese werden als **Slums** bezeichnet. Die Neuankömmlinge haben zu wenig Vermögen, um sich eine Wohnung leisten zu können. Auch die städtischen Behörden sind kaum auf den Neuzuzug vorbereitet. Das führt dazu, dass sich Städte **unkontrolliert** und **ungeplant ausbreiten.**

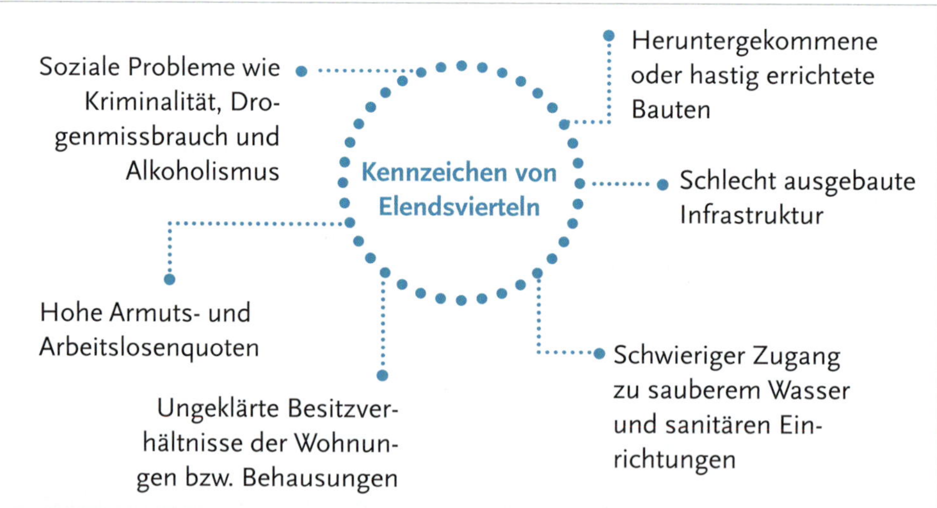

Unkontrollierte Neubauten in Lima, Peru

Die Zuzügler errichten sich zuerst notdürftig ein Zuhause aus Karton

Beispiel: Nicaragua – das Barrio Austriaco in León

Das Barrio Austriaco liegt am Rande der Stadt León in Nicaragua. Es wurde von Menschen, die durch einen verheerenden Hurrikan 1999 alles verloren hatten, gegründet. Heute zieht es Zuwanderinnen und Zuwanderer aus den völlig verarmten ländlichen Regionen des Landes an. Hier ist das Leben besser als auf dem Land, wo es kaum Arbeit, Schulen oder Krankenhäuser gibt.

Die Menschen, die in das Barrio ziehen, bauen als Erstes Hütten aus Karton. Bevor die Regenzeit beginnt, werden einfache Häuser errichtet. Viele der etwa 10 000 Menschen in diesem Slum haben nun Häuser aus Betonziegeln. Das Material wurde mit österreichischen Spendengeldern bezahlt. Lange entnahmen die Bewohner/innen ihr Trinkwasser aus Brunnen, bis mit Entwicklungshilfegeldern aus Österreich eine Wasserleitung gelegt werden konnte. Allerdings reicht diese nicht in die Häuser, sondern das Wasser wird von öffentlichen Wasserhähnen geholt. Es gibt weiterhin keine Kanalisation. Die Abwässer werden in Sickergruben entsorgt.

In Gemeinschaftsküchen werden mit Gemüse und Fleisch gefüllte Maisfladen gebacken. Sie werden dann im Stadtzentrum zum Verkauf angeboten. Auch die Kinder tragen zum Familieneinkommen bei. Sie arbeiten als Straßenverkäufer/innen oder Schuhputzer/innen.

Das Barrio Austriaco wächst durch Zuzug und eine hohe Geburtenrate weiter. Somit ist es schwierig, die notwendige Infrastruktur wie Wasserleitungen oder Schulplätze zur Verfügung zu stellen. Trotzdem können viele Bewohner/innen die Chance der Stadt nutzen und es gelingt ihnen ein bescheidener wirtschaftlicher und sozialer Aufstieg. Es gibt einen starken sozialen Zusammenhalt. Die Menschen haben sich in Stadtteilkomitees zusammengeschlossen. Diese regeln das Zusammenleben und sorgen für manche Verbesserungen der Lebenssituation. So verhandeln sie auch mit der Stadtregierung, damit diese Gelder zur Verfügung stellt, mit denen in die Infrastruktur investiert werden kann.

Einzimmerhäuser für Großfamilien ohne Wasseranschluss oder Toilette

Analysieren Sie, welche Kennzeichen von Elendsvierteln auf das Barrio Austriaco zutreffen. Wo gab es bereits Fortschritte?

2.3 Der tägliche Überlebenskampf – Arbeit im informellen Sektor

Die meisten Menschen, die vom Land in die Stadt kommen, finden **keine geregelte Arbeit.** Sie müssen täglich um ihr Überleben kämpfen. Sie putzen Schuhe, verkaufen Süßigkeiten oder waschen an Straßenkreuzungen die Fenster von Autos. Oder sie nehmen andere **Gelegenheitsjobs** an. Auch Kinder müssen mit solchen Jobs zum Überleben ihrer Familien beitragen. All diese Menschen arbeiten im informellen Sektor.

DAS SOLLTEN SIE SPEICHERN

Der **informelle Sektor** umfasst alle Arbeitsbereiche, die **nicht staatlich registriert** sind. Oft werden auch die Begriffe **Schwarzarbeit** oder **Schattenwirtschaft** verwendet.

In Entwicklungsländern arbeiten sehr viele Menschen im informellen Sektor.

Arbeiter/innen im informellen Sektor haben **keine soziale Absicherung.** Ohne offiziellen Arbeitsvertrag besteht kein Anspruch auf Leistungen wie Kranken-, Unfall- oder Pensionsversicherung. Darüber hinaus sind die Arbeitsbedingungen oft menschenunwürdig. Eine Verbesserung ist schwierig, da auch die rechtliche Vertretung fehlt.

Etwa zwei Mrd. Menschen müssen unter diesen Bedingungen arbeiten, mehr als 90 % davon in den Entwicklungs- und Schwellenländern.

Beispiel: Indien

In Indien sind rund 400 Mio. Menschen betroffen, die zwischen 50 und 60 % zur indischen Wirtschaftsleistung beitragen. Mehr als die Hälfte von ihnen muss mit weniger als 2,00 USD am Tag auskommen.

Fachleute fordern die **soziale Absicherung** von Beschäftigten im informellen Sektor. Vor allem die vielen Zuwanderinnen und Zuwanderer in den Städten haben kaum eine Chance, einen rechtlich abgesicherten, legalen Arbeitsplatz im formellen Sektor zu bekommen. Ihre unzureichende Ausbildung in den schlechten Schulen des ländlichen Raumes verschlimmert ihre Situation.

Arbeitsaufgaben – „Der tägliche Überlebenskampf – Arbeit im informellen Sektor“

1. Nennen Sie die Nachteile der Arbeit im informellen Sektor.

2. Diskutieren Sie über Probleme, die sich ergeben, wenn Menschen keine soziale Absicherung haben.
3. Bestimmen Sie, welche Tätigkeit die Personen auf den Bildern ausüben.

3 Ausgewählte Städte in Entwicklungs- und Schwellenländern

3.1 Lagos – Metropole in Nigeria

Lagos
- Einwohner/innen: ca. 14 Mio. (nur im Stadtgebiet)
- Fläche: ca. 1 000 km² (nur Stadtgebiet)

Lagos ist zwar seit 1991 nicht mehr die Hauptstadt Nigerias, aber dennoch die **wichtigste Stadt** und **Wirtschaftsmetropole** des Landes sowie eine der größten Städte Afrikas. Die Stadt am Golf von Guinea wächst so rasch wie kaum eine andere Metropole der Welt. Die genaue Einwohnerzahl ist unbekannt, jedenfalls soll jede/r zehnte Nigerianer/in dort leben.

die Metropole = sehr große und bedeutsame Stadt; oft die Hauptstadt eines Landes, aber nicht zwangsläufig

Täglich strömen Tausende Menschen aus ganz Nigeria mit der Hoffnung auf Arbeit und eine bessere Zukunft für sich und ihre Familien nach Lagos. Doch dieses **unkontrollierte Wachstum** führt die Stadt an den Rand des Kollapses. Lagos ist extrem dicht besiedelt: In einigen Stadtvierteln leben bis zu 30 000 Menschen auf einem Quadratkilometer. Auf den Marktplätzen und entlang der Straßen spielt sich das Leben der Menschen ab, mehr chaotisch als organisiert.

In den Slums von Lagos leben 5 000 Menschen pro Quadratkilometer ohne jede Infrastruktur

Der **ungezügelte Zuzug** überfordert die Stadtverwaltung, die mit ihren Maßnahmen einer geordneten Stadtplanung nicht nachkommt. Somit wächst Lagos spontan: Stadtautobahnen zerschneiden ganze Stadtviertel – und können doch nicht das Verkehrschaos lösen, Wohngebiete grenzen direkt an Müllhalden, die Umwelt- und Gesundheitsprobleme nehmen eher zu als ab und treffen vor allem die Armen der Stadt. Dies betrifft 50 bis 70 % der Menschen, viele davon leben in Slums.

Zum Vergleich: Anfang 2022 betrug die Bevölkerungsdichte in Wien 4 660 Einwohner/innen pro Quadratkilometer.

Leben in Lagos

Lagos ist laut, alles hier hat ein Geräusch. Das Hupen der endlosen Staus, die unbarmherzige, stets leicht überdrehte Musik aus den Lautsprechern der Geschäfte. Oder die fliegenden Händler, die Dienstleistungen anbieten: Der wandernde Schneider, der mit Scheren klappert. Die Verkäufer, die für bestimmte Produkte einen bestimmten Rhythmus trommeln, während sie durch die Straßen ziehen.

Es gibt viele Codes, die man erst lernen muss und die Teil der DNA dieser Stadt sind. Es ist schwül-heiß, auch nachts gehen die Temperaturen kaum runter. Lagos ist eine Stadt, in der Reiche ihren Reichtum nicht verstecken und Arme ihre Armut nicht verstecken können.

Nur eines verbindet sie alle: das Wasser.

„Wir haben Musik über Wasser, wir leben an, auf und mit dem Wasser, Wasser ist Lagos' zentrales Element", sagt Stadtplanerin Taibat Lawanson. Es geht um eine Stadt, die das Wasser liebt und bekämpft. Deren Untergang das Wasser sein könnte. Um eine Megacity, deren Einwohnerinnen und Einwohner sich praktisch selbst regieren.

www.spiegel.de, 1. März 2022, gekürzt

Für die Arbeitsaufgabe können Google Earth oder Google Maps ganz hilfreich sein!

Arbeitsaufgabe – „Lagos – Metropole in Nigeria"

- Diskutieren Sie über die Aussage, dass das Wasser der Untergang für Lagos sein könnte.

Tipp für die Arbeitsaufgabe: Denken Sie an die Folgen des Klimawandels für die Ozeane. Auf S. 77 können Sie sich noch einmal darüber informieren.

3.2 São Paulo – die größte Stadt Lateinamerikas

São Paulo
- Einwohner/innen: ca. 22 Mio.
- Fläche: ca. 8 000 km² (Ballungsraum)

São Paulo ist heute die **größte Stadt Lateinamerikas.** Die Agglomeration ist in den letzten 50 Jahren auf eine Größe von ca. 8 000 km² angewachsen und umfasst 39 Gemeinden. Circa 22 Mio. Menschen leben in diesem Ballungsraum. Hier werden fast 30 % des brasilianischen Bruttoinlandsprodukts erwirtschaftet.

die Agglomeration = Stadt inklusive ihrer Vororte; oft wachsen auch ganze Städte zusammen und bilden dann eine Agglomeration; man spricht auch von **Ballungsraum.**

Eine genaue Definition des Bruttoinlandsprodukts finden Sie auf S. 176.

Verkehrschaos und unkontrolliertes Wachstum – der Alltag in São Paulo

Durch den **Ausbau der Straßen** wurde der Individualverkehr massiv gefördert. Die Folgen sind ein starker Anstieg des Autoverkehrs, alltägliche Staus auf den Straßen, eine erhöhte Luftverschmutzung und eine Verminderung der Lebensqualität.

Eine Verkehrslawine rollt täglich durch die Straßen der Stadt

São Paulos Verkehr in Zahlen: Auto schlägt Öffis
20 000 Busse – 10 Mio. Autos
100 km U-Bahn-Strecke – 10 000 km Straße

Zum Verkehrschaos gesellt sich ein **Entsorgungsproblem:** In São Paulo werden täglich etwa 15 000 Tonnen Abfall eingesammelt, viele Mülldeponien sind übervoll.

Aufgrund dieser Probleme ziehen die vermögenden Bevölkerungsgruppen aus dem Zentrum weg. Mit ihnen verlagern sich auch Dienstleistungen, Handel und öffentliche Investitionen an den Stadtrand. Es bilden sich **Gated Communitys** wie etwa „Alphaville" in der westlichen Metropolregion.

São Paulo hat sich wie die meisten Megacitys der Entwicklungsländer in den letzten Jahrzehnten enorm ausgebreitet. Das flächenmäßige Wachstum ist vor allem auf **illegale Bebauung** in den Slums (in Brasilien „Favelas" genannt) zurückzuführen.

São Paulo, Stadtteil Morumbi: Die Favela Paraisópolis liegt direkt neben Luxusgebäuden. Das ist ein Gegensatz, der größer nicht sein könnte.

Hubschrauber statt Taxi in São Paulo

In kaum einer Stadt fliegen mehr Helikopter als über den Hochhausdächern von São Paulo. Der Stau in der brasilianischen Metropole ist berüchtigt. Millionen Autos schieben sich jeden Tag durch die Straßen vorbei an den unzähligen Hochhäusern. Wer es sich leisten kann, steigt in São Paulo nicht in Bahn, Bus, Auto und Taxi, sondern nimmt einen der 400 Hubschrauber.
Die Strecke von einem Hotel in der Innenstadt bis zum internationalen Flughafen – die mit dem Hubschrauber in 15 Minuten statt ein bis drei Autostunden machbar ist – kostet knapp 70 Euro. Für die Mehrheit der Brasilianer/innen bleibt dies bei einem monatlichen Mindestlohn von knapp 225 Euro unbezahlbar. An wen sich das Angebot richtet, wird auch an den Zielen deutlich: Von den Flughäfen geht es unter anderem zu Luxushotels und in den teuersten Stadtteil São Paulos, Morumbi.

www.spiegel.de, 4. Jänner 2021, gekürzt

Arbeitsaufgabe – „São Paulo – die größte Stadt"

- Beziehen Sie Stellung zu den Lufttaxis. Denken Sie dabei auch an mögliche Schwierigkeiten bei der Umsetzung.

3.3 Teheran – Hauptstadt des Iran

Teheran
- Einwohner/innen: mehr als 15 Mio.
- Fläche: ca. 18 600 km^2 (Ballungsraum)

Der Ballungsraum der iranischen Hauptstadt Teheran entspricht ungefähr der Fläche Niederösterreichs. Hier leben mehr als 15 Mio. Einwohner/innen, viermal so viele wie vor 50 Jahren. Die Megacity Teheran ist **von unzähligen Trabantenstädten umgeben.** An diese schließen sich die **Elendsviertel ländlicher Zuwanderinnen und Zuwanderer** an. Während die Bevölkerung der Kernstadt fast gleich geblieben ist, hat die Bevölkerung der Trabantenstädte und der Slums in den letzten Jahrzehnten stark zugenommen.

Trabantenstädte = Vororte einer größeren Stadt; es gibt hier kaum Arbeitsplätze und nur eine unzureichende Infrastruktur wie Lebensmittelgeschäfte und Schulen. Die Menschen pendeln in andere Stadtteile zur Arbeit.

Die Stadt bedeckt mittlerweile das Flachland im Süden und Westen und klettert im Norden immer weiter in das Gebirge hinauf, sodass heute der Höhenunterschied in der Stadt ca. 800 m beträgt.

Der **Norden** ist **reich und vornehm.** Hier befinden sich die Botschaften und Regierungsgebäude und es wohnen hier die wohlhabenderen Stadtbewohner/innen. Im **Süden** hingegen findet man die **ärmeren Viertel.**

Die Stadt ist deshalb so stark gewachsen, da alle wichtigen Verkehrswege des Landes auf sie zuführen und beinahe der gesamte Handel des Iran über die Hauptstadt läuft. Viele Straßen wurden aus- und neue Schnellstraßen gebaut, ganze Stadtviertel abgerissen, um Platz für den Verkehr zu schaffen. Unzählige Autos, Taxis und Busse sorgen für Lärm, Schmutz und Dauerstau. Teheran hat heute auch drei U-Bahn-Linien, weitere sind geplant.

Innenstadt von Teheran

Jugend in Teheran

Etwa 30 junge Iraner feiern den Geburtstag in einer Wohnung im dritten Stock im Norden der 15-Millionen-Stadt Teheran. Etwa 70 Prozent der Bevölkerung sind jünger als 30 Jahre, etliche von ihnen arbeitslos. Keyvan sucht seit einem Jahr eine feste Stelle:

„Viele haben keine Arbeit, auch viele Akademiker, obwohl sie lange studiert haben und schon fertig sind, ausgebildete Leute sind, aber trotzdem finden sie keinen Job. Ja, sie machen sich Sorgen und es ist sehr schwer, eine Arbeit zu finden."

▸

Vergleichen Sie die Probleme der Jugend Teherans mit jenen der Jugendlichen in Österreich.

Abends trifft der 25-Jährige sich mit Freunden. Die meisten von ihnen hängen herum, ohne etwas Nützliches zu tun. Doch Keyvan hat Angst vor der Zukunft, mittlerweile nimmt er jeden Job an, den er bekommen kann: „Ich bin Ingenieur, aber ich arbeite zurzeit bei der Bank. Und das, obwohl ich gar kein Interesse an meiner jetzigen Arbeit habe. Aber wegen des Geldes mache ich es eben."

www.deutschlandfunk.de, 5. Jänner 2022, gekürzt

Johannesburg
- Einwohner/innen: 5,9 Mio.
- Fläche: 3 357 km²

Südafrika hat drei Hauptstädte: Kapstadt, Pretoria und Bloemfontein.

3.4 Johannesburg – das Erbe der Apartheid

Johannesburg ist der größte Ballungsraum im südlichen Afrika und zugleich die größte Stadt der Republik Südafrika – nicht jedoch deren Hauptstadt. Die Stadt wurde erst 1886 als Goldgräbersiedlung von europäischen „Glücksrittern" gegründet und wuchs durch den wirtschaftlichen Aufschwung sehr schnell.

Das Stadtbild wurde durch das **System der Apartheid** geprägt: Die **schwarze Mehrheitsbevölkerung** der Republik Südafrika durfte nicht demokratisch mitbestimmen und wählen und musste in **eigenen Vierteln am Stadtrand** wohnen. Das betraf ebenso andere „Nicht-Weiße" wie Inder/innen. Diese Stadtviertel der „Nicht-Weißen" nannte man Townships. Man findet sie nicht nur in Johannesburg, sondern in allen größeren Städten der Republik Südafrika.

Blick über eine Township am Stadtrand von Johannesburg

Erst 1994 wurde die **Apartheid abgeschafft** und seither sind alle Menschen Südafrikas politisch gleichberechtigt. Allerdings ist **bis heute** das **Wohlstandsgefälle** zwischen „Schwarz" und „Weiß" **nicht beseitigt.** Obwohl nun alle wohnen können, wo sie möchten, sind die Townships seit dem Ende der Apartheid bestehen geblieben. Man kann sie trotz vieler Verbesserungen als Slums bezeichnen.

Beispiel: Musik gegen Ungerechtigkeit

„Ich will wissen, ob du blind bist, Jo'anna. Hörst du nicht den Klang der Trommeln? Merkst du nicht, dass sich der Lauf der Dinge ändert, also warte nicht bis morgen. Gib mir Hoffnung, Jo'anna."

Dieser Liedtext ist ein Auszug aus „Gimme hope Jo'anna" von Eddy Grant, 1988. Der Musiker kritisiert damit die Apartheid.

Eddy Grant

Jo'anna ist in diesem Lied – wie häufig vermutet – kein Frauenname. Es ist eine Kurzform für Johannesburg. Das Lied ist auch heute noch bekannt, es existieren viele Remixes.

Township-Touren – zwischen Schaulust und Hilfsbereitschaft

In Südafrika kann man Touren buchen, um Townships zu besichtigen. Die Gründe für solch eine Tour sind vielfältig. Zwei Touristen erzählen von ihren Erfahrungen und was sie davon halten:

Für mich war der Besuch ziemlich starker Tobak, den ich erst einmal verdauen muss. Die Menschen berührten mich, die Armut, der Dreck und Gestank entsetzten mich und ließen mich die gesamte Palette der Gefühle erleben. Ich habe viel Leid gesehen, aber auch viel Freude und Stolz.
Trotzdem fehlte die Zeit, um die Menschen und ihre Sorgen und Nöte kennenzulernen. Wir wurden schnell durch ein paar Ecken gescheucht, machten ein paar Fotos und schauten die meiste Zeit betroffen. In meinen Augen unterstützt eine solche Tour nur die Ungerechtigkeit und Unmenschlichkeit.

www.happybackpacker.de, 6. Mai 2022

Den Tourismus vor Ort zu fördern und damit die lokale Wirtschaft anzukurbeln, daran kann ich überhaupt nichts Schlechtes finden. Ich finde es wesentlich nachhaltiger, in der Township zu übernachten und dortige Hostels zu unterstützen, als an der Waterfront Kapstadts sich in einem fetten Hotel niederzulassen – dann kommt das Geld nämlich tatsächlich nicht bei den Unterprivilegierten an. Und last but not least: Wer sich ein Bild machen will, der muss die Bilder selbst sehen. Wer Fragen stellen und Klischees im Kopf aufbrechen will, ist hier richtig.

www.globesession.com, 6. Mai 2022

Arbeitsaufgaben – „Johannesburg – das Erbe der Apartheid"

1. Vergleichen Sie die beiden Erfahrungsberichte zu den Township-Touren. Markieren Sie in beiden Texten Argumente, die für bzw. gegen eine solche Tour sprechen.
2. Ergänzen Sie die folgenden Wörter in der jeweils passenden Lücke:

Infrastruktur – Großstädte – Fortschritte – Barriere – Strom – Wellblechhütte – Zuzug – Apartheidpolitik – Anwohner/innen – Müll – Schulen – Kapstadt – Lebensbedingungen – Arbeit – Autobahn – Weißen – Wohnbedingungen – Townships

Township – die Armenviertel Südafrikas

Der erste Eindruck nach Verlassen des Kapstädter Flughafens ist erschütternd – Townships. Links und rechts der Autobahn sieht man auf zehn Kilometern ______________ an Wellblechhütte. Slums der übelsten Art, von der ______________ nur durch einen Holzzaun getrennt, der aber überall Lücken hat. Dazwischen spielende Kinder, die zwischen Haufen von ______________ Fußball spielen. In den letzten zwei Jahrzehnten war der ______________ von Südafrikanerinnen und Südafrikanern aus den ärmeren Landesteilen in die ______________ so groß, dass sich an die schon existierenden ______________ noch weitere riesige Wellblechstädte anschlossen.

Im Rahmen der ______________ in den 1950er bis 1970er Jahren hatte praktisch jede Stadt in Südafrika mindestens eine Township. Vielerorts grenzen diese Stadtteile direkt an die Wohngebiete der ______________, getrennt nur durch eine Autobahn, eine Bahnlinie oder eine andere natürliche ______________. Um zur Arbeit zu gelangen, mussten die ______________ jeden Tag mehrere Stunden pendeln. Die ______________ wurde vernachlässigt. Es gab kaum Krankenhäuser, nur wenige ______________.

Mit dem Ende der Apartheid verschärften sich jedoch die Probleme. Hunderttausende kamen auf der Suche nach ______________ in die Städte, auch nach Kapstadt. Die Townships wucherten regelrecht. Schätzungen über die Anzahl der Bewohner/innen sind schwierig, doch die Zahlen bewegen sich zwischen 2,5 und 3,5 Millionen in ______________. Südafrika gibt Milliarden an Euro pro Jahr aus, um die ______________ in den Townships zu verbessern, doch die Fortschritte sind nicht schnell genug. Im medizinischen und schulischen Bereich sind große ______________ erkennbar, jedoch bei den ______________ hat sich kaum etwas verbessert. Es gibt immer noch Bereiche ohne fließendes Wasser und ______________.

www.kapstadt-entdecken.de, 6. Jänner 2022

WortschatzBox – „Alles in die Stadt – das Zeitalter der Megacitys“

- Lösen Sie das Zahlenrätsel und wiederholen Sie so gleichzeitig die wichtigsten Begriffe dieses Kapitels. Gleiche Zahlen stehen für gleiche Buchstaben.

Stadt mit mehr als zehn Mio. Einwohnerinnen und Einwohnern:	23 2 8 5 14 7 9 12
Wenn die Stadt nicht an der eigentlichen Stadtgrenze endet, spricht man von einem:	17 5 10 10 19 13 8 3 16 5 19 23
Wenn Menschen v. a. aus wirtschaftlichen Gründen ihre Dörfer verlassen und in der Hoffnung auf ein besseres Leben in die Stadt ziehen, spricht man von:	10 5 13 1 4 10 19 14 22 9
Ein Stadtviertel der Mittel- und Oberschichten, das mit Mauern oder Zäunen von den ärmeren Stadtteilen abgegrenzt ist, nennt man (zwei Wörter):	8 5 9 2 1 14 24 23 23 19 13 7 9 12
Elendsviertel (englischer Ausdruck):	3 10 19 23
In Brasilien wird ein Elendsviertel so genannt:	4 5 26 2 10 5
Ein ärmeres Viertel in der Republik Südafrika, meist von schwarzen Afrikanerinnen und Afrikanern bewohnt, nennt man:	9 24 11 13 3 22 7 15
Das System der ehemaligen „Rassentrennung“ in der Republik Südafrika nennt man:	5 15 5 16 9 22 2 7 1

Ziele erreicht? – „Alles in die Stadt – das Zeitalter der Megacitys“

1. Beschreiben Sie, wie sich die geografische Lage der Megacitys seit 1900 verändert hat.

2. Nennen Sie Gemeinsamkeiten von Städten in Entwicklungs- und Schwellenländern.

3. Erklären Sie, warum sich der Traum von einem besseren Leben für Arme oft nur teilweise erfüllt, wenn sie in eine große Stadt ziehen.

Einen interaktiven Safety-Check finden Sie in der TRAUNER-DigiBox.

IV Ungleichgewichte in der Weltwirtschaft

Sie finden

Arme Bauern, reiche Konzerne – Landwirtschaft im Süden/ Seite 148

Bergbau als Entwicklungsmöglichkeit/ Seite 174

Tourismus – Chance oder leere Hoffnung?/ Seite 183

Der Aufstieg der Schwellenländer/ Seite 197

Globalisierung – eine Chance für den Süden?/ Seite 217

Arme Bauern, reiche Konzerne – Landwirtschaft im Süden

In den industrialisierten und hoch entwickelten Ländern arbeiten nur mehr wenige Menschen in der Landwirtschaft, und dennoch darf man nicht vergessen: Bäuerinnen und Bauern sorgen mit ihrer Arbeit dafür, dass die Bevölkerung mit Grundnahrungsmitteln versorgt wird. Da die Bevölkerung wächst, kommen neue Herausforderungen auf die Landwirtschaft zu: Wie kann man so viele Menschen versorgen?

Die Länder des Südens spielen bei dieser Frage eine wichtige Rolle. Große Konzerne erwerben dort landwirtschaftliche Flächen, während Kleinbäuerinnen und -bauern für ihre Rechte kämpfen müssen. Manchmal bleibt für sie nur mehr der Weg in die Illegalität, um überleben zu können.

Meine Ziele

Nach Bearbeitung dieses Kapitels kann ich

- die Unterschiede zwischen traditioneller und industrialisierter Landwirtschaft beschreiben;
- die Interessen von Kleinbäuerinnen und -bauern, landwirtschaftlichen Konzernen, Konsumentinnen und Konsumenten sowie indigenen Völkern einander gegenüberstellen;
- die Ziele des fairen Handels am Beispiel „Fairtrade" erläutern;
- zu illegalen Alternativen wie dem Anbau von Pflanzen für die Drogenherstellung Stellung beziehen.

1 Traditionelle Wirtschaftsformen

Peter interessiert sich sehr für alte Kulturen, eigentlich ist ja Geschichte eines seiner Lieblingsfächer. Oft denkt er sich, dass die traditionelle Landwirtschaft in früheren Zeiten besser war: Die Menschen nahmen z. B. stärker Rücksicht auf die Natur. Doch kann man das so pauschal sagen? Und ist es wirklich so, dass die Industrie alle Wirtschaftsbereiche übernommen hat?

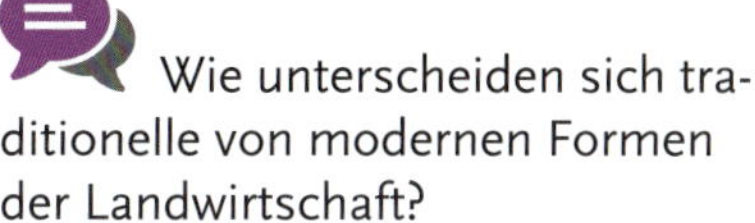

Wie unterscheiden sich traditionelle von modernen Formen der Landwirtschaft?

pauschal = sehr allgemein, ohne genauer zu unterscheiden

Die Landwirtschaft, so wie wir sie heute kennen, hat ihren Ursprung circa 10 000 Jahre vor Christus: Erst zu dieser Zeit begannen viele Bäuerinnen und Bauern, sich an festen Orten niederzulassen: Sie wurden sesshaft und betrieben Subsistenzwirtschaft, indem sie Äcker anlegten und Vieh züchteten. Der Übergang zur Sesshaftigkeit wird auch **neolithische Revolution** genannt.

die Subsistenzwirtschaft = Bewirtschaftung für den Eigenbedarf, d. h. um sich selbst und die eigene Familie zu ernähren

Dadurch konnten **Vorräte** besser aufgehoben werden und die Waren leichter weiterverarbeitet werden. Obwohl die Landwirtschaft anstrengend war, hatten die Menschen damit das ganze Jahr über Nahrungsmittel.

Die **Sesshaftigkeit** ist seither die dominierende Lebensform. Das bedeutet aber nicht, dass alternative Formen verschwunden sind: In manchen Gebieten der Erde haben Lebens- und Wirtschaftsformen überlebt, die seit der Altsteinzeit die Menschheit charakterisiert haben: Wildbeuter sowie Nomaden.

die Altsteinzeit = 600 000 bis 10 000 Jahre v. Chr.

- **Wildbeuter:** Jagen und Sammeln ist die Grundlage ihrer Wirtschaft. Daher haben sie auch ein großes Wissen über die Natur.
- **Nomaden:** Die Menschen sind nicht sesshaft, sondern wandern mit ihren Herden von einem Ort zum nächsten. So schonen sie die natürlichen Ressourcen.

Hier einige Beispiele für Wildbeuter in der heutigen Zeit:

- Australien: Aborigines
- Brasilien: Yanomami
- Republik Kongo: Baka
- Indien: Sentinelesen
- Afrika: San

DAS SOLLTEN SIE SPEICHERN

Wildbeuter und **Nomaden** bilden **heute** eine **Minderheit.** Ihre Lebensweise verlor durch die Einführung des Ackerbaus und später durch die **moderne Zivilisation** an Bedeutung.

Arbeitsaufgaben – „Traditionelle Wirtschaftsformen"

1. Nennen Sie jeweils Vorteile für beide Lebens- und Wirtschaftsformen.

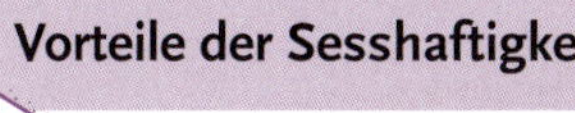

Vorteile der Wildbeuter und Nomaden

Es gibt Trends, deren Anhänger/innen in der ursprünglichen Lebensform der Wildbeuter und Nomaden ein Ideal sehen, dem sich die Menschen wieder annähern müssten. Es findet eine Verklärung statt, die mit der Realität wenige Gemeinsamkeiten hat.

die Verklärung = etwas schöner, besser erscheinen lassen, als es ist.

2. Betrachten Sie die zwei Buchcover sowie die Behauptung. Beurteilen Sie, ob die Autorin bzw. der Autor die ursprüngliche Lebensweise positiv oder negativ sieht.

„Wir sind tausende Male mächtiger als Menschen in der Steinzeit. Aber es ist nicht klar, ob wir überhaupt glücklicher sind."

YUVAL NOAH HARARI

2 Tradition trifft auf Moderne

Die **San** im südlichen Afrika sowie die **Tuareg** in der Zentralsahara sind Beispiele für Völker, die noch die traditionellen Lebens- und Wirtschaftsformen praktizieren: Die San leben als Wildbeuter. Die Tuareg pflegen einen nomadischen Lebensstil, der aber auch andere Wirtschaftselemente integriert. Gleichzeitig sind beide Völker mit der modernen Gesellschaft konfrontiert – das wirkt sich auch auf ihre Lebensweise aus.

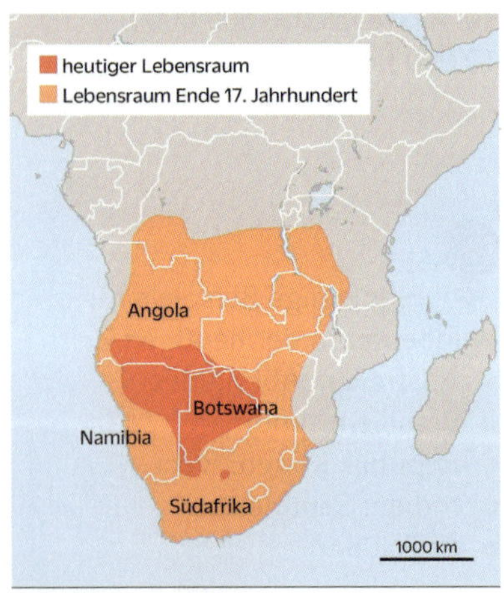

Lebensraum der San

2.1 Überleben in der Kalahari – die San

1 Die Ursprünge der San reichen über 10 000 Jahre zurück.

2 Sie leben im südlichen Afrika, und zwar in Botsuana, Namibia, Südafrika und Angola.

3 Rund 100 000 Menschen gehören heute diesem Volk an.

Um in der Natur zu überleben, haben die San Techniken entwickelt und Wissen erworben.

Beispiele: Techniken und Wissen der San

- Pfeile und Speere werden mit dem Gift des Pfeilgiftkäfers eingerieben. Dadurch steigen die Erfolgschancen bei der Jagd.
- Sie kennen über 100 essbare Pflanzen.
- Um im trockenen Klima genug Wasser zu haben, sammeln sie mit Gefäßen zusätzlich die Feuchtigkeit am Morgen (= Morgentau).

Eine ähnliche Technik gibt es bei den Indigenen in Südamerika: Sie verwenden das Gift des Pfeilgiftfrosches.

Die San heute

Heute pflegen nur noch einige Tausend San ihre ursprüngliche Lebensweise. Sie leben und wandern in Gruppen von höchstens zwanzig, lagern selten länger als ein paar Wochen an einem Ort und sammeln und jagen auf einem Gebiet von 600 km^2 um das Lager.

Die Vertreibung der San in Botsuana

Inmitten Botsuanas befindet sich das Central Kalahari Game Reserve (CKGR), ein Schutzgebiet, das gegründet wurde, um das angestammte Land der 5.000 San sowie die Wildtiere, von denen sie leben, zu schützen.

In den frühen 1980er Jahren wurden jedoch Diamanten im Reservat entdeckt. Schon bald wurde den Kalahari-Buschleuten von Regierungsbeamten mitgeteilt, dass sie das CKGR wegen dieses Fundes verlassen müssten.

Diejenigen, die bisher nicht zurück in das Reservat gegangen sind, leben nun in Umsiedlungslagern außerhalb des Schutzgebietes. Da es ihnen kaum möglich ist zu jagen – wenn sie es dennoch tun, werden sie festgenommen und geschlagen –, sind sie von Zuteilungen der Regierung abhängig. Alkoholismus, Depressionen und Krankheiten wie Tuberkulose und HIV/Aids stellen ernsthafte Probleme für die Indigenen dar.

www.survivalinternational.de, 22. März 2022

Im Kapitel „Bergbau als Entwicklungsmöglichkeit?“ erfahren Sie mehr über Botsuana (S. 179).

Kalahari-Buschleute = andere Bezeichnung für die San

2.2 Vielseitige Wirtschaft – die Tuareg

1 Die Tuareg sind ein Berbervolk. Der Ursprung der Berber ist bereits in der Antike greifbar.

Sie leben in der südlichen Zentralsahara, und zwar im Aïr-Gebirge in Niger sowie in den angrenzenden Ländern Mali, Algerien, Libyen und in Burkina Faso.

3 Rund 1,5 bis 2 Mio. Menschen gehören heute den Tuareg an.

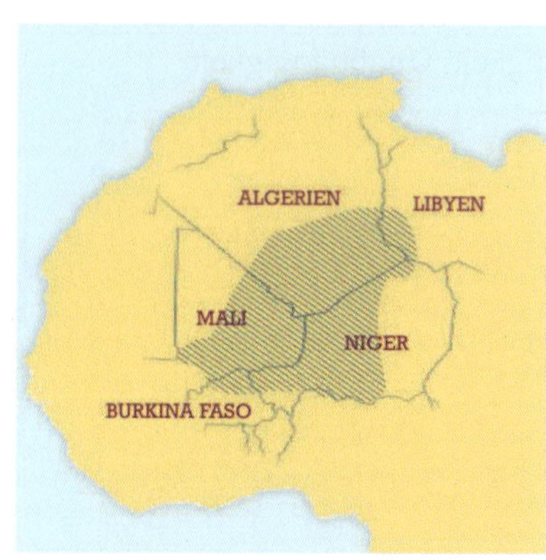

Lebensraum der Tuareg

Das Wirtschaftssystem der Tuareg ist vielseitig und beruht auf einer Kombination von **Subsistenzwirtschaft** und **Handel.**

Die vielseitige Wirtschaft der Tuareg

Subsistenzwirtschaft	Karawanenhandel	Gartenbau
Kamele und Ziegen sind die wichtigsten Nutztiere der Tuareg. Sie liefern Milch, die auch zu Käse verarbeitet wird. Die Ziegenhaltung liegt in den Händen der Frauen. Die Männer setzen Kamele zum Transport in Karawanen ein.	Die Tuareg transportieren Salz und Datteln in Karawanen zu den Märkten. Vom Erlös kaufen sie beispielsweise Hirse, ein wichtiges Grundnahrungsmittel.	In Timia, einer Oase im Aïr-Gebirge, wird Obst angebaut und auf den Märkten der weiteren Umgebung verkauft. Für den Anbau ist Bewässerung notwendig.

Subsistenzwirtschaft

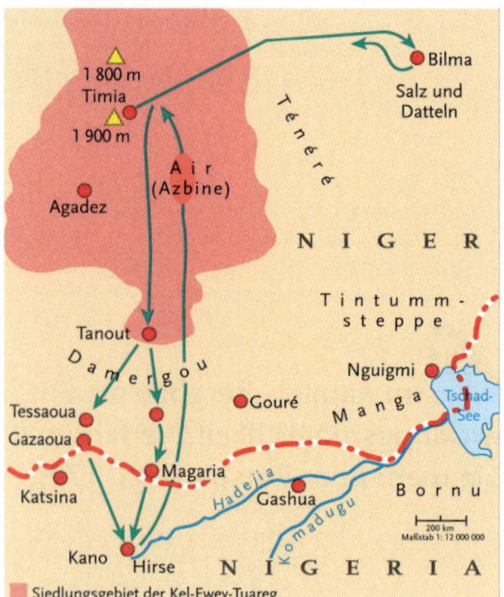

Die Karawanenrouten der Kel-Ewey-Tuareg

Die Zeit ist auch an den Tuareg nicht spurlos vorübergegangen. Wie auch die San im südlichen Afrika sind sie mit der modernen Wirtschafts- und Arbeitsweise und deren Auswirkungen auf Gesellschaft und Umwelt konfrontiert.

DAS SOLLTEN SIE SPEICHERN

Moderne Verkehrsmittel verdrängen den Karawanenhandel, die **Desertifikation** schreitet voran und zerstört fruchtbares Land und die **Wasserversorgung** ist oft **nicht mehr gewährleistet.** Viele Tuareg sind daher **sesshaft** geworden und **arbeiten** zumindest zeitweise für Lohn.

Die Tuareg in Mali – Kampf für die Autonomie

Im Staat Mali wird sichtbar, welche Folgen es hat, wenn die unterschiedlichen Interessen von Regierung und Tuareg aufeinandertreffen.

Forderung der Regierung in Mali: Sesshaftigkeit der Tuareg

Die Tuareg sind nicht offiziell registriert und daher schlecht kontrollierbar. Da sie auf ihren Wanderungen Staatsgrenzen passieren, wurden an diesen Stellen entsprechende Druckmittel eingesetzt, z. B. Zölle, Aus- und Einfuhrbeschränkungen sowie Passkontrollen.

Forderung der Tuareg: Mehr Autonomie

Schon unter französischer Kolonialherrschaft forderten die Tuareg mehr Autonomie von Bamako, der Hauptstadt und dem politischen Zentrum im Süden Malis.

die Autonomie = Selbstständigkeit, Unabhängigkeit

Ihre Forderungen nach mehr Mitbestimmung und Einbindung wurden mehrfach ignoriert. Im Norden Malis fehlt darüber hinaus immer noch zentrale Infrastruktur (Schulen, medizinische Einrichtungen) und es herrscht eine hohe Arbeitslosenrate.

Arbeitsaufgaben – „Tradition trifft auf Moderne"

1. Vergleichen Sie die Lebens- und Wirtschaftsformen der Tuareg mit jenen der San. Nennen Sie Gemeinsamkeiten sowie Unterschiede.
2. Bestimmen Sie, ob folgende Aussagen korrekt sind. Kreuzen Sie an!

Aussagen	Richtig	Falsch
Das Gebiet der Tuareg beschränkt sich auf einen einzelnen Staat.	◯	◯
Die San wurden aus ihrem Gebiet vertrieben, da dort Erdöl gefunden wurde.	◯	◯
Beide Völker, San sowie Tuareg, leben in Trockengebieten.	◯	◯
Die Tuareg sind von einer Wirtschaftsform abhängig.	◯	◯

3. Beurteilen Sie die Chancen dieser Lebensformen im 21. Jahrhundert.

Junger Tuareg aus der Zentralsahara – ein typisches Merkmal der Tuareg ist die Verschleierung der Männer

Tuaregfrau: Kopftuch, aber unverschleiert

3 Kleinbauern – ein Auslaufmodell?

Das Aufstehen fällt Ayla oft schwer, aber für ein Frühstück muss immer Zeit sein. Heute genießt sie eine Tasse Kakao. Ihre ältere Schwester hingegen liebt Kaffee. Für den Abend vereinbaren die beiden ein gemeinsames Kochen: Sie einigen sich auf Frühlingsrollen mit Sojasauce. Hinter all diesen Produkten, die so einfach im Supermarkt zu kaufen sind, steht die Arbeit von Bäuerinnen und Bauern. Immer häufiger bekommen sie Konkurrenz von großen Konzernen.

Stellen Sie gemeinsam Vermutungen darüber an, woher die erwähnten Produkte stammen.

Auch wenn Nomaden und Wildbeuter heute in der Unterzahl sind, leben die meisten Menschen im Süden nach wie vor von der **Landwirtschaft** (Anbau von Food Crops) und von der **Fischerei.** Sie sind Kleinbäuerinnen und -bauern und versorgen mit ihren Betrieben hauptsächlich sich selbst und ihre Familien. Ein Teil der Erträge wird auch auf lokalen Märkten angeboten.

Food Crops = Produkte, die für die eigene Ernährung angebaut werden; Gegenteil: Cash Crops

Beispiel: traditionelle Landwirtschaft in Äthiopien

Die Bäuerinnen und Bauern am Abhang des äthiopischen Hochlandes haben aufgrund generationenlanger Erfahrung ein äußerst gutes landwirtschaftliches System entwickelt, das auch bei längeren Trockenzeiten funktioniert. Dazu wird keine moderne Technik, sondern traditionelles Wissen angewendet.

Die Landwirtschaft basiert auf zwei Säulen:

Mischkulturen

Bis zu 19 Hirse- und andere Getreidearten, Bohnen und weitere Gemüse werden angebaut.

Auf den Feldern stehen auch Bäume und Sträucher, wodurch die Austrocknung des Bodens und zu große Verdunstung verhindert werden.

Terrassierung und Steindüngung

Die Hänge werden durch Erdwälle terrassiert, wodurch kleine Felder (3 x 3 m) entstehen. Erosion wird dadurch verhindert.

Bei der Steindüngung werden 5–10 cm große Kiesel gleichmäßig über das Feld verteilt. Tagsüber schützen die Steine den Boden vor den austrocknenden Sonnenstrahlen, nachts sammelt sich an der Unterseite der Steine Tau, der den Boden feucht hält.

Die industrielle Landwirtschaft tritt vermehrt in Konkurrenz mit diesen traditionellen Formen.

Cash Crops werden für den Export produziert. Das weiß ich noch aus dem Kapitel „Mensch und Umwelt".

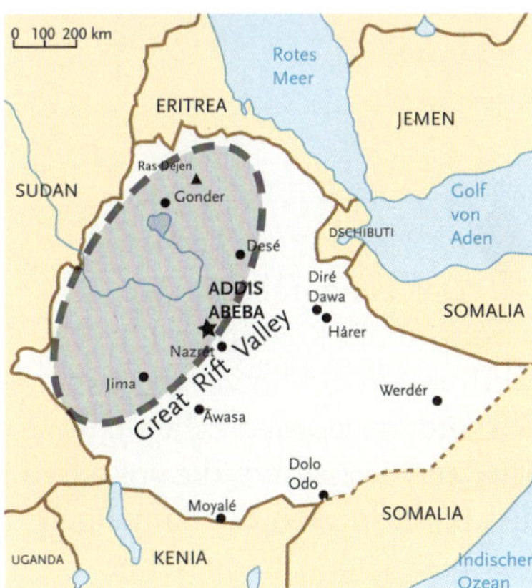

Das Hochland von Äthiopien

Mehrere regenlose Wochen können mit der Steindüngung überbrückt werden.

3.1 Kleinbauern gegen Konzerne

Wie jene der Nomaden und Wildbeuter ist auch die Subsistenzwirtschaft sesshafter Bäuerinnen und Bauern gefährdet: Sie können aufgrund der **Globalisierung,** des zunehmenden **Drucks der Weltwirtschaft** und der raschen **Bevölkerungszunahme** immer weniger von den Früchten ihrer Arbeit leben.

Der Einsatz von Maschinen ermöglicht Effizienz und eine hohe Produktivität

Kleinbauern vs. Industrie

Kleinbäuerinnen und -bauern	Industrielle Landwirtschaft
Etwa 500 Mio. Kleinbäuerinnen und -bauern produzieren den Großteil der Lebensmittel. Ihre Wirtschaftsweise ist nachhaltig und ökologisch. Dennoch sind es gerade oft sie selbst, die unter Hunger leiden. Die Eigenproduktion reicht in Krisenzeiten nicht immer aus.	Die industrielle Landwirtschaft steigert die Produktion und ermöglicht höhere Gewinne. Sie ist auch dafür verantwortlich, dass Hunger in der Mehrheit der Länder nicht mehr existiert. Die Produkte werden aber großteils exportiert. Die negativen Auswirkungen, etwa Umweltschäden, werden häufig nicht im Preis abgebildet.

Landgrabbing – der Anfang des Ungleichgewichts

Traditionelle Lebens- und Wirtschaftsweisen erfahren oft wenig Wertschätzung. Sie sind nicht auf große Gewinne ausgerichtet und widersprechen somit der Logik des Kapitalismus. Große ausländische **Investoren** bringen hingegen mit ihren Projekten vermeintlichen Wohlstand in Entwicklungsländer.

der Kapitalismus = Wirtschafts- und Gesellschaftsordnung mit folgenden Merkmalen:
- Privateigentum
- Marktwirtschaft
- Gewinnmaximierung

DAS SOLLTEN SIE SPEICHERN

Die **Kleinbäuerinnen und -bauern** profitieren kaum von ausländischen Großprojekten in der Landwirtschaft.

Das Landgrabbing setzte bereits in der Kolonialzeit im 19. Jahrhundert ein. In vielen Ländern des Südens wurden zahlreiche Pflanzen eingeführt, die vor allem den Bedürfnissen der damaligen Kolonialmächte entsprachen.

Landnahme zu Spottpreisen

Afrika braucht im Kampf gegen den Hunger seine Kleinbauern – und die brauchen ihr Land. Doch der Trend zur Landnahme durch große Konzerne nimmt zu. Und auch deutsche Gelder unterstützen die Projekte.

Peter Nzeki blickt auf sein Haus, das man kaum noch so nennen kann. Eines Tages waren die Bagger in die Nähe seines Dorfes Guluku gekommen, ein Dorf im Süden Kenias. Die Vibrationen, die die Baggerarbeiten mit sich brachten, ließen eine Mauer des Gebäudes einstürzen. Er und ein paar Nachbarn sind geblieben, die meisten der Dorfbewohner aber wurden im Laufe der vergangenen zehn Jahre vom australischen Bergbaukonzern Base Titanium umgesiedelt. Der baut auf einer Fläche von bald 2 000 Hektar seltene, wertvolle Mineralien ab, wie Titaniumoxide und Zirkon. Nzeki sei geblieben, weil ihm das Angebot der Firma für eine Entschädigung nicht gereicht hat: „Wir haben uns nicht einigen können. Sie sagten mir: Du bist vor Gericht gezogen, deshalb bekommst Du nichts. So haben sie mich zurückgelassen." Als die Umsiedlungen der 380 Familien begannen, rechnete das Unternehmen mit einem Bodenwert von umgerechnet nicht einmal 100 Euro pro Hektar. Großzügig habe man 620 Euro daraus gemacht, so das Unternehmen – für einen Hektar Land. Zusätzlich seien 80 Cent für eine Kokospalme und drei Euro für einen Cashew-Baum gezahlt worden, gerade mal so viel, wie eine Tüte Nüsse kostet.

Norbert Hahn, www.tagesschau.de, 27. Jänner 2022, gekürzt

3.1.1 Kaffee

Im **äthiopischen Hochland,** dem Ursprungsland der Kaffeepflanze, gedeihen auf den fruchtbaren **Vulkanböden** die besten Kaffeesorten der Welt. Kaffee ist für Äthiopien das wichtigste Exportprodukt, das ca. ein Viertel aller Exporte ausmacht.

In Äthiopien bauen noch zahlreiche Kleinbäuerinnen und -bauern Kaffee an. Zum Teil werden auch wilde Kaffeepflanzen geerntet („forest coffee"). In den führenden lateinamerikanischen Anbauländern Brasilien und Kolumbien dominieren hingegen Großplantagen.

DAS SOLLTEN SIE SPEICHERN

Viele Kaffeebäuerinnen und -bauern müssen ihren Kaffee unter den eigenen Produktionskosten verkaufen und machen **kaum Gewinne.** Die Gewinne entstehen vorwiegend in den Ländern, in welchen der sogenannte **Mehrwert** geschaffen wird, etwa durch **Rösten, Verpacken** und **Vermarkten.**

Kaffeegenuss! Aber zu welchem Preis?

Der Preisunterschied bei rohen Kaffeebohnen kommt durch einen Qualitätsunterschied zustande: **Coffea arabica** gedeiht im tropischen Hochland und ist hochwertiger als **Coffea robusta,** der in den Tiefländern wächst.

Beispiel: Starbucks gegen Kleinbäuerinnen und -bauern

Einer der Hauptabnehmer äthiopischen Kaffees ist die US-amerikanische Kaffeehauskette Starbucks. An der guten Qualität und den zeitweise sehr hohen Rohstoffpreisen verdiente allerdings bis vor Kurzem nur Starbucks. Die Bäuerinnen und Bauern erhielten selbst für hochklassige Sorten, die beim Endverbraucher in den Industrieländern Preise von bis zu 11,00 EUR pro Kilo erzielen, nur zwischen 0,20 und 0,50 EUR pro Kilo.

Exportländer wie Äthiopien versuchen daher, möglichst viel Mehrwert im eigenen Land zu schaffen:

Maßnahme	Positiver Effekt
Die Rohbohnen werden im eigenen Land geröstet.	Arbeitsplätze entstehen.
Die Herkunft wird als Marke geschützt.	Ein höherer Preis kann verlangt werden.
Die Produzenten lassen sich bei Fairtrade zertifizieren.	Sie sind nicht mehr so stark den Preisschwankungen am Weltmarkt ausgeliefert.

der Weltmarkt = gedachter, nicht zu lokalisierender Markt für Welthandelsgüter

Arbeitsaufgaben – „Kaffee“

1. Auf der folgenden Karte sehen Sie die wichtigsten Anbauländer für Kaffeebohnen.

   Bestimmen Sie, um welche Länder es sich handelt. Notieren Sie diese bei der entsprechenden Nummer in der Randspalte. Als Hilfestellung können Sie einen (digitalen) Atlas verwenden.

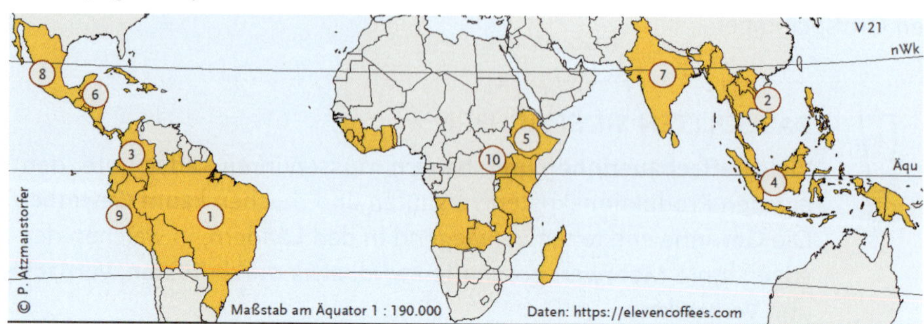

2. Nennen Sie Gründe, warum fair gehandelter Kaffee weniger häufig gekauft wird als konventioneller.

❶ ____________________
❷ ____________________
❸ ____________________
❹ ____________________
❺ ____________________
❻ ____________________
❼ ____________________
❽ ____________________
❾ ____________________
❿ ____________________

3.1.2 Erfolgsstory Soja?

Ursprünglich war die Sojabohne ein wichtiges **Grundnahrungsmittel in China.** Sie galt neben Reis und Hirse als heilige Pflanze. Mittlerweile hat Soja aber auch schon den europäischen Markt erobert und wird vorwiegend aus **Lateinamerika** importiert.

Diskutieren Sie darüber, ob eine vegetarische Ernährung automatisch auch gut für die Umwelt ist.

Soja-Facts

- Seit den 1970er Jahren boomt in Lateinamerika der Anbau von Soja. Grundstücke und Arbeitskräfte sind hier günstig.
- Die wichtigsten Produzenten sind Brasilien, Argentinien, Paraguay und Bolivien.
- Soja wird für Tierfutter und Biokraftstoff verwendet.
- Auch für den menschlichen Verzehr ist Soja geeignet: Für Vegetarier/innen wird aus Sojabohnen beispielsweise Tofu hergestellt, aus der asiatischen Küche kennt man die Sojasauce.

DAS SOLLTEN SIE SPEICHERN

Im Gegensatz zum äthiopischen Kaffee wird Soja vorwiegend in großen **Monokulturen** angebaut. Die **Anbauflächen** befinden sich vorrangig in der Hand von **Großgrundbesitzern.**

die Monokultur = riesige Anbaufläche, auf der nur eine Nutzpflanzenart angebaut wird

Der industrielle Anbau hat Folgen für Mensch und Umwelt:

- Monokulturen sind anfällig für Schädlinge. Pestizide sind eine Gegenmaßnahme. Werden diese häufig eingesetzt, gelangen **Rückstände** auch ins **Grundwasser.**
- Ein hoher Ertrag ist wichtig. Eine Möglichkeit, das zu erreichen, ist die **Gentechnik:** Saatgut wird so verändert, dass ertragreichere Sorten entstehen. Die Folgen sind noch nicht absehbar.

das Pestizid = giftiges Mittel zur Schädlingsbekämpfung, dessen Rückstände sich im Grundwasser wiederfinden, aber auch in der Luft, im Boden und in den Produkten selbst

Beispiel: Sojaplantagen in Brasilien
Brasilien ist neben den USA der größte Sojaproduzent. Auf einer Fläche so groß wie Deutschland wächst in Brasilien die Sojabohne in Monokultur. Ein großer Teil der Ernte wird exportiert.

Ungleichgewicht im Sojageschäft: Brasilien

Das Ungleichgewicht zwischen Kleinbäuerinnen und -bauern sowie Großgrundbesitzerinnen und -besitzern wird sichtbar, wenn man die **Besitzverhältnisse** sowie die **Zahl der Beschäftigten** vergleicht.

Kleinbäuerinnen und -bauern produzieren auf einem Viertel der Anbaufläche, beschäftigen aber drei Viertel der Arbeiter/innen in der Landwirtschaft. 76 Prozent der Anbaufläche sind hingegen in der Hand von Großgrundbesitzern. Die Kleinbäuerinnen und -bauern decken v. a. den inländischen Bedarf, während die Großgrundbesitzer die Exportgewinne einstreifen.

Hinzu kommen noch **Konflikte** um die Landnutzung: Oft werden Kleinbäuerinnen und -bauern sowie indigene Gemeinschaften von ihrem Land vertrieben. Auf den großen Plantagen werden oft sklavereiähnliche Arbeitsverhältnisse angeprangert.

2020 wurden in Brasilien 133 Mio. Tonnen Sojabohnen geerntet. Die Exporteinnahmen betrugen dadurch fast 30 Milliarden Euro. Der Preis für diese Rekordergebnisse ist jedoch ebenfalls hoch: Für die Sojafelder werden seit Jahren riesige Flächen Regenwald (10 % der Waldfläche) gerodet.

Arbeitsaufgabe – „Erfolgsstory Soja?"

- Kreuzen Sie an, ob die Aussagen richtig oder falsch sind.

Aussagen	Richtig	Falsch
Soja gilt in Brasilien als heilige Pflanze.	◯	◯
Soja wurde von den Kolonialmächten im 19. Jahrhundert nach Lateinamerika gebracht.	◯	◯
Soja wird nur für den tierischen Verzehr angebaut.	◯	◯
Die Anbaufläche für Soja in Brasilien entspricht der Fläche Deutschlands.	◯	◯
Der Export von Soja ist eine der wichtigsten Einnahmequellen der Kleinbäuerinnen und -bauern.	◯	◯
Der Sojaanbau ist für viele Umweltschäden verantwortlich.	◯	◯

3.1.3 Fischerei

Auch der **Fischfang** ist heute **weitgehend industrialisiert.** Romantische Fischerszenen, wie sie in der Werbung präsentiert werden, sind selten: Große Schiffe (sogenannte **„Trawler")** befahren die Weltmeere. Mit Schleppnetzen fangen sie zwar viel, doch das bleibt nicht ohne Folgen für die Fischbestände und die Menschen, die Fische für den Eigenbedarf fangen.

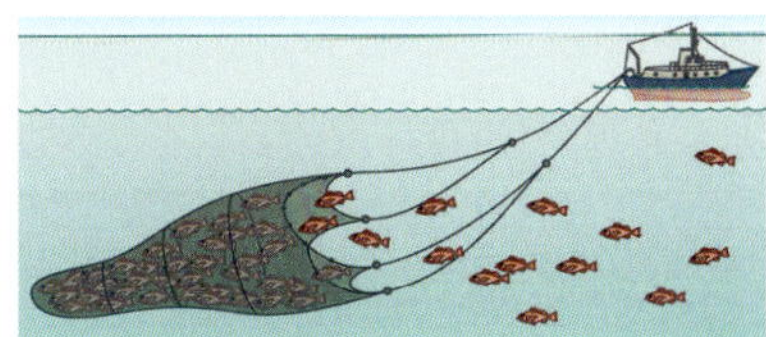

Pelagisches Schleppnetz; es gibt auch Schleppnetze, die über den Meeresboden gezogen werden

DAS SOLLTEN SIE SPEICHERN

Die **Fischbestände** in den Ozeanen werden immer kleiner, da sie überfischt sind. In vielen traditionellen Fischerdörfern ist dadurch die Fischerei als Haupterwerbsquelle weggebrochen.

die Überfischung: Es werden so viele Fische gefangen, dass sich der Bestand nicht mehr erholen kann.

Abdou Karim Sall, ein Kleinfischer aus Joal-Fadiouth im Senegal, lebt vom Fischfang. Er berichtet über den Wettbewerb mit der EU, Russland und China.

Das ist ein Wettbewerb, den man nur schwer gewinnen kann, wenn man mit Industriebooten konkurriert, die so groß sind, dass sie in einer Woche so viel fangen können wie senegalesische Kleinfischer/innen in einem Jahr. Das Ergebnis dieses Wettbewerbs sind somit schlechte Fangquoten, magere Ausbeuten und teils sogar leere Netze für die senegalesischen Kleinfischer/innen.

Nach: www.eu-afrika-blog.de, 23. April 2021, gekürzt

Kleinfischer/innen machen auf ihre Situation aufmerksam

Fischereiabkommen regeln die **Fangmengen** und legen die **Zahl der Schiffe** fest, die in den Gewässern fischen dürfen. Dadurch soll eine Überfischung vermieden werden.

Beispiel: Fischereiabkommen zwischen der EU und dem Senegal
Im Jahr 2020 hat die EU ein Abkommen mit dem Senegal unterzeichnet. Es erlaubt einer bestimmten Anzahl an Schiffen, insgesamt 10 000 Tonnen Thunfisch und 1 750 Tonnen Seehecht pro Jahr zu fangen. Der Senegal erhält dafür jährlich 1,7 Mio. EUR für die Zugangsrechte.

Industrielle Fischerei – es gibt noch viel zu tun

Illegale Fischerei

Kritiker/innen solcher Abkommen bemängeln, dass vor der Vergabe von Fischereilizenzen oft nicht klar ist, wie groß die Fischbestände noch sind. Die illegale Fischerei ist nach wie vor **schwer kontrollierbar.** Im Abkommen der EU mit dem Senegal ist daher auch vertraglich festgelegt, dass die Fischereiaufsicht unterstützt wird. Neben der staatlichen Aufsicht sind auch Umweltschutzorganisationen wie Sea Shepherd auf den Meeren der Welt unterwegs, um illegale Aktivitäten aufzudecken.

Eine Folge der Verdrängung von Kleinfischerinnen und -fischern ist die Auswanderung: Wenn die wirtschaftliche Grundlage wegbricht, denken viele darüber nach, das Land zu verlassen.

Beifang

Laut einer Angabe des WWF werden jährlich 38 Mio. Tonnen an Meereslebewesen unbeabsichtigt gefangen. Sie verenden in den Netzen. Darunter befinden sich auch viele geschützte Arten wie Meeresschildkröten oder Haie. Schuld daran sind die **Fangmethoden** mit Treib- und Stellnetzen.

Können Aquakulturen die Probleme lösen?

Aquakulturen, also Zuchtanlagen für Fische und Meeresfrüchte, können ein Teil der Lösung sein und helfen, den Druck auf die Fischbestände zu reduzieren. Schon heute stammt jeder zweite Speisefisch aus Aquakulturen.

Aquakultur

In manchen Küstenregionen kommt es aber durch den Bau von Aquakulturen zur Zerstörung von Mangrovenwäldern, die wichtige Laich- und Rückzugsgebiete für viele Tierarten sind. Andererseits trägt konventionelle Aquakultur oft auch zur Überfischung der Weltmeere bei. Denn für die Zucht von vielen Fischen werden Futterfische benötigt. Und das erhöht den Druck auf Fischbestände, statt ihn zu reduzieren.

Nach: www.fishforward.eu, 24. März 2022

die Mangrove = Wald an den Küsten der Tropen; typisches Merkmal: Wurzeln, die aus dem Wasser herausragen

der Laich = Eier von Fischen

Arbeitsaufgaben – „Fischerei"

1. Ordnen Sie die Merkmale der jeweiligen Fischereiform zu.

nachhaltig ⇨ Überfischung ⇨ Schleppnetze ⇨ Trawler ⇨ Eigenbedarf ⇨ Beifang ⇨ Fischerdörfer ⇨ geringe Fangmengen ⇨ internationale Abkommen

Industrieller Fischfang	Kleinfischerei

2. Analysieren Sie die Grafik zur Bedeutung unterschiedlicher Fischereiformen.
   a) Ergänzen Sie die Tabelle mit den fehlenden Daten für 2018 sowie der fehlenden Beschriftung.
   b) Berechnen Sie den Prozentanteil der einzelnen Bereiche. Kontrolle: Zählen Sie die Prozentanteile zusammen, dann muss das Ergebnis 100 % lauten.
   c) Ermitteln Sie abschließend jenen Bereich, der seit 2002 am stärksten gewachsen ist.

Beachten Sie:
Die obere Linie zeigt Ihnen die Gesamtmenge, die Flächen dazwischen geben den Anteil der Bereiche wieder.

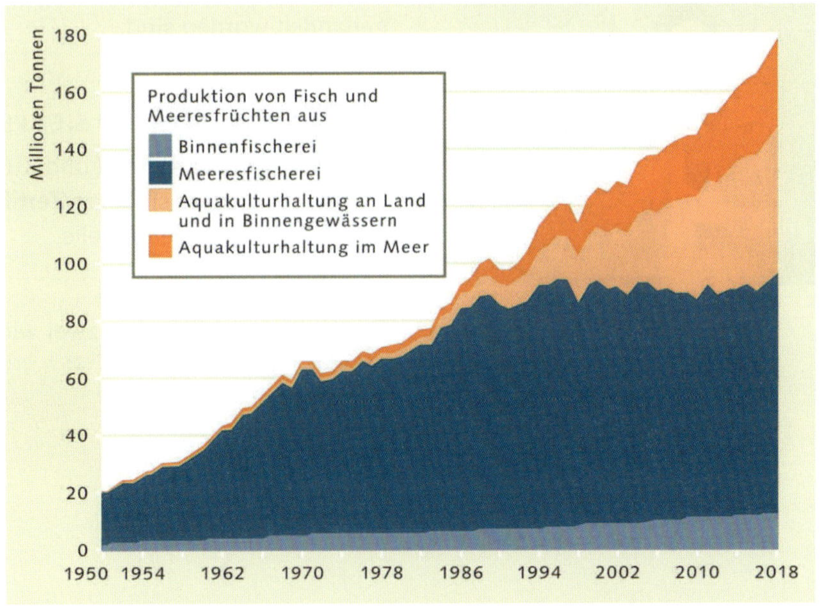

World Ocean Review 2021

	Bereich	Menge	Prozentanteil
Platz 1	Meeresfischerei		
Platz 2			
Platz 3	Aquakultur im Meer		
Platz 4			
	Gesamt		

Recherchieren Sie in Partnerarbeit, welche Nachhaltigkeitssiegel es gibt. Tauschen Sie sich im Anschluss darüber aus, welche davon Sie schon einmal wahrgenommen haben.

4 Fair und nachhaltig – geht das?

Peter übernimmt den Einkauf für seine Mutter. Da sie gerne Schokolade isst, möchte er sie mit einer besonderen Sorte überraschen. Er vergleicht einige Angebote, jene mit dem Fairtrade-Siegel fallen ihm besonders auf. Gesehen hat Peter das schon öfter, aber was es eigentlich bedeutet, da ist er sich nicht sicher.

Die Industrialisierung der Landwirtschaft und der Fischerei hat das Leben vieler Kleinbäuerinnen und -bauern in den Ländern des Südens erschwert. Auch die Umwelt wird zu stark beansprucht. Diese Zustände wollen viele nicht mehr hinnehmen: In zahlreichen Ländern sind Organisationen entstanden, die sich für eine **ökologisch und sozial nachhaltige Wirtschaft** einsetzen.

Ein wichtiges **Instrument** des fairen Handels ist die **Zertifizierung** von Produkten: Unternehmen können ihre Produkte von Organisationen wie Fairtrade oder MSC zertifizieren lassen, um zu zeigen, dass sie fair und/oder ökologisch produziert und gehandelt worden sind.

DAS SOLLTEN SIE SPEICHERN

Für Kundinnen und Kunden ist die Zertifizierung durch **Siegel** am Produkt sichtbar. **Zertifizierte Produkte** sind in der Regel auch **teurer** als konventionelle.

Fairtrade und MSC sind zwei wichtige Zertifikate für die Bereiche Landwirtschaft und Fischerei.

Zertifikate: Zwei Beispiele

Fairtrade

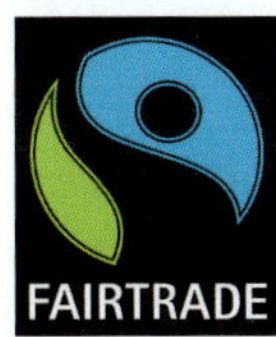

Das Fairtrade-Gütesiegel ist auf Produkten zu finden, die von Kleinbäuerinnen und -bauern kostendeckend produziert werden. Darüber hinaus müssen soziale und ökologische Standards eingehalten werden. Im Gegenzug erhalten die Kleinbäuerinnen und -bauern einen garantierten Mindestpreis sowie Prämien für Projekte.

Marine Stewardship Council

ZERTIFIZIERTE NACHHALTIGE FISCHEREI
MSC
www.msc.org/de ™

Die Organisation Marine Stewardship Council (MSC) vergibt ein Zertifikat für nachhaltigen Fischfang. Viele kennen es von Produkten aus dem Supermarkt. MSC wird in letzter Zeit häufig dafür kritisiert, dass die Standards für die Zertifizierung zu niedrig seien.

kostendeckend = ausreichender Preis, um damit die Produktionskosten zu erwirtschaften

Fairer Handel am Beispiel Fairtrade

Viele Rohstoffe wie Kaffee, Tee, Kakaobohnen oder auch Rohöl werden am **Weltmarkt** gehandelt. Der **Preis** dort **schwankt** aber stark. Kleinbäuerinnen und -bauern sind von diesen Schwankungen direkt betroffen, ihre Einnahmen hängen davon ab. Der faire Handel will hier gegensteuern.

DAS SOLLTEN SIE SPEICHERN

Als **fairer Handel** wird ein Handel bezeichnet, bei dem **Mindestpreise** für die Produzenten **garantiert** werden. Außerdem soll der **Zwischenhandel weitgehend vermieden** werden.

Zertifizierungen sind auch von wirtschaftlichem Interesse: Kritische Verbraucher/innen fordern immer stärker ein, dass Produkte nachhaltig sind. Unternehmen stehen dadurch unter Druck.

Die **Fair-Trade-Bewegung** betrifft vor allem Waren, die aus Entwicklungsländern in Industrieländer exportiert werden. Fairer Handel umfasst meist landwirtschaftliche Erzeugnisse, in letzter Zeit aber auch Produkte des traditionellen Handwerks. Verkauft werden sie in Bio- und Weltläden sowie in Supermärkten und in der Gastronomie.

Damit ein Produkt das Fairtrade-Siegel bekommt, muss es den **internationalen Umwelt- und Sozialstandards** von Fairtrade entsprechen.

Kriterien für die Zertifizierung als Fairtrade-Produkt

- Verbot von Zwangs- und Kinderarbeit
- Maßnahmen zum Gewässer- und Erosionsschutz
- Maßnahmen zum Schutz des Regenwaldes
- Allmählicher Ersatz von Pestiziden und Mineraldüngung durch biologische Pflanzenschutz- und organische Düngemittel
- Abfallvermeidung und umweltgerechte Entsorgung
- Gezielte Förderung von Bioanbau
- Kein Einsatz von genverändertem Pflanzenmaterial oder genveränderten Substanzen

Nach: www.fairtrade.at

Rund 1,9 Mio. Bäuerinnen und Bauern sowie Arbeiterinnen und Arbeiter auf Plantagen aus 72 Anbauländern profitieren derzeit von ihrer Beteiligung an Fairtrade.

Die Organisation Fairtrade unterstützt die Produzenten dabei, indem sie eine zusätzliche **Prämie** auszahlt. Diese wird dann in soziale, ökologische oder wirtschaftliche Projekte investiert.

Fairtrade-Produkte in Österreich

Seit 1992 können Fairtrade-Produkte in Österreich gekauft werden. Als erstes Produkt wurde **Kaffee** verkauft, 1996 kam **Schokolade** ins Sortiment und seit 1999 werden **Fairtrade-Fruchtsäfte** verkauft. **Bananen** kamen 2002 in den heimischen Handel. Fairtrade-Produkte haben in Österreich immer mehr Käufer/innen. Besonders der Absatz von Fruchtsäften und Schokolade steigt stark an.

Fairtrade-Schokolade – ein erfolgreiches Produkt in Österreichs Supermärkten

Beispiel: umsatzstärkste Produkte im Fairtrade-Segment
Das umsatzstärkste Produkt ist derzeit die Fairtrade-Banane. Bereits jede fünfte verkaufte Banane ist fair gehandelt.

Von besonderer Bedeutung für den Fairtrade-Verkauf in Österreich ist auch die Schokolade. Circa 20 000 fair produzierte Schokoladetafeln werden in Österreich jährlich verkauft. Der Absatz von Fairtrade-Kaffee steigt ebenfalls. Viele Kaffeehäuser, Büros und Hotels steigen auf diesen Kaffee um.

Arbeitsaufgaben – „Fair und nachhaltig – geht das?“

1. Untersuchen Sie in Supermärkten in Ihrer Schul- oder Wohnumgebung das Angebot an Fairtrade-Produkten. Erheben Sie folgende Informationen:
   - Welche Fairtrade-Produkte gibt es im Angebot?
   - Aus welchen Ländern stammen diese Produkte?
   - Wie viel kosten sie?
   - Wie viel kostet ein konventionelles Produkt?
2. Bestimmen Sie, ob folgende Aussagen zum fairen Handel richtig (R) oder falsch (F) sind.

Aussagen	Richtig	Falsch
Die Fairtrade-Bewegung geht von den großen Konzernen aus.	○	○
Es müssen verschiedene Standards im Umwelt- und Sozialbereich eingehalten werden, um als Fairtrade-Unternehmen zu gelten.	○	○
Kinderarbeit ist unter bestimmten Umständen erlaubt.	○	○
Zwischenhändler sind bei Fairtrade sehr wichtig.	○	○
Fairtrade betrifft v. a. Kleinbauern in Entwicklungsländern.	○	○
Pestizide und Mineraldünger sollen vermieden werden.	○	○
Biologische Landwirtschaft soll gefördert werden.	○	○
Das Einkommen aus dem Handel mit Fairtrade-Produkten ist für die Bauern niedriger.	○	○
Fairtrade hat positive Auswirkungen auf die Produktionsregionen.	○	○

3. Lesen Sie den folgenden Text. Bearbeiten Sie im Anschluss die Aufgaben.

Die Kakao-Kooperative „Urocal" in Ecuador

Die Region „El Oro“ befindet sich im südlichen Teil der ecuadorianischen Küste und ist als eines der Hauptanbaugebiete von Bananen weltweit bekannt. Das feuchttropische Klima eignet sich aber auch hervorragend zur Kultivierung von Kakaopflanzen. Die Kleinbauernfamilien sind in der Kooperative „Urocal“ demokratisch organisiert und haben dadurch Mitspracherechte, was die gemeinschaftliche Vermarktung und den Export ihrer Kakaoernten betrifft.
Nachhaltige Anbauweisen, Ernährungssicherheit in der Region und der Kooperative sowie eine gleichmäßige Repräsentation von Männern und Frauen sind wesentliche und bestimmende Faktoren innerhalb von „Urocal“ und prägen die Arbeit der Kooperative.
„Urocal“ bietet ihren Mitgliedern zum Beispiel agrartechnische Schulungen an. Gleichzeitig vermarktet die Kooperative die Ernten ihrer Mitglieder auf professionelle Art und Weise und unternimmt den Export der Waren ohne die Einschaltung von Zwischenhändlern. Damit ist gewährleistet, dass ein größerer Teil der Wertschöpfung bei den Kleinbäuerinnen und Kleinbauern am Beginn der Lieferkette verbleibt.

www.fairtrade.at, 9. Mai 2022

a) Erklären Sie, was es bedeutet, dass die Kooperative demokratisch organisiert ist.
b) Beschreiben Sie, mit welchen Mitteln die Kooperative ihre Mitglieder unterstützt.
c) Stellen Sie fest, welche Folge der Verzicht auf Zwischenhändler hat.

die Kooperative = Zusammenschluss von Personen, um ein gemeinsames wirtschaftliches Ziel zu erreichen
die Kultivierung = Anbau

5 Internationaler Drogenhandel

Reich, berühmt, berüchtigt – so werden die Drahtzieher/innen des Drogengeschäfts in Serien und Filmen oft dargestellt. Die Realität sieht aber anders aus: Drogen zerstören Leben. Das hat Ayla zum ersten Mal so richtig nachvollziehen können, als sie im Zuge eines Schulprojekts mit einem ehemaligen Suchtkranken gesprochen hat.

Fairtrade und viele andere Initiativen haben dafür gesorgt, dass Kleinbäuerinnen und -bauern eine Chance haben, ihren Lebensunterhalt mit ihrer Produktion zu bestreiten. Dennoch profitieren nicht alle davon. Der Anbau von Pflanzen für die Drogenherstellung scheint hier einen Ausweg zu bieten. Aber zu welchem Preis?

DAS SOLLTEN SIE SPEICHERN

Durch den **Anbau von Pflanzen für die Drogenherstellung** verdienen die **Bäuerinnen und Bauern** zum ersten Mal viel Geld. Allerdings sind sie damit **Teil eines kriminellen Netzwerkes** – nämlich des internationalen Drogenmarktes.

Der Drogenmarkt ist so eingespielt wie der Weltmarkt für Rohstoffe. Wie in der legalen Wirtschaft gibt es produzierende Unternehmen/Länder, Vertriebssysteme, Marktforschung, Preiskriege und Strategien zur Anlage der riesigen Gewinne.

Diskutieren Sie über die folgenden Filmcover: Welche Vorstellungen rufen sie hervor?

Länder, die im Griff von Drogenkartellen sind, haben die höchsten Mordraten weltweit. Mexikanische Städte sind am schlimmsten betroffen: In Tijuana passieren 105 Morde pro Jahr (pro 100 000 Einwohner/innen!).

psychotrop = die Psyche beeinträchtigend

Dabei darf nicht vergessen werden, dass Drogen ganze Existenzen zerstören, während sich nur wenige daran illegal bereichern. Die **Mitglieder der UNO** haben daher beschlossen, dem internationalen Drogenbusiness gemeinsam entgegenzutreten und koordiniert dagegen vorzugehen. Die **UN-Drogenkonvention** legt die Maßnahmen fest. Dort heißt es unter anderem:

> Jede Vertragspartei trifft geeignete Maßnahmen, um in ihrem Hoheitsgebiet den unerlaubten Anbau von Pflanzen zu verhindern, die Suchtgifte oder psychotrope Stoffe enthalten, wie etwa Opiummohn, Cocastrauch und Cannabispflanze, und um solche in ihrem Hoheitsgebiet unerlaubt angebauten Pflanzen zu vernichten. Bei diesen Maßnahmen sind die grundlegenden Menschenrechte zu achten und die traditionellen, erlaubten Verwendungen, sofern diese historisch belegt sind, sowie der Umweltschutz gebührend zu berücksichtigen.
>
> *Übereinkommen der Vereinten Nationen gegen den unerlaubten Verkehr mit Suchtgiften und psychotropen Stoffen, Artikel 14, Absatz 2 (RIS, Fassung vom 19. September 2023)*

5.1 Der Kokainmarkt in Lateinamerika

Das Kauen von Kokablättern, wie es von Einheimischen in den Ländern Lateinamerikas praktiziert wird, darf nicht mit dem Konsum von Kokain verwechselt werden.

Kolumbien, Peru und Bolivien sind wichtige Anbauländer für den **Kokastrauch.** Die Blätter des Strauchs bilden die Grundlage für die Herstellung von Kokain. In manchen Tälern der Andenstaaten, wo früher Mais, Kakao oder Kaffee angepflanzt wurde, ist der Kokastrauch zu einer Monokultur geworden.

Die Drehscheibe des Kokainhandels ist **Kolumbien,** wo fast die Hälfte des weltweiten Kokains produziert wird.

Notieren Sie pro Absatz drei Begriffe, die Sie als inhaltlich wichtig erachten.

1 ____________
2 ____________
3 ____________

Beispiel: Kolumbien

Von der Subsistenzwirtschaft in Armut zum Kokaanbau in relativem Wohlstand

Die Region Guaviare liegt am Ostabhang der kolumbianischen Anden. Seit den 1950er Jahren dringen hier Siedler/innen ein, roden den Urwald und beginnen mit dem Anbau von Mais, Yucca, Kochbananen und Kakao. Bis in die 1970er Jahre herrschte in den kleinen Familienbetrieben Subsistenzwirtschaft (Selbstversorgung) vor.

1 ____________
2 ____________
3 ____________

In den 1970er Jahren tauchten in der Region Piloten auf, die Anleitungen zum Anbau von Marihuana samt den Samen unter den Bauern verteilten. Sie holten die Ernte ab und zahlten zudem gute Preise. In nur zwei Jahren verdrängte das Marihuana einen Großteil des herkömmlichen Anbaus. 1978 wurde durch dieselben Leute, die zuvor die Marihuanasamen verteilt hatten, der Kokaanbau eingeführt. Die Kokasamen wurden gratis verteilt, Verarbeitung, Weiterverkauf und Festsetzung der Preise lagen aber in den Händen der Händler, die auf ihr Monopol sorgsam achteten.

1 ____________
2 ____________
3 ____________

Die Wirtschaft der Region stellte sich völlig um. Grundnahrungsmittel mussten nun eingeführt werden, darüber hinaus auch die Chemikalien für die Verarbeitung der Kokablätter. Allgemeiner Wohlstand breitete sich aus. Immer mehr Geschäfte, die Güter des gehobenen Bedarfs anboten, siedelten sich an. War die Region zuvor von den Zentren Kolumbiens völlig abgeschnitten, fahren jetzt 30–40 Autobusse täglich nach Bogotá, Cali und Medellín.

Die enormen Gewinne aus dem illegalen Drogenhandel fließen in Kolumbien, Bolivien und Peru vorwiegend in folgende Bereiche:

Ein großer Teil der Gewinne fließt auch an Händler/innen in den Zielländern der Drogen, z. B. in den USA.

Durch diese Investitionen erhöht sich auch das Bruttoinlandsprodukt. Es wirkt, als ob die betreffenden Länder wirtschaftlich erfolgreich sind, doch die **Gelder stammen aus illegalen Tätigkeiten** und die sozialen und politischen Folgen sind verheerend.

DAS SOLLTEN SIE SPEICHERN

Die großen Drogenhändler/innen werden zwar verfolgt, aber selten erwischt. Daher setzt die Antidrogenbekämpfung an der Basis an, und zwar bei jenen, die die Rohstoffe liefern, also Kleinbauern und -bäuerinnen. Sie werden kriminalisiert und vertrieben.

Pablo Escobar war ein kolumbianischer Drogenboss und Terrorist. Er gab sich gern als Beschützer der Armen aus, während er das Land ins Chaos stürzte. Er wurde 1993 erschossen.

Bolivien: Regulierung statt Kriminalisierung?

In Bolivien ist der Anbau des Kokastrauches in manchen Regionen erlaubt. Dadurch werden die Einnahmen der Kleinbauern gesichert, was wiederum die Macht der Drogenbosse einschränkt. Begründet wird dieser Schritt auch damit, dass Koka einen festen Platz in der Tradition Boliviens hat und z. B. für medizinische Zwecke verwendet wird.

In der **UN-Drogenkonvention** hat Bolivien daher einen **Vorbehalt** formuliert, der in der gültigen Fassung in folgendem Wortlaut aufscheint:

der Vorbehalt = Bedingung

Boliviens Rechtssystem anerkennt die althergebrachte Tradition des erlaubten Gebrauchs des Kokablatts, die für einen Großteil der bolivianischen Bevölkerung über Jahrhunderte zurückreicht. Bei Formulierung dieses Vorbehalts geht Bolivien u. a. von folgenden Überlegungen aus:

- das Kokablatt ist an und für sich weder ein Suchtgift noch eine psychotrope Substanz;
- das Kokablatt wird vielfach für medizinische Zwecke in der traditionellen Medizin eingesetzt, deren Gültigkeit von der WHO bestätigt und durch wissenschaftliche Erkenntnisse untermauert wird;
- das Kokablatt kann für Industriezwecke verwendet werden;
- das Kokablatt wird in Bolivien vielfach verwendet und gebraucht, mit dem Ergebnis, dass ein Großteil der Bevölkerung Boliviens als Verbrecher angesehen und dementsprechend bestraft werden könnte.

Zugleich wird die Republik Bolivien weiterhin alle erforderlichen gesetzlichen Maßnahmen ergreifen, um den illegalen Anbau von Koka zur Herstellung von Suchtgiften wie auch den unerlaubten Genuss, Gebrauch und Verkauf von Suchtgiften und psychotropen Substanzen zu kontrollieren.

Übereinkommen der Vereinten Nationen gegen den unerlaubten Verkehr mit Suchtgiften und psychotropen Stoffen (RIS, Fassung vom 19. September 2023, gekürzt)

Getrocknete Kokablätter

5.2 Opium und Heroin aus Afghanistan

Afghanistan in Zahlen

- Bevölkerung: 40,1 Mio.
- Lebenserwartung: 53,3 Jahre
- Fruchtbarkeitsrate: 4,7
- BIP/Kopf KKP: 1.666 USD
- HDI: 0,478
- Anteil Frauen an Erwerbspersonen: 20,2 % (2015)

WKO Länderprofile, April 2023

Afghanistan zählt zu den bedeutendsten Produzenten von Opium und Heroin. Laut einem Bericht des Büros der Vereinten Nationen für Drogen- und Verbrechensbekämpfung (UNODC) wurde 2021 auf rund 233 000 ha Fläche Schlafmohn angebaut, die Grundlage für Opium.

Schlafmohn, Opium, Heroin? Eine kurze Begriffserklärung

Wie das Kokablatt die Grundlage für die Herstellung von Kokain ist, so ist der **Schlafmohn** die Basis für Opium und Heroin. Zunächst werden die schon dick angeschwollenen, aber noch grünen Mohnkapseln in den Abendstunden stellenweise angeritzt. In den folgenden Morgenstunden wird der getrocknete, braun verfärbte Milchsaft – das **Rohopium** – durch Abschaben gewonnen.

Es enthält unter anderem **Morphin,** eine wichtige Grundlage für die Herstellung von starken Schmerzmitteln. Diese unterliegen dem Betäubungsmittelgesetz und werden nur bei schwersten Erkrankungen eingesetzt. **Heroin** wird synthetisch aus dem Mohninhaltsstoff Morphin hergestellt, ist aber selbst nicht im Mohn enthalten. Es gelangt schneller ins Gehirn als Morphin.

synthetisch = chemisch, künstlich

Taliban – zentrale Akteure im afghanischen Drogennetzwerk

Während des **Afghanistan-Krieges zwischen 2001 und 2021** zählten die Taliban zu den größten Profiteuren des Drogenhandels. Er war eine wichtige Finanzierungsquelle terroristischer Aktivitäten. Die USA und die NATO-Staaten unterstützten in dieser Zeit Landwirte finanziell für den Anbau von Weizen oder Safran – allerdings mit mäßigem Erfolg, da der Opiumanbau weitaus gewinnbringender war.

die Taliban = radikalislamische Terrororganisation in Afghanistan, die im Jahr 2021 wieder die Macht übernommen hat

Nach dem **Abzug der US-Truppen** aus Afghanistan übernahmen die Taliban wieder die Macht in dem ohnehin krisengeschüttelten Land. Der Schlafmohn-Anbau ist seither wieder verboten:

> Anfang November [Anm.: 2021] müssen afghanische Landwirte entscheiden, ob und in welchem Umfang sie – trotz des Anbauverbots – weiterhin auf Opium setzen. Die Bauern seien aufgrund der derzeit hohen Preise „in der illegalen Opiumwirtschaft gefangen“, heißt es im UNODC-Bericht.
>
> *unric.org (abgerufen am 26. September 2023)*

5.3 Drogen zerstören Leben

Die internationale Gemeinschaft geht mit vereinten Kräften gegen den internationalen Drogenhandel vor. Wer mit Drogen handelt, den erwarten hohe Strafen.

Für den Drogenkonsum gilt in Österreich der Grundsatz „Therapie vor Strafe“. Damit soll das zugrundeliegende Problem gelöst werden. Wer sich den Maßnahmen allerdings entzieht, der wird strafrechtlich verfolgt.

DAS SOLLTEN SIE SPEICHERN

In Österreich ist jegliche Handlung in Zusammenhang mit illegalen Drogen verboten und wird mit einer Geld- oder Freiheitsstrafe geahndet. Die genauen Bestimmungen finden Sie im **Suchtmittelgesetz** (SMG § 27).

Arbeitsaufgaben – „Internationaler Drogenhandel“

1. In manchen Ländern ist der Drogenanbau und -handel – trotz Illegalität – ein Wirtschaftsfaktor. Fassen Sie die Gründe dafür zusammen.
2. Ergänzen Sie mithilfe der Karte die fehlenden Elemente.

Nr. oder Buchstabe	Region oder regionale Bezeichnung	Nr. oder Buchstabe	Region oder regionale Bezeichnung
	Drogenhauptkonsumgebiete	▲	**Hauptanbaugebiete**
1			Goldenes Dreieck (Grenzgebiet Laos, Thailand, Myanmar)
2			Goldener Halbmond (Grenzgebiet Pakistan, Afghanistan)
←	**Hauptrouten des Drogenhandels**	C	
	Afghanistan–Iran–Türkei–Europa	D	
	Afghanistan–GUS-Staaten–Europa	E	
	Kolumbien–Mittelamerika–USA	F	
	Peru–USA		
	Kolumbien–Karibik–USA		**Laboratorien**
		1	
■	**Handelsdrehscheiben**	2	
	Golf von Guinea (Nigeria)		
	Russland (Ural)		

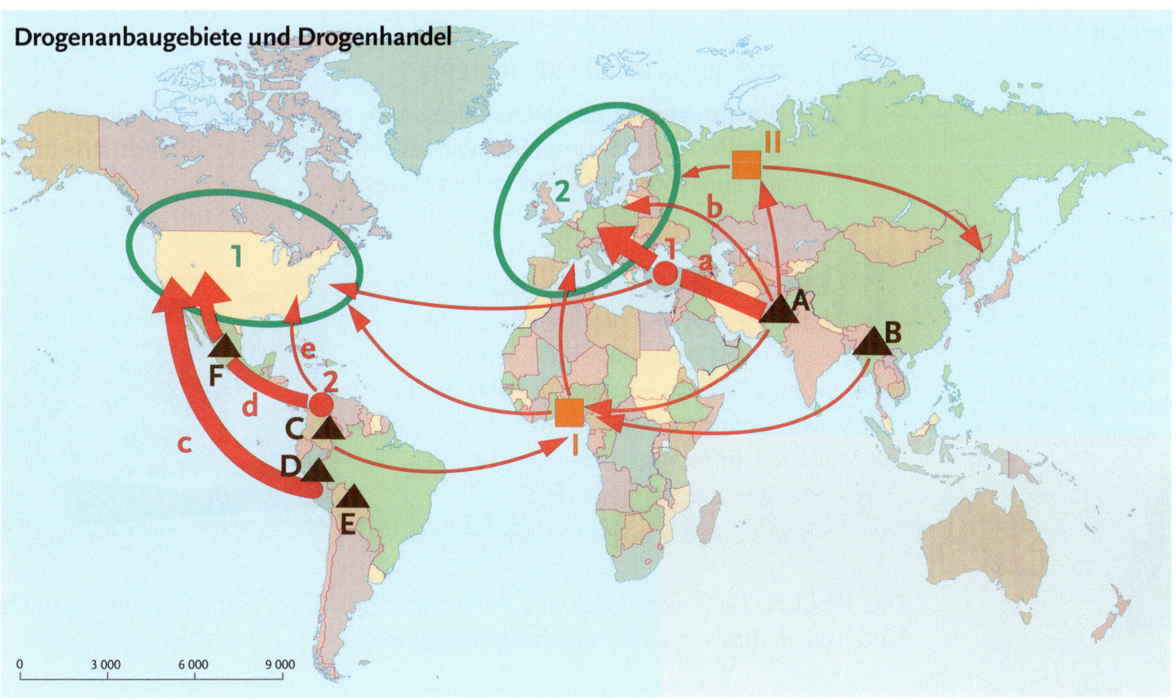

GUS = Gemeinschaft Unabhängiger Staaten; Zusammenschluss von Staaten der ehemaligen Sowjetunion; im 21. Jahrhundert hat die GUS an Bedeutung verloren, Gipfeltreffen finden aber immer noch statt

3. Der ehemalige bolivianische Präsident Evo Morales begründete die Legalisierung des Kokaanbaus unter anderem mit folgendem Satz:

„Koka ist nicht Kokain. Deshalb ist der Kokaproduzent kein Drogenhändler und der Kokakonsument kein Drogenabhängiger."

Beziehen Sie Stellung zu dieser Aussage. Was meint er damit?

6 Welternährung – ein Blick in die Zukunft

„43 Millionen Menschen leiden in Afrika an Hunger. Durch die Corona-Pandemie und den Krieg in der Ukraine wird sich diese Zahl noch erhöhen." Diese Schlagzeile hat Peter gerade erst in der Zeitung gelesen, und jetzt schlendert er durch die vollen Regale des Supermarkts. „Wie kann das nur sein?", denkt er sich. „Wir leben im Überfluss, während Menschen verhungern."

Diskutieren Sie darüber, wie die Corona-Pandemie und der Krieg in der Ukraine dazu beigetragen haben, dass sich die Hungerkrise verschlimmert.

Die **Beendigung des Hungers** auf der Welt ist eines der zentralen Themen der **UN-Entwicklungsziele.** Die Vereinten Nationen schätzen, dass ein Zehntel der Weltbevölkerung (ungefähr 800 Mio. Menschen) hungern, obwohl die Landwirtschaft genug Nahrungsmittel produziert.

Bis 2030 soll kein Mensch auf der Welt mehr unter ständigem Hunger leiden müssen. Das ist eines der Ziele der Sustainable Development Goals der UN.

Schon jetzt gibt es viele Trends und Gefahren für die Landwirtschaft der Zukunft. Teilweise sind diese auch widersprüchlich.

DAS SOLLTEN SIE SPEICHERN

Die **industrielle Landwirtschaft** sowie Nahrungsmittelproduktion schaffen ein **Überangebot.** Dieses trifft in den reichen **Industriestaaten** auf einen **verschwenderischen Umgang.**

Beispiel: Lebensmittelverschwendung

Ein Drittel der weltweit produzierten Nahrungsmittel wird nicht gegessen, verursacht aber bis zu zehn Prozent der globalen Treibhausgasemissionen. Allein in der EU gehen 88 Millionen Tonnen an Lebensmitteln verloren oder werden weggeworfen.

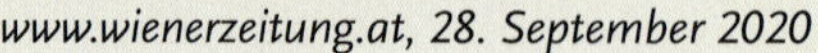

www.wienerzeitung.at, 28. September 2020

Das Problem zieht sich durch alle Bereiche: Produktion, Handel und private Haushalte tragen ihren Teil zur Verschwendung bei.

Warum wirft man so viel weg, wenn doch in anderen Teilen der Welt Menschen verhungern?

Lebensmittelverschwendung

Produktion und Handel	Haushalte

Bäuerinnen und Bauern ackern beispielsweise Teile ihrer Ernte, die aufgrund zu niedriger Preise nicht verkauft werden kann, ein. Auch im Handel bleiben Obst und Gemüse am Ende des Tages oft liegen, da sie nicht den Kundenwünschen entsprechen. Die Kundinnen und Kunden erwarten zudem den ganzen Tag ein vollständiges Angebot. Einige Waren verderben, bevor sie gegessen werden. Die Supermärkte vernichten Waren, die nicht verkauft worden sind.	Auch Haushalte werfen Lebensmittel weg:

Ergänzen Sie in der rechten Spalte („Haushalte") Gründe für die Verschwendung von Lebensmitteln in Haushalten.

Arbeitsaufgaben – „Welternährung – ein Blick in die Zukunft"

1. Sie sehen hier acht Entwicklungen, die sich auf die Welternährung auswirken.
   - **a)** Geben Sie den einzelnen Punkten passende Überschriften. Notieren Sie diese neben dem Bild.
   - **b)** Geben Sie an, welche Entwicklungen tendenziell positiv oder negativ zu sehen sind.
   - **c)** Beurteilen Sie, welche Entwicklungen sich gegenseitig beeinflussen könnten.

In Zukunft ist mit mehr Wetterkatastrophen wie Überschwemmungen, Wirbelstürmen, aber auch ausgedehnten Dürreperioden zu rechnen. Wegen der folgenden Ernteausfälle sind weniger Lebensmittel vorhanden und die Preise steigen.

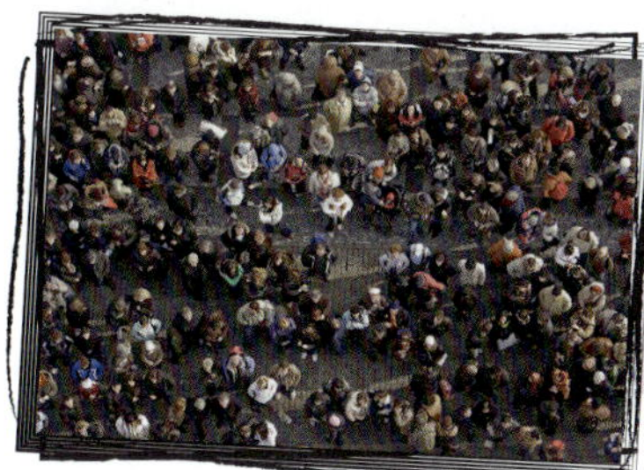

2060 werden wahrscheinlich über zehn Mrd. Menschen auf der Erde leben. Dadurch steigt die Nachfrage nach Lebensmitteln und die Preise werden höher.

Auf immer mehr landwirtschaftlichen Flächen werden Pflanzen wie Mais, Raps, Zuckerrohr und Soja angebaut, aus denen anschließend Biokraftstoffe als Alternative zum Erdöl hergestellt werden.

In Entwicklungs- und Schwellenländern wie China steigt mit zunehmendem Wohlstand der Bedarf an Fleisch. Für die Produktion von 1 kg Fleisch benötigt man im Durchschnitt 8 kg Getreide als Viehfutter.

In reicheren Ländern gibt es einen Trend zu einem bewussteren Umgang mit Lebensmitteln. Bio-Lebensmittel, vegetarische und vegane Kost sowie gesünderes Essen sind in Mode. Der Fleischkonsum gilt hingegen als nicht nachhaltig. Auch alternative Nahrungsquellen wie Insekten oder Algen sollen den steigenden Nahrungsmittelbedarf decken.

Angesichts der Nahrungsmittelkrise fordern einige Expertinnen und Experten eine Neuausrichtung der globalen Landwirtschaft. Konkret fordern sie eine Rückkehr zu traditionellen Anbaumethoden im Einklang mit der Natur – mit herkömmlichen Produktionsweisen, traditionellem Saatgut und natürlichem Dünger.

Viele Böden sind durch die Abholzung von Wäldern, Überweidung, falsche Bewässerung und zu intensive Bewirtschaftung ruiniert, sodass der Ertrag nur noch sehr gering ist.

Mit neuem Saatgut, das beispielsweise an trockeneres Klima oder Schädlinge angepasst ist, können die Erträge gesteigert werden. Dafür wird von vielen Unternehmen auch auf gentechnisch veränderte Pflanzen gesetzt. Zudem wird mithilfe von neuen Maschinen wie Drohnen, ferngesteuerten Traktoren, Melkmaschinen etc. der Ertrag auf den Flächen gesteigert. Allerdings erhöhen sich dadurch auch die eingesetzten Kosten, die sich nur noch große Betriebe leisten können.

2. Ordnen Sie folgende Aussagen den Kategorien „Richtig" oder „Falsch" zu.

Aussagen	Richtig	Falsch
Die hohen Nahrungsmittelpreise werden durch den steigenden Bedarf an Biosprit verursacht.	◯	◯
Durch den vermehrten Konsum von Fleisch sinken die Nahrungsmittelpreise wieder.	◯	◯
Eine steigende Weltbevölkerung führt zu größerer Nachfrage an Nahrungsmitteln. Deshalb müssen die Preise sinken.	◯	◯
Zuckerrohr und Mais werden immer öfter für die Gewinnung von Biosprit verwendet.	◯	◯
Technische Hilfsmittel wie Gentechnik und der Einsatz von Drohnen sind eine Chance für Kleinbäuerinnen und -bauern.	◯	◯
Die landwirtschaftliche Nutzung ist für viele Böden zu viel.	◯	◯
Ein Umdenken bei den Essgewohnheiten ist für eine nachhaltige Landwirtschaft notwendig.	◯	◯
In China wird immer mehr Fleisch gegessen.	◯	◯
Die Nachfrage nach Biosprit sinkt, da Erdöl immer billiger wird.	◯	◯

3. Diskutieren Sie in der Klasse, wie wir in der sogenannten „Ersten Welt" zur Vermeidung einer Lebensmittelkrise beitragen könnten. Gestalten Sie ein Plakat mit Maßnahmen, die sich in der Diskussion herauskristallisiert haben.

4. Die folgende Liste soll jene Staaten aufzählen, in denen mindestens ein Viertel der Bevölkerung unterernährt ist. Doch sie ist fehlerhaft. Ermitteln Sie mithilfe der Karte, welche Länder in der Liste falsch sind. Streichen Sie diese durch.

Indien – Australien – Mosambik – Mexiko – Tansania – Sierra Leone – Namibia – Tschad – Madagaskar – Afghanistan – Nordkorea – Kasachstan – Kongo – Liberia – Tunesien – Venezuela – Brasilien – Haiti

Unterernährte Bevölkerung in Prozent, 2020

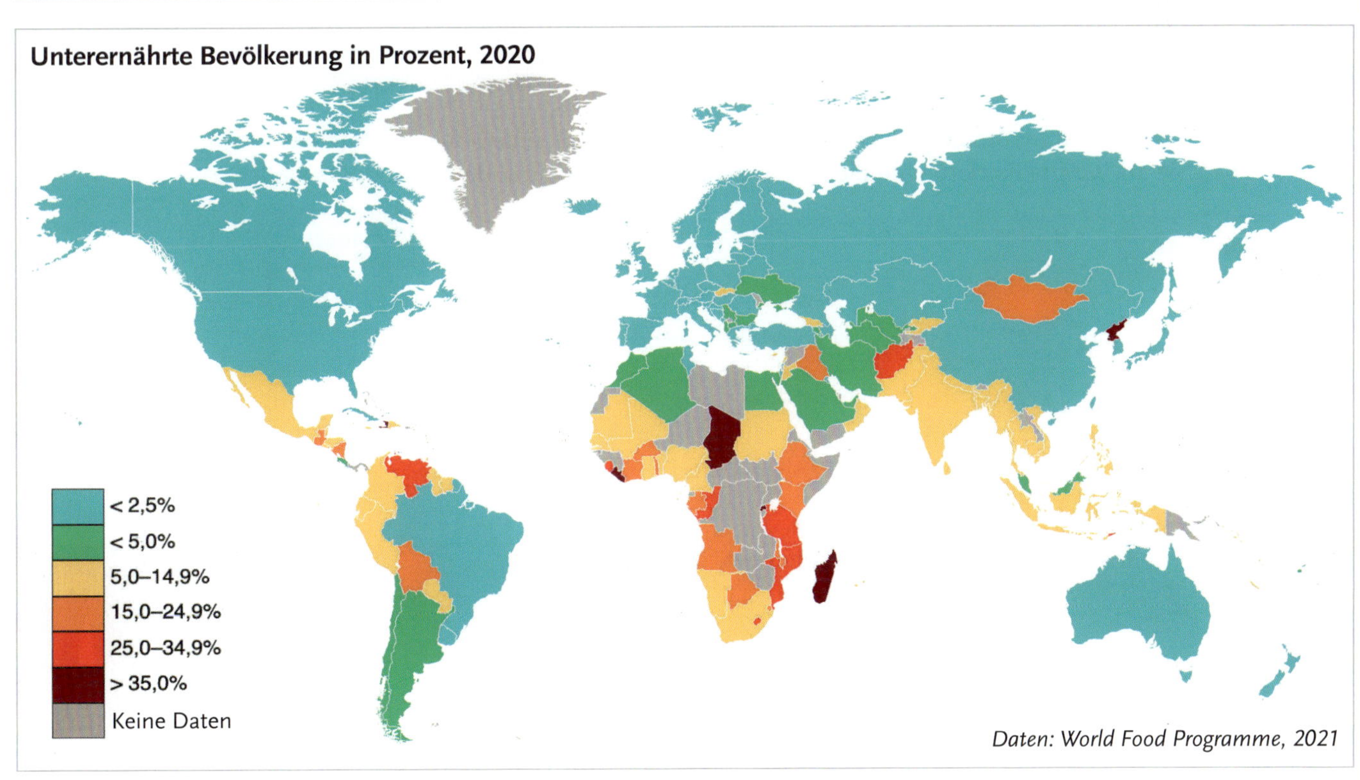

Daten: World Food Programme, 2021

WortschatzBox – „Arme Bauern, reiche Konzerne – Landwirtschaft im Süden“

- Ordnen Sie den einzelnen Begriffen die Erklärungen zu.

Subsistenzwirtschaft – Cash Crops – Food Crops – Monokultur – Fair Trade – Nomadismus – Wildbeuter – Mischkultur – Landgrabbing

Erklärung	Fachbegriff
Feldfrüchte, die für den Export angebaut werden	
Anbau einer einzigen Feldfrucht auf großen Flächen mit ökologisch oft nachteiligen Folgen	
Lebens- und Wirtschaftsform, in der die Menschen mit ihrem Besitz von einem Ort zum anderen wandern	
Anbau unterschiedlicher Feldfrüchte auf einem Feld, um die einseitige Beanspruchung des Bodens zu verhindern	
Form des Handels, bei der v. a. landwirtschaftliche Produkte direkt von Kleinbäuerinnen und -bauern aus den Ländern des Südens gekauft werden	
Kauf von großen landwirtschaftlichen Flächen durch Staaten oder globale Konzerne aus dem Ausland	
Wirtschaftsform, bei der nur das erzeugt wird, was man zum Leben braucht (Selbstversorgungswirtschaft)	
Feldfrüchte, die für den Eigenbedarf angebaut werden	
Wirtschaftsform, bei der kein Ackerbau betrieben wird, sondern die durch Jagen und Sammeln gekennzeichnet ist	

Ziele erreicht? – „Arme Bauern, reiche Konzerne – Landwirtschaft im Süden“

1. Die Landwirtschaft ist von unterschiedlichen Interessen geprägt. Sie sehen hier vier Interessensgruppen. Geben Sie an, welche Forderungen diese an die Landwirtschaft bzw. deren Produkte stellen.

Konzerne

Kleinbäuerinnen und -bauern

Konsumentinnen und Konsumenten

Indigene

2. Sie sehen hier Merkmale der traditionellen Landwirtschaft von Kleinbäuerinnen und -bauern sowie der industrialisierten Landwirtschaft. Ordnen Sie die Merkmale der passenden Form zu.

Anbau von Food Crops ⟹ Monokulturen ⟹ Mischkulturen ⟹ Großgrundbesitzer/innen ⟹ Subsistenzwirtschaft ⟹ Hauptsächlich für den Export ⟹ Fairtrade ⟹ Anbau von Cash Crops ⟹ Krisenanfällig

Traditionelle Landwirtschaft	Industrialisierte Landwirtschaft

3. Nennen Sie mindestens vier Kriterien, die für eine Fairtrade-Zertifizierung erfüllt werden müssen.

4. Sprachreif!?

Wie gut Sie Inhalte verstanden haben, zeigt sich oft daran, ob Sie mit anderen darüber sprechen können und ob Sie Standpunkte vertreten können. Probieren Sie es aus!

Überlegen Sie sich zuerst, ob Sie den Aussagen voll, teilweise oder gar nicht zustimmen. Vergleichen Sie Ihre Meinungen in der Klasse, zum Beispiel mit simplen Handzeichen. Diskutieren Sie dann über unterschiedliche Ansichten. Achten Sie auf eine wertschätzende und konstruktive Diskussionskultur.

„Man sollte ausschließlich Fairtradeprodukte kaufen, um die Bäuerinnen und Bauern im Süden zu unterstützen."

„Man darf Kokabauern nicht für den Missbrauch von Drogen im reichen Norden bestrafen."

„Entwicklungsländer sollten Agrarprodukte nicht exportieren, sondern nur den Anbau von Nahrungsmitteln für die eigene Bevölkerung fördern."

„Markenschutz von Produkten aus Entwicklungsländern wie z. B. für den äthiopischen Kaffee würde vielen Entwicklungsländern helfen."

„Industrieller Fischfang sollte verboten werden."

„Ein höherer Kaffeepreis würde vielen Bäuerinnen und Bauern im Süden helfen."

Einen interaktiven Safety-Check finden Sie in der TRAUNER-DigiBox.

Bergbau als Entwicklungsmöglichkeit?

Neben der Landwirtschaft spielt auch der Bergbau eine große Rolle in den Ländern des Südens. Gibt es in einem Land viele Rohstoffe, so folgt daraus aber nicht automatisch Wohlstand. Das ist angesichts der Tatsache, dass die Industrie viele dieser Rohstoffe benötigt, schon verwunderlich.

Letztendlich ist es aber – ähnlich wie in der Landwirtschaft – eine Frage der Besitzverhältnisse. Auch im Bergbau stehen ausländische Konzerne an der Spitze, während die lokale Bevölkerung vom Reichtum kaum profitiert.

Meine Ziele

Nach Bearbeitung dieses Kapitels kann ich

- positive und negative Beispiele von afrikanischen Rohstoffökonomien aufzählen und beschreiben;
- erklären, warum Rohstoffreichtum nicht automatisch zu Wohlstand führt;
- die Folgen des Bergbaus für Mensch und Umwelt analysieren.

1 Rohstoffe – Grundlage für Reichtum?

Ayla hat kürzlich einen Bericht über Dubai gelesen. Viele Influencer/innen leben dort und vermitteln den Eindruck einer heilen Welt. Das Erdöl hat die Vereinigten Arabischen Emirate reich gemacht, doch wie sieht es außerhalb der großen Städte aus? Ayla fragt sich, ob alle Menschen vom Rohstoffreichtum profitieren.

Viele Entwicklungsländer verfügen über Metalle, Erdöl, Erdgas, Diamanten und andere mineralische Rohstoffe. Einnahmen aus dem Verkauf von Rohstoffen könnten die Basis wirtschaftlichen Aufschwungs sein. Doch die Wirklichkeit sieht anders aus. Die meisten Entwicklungsländer bleiben arm.

Folgende **Probleme** können dafür verantwortlich sein:

Korruption und Misswirtschaft

Die Erlöse aus den Rohstoffexporten werden zur **Abdeckung von Staatsschulden** oder für **private Bedürfnisse** einzelner Politiker/innen genützt. Dieses Geld fehlt dann für notwendige Investitionen in die Infrastruktur. Darüber hinaus sind viele Regierungen in diesen Ländern korrupt: Sie arbeiten oft im Interesse der internationalen Konzerne und nicht im Interesse des Volkes.

die Korruption = Bestechlichkeit, Käuflichkeit

der Export = Verkauf von Waren ins Ausland

Finanzierung von Bürgerkriegen

Erlöse werden zur Finanzierung von Bürgerkriegen verwendet. Vor allem der Verkauf von Diamanten wird dazu genutzt. Man nennt sie auch **„Blutdiamanten“**, da mit den Erlösen viele Waffen gekauft werden konnten. Tausende Menschen kamen in Kriegswirren um.

Der Bergbau ist Teil des primären Sektors, die Verarbeitung der geförderten Rohstoffe gehört zum sekundären Sektor.

Schmuggel und Schwarzmarkt

Ein weiteres Problem ist der Schmuggel. So werden z. B. Diamanten aus der Demokratischen Republik Kongo nach Südafrika geschmuggelt. Im Gegenzug werden Luxusautos, Medikamente und hochwertige Nahrungsmittel beschafft. Durch den Schmuggel entgehen den Staaten wichtige **Steuereinnahmen,** mit denen Investitionen getätigt werden könnten.

Bergbau schafft nur wenige Arbeitsplätze

Die Rohstoffe werden von den ausländischen Konzernen meistens unverarbeitet außer Landes geschafft. Es entsteht **keine Industrie im eigenen Land,** welche die Rohstoffe direkt weiterverarbeitet.

2 Fluch und Segen der Bodenschätze

Auf den folgenden Seiten lernen Sie unterschiedliche Länder kennen, die eines gemeinsam haben: Sie sind reich an Rohstoffen. Doch je nach Ausgangslage entpuppte sich dieser Reichtum als Fluch oder Segen.

DAS SOLLTEN SIE SPEICHERN

Länder, deren Wirtschaft stark auf der **Förderung von Rohstoffen** basiert, haben oft ein **vergleichsweise hohes Bruttoinlandsprodukt.** Dennoch ist die **Bevölkerung** in weiten Teilen arm und profitiert nicht vom Reichtum. Der Grund ist oft **Korruption.**

Das **Bruttoinlandsprodukt** gibt den Wert aller Güter und Dienstleistungen an, die innerhalb eines Landes erzeugt worden sind (Abkürzung: **BIP**). Es sagt aber wenig über den Wohlstand aus. Der **Human Development Index** (Abkürzung: **HDI**) hilft hier weiter, denn er berücksichtigt z. B. auch den Bildungsgrad. Länder werden auf einer Skala von 0 (schlechtester Wert) bis 1 (bester Wert) eingereiht.

2.1 Afrika – zwischen Rohstoffreichtum und Bürgerkrieg

Afrika ist ein wichtiger Lieferant zahlreicher **Erze** und **Mineralien.** Die weit verstreuten Lagerstätten wurden im 19. Jahrhundert von Großbritannien und Frankreich wirtschaftlich nutzbar gemacht. Nach der **Unabhängigkeit** der afrikanischen Kolonien gelangten die Lagerstätten oft in Staatsbesitz. Heute sind die meisten privatisiert und gehören ausländischen Konzernen.

Wirtschaftspartner China

China ist ein wichtiger Wirtschaftspartner für die Länder Afrikas. Das Interesse an günstigen Rohstoffen wird größer, da die chinesische Wirtschaft wächst. Erdöl, Eisenerz, Gold und Kupfer sind die Basis für viele Industriezweige. Deshalb investiert China enorme Summen in afrikanische Länder, unter anderem in folgende Bereiche der Infrastruktur:

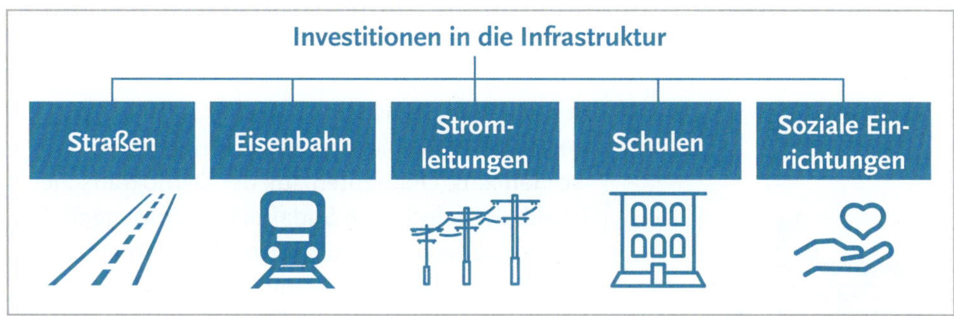

Beispiel: Bahnstrecken in Ostafrika

Afrikas Staaten suchen Anschluss zueinander und investieren mit großer finanzieller Unterstützung von China in neue Bahnstrecken. Die alten kolonialen Bahnstrecken führten nur von den Bergwerken oder Plantagen zur Küste, um den raschen Abtransport zu ermöglichen. Zwischen der kenianischen Hafenstadt Mombasa und der Hauptstadt Nairobi verkehrt auf einer Strecke von 700 km heute bereits ein Hochleistungszug.

Arbeitsaufgaben – „Afrikas Rohstoffe“

1. Definieren Sie den Begriff Korruption. Ergänzen Sie dazu den Satzanfang.
   Korruption bedeutet, dass ______________________

2. Erklären Sie, warum China ein derart großes Interesse an den Rohstoffen Afrikas hat.

2.1.1 Demokratische Republik Kongo – Armut trotz Rohstoffen

Eigentlich wäre die Demokratische Republik Kongo einer der reichsten Staaten Afrikas. Neben Gold und Diamanten gibt es Kupfer, Zinn, Uran, Kobalt und vor allem Coltan, das für die Handyerzeugung sehr wichtig ist. Im Osten des Landes boomt der Bergbau. Dennoch ist der Rohstoffreichtum für den Staat und große Teile der Bevölkerung ein Fluch.

DAS SOLLTEN SIE SPEICHERN

Lokale Unternehmen exportieren, besser gesagt, **schmuggeln** die Rohstoffe nach Ruanda und Uganda. Die Einnahmen aus dem Bergbau im Osten werden somit **nicht versteuert,** sondern finanzieren u. a. **Rebellentruppen.**

Rohstoffreichtum DR Kongo

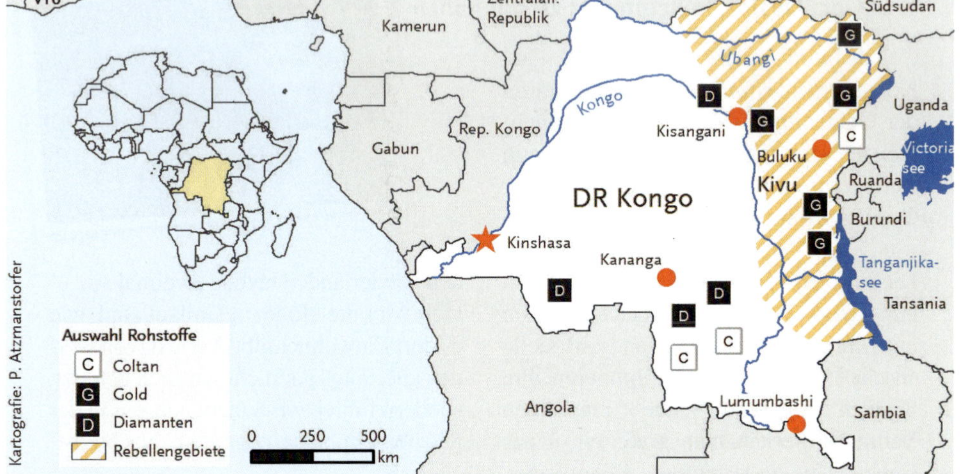

Beschreiben Sie die nebenstehende Karte. Was fällt auf?

Neben den lokalen Händlern streiten sich auch internationale Konzerne um die Schürfrechte. Während des Bürgerkrieges (1996–2006) haben verschiedene Rebellengruppen Schürfrechte vergeben. Oft versprachen mehrere Rebellengruppen unterschiedlichen Unternehmen die Rechte für dasselbe Gebiet.

das Schürfrecht = Recht auf den Abbau von Rohstoffen; schürfen = abbauen

Dies hat wiederholt zu bewaffneten Konflikten geführt. Es profitieren ruandische und ugandische Händler, die die Rohstoffe nach Dubai exportieren, wo sie weiterverarbeitet werden.

Tantal wird aus Coltan gewonnen, dessen Hauptlagerstätte in Zentralafrika liegt. Das Metall ist sehr temperatur- und korrosionsbeständig, deshalb ist es für die Industrie und Mikroelektronik unverzichtbar.

Kinderarbeit in den Minen der DR Kongo

Wie Handys Kriege finanzieren

Ein modernes Mobiltelefon besteht aus bis zu 60 verschiedenen Stoffen. Mindestens 30 davon sind Metalle. Die Demokratische Republik Kongo ist einer der größten Rohstofflieferanten weltweit. Tantal, Kobalt, Wolfram, Zinn und Gold sind einige der Rohstoffe, die für die Herstellung eines Handys benötigt werden. Sie alle werden vorwiegend in dem westafrikanischen Staat gefördert. Doch seit Jahren tobt ein blutiger Bürgerkrieg in dem bevölkerungsreichen Land. Apple, Samsung und Sony werden von Amnesty International in ihrem aktuellen Bericht über Kobalt-Abbau in der DR Kongo kritisiert. Kobalt wird für die Akkus in unseren Handys benötigt. Die Unternehmen kümmert es Amnesty zufolge nicht, ob in ihren Minen Kinder beschäftigt seien. Manche von ihnen sind gerade erst sieben Jahre alt. „Die Edel-Shops und innovativen Marketingkampagnen der Technologiekonzerne stehen im krassen Widerspruch zu dem Bild von Steine schleppenden Kindern und Minenarbeitern, die sich durch enge, handgegrabene Schächte winden und dabei ihre Lungen ruinieren“, sagt Mark Dummett, Forscher für Wirtschaft und Menschenrechte bei Amnesty International.

www.diepresse.com, 23. November 2021, gekürzt

Berggorillas – bedrohter Lebensraum

In der Demokratischen Republik Kongo liegen zwei wichtige Lebensräume für Berggorillas: Der Kahuzi-Biéga-Nationalpark sowie der Virunga-Nationalpark. Illegaler Bergbau führt dazu, dass diese Lebensräume bedroht sind, obwohl sie unter Schutz stehen.

Muss es wirklich immer das neueste Handymodell sein?

Was Gorillas mit Smartphones zu tun haben

Coltan wird unter anderem im Ost-Kongo geschürft, mitten im Lebensraum der Grauergorillas. So hängt die zunehmende Nachfrage nach Handys hier in Europa direkt mit der Bedrohung dieser Gorillas zusammen.

Die meisten Menschen haben keine Ahnung, dass es den Gorillas schadet, wenn man immer wieder neue Handy-Modelle anschafft. Die Anbieter stimulieren ihre Kunden auch dazu: Schließt man einen Vertrag ab, erhält man gratis ein neues Handy dazu. So kommt es, dass etwa in den Niederlanden bereits zweimal so viele Mobiltelefone im Umlauf sind, wie es dort Einwohner gibt. Viele davon werden allerdings gar nicht wirklich benutzt, sondern führen ein Schattendasein in der Küchenschublade oder dem Nachtkästchen.

www.berggorilla.org, 2. März 2022, gekürzt

Arbeitsaufgaben – „DR Kongo – Armut trotz Reichtum“

1. Erklären Sie, warum es in der DR Kongo in den Rohstoffgebieten zu Bürgerkriegen kommt.
2. Alte Handys können auch recycelt werden. Die enthaltenen Metalle können dann wiederverwendet werden. Recherchieren Sie, wo Sie Ihr altes Handy hinbringen können, damit es recycelt wird.

3. Nehmen Sie Stellung zu folgender Aussage:

Positionieren Sie sich zunächst: Stimmen Sie zu oder nicht? Finden Sie dann mindestens ein Argument für Ihre Position.

2.1.2 Botsuana – eine Erfolgsgeschichte?

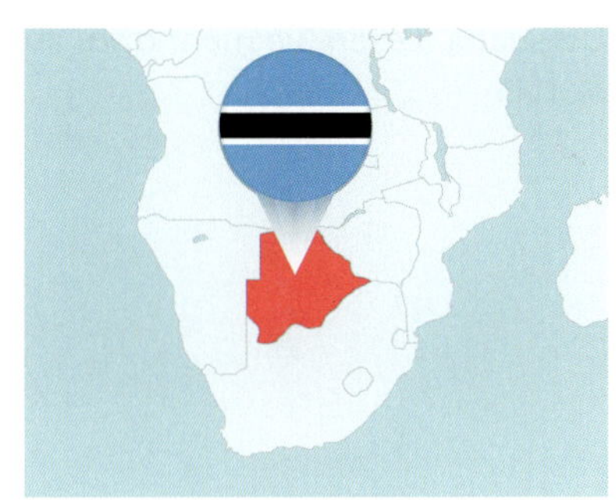

Botsuana zählt zu den reichsten Staaten Afrikas. Das hohe **Wirtschaftswachstum** der letzten Jahrzehnte wurde vor allem durch den **Abbau von Diamanten** ermöglicht.

Circa zwei Drittel der Export- und Staatseinnahmen beruhen auf den Aktivitäten des Diamantensektors. Ein Jahr nach der Unabhängigkeit Botsuanas 1966 entdeckte man in der **Kalahari** die ersten Diamanten. Der Abbau der Edelsteine ermöglichte dem damals bitterarmen Land einen rasanten wirtschaftlichen Aufschwung.

Der Rohstoffreichtum führte aber nicht zu einer Bereicherung einer schmalen Oberschicht, sondern kam tatsächlich dem ganzen Staat zugute:

DAS SOLLTEN SIE SPEICHERN

Eine **geschickte Verteilungspolitik** und eine **geringe Korruption** machten Botsuana zu einem Vorbild in Afrika: ein **nahezu schuldenfreies Land** mit konstantem **Wirtschaftswachstum.**

die Verteilungspolitik = alle wirtschaftspolitischen Maßnahmen, die sich mit der Umverteilung von Einkommen und Vermögen beschäftigen, z. B. Einkommenszuschüsse, Steuernachlässe etc

Wie kann ein Rohstoffland reich werden?

Zunächst investierte der Staat in das **Bildungs- und Gesundheitswesen.** Schulbesuch und medizinische Versorgung sind gratis.

Die gute Ausbildung eines Großteils der Bevölkerung hatte positive Auswirkungen auf das Wirtschaftswachstum. Moderne Technologien konnten problemlos eingesetzt werden. Neue, hochwertige **Arbeitsplätze** für Einheimische entstanden.

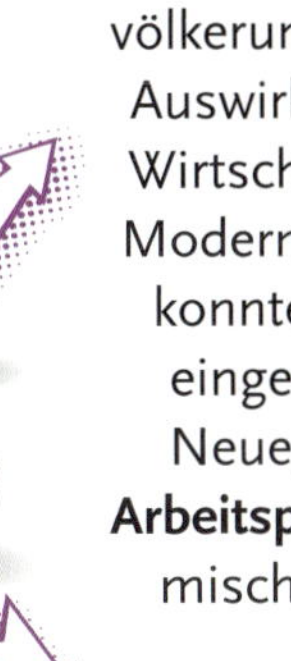

Auch in die übrige **Versorgungsinfrastruktur** wurde investiert: So haben fast alle Bewohner/innen Botsuanas (v. a. in den Städten) Zugang zu sauberem Trinkwasser, was in Afrika keine Selbstverständlichkeit ist.

Seit einigen Jahren baut man in Botsuana **Diamantenschleifereien,** um die Rohdiamanten im Lande zu verarbeiten. Auch dadurch wurden neue Arbeitsplätze geschaffen. Bis vor Kurzem wurden alle Rohdiamanten außer Landes gebracht und im Ausland geschliffen. Nach wie vor wird allerdings der Großteil der Diamanten in Indien verarbeitet.

Schließlich funktioniert das **Rechtssystem.** Privateigentum wird geschützt. Private Investitionen können daher ohne Risiko getätigt werden.

Im Regierungsviertel in Gaborone, der Hauptstadt Botsuanas, vermitteln moderne Gebäude den Eindruck von Wohlstand

Diamanten werden oft im Tagebau gewonnen. Beim Tagebau wird der Rohstoff an der Erdoberfläche gewonnen, ohne dass Stollen in einen Berg geschlagen werden müssen

Das Volk der San lebt in Botsuana. Lesen Sie mehr dazu ab S. 150.

Trotz allem gibt es Schattenseiten:

Die **einseitige Abhängigkeit** vom Diamantenabbau konnte noch nicht verringert werden.

Die **Preise** für Diamanten **schwanken** stark, dadurch sind genaue Planungen oft schwierig. Langfristig rechnet man eher mit einem Preisrückgang.

Die **ländliche Bevölkerung** lebt nach wie vor in **Armut.**

Arbeitsaufgabe – „Botsuana – eine Erfolgsgeschichte?"

- Ergänzen Sie die „Erfolgsrezepte" Botsuanas.

1. Investitionen in ______________________,
   ______________________ und ______________________
2. Funktionierendes ______________________
3. Schaffung neuer ______________________
4. Schutz von ______________________

WortschatzBox – „Bergbau als Entwicklungsmöglichkeit?"

- Ordnen Sie die Satzanfänge den passenden Fortsetzungen zu.

Korruption bedeutet, dass ... ■ Tantal ist ... ■ Ein Schürfrecht gestattet es jemandem, ... ■ Blutdiamanten heißen so, weil ...

______________________  ... ein widerstandsfähiges Metall, das für die Industrie unverzichtbar ist.

______________________  ... mit ihrem Abbau und Verkauf Kriege finanziert werden.

______________________  ... eine Person oder Organisation bestechlich ist.

______________________  ... Rohstoffe abzubauen.

Ziele erreicht? – „Bergbau als Entwicklungsmöglichkeit?“

1. Die Rohstofffalle

Länder bleiben manchmal arm, obwohl sie viele Rohstoffe besitzen. Dafür gibt es Gründe. Ergänzen Sie diese in der Mindmap.

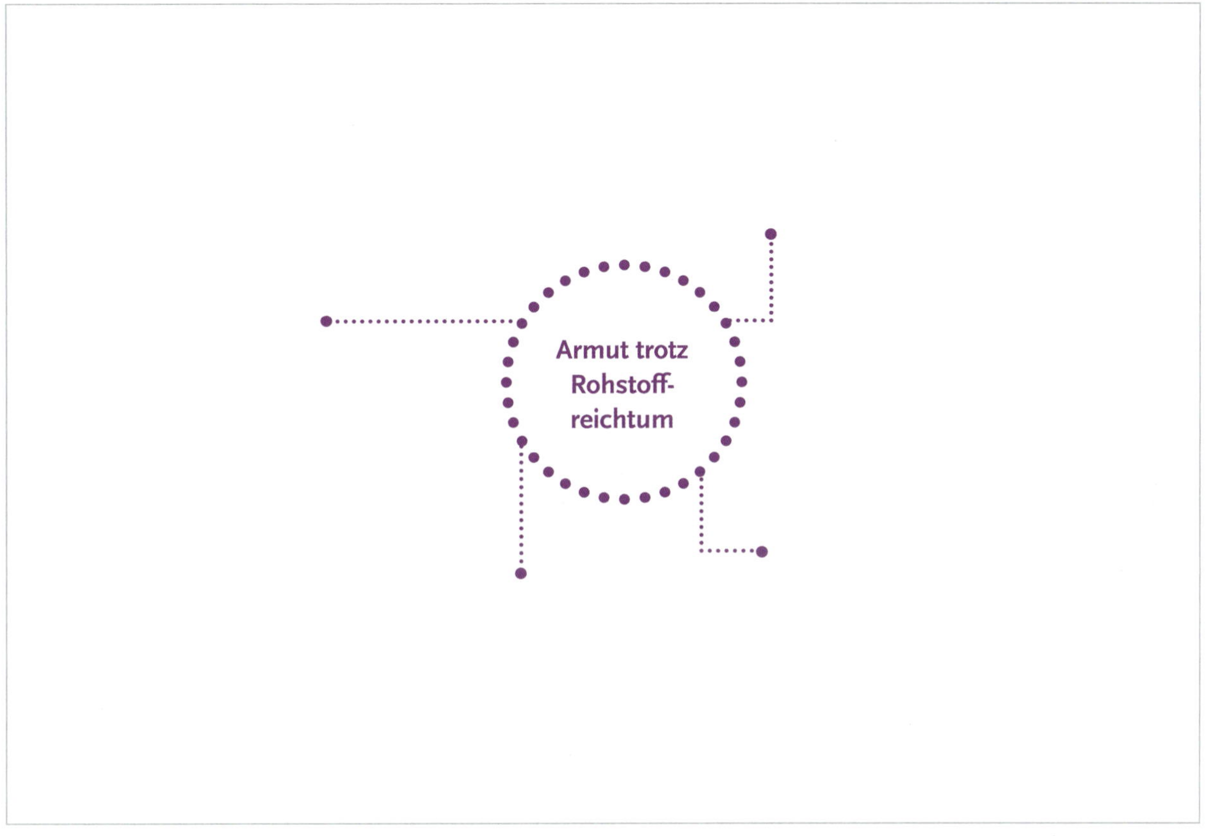

2. In folgendem Rätsel finden Sie die Wörter, die zu den wichtigsten Begriffen des Kapitels zählen. Sie können waagrecht, senkrecht oder diagonal angeordnet sein. Zwei Begriffe finden Sie nur, wenn Sie von rechts nach links lesen.

a) Markieren Sie die Begriffe im Rätsel. 

b) Analysieren Sie, wie die Begriffe miteinander in Verbindung stehen. 

Y	E	X	P	O	R	T	G	D	F	V	L
U	W	N	R	N	E	L	L	E	B	E	R
K	G	D	C	C	T	X	H	F	G	R	T
A	L	L	I	R	O	G	O	G	Q	A	Y
Z	H	Z	D	A	R	L	U	T	H	R	B
K	W	Q	K	Z	M	M	T	P	K	B	J
N	W	V	R	O	H	A	F	A	I	E	W
Y	A	F	J	C	N	U	N	Q	N	I	A
V	I	N	S	P	U	G	Y	T	D	T	U
M	S	T	E	U	E	R	O	E	E	U	O
B	O	T	S	U	A	N	A	E	R	N	O
X	O	O	W	C	H	A	N	D	Y	G	L

3. Fluch und Segen der Bodenschätze 

Achtung Falschmeldung! In jeder Aussage ist ein Fehler versteckt. Streichen Sie das falsche Wort durch. Schreiben Sie das richtige neben den Satz.

Aussagen	Richtigstellung
Heute sind viele afrikanische Lagerstätten in Staatsbesitz.	
In Botsuana hat der Tantal-Abbau zu mehr Wohlstand geführt.	
Brasilien hat großes Interesse an den Rohstoffen Afrikas.	
Im Osten der DR Kongo kontrolliert der Staat den Bergbau.	

4. Ländervergleich

Vergleichen Sie Botsuana und die Demokratische Republik (DR) Kongo miteinander.

a) Ermitteln Sie die aktuellen Daten zu den angegebenen Kennzahlen. Ergänzen Sie diese in der Tabelle.

b) Wählen Sie ein weiteres afrikanisches Land. Recherchieren Sie ebenfalls die entsprechenden Daten.

c) Fassen Sie Ihre Ergebnisse in einem kurzen, schriftlichen Bericht zusammen.

Geben Sie am Ende Ihrer Recherche an, welche Quelle/n Sie verwendet haben.

	Botsuana	DR Kongo	
BIP/Kopf			
HDI			
Wichtigste Exportgüter inkl. Prozentangabe			
Wichtigste Exportländer inkl. Prozentangabe			

Recherchetipps: WKO Länderprofile: www.trauner.at/wko_laenderprofile, CIA World Factbook (ausschließlich in englischer Sprache): www.trauner.at/cia_factbook

5. Sprachreif!? 

Wie gut Sie Inhalte verstanden haben, zeigt sich oft daran, ob Sie mit anderen darüber sprechen können und ob Sie Standpunkte vertreten können. Probieren Sie es aus!

Überlegen Sie sich zuerst, ob Sie den Aussagen voll, teilweise oder gar nicht zustimmen. Vergleichen Sie Ihre Meinungen in der Klasse, zum Beispiel mit simplen Handzeichen. Diskutieren Sie dann über unterschiedliche Ansichten. Achten Sie auf eine wertschätzende und konstruktive Diskussionskultur.

„Der Bergbau in Afrika führt nur zur Bereicherung einiger weniger."

„Bodenschätze sind ein Fluch für die Entwicklung eines Landes."

„Es ist wichtig, dass die Länder ihre Rohstoffe im eigenen Land weiterverarbeiten."

 Einen interaktiven Safety-Check finden Sie in der TRAUNER-DigiBox.

Tourismus – Chance oder leere Hoffnung?

Schreiben Sie – ohne lange nachzudenken – fünf Fernreiseziele auf, die für Sie so etwas wie Traumurlaube sein könnten. Vergleichen Sie dann in der Klasse.

1. ______________________
2. ______________________
3. ______________________
4. ______________________
5. ______________________

Viele Menschen aus dem industrialisierten Norden suchen im Urlaub das Ferne und Exotische, um sich entspannen zu können und um wieder Kraft für den Alltag zu gewinnen. Viele Länder des Südens haben hier einiges zu bieten, z. B. Palmenstrände, fremde Kulturen und ein entspanntes Lebensgefühl.

Vielfach war der Tourismus ein Motor für die wirtschaftliche Entwicklung, oft erfüllten sich die Hoffnungen jedoch nicht. Warum das so ist, welche Rolle der Massentourismus dabei spielt und welche Alternativen es gibt – darüber informiert Sie dieses Kapitel.

Meine Ziele

Nach Bearbeitung dieses Kapitels kann ich

- ausgewählte Tourismusziele in den Ländern des Südens beschreiben und lokalisieren;
- Tourismusziele in den Ländern des Südens vergleichen;
- die Bedeutung des Verhaltens von Touristinnen und Touristen für einen nachhaltigen Tourismus erklären;
- die Rolle des Tourismus beim Klimawandel analysieren.

1 Urlaub im Paradies?

Überlegen Sie, worüber Melisa und Peter sprechen könnten. Was könnte Peter vielleicht verwundern?

Ein Urlaub in der Karibik – das ist ein Traum, den sich Peter gerne einmal erfüllen würde. Sonne, Strand, Meer, das wär' was. Besonders jetzt, da die Schule schon wieder stressig ist. Seine Schwester Melisa hat in der Karibik in einem Waisenheim geholfen. Sie hat also auch schon den Alltag abseits von Bilderbuchstränden gesehen. Die beiden kommen ins Gespräch.

Fremde Länder, Kulturen und Menschen kennenlernen, den Horizont erweitern, das sind die Urlaubswünsche von Menschen aus dem industrialisierten Norden. Viele Länder des Südens können das anbieten. Und so gab es 2019 über 1,3 Mrd. Fernreisen – das sind 50-mal so viele wie im Jahr 1950.

DAS SOLLTEN SIE SPEICHERN

Reisen wird immer **günstiger** und **für immer mehr Menschen erschwinglich,** so auch für die wachsende Mittelschicht in den Schwellenländern Indien, China oder Brasilien.

Viele Staaten in Entwicklungs- und Schwellenländern wollen vom Tourismus profitieren, um ihre Wirtschaft zu beleben und erfolgreich zu werden. Selten erfüllen sich jedoch ihre Hoffnungen. Auf den folgenden Seiten lernen Sie Fallbeispiele kennen, die aufzeigen sollen, wie der Tourismus die Länder verändert, sowohl zum Guten als auch zum Schlechten.

1.1 Bali – Tradition und Instagram

Bali ist eine von den Tausenden Inseln Indonesiens, eine der kleinen Sundainseln und insgesamt die siebtgrößte Insel des Landes. Schon seit vielen Jahrzehnten ist Bali ein Tourismusziel. Neben den weiten Sandstränden locken auch die Natur im Landesinneren (v. a. die Vulkane) und die einzigartige Kultur.

90 % der Menschen in Indonesien bekennen sich zum Islam.

Beispiel: hinduistische Kultur
Bali ist die einzige Insel Indonesiens, auf der die hinduistische Kultur überlebt hat. Zahlreiche Tempel, die über die ganze Insel verstreut sind, gehören ebenso zur balinesischen Kultur wie der altindische Tanz, der nicht nur für Touristinnen und Touristen aufgeführt wird.

Die **Hindu-Religionen** sind in Indien entstanden. Es handelt sich um einen Vielgötterglauben. Rund 15 % der Weltbevölkerung sind Hindus, damit belegen die Hindu-Religionen Platz 3 unter den Weltreligionen.

Der balinesische Tanz ist eine der Touristenattraktionen

Das Verhältnis der unterschiedlichen Religionsgemeinschaften zueinander war nicht immer friedlich: 2002 und 2005 erschütterten religiös bedingte **Attentate** die Insel. Diese ließen den Tourismus für längere Zeit einbrechen. Indonesien wird derzeit von einem auf **Versöhnung der Religionen** gerichteten Präsidenten geführt. So ist anzunehmen, dass sich die Attentate nicht so schnell wiederholen werden.

Mittlerweile ist der **Tourismus** der wichtigste **Arbeitgeber** geworden. 80 % der Einwohner/innen leben in irgendeiner Form von diesem Wirtschaftszweig. Trotz des Massentourismus wurde die traditionelle Kultur nicht zerstört.

Bali ist eine wirtschaftlich erfolgreiche Insel, es gibt **kaum Auswanderung,** auch nicht unter der Jugend. Im Gegenteil: Hunderttausende Indonesierinnen und Indonesier sind in den letzten Jahren von anderen Inseln eingewandert.

Instagram-Touren in Bali – ein Erfahrungsbericht

Der Hype um die Insel lässt nicht nach. Begeisterte schwemmen die sozialen Medien mit traumhaft schönen Bildern. Auf ihren „Channels“ berichten Lifestyle-Blogger und Yogis ihren Followern über die „ultimative Art zu leben“. Immer mehr digitale Nomaden arbeiten im Netz und leben im Paradies. Die Phänomene unserer „Social Media“-Gesellschaft bringen findige Unternehmer auf Ideen. Einige bieten bereits eigene „Instagram-Touren“ an. Wer diese Tour bucht, gelangt an alle relevanten „Instagram-würdigen“ Plätze der Insel. Der Tour Guide ist gleichzeitig der Fotograf für die Schnappschüsse. Diese können anschließend kurz durch den Filter gejagt und direkt gepostet werden.

Was hier ironisch beschrieben wird, ist auf keinen Fall ein harmloses Vergnügen. Es geht nicht nur darum, Urlaubsfotos mit Freunden und Verwandten zu teilen. Was viele nicht bedenken, wenn sie im Netz von Bali schwärmen: Sie machen auf Bali als Traum-Destination aufmerksam. Dadurch wecken sie bei anderen den Wunsch, selbst einmal nach Bali zu reisen. So verstärken sie global gesehen die negativen Konsequenzen für Natur und Menschen.

travel-eat-love.de, abgerufen am 3. März 2022, gekürzt

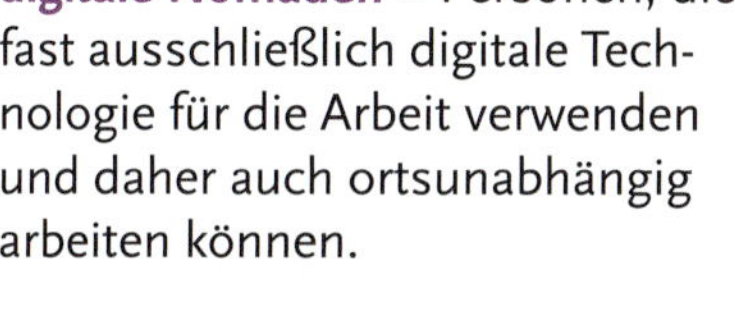

digitale Nomaden = Personen, die fast ausschließlich digitale Technologie für die Arbeit verwenden und daher auch ortsunabhängig arbeiten können.

Auf der Jagd nach dem perfekten Social-Media-Bild werden die Schattenseiten oft ausgeblendet

Arbeitsaufgaben – „Bali – Tradition und Instagram“

1. Nennen Sie Gründe, warum Bali für Touristinnen und Touristen interessant ist.

2. Beziehen Sie Stellung zum Instagram-Tourismus: Was halten Sie von dieser Art des Tourismus? Diskutieren Sie darüber in der Klasse.

1.2 Thailand – Traumstrände und Sextourismus

Thailand ist eines der bekanntesten touristischen Fernziele, jedoch nicht vom Tourismus abhängig: Nur 6 % des Bruttonationaleinkommens stammen aus diesem Wirtschaftszweig. Weitaus wichtiger ist der Export landwirtschaftlicher Produkte wie z. B. Zuckerrohr, Kautschuk, Mungbohnen oder Tapioka. Thailand ist darüber hinaus einer der größten Reiseexporteure der Welt.

Das Land zählt auch zu den kleinen Tigerstaaten („Babytiger“). In den letzten Jahrzehnten wurde mithilfe ausländischer Konzerne eine erfolgreiche exportorientierte Industrie aufgebaut. Vor allem elektronische Produkte und Produkte der Automobilindustrie werden gefertigt und exportiert.

Die **Tigerstaaten** und ihre Merkmale lernen Sie ab S. 212 kennen.

Der **Massentourismus** betrifft nur einige Regionen in Thailand. Die bekanntesten touristischen Zentren liegen am Meer. Es sind dies **Pattaya** im Osten sowie **Phuket** im Süden. Der gesamte **Norden** Thailands ist nach wie vor **ländlich** geprägt. Nicht viele Touristinnen und Touristen besuchen diese Region.

Besonders Pattaya hatte in den letzten drei Jahrzehnten einen schlechten Ruf. Es galt als Standort für billigen Pauschaltourismus und für Sextourismus. Erst seit wenigen Jahren bemüht man sich, den Sextourismus zurückzudrängen und vermehrt Familien als Gäste zu gewinnen.

Ist Prostitution in Thailand überhaupt legal?
Prostitution ist in Thailand illegal und wurde bereits 1960 verboten. In Bangkok oder Pattaya spielt dieser Wirtschaftszweig trotzdem eine große Rolle, da die Behörden das Verbot kaum kontrollieren oder bei Verstößen einfach wegschauen. Schätzungen gehen davon aus, dass etwa 14 % des Bruttoinlandsproduktes durch den Sextourismus erwirtschaftet werden. 2003 wurde von der Regierung eine Debatte zur Legalisierung geführt, allerdings ohne Ergebnis.

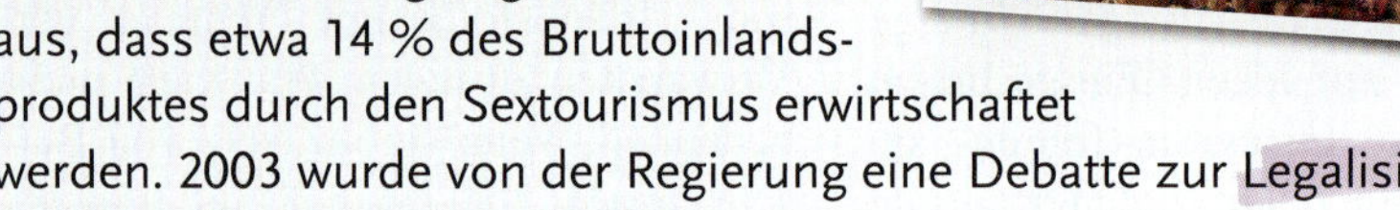

die Legalisierung = etwas wird rechtlich erlaubt, was zuvor verboten war

Schutz vor Ausbeutung, Gewalt, Erpressung und anderen Übergriffen – all diese **Rechte** sollen Prostituierten gleichermaßen zustehen wie allen Menschen. Eine Legalisierung führt dazu, dass die Betroffenen ihre Rechte wahrnehmen können. So wird ihnen die Möglichkeit gegeben, ihr Leben selbst in die Hand zu nehmen.

Es gibt aber auch Gründe dafür, warum Prostitution in Thailand verboten wurde: Sie ist in Südostasien auch oft mit **Menschenhandel** verbunden.

Auch wenn etwas illegal ist: Wenn es zum Überleben notwendig ist, werden die Menschen weiter daran festhalten.

DAS SOLLTEN SIE SPEICHERN
Viele **Prostituierte** arbeiten, weil sie **Kinder und Familie ernähren** müssen. **Schule** und **ärztliche Versorgung** lassen sich mit einem „normalen“ Job in Thailand schwer **finanzieren.**

1.3 Kenia – Safaritourismus

Kenia ist eines der wenigen afrikanischen Länder südlich der Sahara, in denen sich der **Tourismus** zu einem wirtschaftlichen **Hoffnungsträger** entwickelt hat. Das Land hat touristisch viel zu bieten: Weiße Sandstrände am Indischen Ozean, Korallenriffe, zahlreiche Tierreservate in den Savannen und imposante Berglandschaften wie der Mount Kenia sind für Touristinnen und Touristen attraktiv.

Das klassische Ostafrikabild in Europa: Wildnis mit Elefanten, im Hintergrund der Kilimandscharo, der höchste Berg Afrikas

War Kenia bis 2008 ein politisch ruhiges Land, in dem sich der Tourismus rasch entwickeln konnte, sind daraufhin in regelmäßigen Abständen Touristinnen und Touristen Ziel von religiös bedingten Attentaten geworden. Als besonders gefährlich werden die **Grenzregion** zu Somalia und die Küstenregion eingestuft. Dies schadet dem Tourismus, der neben dem Export von Schnittblumen, Kaffee und Tee zu den Haupteinnahmequellen des Landes zählt.

Beispiel: Safaritourismus in Diskussion

Safari njema – gute Reise! Das Wort „safar“ bedeutet in Suaheli, der verbreitetsten Sprache der Region, nichts anderes als Reise.

Ursprünglich eine Karawanenreise durch die Wüste, versteht man darunter heute eine touristische Foto- und Jagdreise in Afrika. In einigen Gegenden Kenias, beispielsweise in der Massai Mara, stauen sich die Minibusse und schweren Jeeps für die Safaris.

Der Klimawandel lässt den Gletscher am Kilimandscharo immer weiter zurückgehen

Arbeitsaufgaben – „Kenia – Safaritourismus“

Beim Safaritourismus treffen unterschiedliche Interessen aufeinander.

1. Ordnen Sie den Bildern die jeweiligen Interessensgruppen zu:

   Ⓐ Touristinnen und Touristen Ⓑ Natur (Tiere und Pflanzen) Ⓒ Volk der Massai

2. Notieren Sie unter jedem Bild stichwortartig die Wünsche und Bedürfnisse der jeweiligen Interessensgruppe.

3. Diskutieren Sie darüber, welche Konflikte zwischen den Gruppen entstehen könnten. Beziehen Sie auch Lösungsvorschläge in das Gespräch mit ein.

1.4 Karibische Inseln – Sonne, Strand und Kreuzfahrtschiffe

Die karibischen Inseln gelten in Europa als das Traumreiseziel schlechthin. Im Unterschied zu Afrika fallen dort politische Unsicherheiten weitgehend weg. Der Lebensstandard ist in den kleinen Inselstaaten meist auch deutlich höher als in Afrika. Zusätzlich finden die Besucher/innen tropisches Klima, Palmenstrände und eine interessante Kultur vor.

Für US-Amerikaner/innen liegt die Karibik noch dazu vor der Haustür. Zu den wichtigsten Tourismuszielen in der Karibik gehören v. a. Kuba, die Bahamas, Jamaika, die Jungferninseln, Barbados, Grenada, Martinique, Guadeloupe und die Dominikanische Republik. Neben dem Badetourismus ist der **Kreuzfahrttourismus** beliebt. Das einzige Risiko in dieser Region sind die von Juli bis Oktober auftretenden Hurrikans.

Wie ein Hurrikan entsteht, können Sie im Kapitel „Wetter und Klima“ auf S. 73 nachlesen.

Katalogbild trifft auf Wirklichkeit: Ein Kreuzfahrtschiff verlässt den Hafen. Die Rauchsäule ist deutlich zu sehen.

Kreuzfahrten – Traumurlaub mit Umweltfolgen?

Luxusliner machen Träume wahr. Doch dafür zahlen nicht nur die Kreuzfahrt-Teilnehmer einen hohen Preis. Große Kreuzfahrtschiffe sind wie schwimmende Kleinstädte und verbrauchen entsprechend viel Energie. Ihre schmutzigen Abgase – Feinstaub, Ruß, Stickoxide und Schwefeloxide – gefährden Gesundheit, Klima und Biodiversität. Viel zu lange schon genießt die Schifffahrt Ausnahmen, wenn es um effektive Maßnahmen gegen die Luftverschmutzung geht. Das muss sich ändern. Gerade die Kreuzfahrtindustrie lockt ihre Kunden mit schönen Bildern von blauem Himmel und weißen Stränden. Sie muss endlich handeln, um nicht weiter die Natur und die Gesundheit ihrer Gäste zu gefährden.

www.nabu.de, abgerufen am 15. März 2022

Obwohl bereits neue Antriebsformen entwickelt werden, fahren viele Kreuzfahrtschiffe noch mit Schweröl.

Die Dominikanische Republik

Die Dominikanische Republik erstreckt sich über den östlichen Teil der **Insel Hispaniola.** Im Westen liegt der Staat Haiti.

Der Staat Haiti gehört zu den ärmsten der Welt. Er wurde mehrfach von Erdbeben und Hurrikans heimgesucht und viele Häuser wurden dabei fast völlig zerstört.

Das Land hat sich erst in den letzten Jahrzehnten zu einem bedeutenden Ferienziel entwickelt. Die hohe Arbeitslosigkeit von 25–30 % führte einerseits zum Ausbau des Tourismus, andererseits zur Förderung von sogenannten **Zonas Francas** (freie Produktionszonen).

In den vergangenen 30 Jahren hat sich der Tourismus zur wichtigsten Devisenquelle des Landes entwickelt. Mittlerweile werden jährlich mehr als drei Mio. Gäste gezählt. Dieser Aufschwung führt aber nicht automatisch zu mehr Wohlstand für die Bevölkerung:

DAS SOLLTEN SIE SPEICHERN

Die meisten Unternehmen der Tourismusbranche sind **in ausländischem Besitz,** sodass die Einnahmen nur **selten den Bewohnerinnen und Bewohnern** der Dominikanischen Republik **zugutekommen.**

Der Badeort Punta Cana

Darüber hinaus kämpft die dominikanische Regierung seit mehreren Jahren gegen das Image eines Billigurlaubslandes an: So wurden in letzter Zeit hauptsächlich höherwertige Vier- und Fünfsternehotels gebaut. In der Nähe wurden sodann neue Golfplätze angelegt, um zahlungskräftige Gäste anzulocken.

Neben dem klassischen Badetourismus v. a. im Norden des Landes hat die Dominikanische Republik zahlreiche andere Attraktionen, z. B. 30 Nationalparks, die höchsten Berge der Karibik und Städte mit einem reichen architektonischen Erbe aus der spanischen Kolonialzeit.

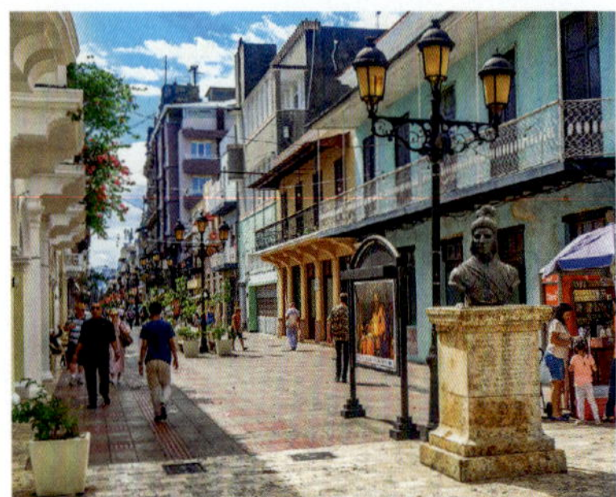

Santo Domingo, Hauptstadt der Dominikanischen Republik

Arbeitsaufgaben – „Karibische Inseln“

1. Nennen Sie drei Gründe, warum die karibischen Inseln ein begehrtes Urlaubsziel sind.

2. Erklären Sie, warum die Dominikanische Republik ihre Tourismusstrategie geändert hat.

3. Der Naturschutzbund Deutschland (NABU) beobachtet die Entwicklungen im Kreuzfahrttourismus. Ein jährliches Ranking zeigt auf, welche Reedereien bereits Maßnahmen zum Umweltschutz gesetzt haben.

Rufen Sie das aktuelle Ranking des NABU auf. Notieren Sie je zwei Reedereien, die am besten sowie am schlechtesten abgeschnitten haben.

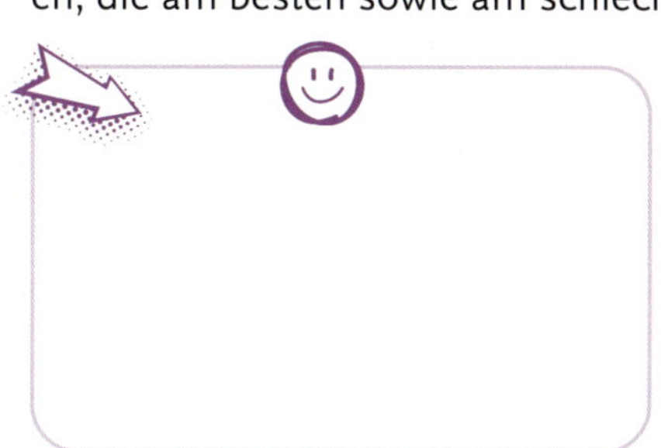

Der Name der Dominikanischen Republik stammt vom Ordensgründer des Dominikanerordens, vom heiligen Dominikus.

die Reederei = Unternehmen, das Schifffahrt betreibt

So recherchieren Sie nach dem NABU-Ranking: Geben Sie „NABU Kreuzfahrtranking" in die Suchmaschine ein. Achten Sie darauf, das aktuelle Ranking aufzurufen.

1.5 Reiseziele des Badetourismus in Entwicklungs- und Schwellenländern

Arbeitsaufgaben – „Reiseziele des Badetourismus"

1. Lokalisieren Sie die Reiseziele auf der Karte. Tragen Sie die passende Nummer in die Tabelle ein.

Land bzw. Region	Nr. auf der Karte	Land bzw. Region	Nr. auf der Karte
Karibik/Mittelamerika		Tunesien	
Mexiko (Acapulco)		Ägypten (Rotes Meer)	
Mexiko (Cancun)		Kenia	
Kuba		**Indischer Ozean**	
Jamaika		Seychellen	
Bahamas		Réunion	
Französische Antillen (Martinique, Guadeloupe)		Mauritius	
Dominikanische Republik		Malediven	
Pazifik		**Asien**	
Tahiti		Bali	
Fidschi-Inseln		Thailand (Pattaya)	
Guam		China (Hainan)	
Afrika		Malaysia	
Marokko		Türkei (türkische Riviera)	

Reiseziele des Badetourismus in Entwicklungs- und Schwellenländern

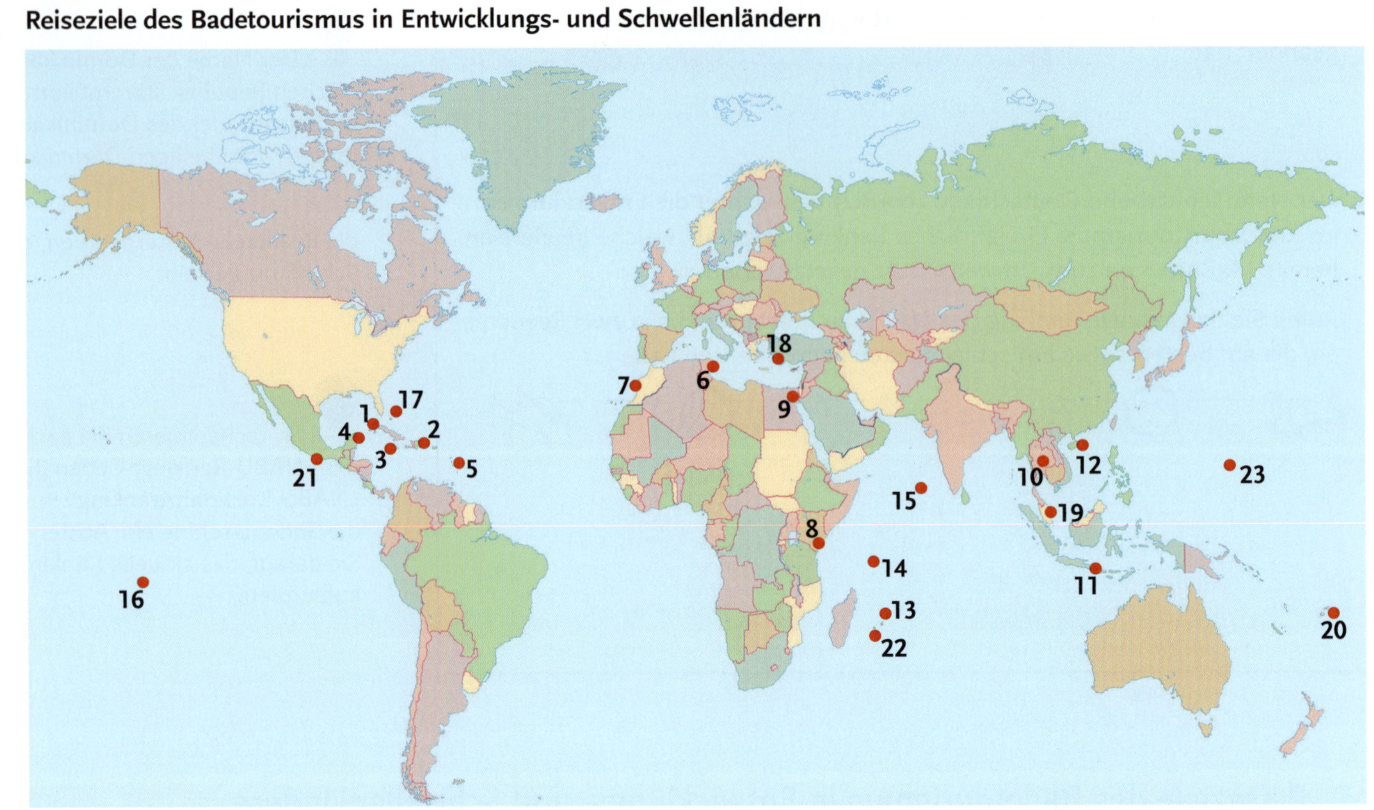

2. Wählen Sie ein Ziel aus der Tabelle. Suchen Sie in Gruppenarbeit ein Reiseangebot im Internet. Stellen Sie sich die Reisen gegenseitig vor.

2 Nachhaltiges Reisen – Alternativen zum Massentourismus

Überlegen Sie, wie das Gespräch zwischen den beiden aussehen könnte. Spielen Sie es mit Ihrer Sitznachbarin/Ihrem Sitznachbarn nach.

Peter und Ayla quatschen über ihre Urlaubspläne. Die Karibik findet auch Ayla spannend. Doch sie gibt zu bedenken: „Warum sollte man so weit verreisen, wenn man dann doch nur am Strand liegen will oder Partys feiern will? Das kann ich auch in Italien oder Kroatien tun."

Nachhaltiger Tourismus hat – im Gegensatz zum harten Tourismus – nicht nur die Wirtschaft im Blick. Die Erhaltung von Natur und Kultur hat einen ebenso hohen Stellenwert. **Drei Säulen** bilden demnach die **Grundlage nachhaltigen Reisens:**

ökonomisch = die Wirtschaft betreffend

ökologisch = die Umwelt betreffend

soziokulturell = die Gesellschaft und die Kultur betreffend

Arbeitsaufgabe – „Nachhaltiger Tourismus“

- Sie sehen hier Prinzipien des nachhaltigen Tourismus. Ordnen Sie diese den drei Säulen des nachhaltigen Tourismus zu.
  1. Die lokale Bevölkerung profitiert von den neu geschaffenen Arbeitsplätzen.
  2. Hauptattraktionen sind der Lebensstil der Einheimischen, ihre Organisationsform, die sozialen Projekte, kulturellen Traditionen und die wirtschaftlichen Aktivitäten.
  3. Die Reiserouten respektieren die Normen zur Erhaltung der Umwelt des Gebietes. Sie dürfen nur möglichst geringe Auswirkungen auf die Umwelt haben.
  4. Es wird versucht, mit dem Gewinn alle Teilnehmer/innen der touristischen Wertschöpfungskette (vom Reisebüro über die Transportunternehmen bis zu den Unterkünften) zu begünstigen.
  5. Es werden Aktivitäten geschaffen, um den Gästen kulturellen Austausch und Lernen zu ermöglichen. Es handelt sich nicht um kulturelle Folkloreveranstaltungen, sondern um Alltagsaktivitäten, die die Touristinnen und Touristen kennenlernen sollen.
  6. In Naturschutzgebieten gibt es eine Begrenzung der Besucherzahl, damit sich Tiere und Pflanzen erholen können. Das dient auch dem Tourismus, denn das Gebiet wird nicht übernutzt, die Attraktivität bleibt erhalten.

2.1 Gemeindebasierter Tourismus

Der gemeindebasierte Tourismus ist eine Form der Reise, bei der die **lokale Bevölkerung** die Kontrolle über die **Tourismusentwicklung** hat und direkt daran beteiligt ist. Ein wichtiges Element: Einheimische sowie Touristinnen und Touristen begegnen sich und lernen sich gegenseitig kennen. Das folgende Beispiel zeigt, wie eine solche Begegnung ablaufen könnte:

Wir werden vom Chef des Dorfes empfangen. Er spricht relativ gut Portugiesisch und bittet uns gleich, uns zu ihm zu setzen. Dies nehmen wir höflich an. Er stellt sich als Carlos vor.
Carlos ist sehr freundlich. Er erklärt sich bereit, mit uns das Dorf zu besichtigen. Es liegt friedlich am Ufer des Rio Negro.
Carlos' Dorf besteht aus Holzhütten, die rund um ein großes freies Feld gebaut sind. Auf dem Feld – uns wundert ja nichts mehr – links und rechts je ein Fußballtor.
Weiterhin gibt es eine Schule, die er uns stolz präsentiert, sowie eine Krankenstation und einen Gemeinschaftspavillon. In Letzterem treffen sich die Dorfbewohner und -bewohnerinnen jeden Sonntag zu ausgedehnten Debatten und Festivitäten. Und natürlich darf auch eine Kirche nicht fehlen.

Malworkshop mit den Aborigines in Australien – authentische Kultur oder doch nur Touristenattraktion?

Achtung Stolperstein: Diskutieren Sie mit Ihrer Sitznachbarin/Ihrem Sitznachbarn darüber, was man beachten soll, wenn man religiöse Stätten wie Kirchen, Moscheen oder Tempel besucht.

Ein Sprichwort besagt: „Andere Länder, andere Sitten.“ Was für Österreicher/innen ganz normal ist, kann in einem fremden Land für Ablehnung sorgen. Grundsätzlich gilt, dass man Fremden gegenüber – egal in welchem Land – einige Grundregeln einhalten sollte:

die Sitte = Gewohnheit im Umgang miteinander, die alle Mitglieder der Gemeinschaft teilen

Buchtipp: Das „OhneWörterBuch" hilft auch dann weiter, wenn die Sprachkenntnisse nicht reichen. Es erscheint im Langenscheidt-Verlag.

Grundregeln im Umgang mit Fremden

- Halten Sie Abstand.
- Lassen Sie zu Beginn der Begegnung die Kamera und das Handy in der Tasche.
- Nehmen Sie Fotos von Ihrer Familie und Ihrer Heimat mit. Oft wollen auch die Bereisten mehr über Sie wissen.
- Gemeinsames Essen verbindet, auch wenn exotische Kost nicht immer nach unserem Geschmack ist.
- Bringen Sie kleine Gastgeschenke mit, schenken Sie Kindern aber kein Geld.
- Die Begegnung mit der einheimischen Bevölkerung ist ein wichtiges Element des sanften Reisens.

Nach: Friedl, H.: Respektvoll reisen. Reise Know-How, 2005.

Arbeitsaufgaben – „Gemeindebasierter Tourismus"

1. Wählen Sie ein Land aus, das in diesem Kapitel bereits vorgestellt worden ist. Recherchieren Sie im Internet, ob dort bestimmte Verhaltensweisen eingehalten werden sollten. Notieren Sie diese. Geben Sie an, wo Sie die Information gefunden haben (= Quelle).
2. Ein Zeichen der Wertschätzung ist es auch, wenn Sie sich mit der Landessprache beschäftigen und einige Standardsätze beherrschen. Recherchieren Sie, worüber die beiden Personen in indonesischer Sprache sprechen.

3. Diskutieren Sie darüber, ob Emojis ebenfalls zu Missverständnissen führen können, wenn man mit einer Person aus einem anderen Kulturkreis schreibt.

2.2 Klimafreundliches Reisen

Ökologische Nachhaltigkeit gewinnt umso mehr an Bedeutung, je stärker der Klimawandel voranschreitet. Das Reisen trägt einen wesentlichen Anteil zu dieser Verstärkung bei. Die Ökobilanz der Verkehrsmittel zeigt das Ausmaß:

Ökobilanz der Verkehrsmittel

Mengen pro Person bei Vollbelegung		
Verkehrsmittel	**CO_2-Ausstoß (g/km)**	**Stickoxidausstoß (g/km)**
Flugzeug	193,68	0,676
Benzin-Pkw	142,12	0,32
Bus (Diesel)	29,72	0,323
Bahn	14,97	0,083

Nach: www.greenpeace.at

Radfahren – die ökologische und gesunde Alternative

Tipps für klimafreundliches Reisen

- Bahn, Bus und Fahrrad haben die beste Ökobilanz.
- Bis zu 700 km entfernte Zielorte erreicht man auch ohne Flugzeug, bei Zielorten bis zu 2 000 km sollten Sie mindestens acht Tage bleiben, bei über 2 000 km doppelt so lange.
- Setzen Sie auch in Ihrem Urlaubsort auf sanfte Mobilität.
- Eine landes- bzw. regionstypische Verpflegung erhöht den Erlebniswert und freut das Klima.
- Gehen Sie auch im Urlaubsort maßvoll mit Energie und Strom um.
- Buchen Sie Ihre Reise bei Veranstaltern, Reisebüros und in Hotels, die mit anerkannten Umweltzeichen ausgezeichnet sind.

die sanfte Mobilität = umweltschonende Fortbewegungsarten

Schon seit einigen Jahren gibt es Organisationen, die andere Formen des Reisens fördern bzw. Umweltzeichen für alternativen oder ökologisch orientierten Tourismus vergeben.

Diskutieren Sie darüber, was klimafreundliches Reisen erschweren könnte.

Arbeitsaufgaben – „Klimafreundliches Reisen“

1. Sie sehen hier Logos von Organisationen, die sich für nachhaltiges und klimafreundliches Reisen einsetzen. Ordnen Sie die Texte den einzelnen Logos zu.
   1. Diese Hotels sind der Nachhaltigkeit verpflichtet und halten engen Kontakt zu Biobetrieben in der Landwirtschaft.
   2. Die blaue Flagge ist ein exklusives Ökolabel, das weltweit mehr als 3 200 Badestellen und Sportboothäfen in 37 Ländern in Europa, Marokko, Tunesien, Südafrika, Neuseeland, Kanada und in der Karibik wegen bester Wasserqualität auszeichnet.
   3. Es handelt sich um einen Informationsdienst, der sich kritisch mit den Entwicklungen auseinandersetzt.
   4. Gehen und erleben: Natureindrücke sind genauso wichtig wie die Kultur des Landes, Begegnungen mit seinen Menschen, das lokale Essen und das Zusammenspiel der Gruppe und des Betreuungsteams. Reisen für Körper, Geist, Intellekt, Sinne, Genuss, Sehen, Musik, gutes Essen und Trinken, Spaß, Freunde und Freude ...
   5. Die Mitglieder streben eine Tourismusform an, die langfristig ökologisch tragbar, wirtschaftlich machbar sowie ethisch und sozial gerecht für ortsansässige Gemeinschaften ist (nachhaltiger Tourismus).

2. Sie planen mit Ihren Freundinnen und Freunden eine Reise nach Süditalien. Bei der Planung und während des Urlaubs müssen Sie viele Entscheidungen treffen. Sie haben die Qual der Wahl! Doch welche Variante ist besser für das Klima? Beurteilen Sie, ob folgende Entscheidungen klimafreundlich (+) oder klimaschädigend (–) sind.
   - Sie wählen für Ihre Reise das Flugzeug (___), das Auto (___) oder den Zug (___).
   - An Ihrem Urlaubsort benötigen Sie ein Verkehrsmittel, um die 2 km vom Hotel zum Strand zurückzulegen. Sie entscheiden sich für den Linienbus (___), ein Leihmoped (___) oder fahren mit Ihrem Auto (___).
   - Das Reisebüro empfiehlt Ihnen ein Hotel des „forums anders reisen“ (___). Sie finden im Internet ein Angebot einer internationalen Tourismuskette (___).

- Sie haben die Wahl, entweder in einem 300-Betten-Strandhotel mit eigener Diskothek (__), einem kleinen Dreisternehotel in der Stadt (__) oder in einem Bed-and-Breakfast-Quartier in einem der alten Steinhäuser (__) zu wohnen.
- Zum Abendessen können Sie wählen zwischen Spaghetti mit Muscheln (__), einem Big Mac (__) und Sushi (__).
- Für den Nachmittag sind Sie eingeladen, an einem Rennen mit Wasserjets (__), einem Beachvolleyballturnier (__) oder einer Ausfahrt mit Mopeds (__) teilzunehmen.
- Die Hitze im Urlaubsort ist groß, da hilft am besten die Klimaanlage (__), die Jalousien tagsüber geschlossen und die Fenster dahinter offenzuhalten (__) oder den Ventilator auf volle Leistung zu stellen (__).

Ziele erreicht? – „Tourismus – Chance oder leere Hoffnung?“

1. Vergleichen Sie die vier Tourismusziele. Ergänzen Sie dazu stichwortartig die Tabelle.

	Arten des Tourismus (z. B. Safari, Kreuzfahrt)	**Sehenswürdigkeiten, Attraktionen**	**Probleme**
Bali			
Thailand			
Kenia			
Karibik/ Dominik. Republik			

2. Beurteilen Sie, ob folgende Aussagen zum nachhaltigen Tourismus passen. Streichen Sie jene Aussagen durch, die Sie dem harten Tourismus zuordnen würden.

- Ökologisch besonders sensible Zonen werden vor zu großen Besucherströmen geschützt.
- Hauptattraktionen sind der tolle Sandstrand mit den coolen Bars und die Designerläden mit der neuesten internationalen Mode.
- Ein Reiseunternehmen mit Sitz in Österreich organisiert die Reise.
- Die Unterkünfte entsprechen der lokalen Architektur, auf den Bau neuer Hotelketten wird verzichtet.
- Der Pauschalpreis der Reise erspart den Touristinnen und Touristen den Umgang mit der lokalen Währung und garantiert einen fixen Preis.
- Ein lokaler Tourguide begleitet den Ausflug und zeigt den Touristinnen und Touristen Orte, die sie in den Alltag der Bevölkerung eintauchen lassen.
- Um das Land besser bereisen zu können, wurden bequeme Schnellstraßen gebaut, die es auch ermöglichen, rasch den Airport zu erreichen.
- Statt Touren zu buchen, die vom Hotel organisiert werden, fährt man mit den öffentlichen Verkehrsmitteln zum Ausflugsziel und erkundet die Gegend auf eigene Faust.

3. Auf den folgenden Bildern sehen Sie vier touristische Szenen, die dem nachhaltigen Tourismus widersprechen. Stellen Sie sich vor, Sie erstellen ein Plakat. Es soll darauf hinweisen, was man vermeiden sollte, wenn man nachhaltig reisen will.

Ergänzen Sie zu den Bildern die Verhaltenshinweise. Fügen Sie auch eine Begründung an.

Formulierungshilfen: Vermeiden Sie ... ⇨ Verzichten Sie auf ... ⇨ Achten Sie darauf, dass ... ⇨ Seien Sie sich bewusst, dass ... ⇨ Sie sollten daran denken, dass ...

4. Lesen Sie den Artikel aufmerksam durch. Beantworten Sie im Anschluss die Fragen.

> Wer will, kann in Nebenstraßen, Kleinstädten oder abgelegenen Dörfern noch das normale Alltagsleben seines Gastlandes ausfindig machen. Wer diesen Aufwand jedoch scheut, ist mit standardisierten Hotels, täglich gesäuberten Stränden und kompetenten Guides überall auf der Welt gut bedient.
> Im Extremfall ist Reisen heute gleichbedeutend mit der Flucht in künstliche Welten, die Rundumbetreuung in der eigenen Muttersprache bieten und Ignoranz gegenüber der Ökologie und Politik des Gastlandes gestatten. Dann trifft man sich auf stetig bewässerten Golfplätzen im trockenen Andalusien, zum Schnorcheln am Roten Meer unter dem Schutz von al Sisis Schergen oder zum Ritt auf dauergestressten Elefanten in Sri Lanka.
>
> *Steffen Vogel: Welterfahrung und Weltzerstörung. Tourismus in Zeiten des Klimawandels.*

a) Im Text werden Merkmale des harten Tourismus beschrieben. Geben Sie diese stichwortartig wieder.

b) Erklären Sie, warum Menschen den herkömmlichen Tourismus bevorzugen, obwohl sie vielleicht durchaus über dessen Nachteile Bescheid wissen. Ergänzen Sie dazu den Satzanfang.

Menschen bevorzugen oft den herkömmlichen Tourismus, weil ______________________

____

____

5. Lesen Sie folgende Aussage. Beschreiben Sie anschließend, welcher Unterschied hier zwischen Reisenden und Touristinnen und Touristen gemacht wird.

> *„Der Reisende sieht Dinge, die ihm unterwegs begegnen, der Tourist sieht das, was er sich vorgenommen hat zu sehen.“*
>
> *G. K. Chesterton (1874–1936)*

6. Sprachreif?!

Wie gut Sie Inhalte verstanden haben, zeigt sich oft daran, ob Sie mit anderen darüber sprechen können und ob Sie Standpunkte vertreten können. Probieren Sie es aus!

Überlegen Sie sich zuerst, ob Sie den Aussagen voll, teilweise oder gar nicht zustimmen. Vergleichen Sie Ihre Meinungen in der Klasse, zum Beispiel mit simplen Handzeichen. Diskutieren Sie dann über unterschiedliche Ansichten. Achten Sie auf eine wertschätzende und konstruktive Diskussionskultur.

„Touristinnen und Touristen möchten immer eine heile Welt vorfinden, dabei ist es ihnen egal, wenn Diktatoren das Land beherrschen.“

„Im teuer erkauften Urlaub glauben Touristen und Touristinnen oft, sich alles erlauben zu können.“

„Kreuzfahrttourismus ist gar nicht so umweltfreundlich, wie er es zu sein vorgibt.“

„Wenn immer mehr Touristinnen und Touristen in die Dritte Welt reisen, könnten sie dort für mehr Frieden und Wohlstand sorgen.“

„Nachhaltiger Tourismus ist nur etwas für Idealisten oder ‚Aussteiger‘.“

„Die Staaten Südostasiens ‚machen ihr touristisches Geschäft‘ besser als die Staaten Afrikas.“

Einen interaktiven Safety-Check finden Sie in der TRAUNER-DigiBox.

Der Aufstieg der Schwellenländer

Unter Schwellenländern versteht man Länder, die einen raschen wirtschaftlichen Aufstieg hinter sich haben und sich auch weiterhin gut entwickeln. Noch haben sie aber nicht den Status eines Industrielandes wie z. B. Österreich erreicht, was sich an folgenden Merkmalen festmachen lässt:

- Die rasche wirtschaftliche Entwicklung fordert ihren Tribut: Umweltgesetze sind oft weniger streng und auch die Rechte der Arbeitnehmer/innen haben einen geringeren Stellenwert als in Industrieländern.
- Die Lohnkosten sind niedriger. Daher sind Schwellenländer attraktiv für ausländische Unternehmen, die Unternehmensbereiche, z. B. die Produktion, dorthin auslagern.
- Das alles macht Schwellenländer anfällig für politische und soziale Instabilität.

seinen Tribut fordern = sich nachteilig auf etwas auswirken

In diesem Kapitel lernen Sie ausgewählte Schwellenländer kennen. Anhand dieser Beispiele können Sie die genannten Merkmale nachvollziehen.

Meine Ziele

Nach Bearbeitung dieses Kapitels kann ich

- die Gründe und Folgen des wirtschaftlichen Aufstiegs der Golfstaaten beschreiben;
- Indien als wirtschaftlichen Aufsteiger erklären und mit China vergleichen;
- den Begriff „Tigerstaaten“ anhand von Südkorea und Taiwan erklären;
- China als „Fabrik der Welt“ analysieren;
- Brasilien als wichtigstes Schwellenland Lateinamerikas analysieren.

1 Reichtum am Persischen Golf

Ayla war letztes Jahr mit ihrer Familie in Dubai. Im Hotel ist ihr aufgefallen, dass viele Angestellte aus asiatischen Ländern stammen. Sie fragt sich, warum das so ist und warum hier kaum Einheimische arbeiten.

Die arabischen Staaten ziehen es vor, den Persischen Golf „Khaleej al-Arab", also Arabischen Golf, zu nennen.

Der einzige Rohstoff, der einige Länder des Südens reich gemacht hat, ist **Erdöl.** Zwei Drittel aller Erdölvorräte lagern im Gebiet um den Persischen Golf. Seit den 1920er Jahren wird Erdöl am Persischen Golf gefördert. Die steigende Nachfrage der reichen Industrieländer verursachte einen Wirtschaftsboom.

Ein Großteil des Geldes wurde in die **Infrastruktur** wie den Bau von Straßen, Flughäfen, Wasserleitungen, Meerwasserentsalzungsanlagen, den Ausbau der Elektrizitätsversorgung sowie in den Bau von Schulen und Krankenhäusern investiert. Die Mehrheit der einheimischen Bevölkerung profitierte von diesen Maßnahmen.

Autobahnkreuz in Dubai, Vereinigte Arabische Emirate

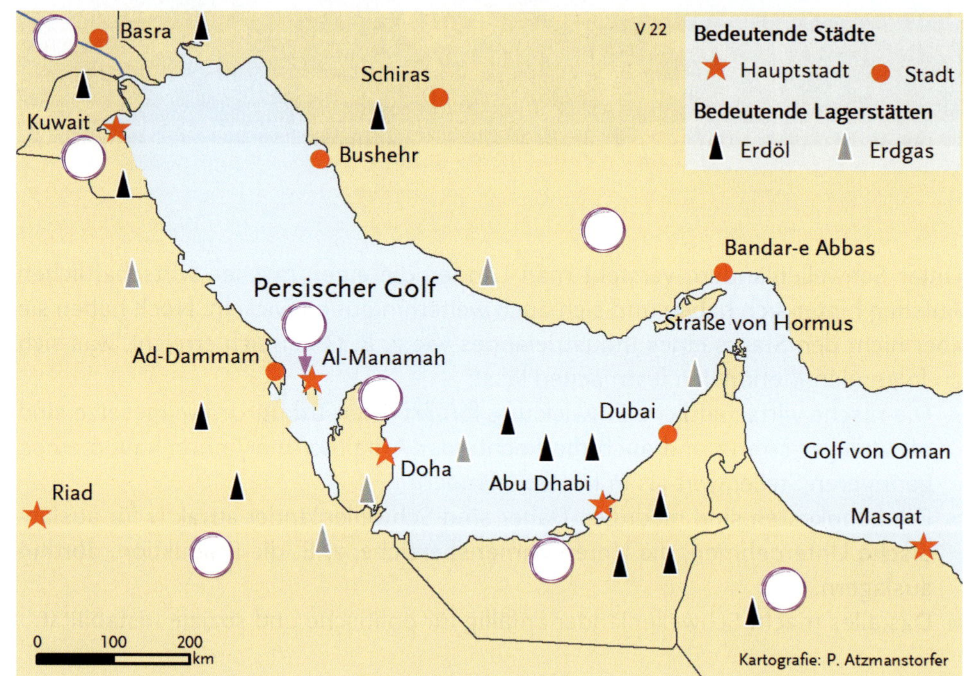

Ergänzen Sie auf der Karte die Golfstaaten. Tragen Sie dazu die entsprechende Nummer ein.
1 = Irak
2 = Oman
3 = Saudi-Arabien
4 = Kuwait
5 = Vereinigte Arabische Emirate
6 = Iran
7 = Katar
8 = Bahrain

DAS SOLLTEN SIE SPEICHERN

Der **Wirtschaftsaufschwung** am Persischen Golf wurde auch durch **Gastarbeiter/innen** ermöglicht. Diese arbeiten **für einen geringeren Lohn** als Einheimische.

Pakistani, Somalier/innen, Jemenitinnen und Jemeniten, Palästinenser/innen und Inder/innen treiben heute die Wirtschaft an. Männer arbeiten oft auf Großbaustellen, Frauen in Privathaushalten oder Hotels. Ganze Regionen in den Herkunftsländern hängen mittlerweile von ihren **Geldüberweisungen** ab. In vielen Golfstaaten stellen die Gastarbeiter/innen bereits die Mehrheit der Bevölkerung.

Beispiel: Anteil der Gastarbeiter/innen an der Gesamtbevölkerung
In Katar leben ungefähr zwei Mio. Gastarbeiter/innen. Das entspricht 80 % der Gesamtbevölkerung.

1.1 Katar – Wohlstand durch Gastarbeiter/innen?

Seit Katar als Austragungsort für die Fußballweltmeisterschaft 2022 bestimmt worden ist, wird das Land von internationalen Organisationen wie **Amnesty International** oder der **Internationalen Arbeitsorganisation** (= ILO) verstärkt beobachtet.

ILO = International Labour Organization

Für die Weltmeisterschaft investiert das Land viel Geld, z. B. in den Bau von Stadien oder in Straßen und andere Infrastruktur. Auf den Baustellen werden Gastarbeiter beschäftigt, und das zu schwierigen **Arbeitsbedingungen.** Die Arbeit bei hohen Temperaturen, oft auch ohne kühle Rückzugsorte, fordert ihren Tribut:

Bestimmen Sie, welches Klima in Katar herrscht. Blättern Sie hierfür zurück ins Kapitel „Wetter und Klima“.

Klima: ______________________

Die britische Tageszeitung „The Guardian“ berichtete von 6 500 Gastarbeitern, die verstorben seien, nachdem Katar 2010 für die Fußballweltmeisterschaft nominiert worden war. Bei den Verstorbenen würde es sich hauptsächlich um junge Männer handeln, die auf Großbaustellen gearbeitet hätten. Die Gesamtzahl der Todesopfer liegt aber wahrscheinlich höher. Daten aus Ländern wie beispielsweise Kenia und den Philippinen fehlen.

Die Regierung Katars äußerte sich zu den Todesfällen und verweist auf die große Anzahl an Gastarbeiterinnen und -arbeitern im Land. Dies würde die Zahl der Todesfälle relativieren.

Beziehen Sie Stellung zur Reaktion von Katars Regierung.

Neben den Arbeitsbedingungen sind auch die **Arbeitnehmer/innenrechte** ein Thema:

Aufenthalts- und Arbeitserlaubnis

Die Einreise und das Recht, im Land zu leben und zu arbeiten, werden vom Arbeitgeber kontrolliert. Gastarbeiter/innen können ihre Aufenthaltsgenehmigung nicht selbst verlängern.

Arbeitsplatzwechsel

Wollen ausländische Arbeitnehmer/innen den Arbeitsplatz wechseln, muss der Arbeitgeber dies zuvor genehmigen.

Während die Regel zur Aufenthalts- und Arbeitserlaubnis nach wie vor gültig ist, wurde die Bestimmung zum Arbeitsplatzwechsel im Jahr 2020 geändert: Die Arbeitnehmer/innen können nun über eine Onlineplattform kündigen, was die Abhängigkeit vom Arbeitgeber einschränkt.

Besprechen Sie gemeinsam in der Klasse die Idee, dass eine Kündigung online erfolgen kann. Welche Vorteile hat das für die Arbeitnehmer/innen?

Arbeitsaufgabe – „Wohlstand durch Gastarbeiter/innen?“

- Erklären Sie die hohe Todeszahl bei den Bauprojekten im Rahmen der Fußball-WM 2022.

1.2 Vereinigte Arabische Emirate (VAE)

Emirati = Person, die ursprünglich aus den Vereinigten Arabischen Emiraten stammt

Innerhalb von nur zwei Generationen durchlebten die Emiratis die technologische Entwicklung zweier Jahrhunderte: Während die Großeltern noch nach Perlen getaucht oder als Nomaden und Kamelzüchter die Wüste durchwandert haben, leiten ihre Enkel Immobilienunternehmen und wohnen in riesigen palastähnlichen Häusern mit mehreren Hausangestellten. Der **Wirtschaftsboom** lockt Menschen aus aller Welt an: Wie in Katar sind inzwischen ca. 80 % der Bevölkerung aus dem Ausland.

Eine kurze Geschichte der Vereinigten Arabischen Emirate

In den Vereinigten Arabischen Emiraten grenzt die Wüste direkt an die großen Städte

BRITISCHE KOLONIE

Bis in die 1960er

- Sieben Emirate ohne besondere Ressourcen
- Hauptsächlich Wüste
- Nomaden im Landesinneren
- Fischfang und Perlentaucherei an der Küste

1960er Jahre

- Erdölfunde in den Emiraten Dubai und Abu Dhabi durch die Kolonialmacht Großbritannien

POLITISCHE UNABHÄNGIGKEIT

1971

- Zusammenschluss der sieben Emirate zur Gründung der VAE
- Rasante Entwicklung: Bauboom und Tourismus als treibende Kräfte (Highways, Hotels, Flughäfen, Shoppingmalls etc.)

1.2.1 Boomtown Dubai

Skyline von Dubai

Machten die Einnahmen des Emirats Dubai aus Erdöl 1990 noch 50 % aus, wurde es in der Zwischenzeit zu einem „Hotspot“ für Investoren in der **Bauwirtschaft** und im **Tourismus.** Zahlreiche Immobilien wurden in die Wüste oder in Küstennähe ins Meer gebaut.

Wie in vielen anderen Ländern der Welt hat aber auch hier die **Coronapandemie** Spuren hinterlassen. Auch eine **Wirtschaftskrise** hat die Entwicklung seit 2009 negativ beeinflusst.

Herausforderungen für Dubai

Wirtschaftskrise

Ab dem Jahr 2009 wirkte sich die Weltwirtschaftskrise in den VAE aus. Die Immobilienpreise fielen um ca. 50 % und Schulden häuften sich an. Das einst rasante Bautempo wurde heruntergefahren. Viele der internationalen Investoren fielen aus.

Das benachbarte Emirat Abu Dhabi rettete Dubai mit einer kräftigen Finanzspritze vor dem Ruin.

Coronapandemie

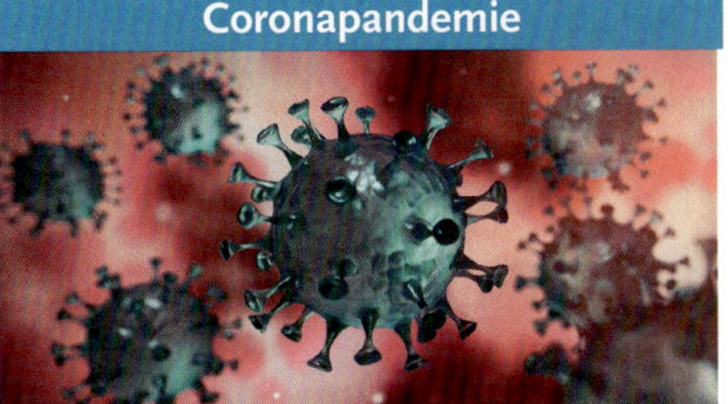

Mit der Coronakrise 2020 kamen neue Probleme auf Dubai zu: Der Flugverkehr und der Tourismus kamen kurzzeitig zum Erliegen.

Jedoch sind inzwischen 98 % der Bevölkerung geimpft und der Tourismus wurde wieder hochgefahren. 2021 wurde die für 2020 geplante Weltausstellung eröffnet – ein weiterer Impuls für den Tourismus.

Dubai ist das Emirat der Rekorde. Recherchieren Sie, welche Rekorde es dort gibt. Nennen Sie mindestens drei davon.

die Weltausstellung = internationale Ausstellung, die einen Überblick über den Stand der Technik und Kultur im Gastland geben soll

Zukunftsbranche Tourismus

Der Tourismus ist die Zukunftshoffnung für Dubai. Sonne, Meer, zahlreiche Golfplätze, Vergnügungsparks und Luxushotels sollen zahlungskräftige Touristinnen und Touristen anlocken. Auch im Tourismus sind – wie in der Baubranche – Gastarbeiter/innen beschäftigt.

Muhmmad – ein Gastarbeiter im Tourismus

Muhmmad stammt aus Pakistan und steht seit vier Jahren 13 Stunden pro Tag vor einem Souvenirladen hinter dem Gewürzsouk.

In seinem neuen Leben in Dubai verdient er rund 400 Euro pro Monat, 60 Euro zahlt er für eine Schlafgelegenheit, die er sich mit neun anderen Gastarbeitern teilt. Gekocht wird abwechselnd für alle, das kostet Muhmmad um die 40 Euro im Monat. Den Rest seines Geldes schickt er nach Hause, zu seiner Frau, seiner Mutter und seinen Schwestern.

Wenn Muhmmads Frau in Pakistan bald ihr erstes Kind bekommt, wird er noch immer Stoffkamele und Postkarten einer Stadt ohne Seele verkaufen. Dass die meisten Touristen nur flanieren und höchstens die Russen wirklich Geld ausgeben, hat Muhmmad schon gelernt. Auch, dass die gebildeten Nordinder die Shops besitzen, in denen die Ungebildeten aus Südindien und Pakistan schuften, gehört zu seinem Wissen.

Nur über seine Zukunft weiß er nicht viel. Sein Baby wird er das erste Mal sehen, wenn es ein paar Monate alt ist. Irgendwann will er endgültig zurück nach Pakistan, vielleicht in zehn Jahren, vielleicht erst später.

Nach: www.kofferpacken.at, abgerufen am 30. März 2022, gekürzt

der Souk = Basar

Dubai wird im Text nebenan als **„Stadt ohne Seele“** bezeichnet. Diskutieren Sie darüber, was damit gemeint sein könnte.

flanieren = gemütlich spazieren

2 Brasilien – ein Wirtschaftsgigant in Lateinamerika

Was verbinden Sie mit Brasilien?

„Was fällt dir spontan zu Brasilien ein?", fragt Peter seinen Sitznachbarn Emir. Die Antwort kommt prompt, denn Emir war schon mal in Brasilien. Er beginnt mit seiner Aufzählung: „Rio de Janeiro, Amazonas, Regenwald ..." Nach einer kurzen Pause setzt er fort: „Aber auch viele arme Menschen, Slums, Waisenkinder ..." Peter ist verwundert, denn so hat er Brasilien noch gar nicht wahrgenommen.

2.1 Vom Entwicklungs- zum Schwellenland

die Ökonomie = Wirtschaft

Brasilien entwickelte sich von einer Rohstoffökonomie zu einem industrialisierten Schwellenland. In den letzten Jahrzehnten war das Land einer der Aufsteiger der Weltwirtschaft. Bis es so weit war, machte Brasilien aber eine wechselvolle Entwicklung durch.

Arbeitsaufgabe – „Vom Entwicklungs- zum Schwellenland"

- Ordnen Sie die Phasen der wirtschaftlichen Entwicklung chronologisch:
  1 = früheste Phase, 5 = letzte Phase

☐ **Exportorientierte Industrialisierung:** Ab den 1980er Jahren siedelten sich aufgrund billiger Grundstücke und niedriger Personalkosten immer mehr ausländische Konzerne an: VW, Ford, Chrysler, General Motors, Novartis, Shell, Philips u. a. Die Produkte dieser Konzernbetriebe wurden jedoch nicht für den eigenen Markt produziert, sondern vor allem für den Export.

☐ **Eigene Konzerne entstehen:** Schließlich hat sich in Brasilien auch eine eigene Industrie entwickelt, die nicht von ausländischen Konzernen abhängig ist. Der Erdölkonzern Petrobras und der Bergbauriese Vale gehören zu den weltweit Größten ihrer Branche. Embraer ist nach Airbus und Boeing der drittgrößte Flugzeughersteller der Welt. Brasilianische Konzerne investieren vor allem in Lateinamerika, wo sie in vielen Branchen marktführend sind: Dazu gehören die Bergbau- und Erdölkonzerne, die Stahl-, Chemie- und Bauindustrie sowie die Agrarindustrie (v. a. Anbau und Verarbeitung von Soja).

☐ **Industrialisierung als Antwort auf den Preisverfall von Kaffee:** Nach dem katastrophalen Preisverfall für Kaffee im Jahr 1930 konnte Brasilien seine Importe kaum bezahlen. Man entschloss sich, früher importierte Güter selbst herzustellen, v. a. Konsumgüter wie Bekleidung, Schuhe und Elektroartikel. Da die meisten Brasilianer/innen jedoch sehr wenig Geld verdienten, wurden diese Produkte kaum gekauft.

☐ **Rohstofforientierung durch die portugiesische Kolonialisierung:** Seit der Kolonialisierung durch die Portugiesen ab dem 16. Jahrhundert lag der wirtschaftliche Fokus Brasiliens immer auf einem einzigen Rohstoff: zuerst Zuckerrohr, dann Gold, dann Baumwolle, dann Kautschuk und zuletzt vor allem Kaffee. Die Wirtschaft war abhängig von der Kolonialmacht Portugal und später von den Industrieländern. Nach jedem Rohstoffboom folgte eine schwere Krise.

☐ **Wirtschaftskrise, Fußball-WM, Olympia, Corona:** Seit 2014 durchlebt Brasilien eine schwere Wirtschaftskrise. Einerseits sanken am Weltmarkt die Preise für Rohstoffe, andererseits konsumierte die Bevölkerung aufgrund der schwachen Einkommensverhältnisse zu wenig. Internationale Großveranstaltungen wie die Fußball-WM 2014 und die Olympischen Sommerspiele 2016 führten zu noch größeren Verschuldungen. 2020 kam noch die Coronakrise dazu, die Brasilien besonders schwer traf.

2.2 Das Land der Gegensätze

DAS SOLLTEN SIE SPEICHERN

In den letzten Jahren war Brasilien von einer schweren **Wirtschaftskrise** betroffen, aus der es nur langsam herausfindet. Das größte Problem ist nach wie vor der gewaltige **Gegensatz zwischen Arm und Reich.**

Von den ca. 212 Mio. Einwohnerinnen und Einwohnern lebt die Hälfte weiterhin in Armut, obwohl zu Beginn des 21. Jahrhunderts mit zahlreichen Sozialprogrammen versucht wurde, den ärmeren Schichten zu helfen.

Die sozialen und wirtschaftlichen Gegensätze zeigen sich in unterschiedlichen Bereichen:

Urbanisierung und Bildung von Elendsvierteln

Die Industrialisierung verstärkte die Wanderungsströme in die großen Städte des Südens und führte zur Bildung von Slums (Favelas). Von den 180 Hügeln der Stadt Rio de Janeiro sind 68 von Favelas besetzt.

die Urbanisierung = Verstädterung; Englisch: urban = städtisch

Arbeitslosigkeit und Kriminalität

Arbeitslosigkeit und Kriminalität prägen die Slums. Oft ist die einzige Chance auf sozialen Aufstieg der Drogenhandel.

Die großen Drogenbosse, die „Narcos", finanzieren Sozialprojekte und zahlen auch Renten für die Familien ermordeter Straßendrogenhändler.

Monokulturen und Großgrundbesitz

Soja und Zuckerrohr sind wichtige brasilianische Exportprodukte, die in Monokulturen auf großen Plantagen angebaut werden. Zuckerrohr wird nicht nur in der Nahrungsmittelindustrie verwendet. Es dient auch zur Herstellung von Biokraftstoff.

Ausbeuterische Arbeitsverhältnisse sind insbesondere bei den Wanderarbeiterinnen und -arbeitern zu finden. Im Süden des Landes, wo große Ebenen die Landschaft prägen, werden immer mehr Maschinen eingesetzt, sodass die wenigen Arbeitsplätze im ländlichen Raum seltener werden.

Arbeitsaufgaben– „Das Land der Gegensätze“

1. Beschreiben Sie die sozialen und ökologischen Probleme, die durch Monokulturen entstehen können.

2. Ordnen Sie die Nummern auf der Karte den Texten zu.

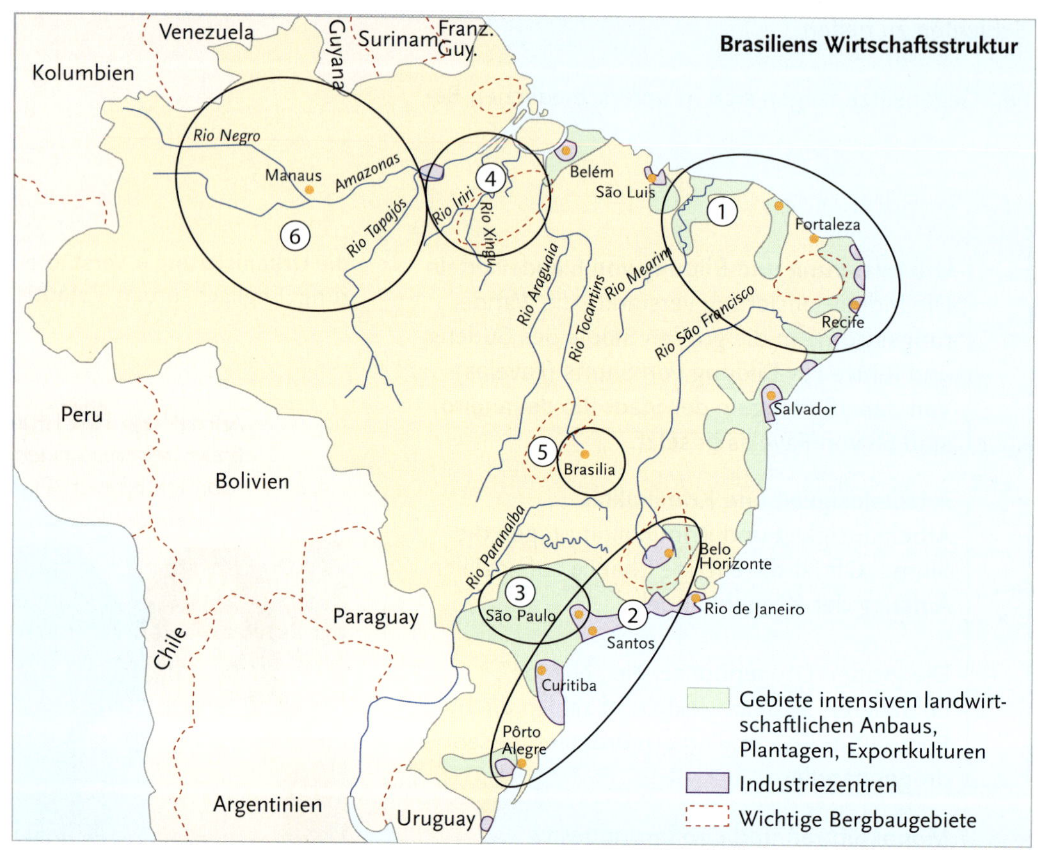

- [ ] Die Hauptstadt **Brasília** ist eine moderne Stadt. Sie wurde als neue **Hauptstadt** geplant und mitten in der Savanne in nur vier Jahren (1956–1960) errichtet. Es leben vor allem Angehörige der **Mittel- und Oberschicht** hier.
- [ ] Ein Großteil Brasiliens besteht aus dem dünn besiedelten **Regenwald** des Amazonastieflandes. Zentrum von Amazonien ist die Stadt **Manaus.**
- [ ] Im **Süden Brasiliens** befinden sich die reichen Regionen. Die moderne **Wirtschaft** und die **Industrie** konzentrieren sich auf eine Zone, die von Pôrto Alegre über São Paulo, Rio de Janeiro bis nach Belo Horizonte reicht.
- [ ] Die **ärmste Region** Brasiliens ist der Nordosten, der sogenannte **Sertão**. Das Klima ist dort sehr trocken, es herrscht Trocken- und Dornsavanne vor. Viele Bewohner/innen sind entweder nach Amazonien als Siedler/innen oder in den Süden abgewandert.
- [ ] Im Hinterland von **São Paulo** befindet sich das Hauptanbaugebiet von **Kaffee.** Brasilien ist nach wie vor der weitaus größte Kaffeeproduzent der Welt.
- [ ] Im **östlichen Amazonastiefland** liegt das größte **Bergbaugebiet** Brasiliens – Grande Carajás. Dort liegen die größten Eisenerzvorkommen der Welt. Ebenso gibt es Mangan, Bauxit, Kupfer und andere Metalle.

3 Gewinner China

Ayla würde gerne Chinesisch lernen, daher freut sie sich sehr, dass demnächst ein Kurs in ihrer Nähe beginnt. Jetzt muss sie nur noch ihre Eltern davon überzeugen. Eigentlich findet sie die Sprache und die Kultur interessant, doch vielleicht gibt es ja noch mehr Argumente. Sie überlegt.

Besprechen Sie in der Klasse, welche Argumente Ayla noch vorbringen könnte.

China gilt für viele als die **Weltwirtschaftsgroßmacht** der Zukunft. Das Land wird neben den USA und der EU das dritte große Zentrum der Weltwirtschaft werden. Innerhalb weniger Jahrzehnte gelang der Aufstieg von einem kommunistischen Land mit Fehlplanungen zur Fabrik der Welt.

3.1 Die sozialistische Marktwirtschaft – ein Sonderweg Chinas

Bis 1978 gab es in China eine **kommunistische Planwirtschaft.** Was versteht man darunter? Zunächst ist es wichtig, die Begriffe des Kommunismus und der Planwirtschaft zu kennen:

- Der **Kommunismus** ist ein **gesellschaftliches und politisches Konzept.** Allen Menschen soll gemeinsam das gehören, was für den Lebensunterhalt notwendig ist, z. B. Fabriken und Bodenschätze.
- Die **Planwirtschaft** hingegen ist eine **Wirtschaftsordnung.** In der Theorie soll dadurch sichergestellt werden, dass alle Güter gerecht verteilt werden. Niemand soll mehr oder weniger haben als andere.

Die Umsetzung des Kommunismus in der Politik führte in der Realität oft zu Diktatur und Terror. Auch China ist hier keine Ausnahme.

Kommunismus und Planwirtschaft treten in der Regel (aber nicht immer!) gemeinsam auf.

Das macht eine kommunistische Planwirtschaft aus:

- Eine **zentrale Behörde** legt fest, was und in welcher Menge produziert wird. In Betrieben soll nur der vorgegebene **Plan** erfüllt werden.
- Die **Produktionsmittel** sind im Staatseigentum.
- Der **Preis** für Produkte wird **staatlich festgesetzt.** Die **Produkte** werden **zugeteilt.**

Produktionsmittel = Güter, die zur Produktion benötigt werden (z. B. Gebäude oder Maschinen)

Die staatliche Lenkung der Wirtschaft führte zu Fehlplanungen und Engpässen bei der Versorgung mit Konsumgütern (z. B. Nahrungsmitteln). Ab 1978 wurde in China daher ein **Reformprogramm** durchgesetzt: Die sozialistische Marktwirtschaft entstand.

der Engpass = Notlage, schwierige Situation

DAS SOLLTEN SIE SPEICHERN

In der **sozialistischen Marktwirtschaft** bleibt das **politische System kommunistisch,** das **wirtschaftliche System** bewegt sich aber in **Richtung Marktwirtschaft.**

Deng Xiaoping (1904–1997), Nachfolger von Mao Zedong und Wegbereiter des Reformprogramms

In der sozialistischen Marktwirtschaft bestimmen **private Unternehmen** das Wirtschaftsgeschehen. Auf politischer Ebene gibt es jedoch nur eine Partei, nämlich die **kommunistische Partei.** Es existiert somit keine Demokratie im westlichen Sinn. Die Partei bestimmt prinzipiell die Richtung der Wirtschaft, mischt sich aber nicht in Details ein.

Arbeitsaufgaben – „Die sozialistische Marktwirtschaft"

1. Recherchieren Sie, welche Länder derzeit kommunistisch regiert werden. Nennen Sie mindestens drei.
2. Stellen Sie eine Theorie auf, warum die Planwirtschaft in China zu Problemen geführt hat.

3.2 Sonderwirtschaftszonen

Im Zuge der Änderungen ab 1978 entstanden Sonderwirtschaftszonen in Südchina, in denen **private Marktwirtschaft** möglich war. Vorbild waren die freien Produktionszonen in anderen Ländern, in denen von ausländischen Konzernen Waren für den Export hergestellt werden.

Shenzen war vor der Öffnung 1978 eine Kleinstadt mit 20 000 Einwohnerinnen und Einwohnern direkt an der Grenze von Hongkong. Heute ist Shenzen eine Großstadt.

Beispiel: Shenzen
Die bekannteste Sonderwirtschaftszone ist Shenzen, die an Hongkong anschließt. Für diese Zone wurden umfangreiche infrastrukturelle Einrichtungen (z. B. Gebäude, Straßen etc.) geschaffen. Später wurde die Zahl der Sonderwirtschaftszonen vervielfacht. Sie liegen vor allem an der Küste, wo eine Region des Wohlstandes entstanden ist.

Hongkong ist seit 1997 Teil der Volksrepublik China.

Die **niedrigen Lohnkosten** lockten zunächst Unternehmen aus der ganzen Welt an. China entwickelte sich innerhalb kurzer Zeit zur „Fabrik der Welt". Hier wurden mehr Schuhe, mehr Textilien, mehr Spielzeuge und Sportgeräte erzeugt als irgendwo sonst. Und zum Teil gilt dies bis heute, obwohl durch die steigenden Lohnkosten viele chinesische Produzenten nun selbst in noch billigere Standorte Südostasiens auswandern.

Recherchieren Sie nach Staaten, die ebenfalls freie Produktionszonen (Sonderwirtschaftszonen) haben. Geben Sie drei an.

Chinesische Unternehmen interessieren sich auch für ausländische Unternehmen. Es kommt zu **Beteiligungen** oder **Übernahmen,** wie das folgende Beispiel zeigt:

Beispiel: Lenovo übernimmt IBM
2004 übernahm der chinesische Computerproduzent Lenovo das US-amerikanische Unternehmen IBM, welches als Computermarke daraufhin vom Markt verschwand. Damals eine Sensation, ist es heute „normal" geworden, dass chinesische Unternehmen in Bereiche vordringen, die noch vor Kurzem als europäische oder US-amerikanische Domänen galten.

Warum sich ausländische Konzerne in den Sonderwirtschaftszonen ansiedeln, erfahren Sie im Kapitel „Globalisierung" ab S. 219.

3.3 Die Schattenseiten des Aufstiegs

China hat sich in eine positive Richtung entwickelt. Dennoch gibt es Schattenseiten.

Arbeitsaufgaben – „Die Schattenseiten des Aufstiegs“

- Jeder der nachfolgenden Zeitungsartikel behandelt ein aktuelles Problem Chinas. Lesen Sie die Texte aufmerksam durch und lösen Sie dann die zugehörigen Aufgaben.

  a) In den Texten befinden sich einige Fachbegriffe. Hier sehen Sie die Definitionen, doch welche Begriffe werden beschrieben? Finden Sie die Begriffe in den Texten und ergänzen Sie sie.

  Jemanden beeinflussen, einer Gehirnwäsche unterziehen (Hauptwort): ______________________

  Zu einer bestimmten Volksgruppe gehörend: ______________________

  Streben nach Abspaltung und Eigenständigkeit: ______________________

  Verbreitung politischer Ideen, um andere zu beeinflussen: ______________________

  Extrem hoch: ______________________

  Wissenschaft von der Bevölkerung: ______________________

  b) Formulieren Sie zu jedem Artikel eine Überschrift, die das Problem am besten darstellt.

Schon heute leben etwa 60 Prozent der 1,4 Milliarden Chinesen in einer Stadt. Bis 2030 werden es 75 Prozent sein.

Weit über die Hälfte der Stadtbewohner sind sogenannte Wanderarbeiter. Sie kommen von außerhalb, aus ländlichen Regionen, und haben keine Aufenthaltsrechte in der Stadt. Sie sind hier, um zu arbeiten, sind ohne eigene Rechte lediglich geduldet. Sie sorgen als Verkäufer, Dienstleister, Kellner, Reinigungskräfte, Bauarbeiter oder Monteure dafür, dass die Stadt überhaupt funktioniert.

Mit ihrem geringen Gehalt allerdings können sich die Wanderarbeiter die horrenden Mieten für moderne Stadtwohnungen nicht leisten.

www.zdf.de, 28. September 2021, gekürzt

Nach Berichten von Menschenrechtsgruppen sind hunderttausende Uiguren und andere Angehörige von Minderheiten in den vergangenen Jahren in Xinjiang in Umerziehungslager gesteckt worden. Es gibt Vorwürfe der Folter, Misshandlung und Indoktrinierung. In Xinjiang gibt es Spannungen zwischen den herrschenden Han-Chinesen und ethnischen Minderheiten. Uiguren beklagen kulturelle und religiöse Unterdrückung. Peking wirft ihnen Separatismus und Terrorismus vor.

www.derstandard.at, 8. März 2022, gekürzt

Diese Woche wird in Peking im Nationalen Volkskongress das Wirtschaftsprogramm des neuen Fünf-Jahres-Plans diskutiert. Ein wichtiger Punkt: die Armutsbekämpfung und die Kluft zwischen Stadt und Land. Schon am vergangenen Freitag hat Präsident Xi Jinping dazu eine neue Propaganda-Botschaft verkündet: Den Sieg über die Armut. Xi hat das mit pathetischen Worten verkündet: „99 Millionen arme Menschen konnten in ländlichen Regionen aus ihrer Armut befreit werden. Wir konnten alle betroffenen Regierungsbezirke und Dörfer von der Armutsliste streichen. Die beschwerliche Aufgabe, absolute Armut auszulöschen, ist erledigt. Das ist ein historisches Wunder.“ Das Politbüro in China definiert auch eine Grenze für dieses „Wunder“. Wer mehr als 1,25 Euro pro Tag zur Verfügung hat, lebt demnach über der Armutsgrenze. Die Weltbank setzt allerdings die Armutsgrenze höher an als die chinesische Regierung: 4,50 Euro täglich seien in China im Schnitt nötig, um nicht als arm zu gelten.

www.kurier.at, 28. Februar 2021, gekürzt

Die Prognosen für die Demografie in China sehen nicht rosig aus. Offensichtlich altere die chinesische Bevölkerung schneller als erwartet, sagte der Ökonom Zhiwei Zhang zu den Daten. „Das deutet darauf hin, dass Chinas Gesamtbevölkerung 2021 ihren Höchststand erreicht haben könnte.“ Obwohl die Behörden 2016 die Ein-Kind-Politik gelockert hatten und es Paaren vergangenes Jahr sogar erlaubten, drei Kinder zu bekommen, haben die Änderungen keinen Babyboom ausgelöst. In der chinesischen Führung mehren sich die Sorgen vor einer Überalterung der Gesellschaft sowie eines Arbeitskräftemangels.

www.dw.com, 17. Jänner 2022, gekürzt

3.4 Die neue Seidenstraße – ein Zukunftsprojekt?

1877 hat der deutsche Geograf Ferdinand von Richthofen (1833–1905) den Begriff „Seidenstraße" erstmals verwendet. Bis dahin hatte der wohl älteste Handelsweg auf diesem Planeten keinen bestimmten Namen.

Chinas wirtschaftlicher Aufstieg bringt auch **neue Infrastrukturprojekte** hervor, z. B. die neue Seidenstraße. Doch so neu ist dieses Projekt nicht: Die Seidenstraße war bereits in der Antike und im Mittelalter ein wichtiger Handelsweg. Das wichtigste Handelsgut im damaligen China war die Seide – daher auch der Name der Route.

An dieses historische Erbe knüpft China heute an: Seit 2013 wird in den Ausbau der Infrastruktur investiert, um den internationalen Handel zu fördern. Das Projekt **Neue Seidenstraße** entstand und wird seitdem kontinuierlich weiterverfolgt.

firmieren = einen bestimmten Namen führen

„Think big" – dieses Motto gilt für viele Projekte in China. Keines aber ist derart gigantisch wie die „Belt and Road Initiative", die auch unter dem Namen „Neue Seidenstraße" firmiert. Mehr als 1 000 Milliarden Dollar will die chinesische Regierung in Gleise, Straßen, Häfen und Brücken in über 100 Ländern investieren. Am Ende soll ein weit verzweigtes Transport- und Handelsnetz stehen, das die aufstrebende Großmacht noch enger als bisher mit der Welt verbindet. Ganz so wie einst die alte Seidenstraße, das historische Vorbild. Nach außen demonstriert China mit dem neuen Seidenstraßen-Projekt, dass es selbstbewusst, stark und international akzeptiert ist – Eigenschaften, die eine Großmacht ausmachen. Gelingt es der chinesischen Regierung tatsächlich, das Projekt umzusetzen, hat das neue Seidenstraßen-Projekt zudem das Zeug, die Welt zu verändern. Anstelle von Amerika und Europa stehen dann Asien und Europa im Mittelpunkt.

www.planet-wissen.de, 29. Juni 2021

Die neue Seidenstraße

Arbeitsaufgaben – „Die neue Seidenstraße"

1. Stellen Sie fest, durch welche Länder die Landrouten der neuen Seidenstraße verlaufen.

   Nördliche Landroute: ______________________________

   ____

   Südliche Landroute: ______________________________

   ____

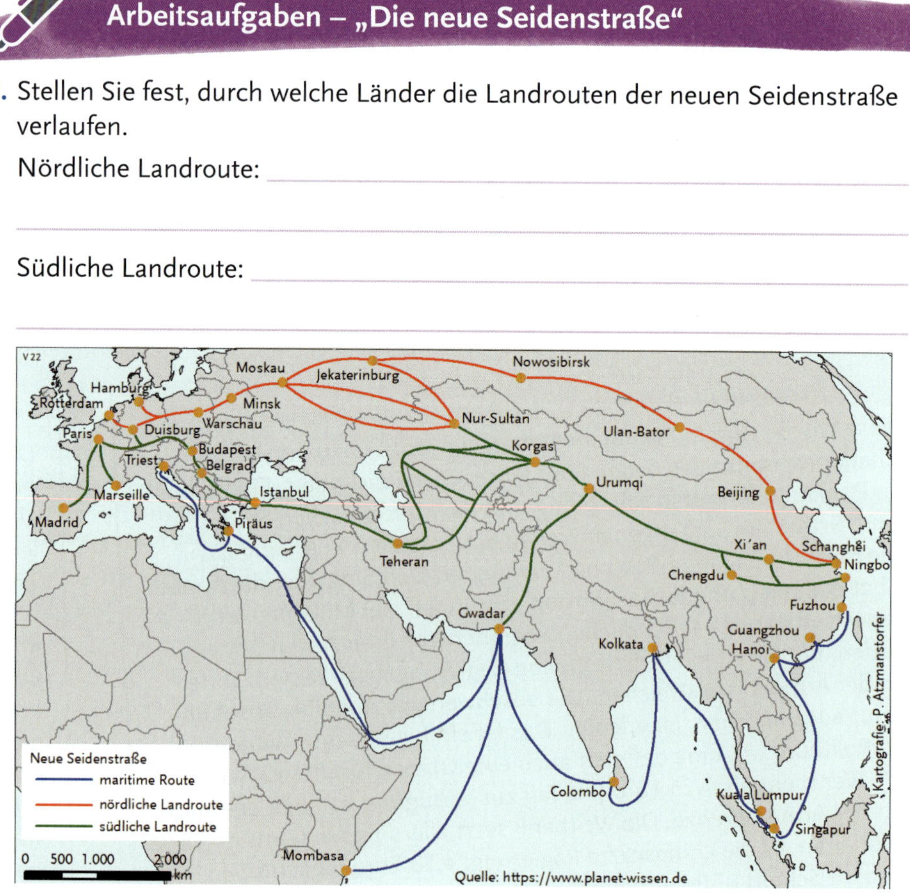

2. Begründen Sie die Einbeziehung Afrikas in die neue Seidenstraße.

Die Hauptstadt von Kasachstan hieß von 2019 bis 2022 Nur-Sultan. Ende 2022 erfolgte die Rückbenennung in Astana.

4 Indien – neue Konkurrenz im Süden

Die Kultur Indiens hat ihre Spuren in Europa hinterlassen: Indische Lokale sind ebenso wie Angebote für Yoga und fernöstliche Meditation fast überall anzutreffen. So entsteht ein Bild von Indien, das mit der Realität oft nicht mehr viele Gemeinsamkeiten aufweist. Auch Peter ist sich dessen bewusst. Er möchte daher gerne mehr über die Situation im Land erfahren.

Was verbinden Sie mit Indien?

Mumbai – eine Stadt der Gegensätze

Neben China ist Indien im 21. Jahrhundert zu einer neuen Weltwirtschaftsmacht herangewachsen. Allerdings kämpft auch Indien mit großen sozialen und wirtschaftlichen Gegensätzen.

Beispiel: Indiens Gegensätze in Zahlen
Im Jahr 2020 belegte das Land Platz 5 der größten Volkswirtschaften der Welt, gemessen am Bruttoinlandsprodukt. Gleichzeitig lebt ungefähr die Hälfte der Bevölkerung in absoluter Armut, 75 % leben in Dörfern.

Arbeitsaufgabe – „Gegensätze in Indien“

- Ergänzen Sie in den Texten die zugehörigen Städte bzw. Regionen. Verwenden Sie dazu einen analogen oder digitalen Atlas.

Bihar | Kolkata | Bengaluru | Ahmedabad | Mumbai | Orissa

Die Region von ______________ ist das Zentrum der Textil- und Lederindustrie, allerdings auf Kosten von Frauen und Kindern, die als unterbezahlte Arbeitskräfte tätig sind.

Weite Teile Indiens, z. B. der Norden mit dem Himalajavorland oder der ländlich geprägte Osten (v. a. die Staaten ______________ und ______________), haben von der wirtschaftlichen Entwicklung bisher kaum profitiert. Hier dominiert die kaum mechanisierte Landwirtschaft.

Im Osten des Landes in der Region um ______________ liegt das Zentrum der Schwerindustrie. Indien ist der siebtgrößte Stahlproduzent der Erde. Erfolgreiche indische Stahlkonzerne investieren mittlerweile weltweit und kaufen Stahlwerke auf.

In ______________ werden 35 % des indischen Bruttoinlandsproduktes erwirtschaftet. Diese Stadt ist auch das Zentrum der indischen Filmindustrie („Bollywood“). Eine schmale Oberschicht führt hier einen luxuriösen westlichen Lebensstil.

Im südindischen ______________, dem indischen Silicon Valley, und auch in anderen Regionen wie Chennai (Madras) und Hyderabad ermöglichen zahlreiche Ansiedlungen multinationaler Konzerne einer halben Million Softwareingenieuren ein relativ angenehmes Dasein.

4.1 Indiens Wirtschaft

Die Wirtschaft Indiens ist vielfältig, die IT- und die Biotechnologiebranche haben aber einen besonderen Stellenwert.

Geben Sie je drei Stichwörter, die Sie für wichtig erachten, zu den einzelnen Branchen wieder.

Softwareentwicklung

Indiens Wachstum wird zu einem beachtlichen Teil vom Geschäft mit **Software** getragen. Die Schwerpunkte sind Anwendersoftwarepakete (z. B. MS Office) und Unternehmenssoftware. Das zweite Standbein ist die Übernahme kompletter Geschäftsprozesse, das sogenannte **„Business Process Outsourcing“** (BPO). Viele Fluggesellschaften haben ihre Reservierungszentralen nach Indien verlegt, Kreditkartenunternehmen wie Visa oder American Express ihre Reklamationsabteilungen. Für viele Inder/innen ist ein Job in einem Callcenter ein großer sozialer Aufstieg.

Automobilindustrie

Die indische Automobilindustrie hat sich in den letzten Jahren sehr stark entwickelt. Die wichtigsten Standorte liegen im **Großraum Mumbai.** Das Unternehmen Tata, dessen Hauptsitz in Pune liegt, will mit einem Kleinwagenmodell, das nicht einmal 2.000,00 EUR kostet, auch die europäischen und amerikanischen Märkte erobern.

Filmindustrie

Seit den 1930er Jahren hat sich in Indien eine eigene Filmindustrie entwickelt. In Anlehnung an das amerikanische Hollywood nannte man die indische Filmindustrie **Bollywood** (Bombay und Hollywood). Heute werden jährlich über 800 Filme erzeugt (in Hollywood nur ca. 300). Die indischen Filme werden auch in Lateinamerika und Afrika immer populärer und in Europa gewinnen sie ebenfalls Fans.

Biotechnologie

Der indische Staat fördert auch die Biotechnologie als wichtigen Zukunftsmarkt. In diesem Sektor soll wiederholt werden, was im Computerbereich bereits gelungen ist. Bis 2010 entstanden zehn neue **Biotechzentren** mit rund einer Million neuer Arbeitsplätze. Ausländischen Investoren hat die Regierung geringe Steuern als Investitionsanreiz eingeräumt. Indien ist bereits jetzt der viertgrößte Produzent von **Pharmazeutika.**

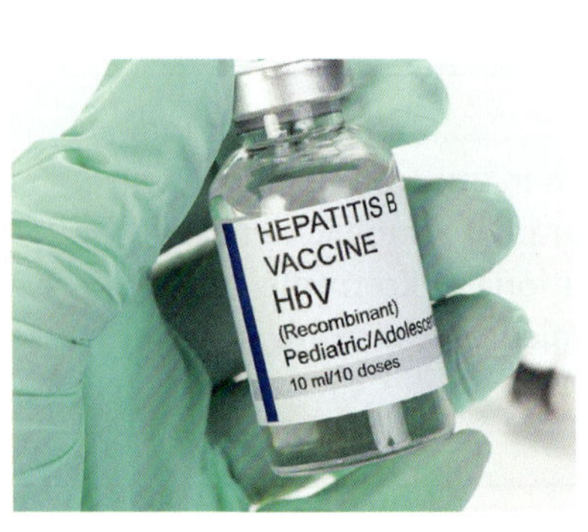

Beispiel: Biotechnologie

Eine besondere Erfolgsgeschichte ist der in Hyderabad entwickelte Impfstoff gegen Hepatitis B. Aber auch andere Impfstoffe werden erfolgreich exportiert. Die USA beziehen große Mengen Masernimpfstoff aus Indien.

Die Stärken der indischen Wirtschaft

Dass sich die indische Wirtschaft zumindest in einigen Regionen gut entwickeln konnte, liegt an den folgenden Stärken:

- Großes Potenzial an jüngeren Arbeitskräften
- Großes Angebot an qualifizierten Arbeitskräften – 14 Mio. Universitätsabsolventinnen und -absolventen im Jahr
- Vergleichsweise geringe Arbeitskosten – auch bei Hochqualifizierten
- Englisch als Geschäftssprache – Englisch als verbindende Sprache für alle Inder/innen
- Große Tradition der Privatwirtschaft

Arbeitsaufgabe – „Stärken der indischen Wirtschaft"

- Vergleichen Sie die Stärken der Wirtschaft Indiens mit jenen Chinas: Wo kann Indien im Vergleich zu China punkten?

4.2 Politische Schattenseiten

Wirtschaftliche Entwicklung geht nicht immer mit sozialem Frieden einher, insbesondere dann, wenn Teile der Bevölkerung nicht davon profitieren. In Indien verursachen nationalistische Strömungen Spannungen, die sich in Protesten entladen.

Nationalistische Strömungen heben das eigene Land besonders hervor. Gleichzeitig werten sie andere Länder oder Volksgruppen ab. Anhänger/innen dieser Strömungen werden **Nationalisten** genannt.

Bei den schlimmsten religiösen Unruhen in Indiens Hauptstadt Neu-Delhi seit Jahrzehnten ist die Zahl der Toten auf 35 gestiegen. Wie die Zeitung „Indian Express" berichtete, wurden bei den Krawallen in mehrheitlich muslimischen Wohngebieten auch mehr als 250 Menschen verletzt.

Der hindu-nationalistische Premierminister Narendra Modi wird beschuldigt, nicht früh genug eingeschritten zu sein. Unter den Augen der Polizei hatten Männer mit Eisenstangen, Stöcken und Molotowcocktails tagelang Häuser und Geschäfte von Muslimen in Brand gesteckt und auf Einwohner eingeschlagen. Mindestens vier Moscheen wurden zerstört.

Die Unruhen stehen in Zusammenhang mit dem neuen Staatsbürgerschaftsgesetz, das nur Nichtmuslimen aus Bangladesch, Afghanistan und Pakistan ermöglicht, Bürger Indiens zu werden – unter bestimmten Bedingungen. Kritiker sehen in dem Gesetz einen weiteren Schritt zur „Hinduisierung" Indiens durch Modis Nationalisten. In der Verfassung ist der Staat zu religiöser Neutralität verpflichtet.

www.fr.de, 27. Februar 2020, gekürzt

Narendra Modi, amtierender Premierminister Indiens

Arbeitsaufgabe – „Politische Schattenseiten"

- Fassen Sie die Gründe für die Ausschreitungen in Indien zusammen.

5 Tigerstaaten

Aylas Freundin Hannah ist ein K-Pop-Fan. K-Pop ist eine Abkürzung für „Korean Popular Music". Um ihre Lieblingsband Blackpink live zu hören, war sie sogar einmal in Südkorea und hat ein bisschen Koreanisch gelernt. „Gibt es K-Pop eigentlich nur in Südkorea? Was ist mit Nordkorea?", fragt Ayla.

K-Pop konnte sich nur in Südkorea entwickeln. Diskutieren Sie darüber, warum das so sein könnte.

Seit den 1980er Jahren entwickeln sich auch die kleineren Staaten Ost- und Südostasiens sehr gut. Aus ehemals armen Entwicklungsländern sind erfolgreiche Schwellen- und junge Industrieländer geworden, die mit Europa und den USA durchaus mithalten können.

DAS SOLLTEN SIE SPEICHERN

Aufgrund des **raschen wirtschaftlichen Aufstiegs** werden diese Staaten Tigerstaaten genannt. Der **Tiger** ist ein **Symbol für Schnelligkeit und Aggression.** Die vier Tigerstaaten sind **Südkorea, Taiwan, Singapur** und **Hongkong.**

5.1 Südkorea – vom Armenhaus zum wohlhabenden Industrieland

Die **koreanische Halbinsel** wurde **1948** politisch in das kommunistische Nordkorea und das westlich orientierte Südkorea **geteilt.** Ursprünglich hatte Nordkorea die besseren wirtschaftlichen Voraussetzungen, ein Großteil der Rohstoffvorkommen lag im Norden (u. a. Eisenerz und Steinkohle). Darüber hinaus war der Norden wesentlich stärker industrialisiert.

Wiederholen Sie die Begriffe „Kommunismus" und „Planwirtschaft".

DAS SOLLTEN SIE SPEICHERN

Durch die **kommunistische Planwirtschaft** wurde **Nordkorea** in den **Ruin** getrieben. In **Südkorea hingegen** entwickelte sich eine **blühende Wirtschaft.**

Südkorea war 1950 das ärmste Land der Welt (Pro-Kopf-Einkommen ca. 80,00 USD im Jahr). Heute werden dort vorwiegend Computer, Smartphones, Halbleiter und Unterhaltungselektronik hergestellt. In der Produktion von Halbleitern, Flachbildschirmen und Schiffen sind südkoreanische Unternehmen weltweit führend.

Erfolgsfaktor: Jaebeols

Charakteristisch für die südkoreanische Wirtschaft sind die sogenannten Jaebeols. Das sind große **Mischkonzerne,** die von einem Familienclan geführt werden und Unterstützung von der Regierung erhalten.

Nach der schweren **Wirtschaftskrise 1997** kamen einige Jaebeols in große finanzielle Schwierigkeiten. So musste z. B. Daewoo seine Automobilsparte an General Motors verkaufen. In der Zwischenzeit hat sich die südkoreanische Wirtschaft jedoch wieder erholt.

Beispiel: Samsung – der größte südkoreanische Konzern
Ursprünglich als Lebensmittelladen (!) gegründet, ist Samsung heute der größte südkoreanische Mischkonzern. Hier einige Fakten:

- Weltweit beschäftigt Samsung ca. 250 000 Mitarbeiter/innen.
- Die von Samsung bezahlten Steuern machen 8 % der Staatseinnahmen in Südkorea aus.
- Ein Fünftel der südkoreanischen Exporte besteht aus Samsung-Produkten.

In Europa ist Samsung ausschließlich als Elektronikunternehmen bekannt. Die Samsung-Gruppe ist aber auch in vielen anderen Branchen tätig: Stahlindustrie, petrochemische Industrie, Schiffsbau, Bauwesen, Versicherungswesen und Unterhaltungsindustrie.

Arbeitsaufgabe – „Südkorea“

- Begründen Sie, warum sich Nordkorea nicht so erfolgreich entwickelt hat wie Südkorea.

5.2 Taiwan – kleine Insel ganz groß

Taiwan ist eine kleine, dicht besiedelte Insel vor dem chinesischen Festland. Es ist ein Staat, den es offiziell gar nicht gibt. Die Volksrepublik China sieht in Taiwan eine abtrünnige Provinz, die man irgendwann wieder in den chinesischen Staat eingliedern muss.

abtrünnig = treulos, verräterisch

Die Taiwanesinnen und Taiwanesen betrachten ihre Insel als das eigentliche China. Unabhängig von der Politik hat sich die Wirtschaft aber sehr gut entwickelt. Aus einem armen Entwicklungsland ist ein junger Industriestaat geworden.

Achtung: Taiwan heißt offiziell Republik China. Nicht verwechseln mit der Volksrepublik China!

Gründe für den Aufstieg Taiwans

Die Voraussetzungen für das Wirtschaftswunder von Taiwan sind vielfältig.

Voraussetzung 1: vom Spielzeugproduzenten zum Laptopmarktführer

Taiwan hat nach dem Ende des Zweiten Weltkrieges ein Wirtschaftswunder geschaffen, zunächst durch landwirtschaftliche Produktion, dann durch den Export von Billigprodukten. So erzeugte Taiwan ursprünglich billige Textilien, Spielzeug und Sportgeräte wie Tennisschläger oder Fahrräder.

Gegenwärtig wird Taiwans Wirtschaftsentwicklung vor allem von der Informationstechnologie angetrieben, bei der Taiwan in vielen Produktgruppen Weltmarktführer ist. Da Taiwan hauptsächlich als Zulieferer für die großen Unternehmen („original equipment manufacturers") produziert, ist dies bislang kaum bekannt geworden.

Geben Sie zwei Erfolgsrezepte von Acer aus dem Text nebenan wieder.

1 ______________________

2 ______________________

das Subunternehmen = Unternehmen, das von einem Hauptunternehmen Aufträge erhält

Beispiel: Acer – das bekannteste taiwanesische Unternehmen

Acer ist das derzeit drittgrößte Computerunternehmen der Welt. Es wurde 1976 in Taiwan gegründet und beschäftigt heute ca. 8 000 Personen, von denen nur ein Drittel in Taiwan arbeitet. Neben PCs und Laptops werden auch Server und Monitore erzeugt.

Acers Erfolgsrezept besteht darin, sich auf die Entwicklung von Produkten und deren Marketing zu konzentrieren. Fabriken besitzt Acer schon lange nicht mehr. Die Herstellung wurde an Subunternehmen ausgelagert und findet vor allem in der Volksrepublik China statt. Das ermöglicht Acer große Flexibilität. Denn wenn die Nachfrage kurzfristig zurückgeht, kann man Tausende Arbeitskräfte in China problemlos entlassen, sie aber bei Bedarf sofort wieder einstellen. Das Risiko dieser Schwankungen tragen im Grunde lediglich die Subunternehmen.

Voraussetzung 2: Reichtum und Wissen

Als 1949 die kommunistische Partei im chinesischen Bürgerkrieg siegte, flohen einige Millionen Chinesinnen und Chinesen auf die Insel Taiwan. Sie brachten Goldreserven mit, ebenso ausländisches Geld (Devisen). Vielfach waren Wissenschaftlerinnen und Wissenschaftler, Technikerinnen und Techniker sowie Wirtschaftsexpertinnen und -experten darunter.

Voraussetzung 3: kaum soziale Probleme

Taiwan hat es bei seinem rasanten wirtschaftlichen Aufstieg geschafft, zu große soziale Unterschiede in der Gesellschaft weitgehend zu vermeiden. Hunger und Elendssiedlungen sind im heutigen Taiwan unbekannt. Die niedrige Arbeitslosenrate von 3,7 % (2022) sowie der hohe Alphabetisierungsgrad von über 96 % tragen dazu bei.

Arbeitsaufgabe – „Taiwan – kleine Insel ganz groß"

- Beschreiben Sie die Beziehung zwischen Taiwan und China.

WortschatzBox – „Der Aufstieg der Schwellenländer"

- Fügen Sie den Definitionen die folgenden Fachbegriffe hinzu.

Planwirtschaft ⟹ Jaebeol ⟹ Propaganda ⟹ Kommunismus ⟹ Urbanisierung ⟹ Sonderwirtschaftszone ⟹ Tigerstaaten ⟹ Bollywood

Erklärung	Fachbegriff
Gesellschaftliches und politisches Konzept: Allen Menschen soll gemeinsam das gehören, was für den Lebensunterhalt notwendig ist.	
Der Staat lenkt die Wirtschaft, indem er z. B. festlegt, was und wie viel produziert wird.	
In einem Land entstehen immer mehr Städte bzw. die vorhandenen Städte werden größer und breiten sich aus.	
Region in China, wo private Marktwirtschaft erlaubt ist und ausländische Unternehmen für den Export produzieren	
Der Begriff bezeichnet die Verbreitung politischer Ideen, um andere zu beeinflussen.	
Gemeinsame Bezeichnung für kleinere Staaten in Ost- und Südostasien, die eine rasante Entwicklung durchlaufen haben	
Bezeichnung für die indische Filmindustrie	
Große Mischkonzerne in Südkorea, die sich im Familienbesitz befinden und von der Regierung unterstützt werden	

Ziele erreicht? – „Der Aufstieg der Schwellenländer"

KOMPETENZ-ERWERB

1. Schwellenländer-Quiz

Welches Land liegt am Persischen Golf?

◯ Kasachstan ◯ Saudi-Arabien ◯ Jemen

In welchem Land heißt die Hauptstadt so wie das Land selbst?

◯ Kuwait ◯ Oman ◯ Bahrain

Wie hoch ist der Anteil der Gastarbeiter/innen an der Gesamtbevölkerung in Katar?

◯ 20 % ◯ 5 % ◯ 80 %

Zu welchem Land gehört Dubai?

◯ Kuwait ◯ Vereinigte Arabische Emirate ◯ Saudi-Arabien

Welche Kolonialmacht dominierte ab dem 16. Jahrhundert Brasilien?

◯ Portugal ◯ Großbritannien ◯ Spanien

Wie heißt die Hauptstadt Brasiliens?

- ◯ São Paulo
- ◯ Brasília
- ◯ Rio de Janeiro

Welche Wirtschaftsform wird heute in China außerhalb der Sonderwirtschaftszonen praktiziert?

- ◯ Kommunistische Planwirtschaft
- ◯ Sozialistische Marktwirtschaft
- ◯ Freie Marktwirtschaft

Wo liegt die Sonderwirtschaftszone Shenzen?

- ◯ Peking
- ◯ Schanghai
- ◯ Hongkong

Welches Land liegt nicht an der neuen Seidenstraße?

- ◯ USA
- ◯ Russland
- ◯ Türkei

Wo liegt das Zentrum der indischen Filmindustrie?

- ◯ Ahmedabad
- ◯ Kolkata
- ◯ Mumbai

Welches Land zählt zu den Tigerstaaten?

- ◯ Nordkorea
- ◯ Südkorea
- ◯ Indonesien

2. Sprachreif?!

Wie gut Sie Inhalte verstanden haben, zeigt sich oft daran, ob Sie mit anderen darüber sprechen können und ob Sie Standpunkte vertreten können. Probieren Sie es aus!

Überlegen Sie sich zuerst, ob Sie den Aussagen voll, teilweise oder gar nicht zustimmen. Vergleichen Sie Ihre Meinungen in der Klasse, zum Beispiel mit simplen Handzeichen. Diskutieren Sie dann über unterschiedliche Ansichten. Achten Sie auf eine wertschätzende und konstruktive Diskussionskultur.

„China wird zum großen Konkurrenten Europas und der USA."

„Ohne ihre Erdölquellen sind die Staaten des Persischen Golfs langfristig nicht überlebensfähig."

„Die sozialen Gegensätze in Brasilien werden in Zukunft zum Hauptproblem dieses Landes."

„Indien wird China in der wirtschaftlichen Entwicklung überholen."

Einen interaktiven Safety-Check finden Sie in der TRAUNER-DigiBox.

Globalisierung – eine Chance für die Länder des Südens?

Das T-Shirt: produziert in Bangladesch. Die Erdbeeren im Winter: angebaut in Marokko. Beim Einkaufen fallen uns solche Dinge oft gar nicht auf, so selbstverständlich sind sie. Dass Güter heute aus allen Teilen der Welt zu uns nach Europa kommen, ist eine Folge der Globalisierung.

In diesem Kapitel erfahren Sie, was man unter Globalisierung versteht und welche Rolle die Entwicklungs- und Schwellenländer dabei einnehmen.

Meine Ziele

Nach Bearbeitung dieses Kapitels kann ich

- den Begriff Globalisierung beschreiben;
- die Rolle der Länder des Südens bei der internationalen Arbeitsteilung darstellen;
- am Beispiel von Smartphones und Kleidung die Vor- und Nachteile globaler Produktion erklären;
- Konsumgewohnheiten wie z. B. Fast Fashion kritisch hinterfragen.

1 Globalisierung – Was ist das?

Diskutieren Sie darüber, wie Länder davon profitieren könnten, wenn sie mit der ganzen Welt verbunden sind.

Globalisierung – in diesem Begriff steckt das Wort „global“, also „weltweit“. Für Ayla und Peter ist es ganz normal, mit der ganzen Welt verbunden zu sein: Das Internet machts möglich. Doch nicht alle Teile der Welt sind gleichermaßen in die Globalisierung eingebunden. Und doch sehen sie viele als Möglichkeit für Entwicklung.

Globalisierung bezeichnet die Tatsache, dass die Welt immer stärker **vernetzt** ist. Diese Vernetzung betrifft viele Bereiche, z. B. die **Wirtschaft,** die **Kultur** oder die **Politik.**

Englisch beherrschen heute viele Menschen auf der ganzen Welt. Ganz klar ein Fall von Globalisierung!

Beispiel: Globalisierung im Alltag
Im Supermarkt gibt es nicht nur Produkte aus der Region, sondern aus vielen Teilen der Welt, wie z. B. exotische Früchte. Auch die Kleidung wird oft im Ausland produziert. Aber dazu später mehr!

Für die **Länder des Südens** ist die Teilnahme am globalen Handel eine Möglichkeit, ihre soziale und wirtschaftliche **Entwicklung** voranzutreiben. Nachdem Landwirtschaft und Bergbau in den letzten Jahrzehnten keinen merkbaren Fortschritt gebracht haben, setzen viele Länder auf diesen Weg.

1.1 Die internationale Arbeitsteilung

Die Globalisierung der Wirtschaft zeigt sich in der internationalen Arbeitsteilung. Damit ist gemeint, dass sich Länder auf bestimmte Wirtschaftsbereiche **spezialisieren,** und zwar auf jene, wo sie einen Vorteil haben. Dadurch steigt die Produktivität.

die Produktivität = Leistungsfähigkeit

exportieren = Güter ins Ausland verkaufen

importieren = Güter aus dem Ausland einkaufen

Im Gegenzug werden die Güter und Dienstleistungen international **ausgetauscht:** Sie werden exportiert sowie importiert – die Länder sind auf diese Weise wirtschaftlich miteinander vernetzt.

Beispiel: Spezialisierung im Alltag – die Gruppenarbeit
Marija, Jan und Mo bereiten sich auf eine Präsentation in Geografie vor. Die Arbeitsteilung ist schnell festgelegt, denn jedes Teammitglied hat eine Stärke: Mo kann gut präsentieren, Marija ist gut im Recherchieren und Jan ist der kreative Mastermind: Er erstellt die Präsentationsunterlagen.

So wie sich die Teammitglieder ihrer Stärken bewusst sind und diese gezielt einsetzen, so haben auch Länder unterschiedliche Stärken und Schwächen. Diese können z. B. in den folgenden Bereichen liegen:

- Faktorausstattung (Arbeitskräfte, Boden, Kapital)
- Von Staaten gesetzte Bedingungen (Steuern, Rechtssicherheit etc.)
- Verfügbarkeit von Infrastruktur (Straßen, Schulen etc.)

Beispiel: Spezialisierung in der internationalen Wirtschaft 
Internationale Konzerne verlagern jene Produktionsschritte mit hohen Lohnkosten (z. B. Nähen von Kleidern und Schuhen, Erzeugung von Spielwaren, aber auch von elektronischen Geräten) an billigere Standorte in den Ländern des Südens. Dort werden diese Produkte in Weltmarktfabriken hergestellt. In den Industrieländern selbst verbleiben Tätigkeiten wie Verwaltung, Marketing, Forschung und Entwicklung.

der Konzern = Gruppe von mehreren Unternehmen, die rechtlich eine Einheit bilden

Arbeitsaufgabe – „Die internationale Arbeitsteilung"

- Ordnen Sie die Regionen mit vielen Weltmarktfabriken der Karte zu.

❶ Indien	❷ Osteuropa	❸ Nordafrika	❹ Ost- und Südostasien	❺ Mittelamerika

Die neue internationale Arbeitsteilung

USA
China
Südostasien
Westeuropa
Japan

Sitz von Verwaltung, Forschung/Entwicklung und Marketing
Produktionsverlagerung
Regionen mit einem hohen Anteil an „Weltmarktfabriken"

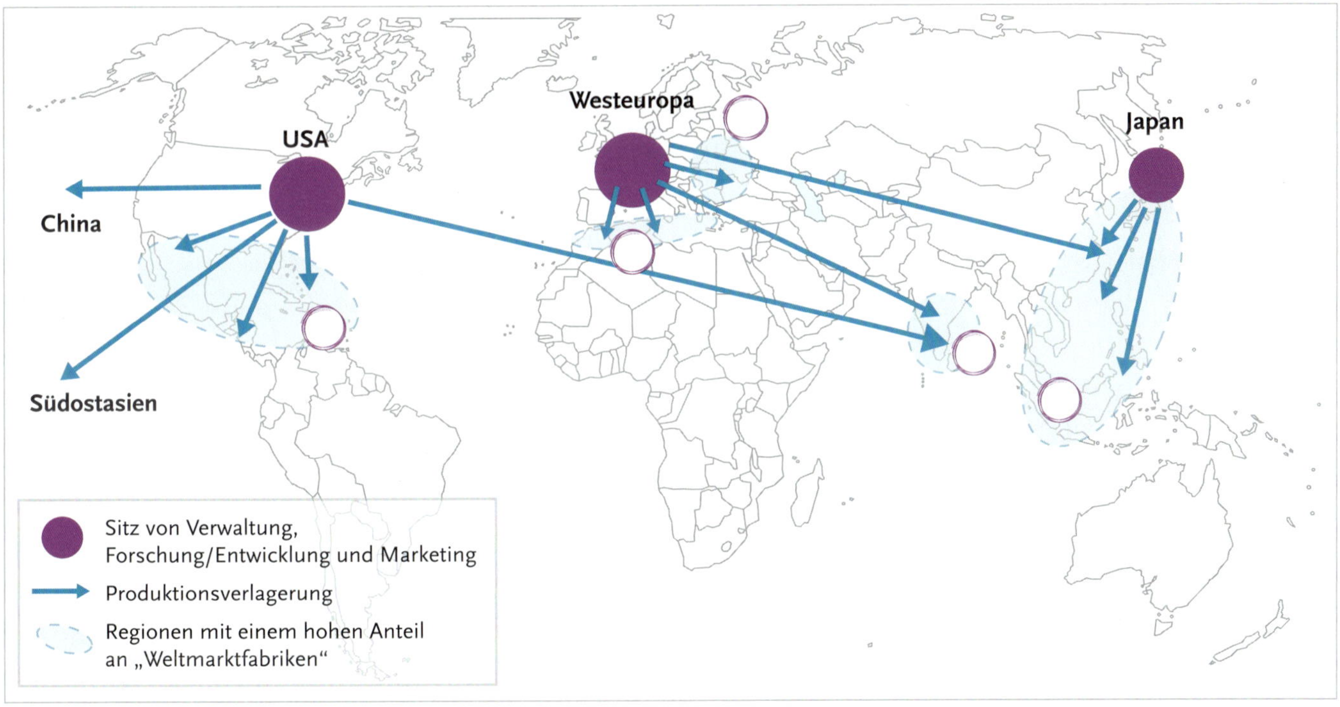

1.2 Freie Produktionszonen

Früher waren die Entwicklungsländer nur Exporteure unverarbeiteter Rohstoffe. Seit den 1980er Jahren entsteht in vielen Entwicklungsländern auch eine nennenswerte Industrie. Die Industrieländer unterstützen diesen Prozess durch Investitionen, die aber vorrangig in sogenannten freien Produktionszonen getätigt werden.

In China werden freie Produktionszonen als „Sonderwirtschaftszonen" bezeichnet (S. 206).

DAS SOLLTEN SIE SPEICHERN
Freie Produktionszonen sind Gebiete, in denen sich **ausländische Unternehmen** ansiedeln, um dort **für den Export zu produzieren.** Sie befinden sich hauptsächlich in den Entwicklungs- und Schwellenländern.

die Steuer = Teil des Lohns oder Einkommens, der an den Staat abgegeben werden muss

der Zoll = Abgabe, die für bestimmte Waren beim Transport über die Grenze zu zahlen ist

Werden Waren grenzüberschreitend verkauft, erheben Länder dafür Zölle. Das bedeutet erhebliche Mehrkosten für Unternehmen, die Waren exportieren oder importieren.

Damit sich ausländische Unternehmen dort ansiedeln, gibt es Erleichterungen, z. B. niedrigere Steuern und Zölle. Auch die geringeren Löhne sind ein Grund für die Ansiedlung.

Beispiel: freie Produktionszonen

Es gibt ca. 5 000 freie Produktionszonen in etwa 130 Entwicklungs- und Schwellenländern, zum Teil auch in Europa und den USA. Mehr als 50 Mio. Menschen arbeiten dort für den Export. Etwa 75 % dieser Arbeitskräfte sind Frauen. Ein Großteil der freien Produktionszonen liegt in Mexiko und anderen Staaten Mittelamerikas sowie in Ost- und Südostasien (vor allem in China und auf den Philippinen).

Ob freie Produktionszonen eine Chance für die Länder des Südens sind? Befürworter/innen sehen darin eine Möglichkeit der Entwicklung, Kritiker/innen weisen aber auf zahlreiche Missstände hin.

Arbeitsaufgaben – „Freie Produktionszonen"

1. Ordnen Sie die unter der Karte stehenden Nummern der Textkärtchen den Kreisen auf der Karte zu.

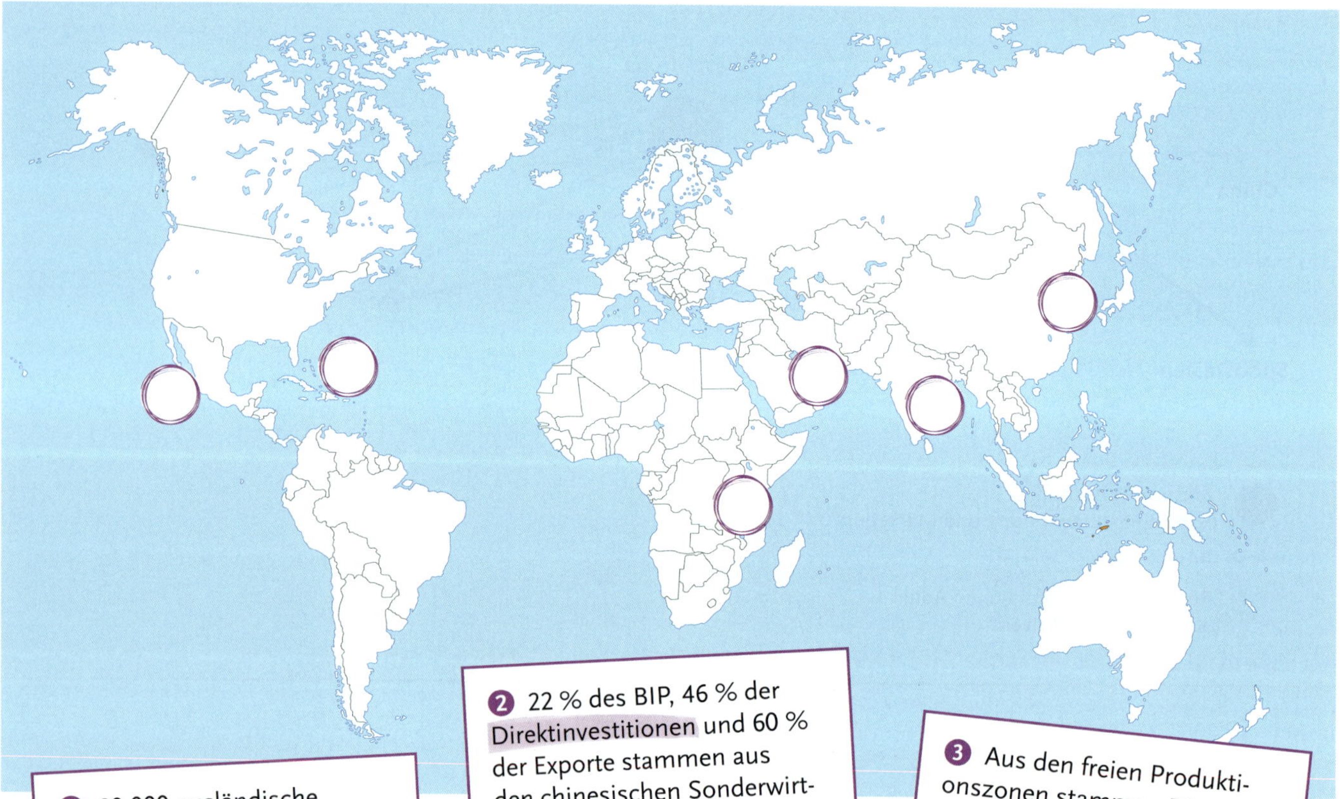

❶ 20 000 ausländische Unternehmen produzieren in mehr als 200 freien Produktionszonen in den Vereinigten Arabischen Emiraten.

❷ 22 % des BIP, 46 % der Direktinvestitionen und 60 % der Exporte stammen aus den chinesischen Sonderwirtschaftszonen.

❸ Aus den freien Produktionszonen stammen 50 % der Exporte aus Mittelamerika.

❹ China hat seit 2000 mehr als fünf Mrd. USD in die Errichtung von mehr als einem Dutzend Sonderwirtschaftszonen in Afrika investiert, in denen mehr als 200 chinesische Unternehmen tätig sind.

❺ In Indien gibt es ca. 150 Sonderwirtschaftszonen, von denen ein Viertel im IT-Sektor tätig ist.

❻ Mehr als 100 000 Arbeitsplätze wurden in der Dominikanischen Republik (Karibik) geschaffen, hauptsächlich für den Export in die USA.

die Direktinvestition = Investitionen ausländischer Unternehmen in einem Land (z. B. Bau einer Fabrik)

2. Sie sehen hier Argumente von Befürworterinnen und Befürwortern sowie Kritikerinnen und Kritikern von freien Produktionszonen. Ergänzen Sie die Tabelle und ordnen Sie die Argumente der entsprechenden Gruppe zu.
   - Ausländische Unternehmen bringen neue Technologie ins Gastland.
   - Die ausländischen Unternehmen vergeben auch Aufträge an heimische Betriebe.
   - Es wird kaum auf Umweltstandards geachtet.
   - Arbeiter/innen werden ständig überwacht und kontrolliert, es gibt keine Gewerkschaften.
   - Es entstehen neue Arbeitsplätze für die lokale Bevölkerung.
   - Nur durchschnittlich 3–9 % des Materials, das für die Produktion benötigt wird, erwerben die Unternehmen auf dem Markt des Gastlandes.

die Gewerkschaft = vertritt die Interessen der Arbeitnehmer/innen und setzt sich für Verbesserungen ein, z. B. für höhere Löhne oder bessere Arbeitsbedingungen

Befürworterinnen und Befürworter	**Kritikerinnen und Kritiker**

2 Smartphone und Kleidung – Beispiele für globale Produktionsketten

Peter hat sich gerade eine neue Jeans gekauft. Günstig war sie nicht, aber dafür handelt es sich um ein Markenprodukt. „Du und deine Markenjeans... Warum legst du da eigentlich so viel wert drauf?", fragt ihn sein Vater. „Naja, ich find's einfach cool, und außerdem ist die Qualität viel besser." Sein Vater gibt ihm einen Rat: „Achte doch mal darauf, dass die Sachen in der Region produziert werden."

Sprechen Sie über den Rat von Peters Vater: Welche Vorteile könnte es haben, auf regional produzierte Kleidung zurückzugreifen?

2.1 Das Smartphone

Das Smartphone gehört heute zum Alltag. In Westeuropa besitzen bereits 90 % der Erwachsenen ein Smartphone. Auch in Schwellenländern wie Indien oder China nimmt der Gebrauch rasant zu.

Die Geräte werden fast ausschließlich in den Ländern des Südens produziert. Es gibt leider zahlreiche Berichte über **Arbeitsbedingungen,** die nicht europäischen Standards entsprechen.

Was steckt alles in und hinter deinem Lieblingsgerät?

Bei der Produktion eines Smartphones fallen Kosten an: die Rohstoffe, die verbaut werden, die Löhne für die Arbeiter, Transportkosten und natürlich Gewinn für den Hersteller. Vereinfacht entsteht so der Preis. Aber: Bei der Produktion fallen auch versteckte Kosten an, die nicht im Preis enthalten sind.

Dein Smartphone kostet Schulbildung

Die Arbeiter, die die Smartphones zusammenbauen, arbeiten unter schlechten Bedingungen und werden krank – die Kosten dafür tragen sie selbst. Auch Kinder, die wegen der Arbeit nicht zur Schule gehen können, tragen die Last unseres Konsums. Doch davon bekommen wir hier nichts mit. Während wir uns im Klassenchat über die Hausaufgaben ärgern, schuften Kinder anderswo für unsere Geräte. Dafür werden die Arbeiterinnen und Arbeiter auch noch sehr schlecht bezahlt. Häufig stecken ganze Familien in einem regelrechten Teufelskreis fest. Sie können es sich nicht leisten, ein Kind zur Schule zu schicken, da sie den Lohn aller Familienmitglieder zum Überleben brauchen. Doch ohne Bildung kann sich die Situation für sie nie verbessern.

Dein Smartphone kostet den Planeten

Beim Abbau der wertvollen Rohstoffe, der Produktion und beim Transport können durch CO_2-Ausstoß und Chemikalien Umweltschäden entstehen. Bauteile für Smartphones werden auf der ganzen Welt produziert und auch die Rohstoffe kommen oft von weit her. Das alles muss erst einmal transportiert und zusammengebaut werden. Vom Ort der Fabrik muss dein Smartphone dann auch noch zu dir. Das alles ist natürlich klima- und umweltschädigend.

www.handysektor.de, 19. November 2021

Arbeitsaufgaben – „Das Smartphone"

1. Fassen Sie die ökologischen und sozialen Nachteile der Smartphone-Produktion zusammen. Ergänzen Sie dazu stichwortartig die Tabelle.

Ökologische Nachteile	Soziale Nachteile

2. Erklären Sie, was versteckte Kosten sind. Geben Sie auch ein Beispiel.
3. Recherchieren Sie nach Alternativen zu den gängigen Smartphone-Anbietern.

2.2 Kleidung – made in?

Auch andere Güter als Smartphones werden offiziell von europäischen und amerikanischen Konzernen erzeugt. Die Fabriken liegen aber fast ausnahmslos in den Ländern des Südens. Dies betrifft u. a. die Erzeuger von Jeans und Sportschuhen. Diesel, Levi Strauss, Nike, Reebok und andere lassen ihre Produkte dort erzeugen, wo die **Lohnkosten** am niedrigsten sind.

Die **Produktion** einer Jeans z. B. wird in **mehrere Schritte** zerlegt. Durch die niedrigen Transportkosten können diese einzelnen Produktionsschritte an verschiedenen Orten der Welt erfolgen.

made in = produziert in

In einer Jeansfabrik in Bangladesch

Arbeitsaufgaben – „Kleidung – made in?"

1. Tragen Sie die Nummern der Produktionsschritte in die Kreise auf der Weltkarte ein. Verbinden Sie die Länder mit Pfeilen, sodass der Weg sichtbar wird.

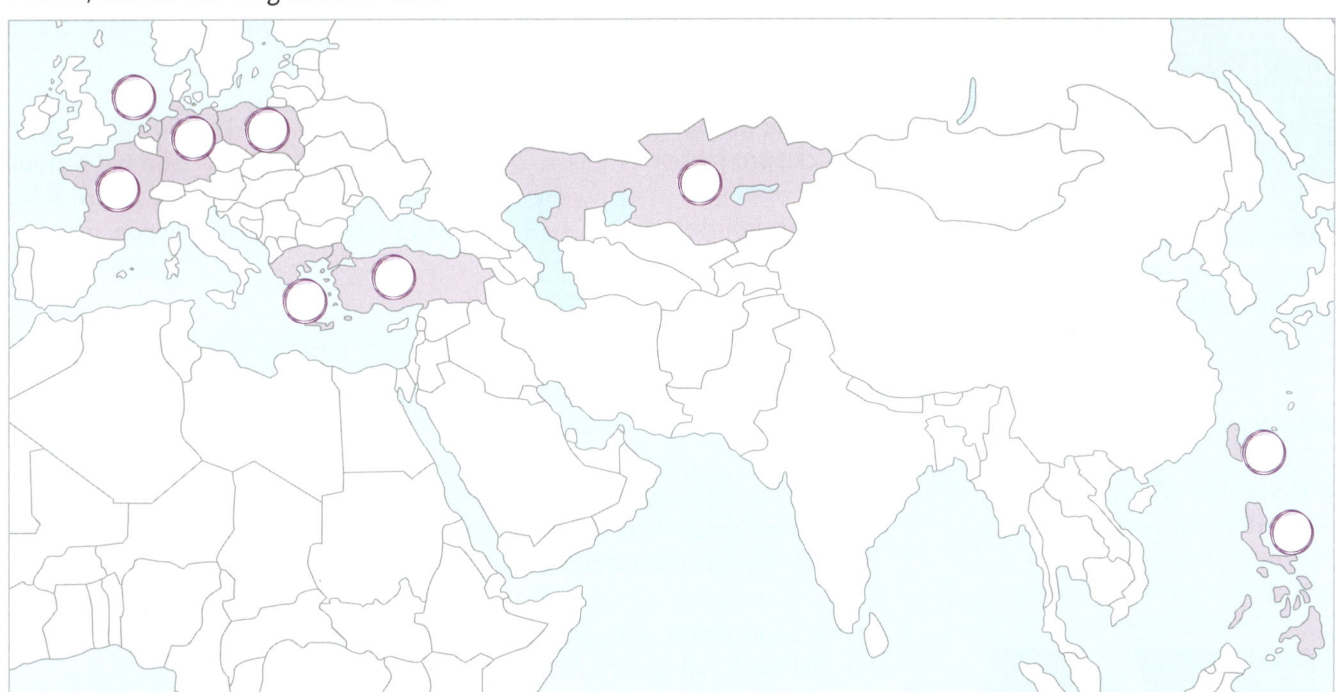

Sie sehen die Kilometerleistung einer Jeans-Reise:

1	**Kasachstan:** Hier wird die Baumwolle auf Plantagen geerntet und in die Türkei verschickt.	~ 4.800 km
2	**Türkei:** Hier wird die Baumwolle zu Garn versponnen und nach Taiwan befördert.	~ 10.200 km
3	**Taiwan:** Hier wird das Garn gefärbt und weiter nach Polen geschickt.	~ 12.000 km
4	**Polen:** Das gefärbte Garn wird zu Stoff gewebt und weiter nach Frankreich transportiert.	~ 1.600 km
5	**Frankreich:** Hier kommen das Innenfutter, die Metallknöpfe und das Logo-Schild dazu, dann geht es weiter auf die Philippinen.	~ 13.700 km
6	**Philippinen:** Hier wird der Stoff zu Hosen genäht, die Ware geht nach Griechenland.	~ 11.700 km
7	**Griechenland:** Hier findet die Endfertigung statt, die Hosen werden mit Bimssteinen gewaschen, was den modischen „Stone-washed"-Effekt erzeugt. Dann geht es weiter nach Deutschland.	~ 2.300 km
8	**Deutschland:** Die Jeans werden verkauft und getragen. Über die Altkleidersammlung gehen sie später weiter in die Niederlande.	~ 300 km
9	**Niederlande:** Sortiert und gewaschen werden die Jeans zur weiteren Nutzung nach Afrika transportiert.	~ 7 400 km
→	Die Jeans sind damit eineinhalb Mal um die Erde gereist. **Insgesamt**	**~ 64.000 km**

2. Ordnen Sie den Satzanfängen die korrekte Fortsetzung zu.

Allein für den Transport wird viel Erdöl verbraucht und große Mengen Kohlendioxid werden …

Die Baumwollplantagen benötigen große Mengen Wasser für die Bewässerung. Pestizide, die …

Die Flüsse nahe den Färbereien sind tote Gewässer, weil …

… zur Schädlingsbekämpfung eingesetzt werden, gelangen in das Grundwasser und verschmutzen es.

… dort die Reste der giftigen Farbstoffe eingeleitet werden.

… in die Atmosphäre ausgestoßen. Das verstärkt den Klimawandel.

2.2.1 Fast Fashion – Überproduktion und -konsum

In den Industriestaaten wird **Kleidung** heute oft so konsumiert **wie Fast Food:** Nicht die Qualität steht im Vordergrund, sondern die **Menge.** Schnell wechselnde Kollektionen und günstige Preise verlocken Kundinnen und Kunden zum Kauf. Das zeigt sich auch in den Kleiderschränken:

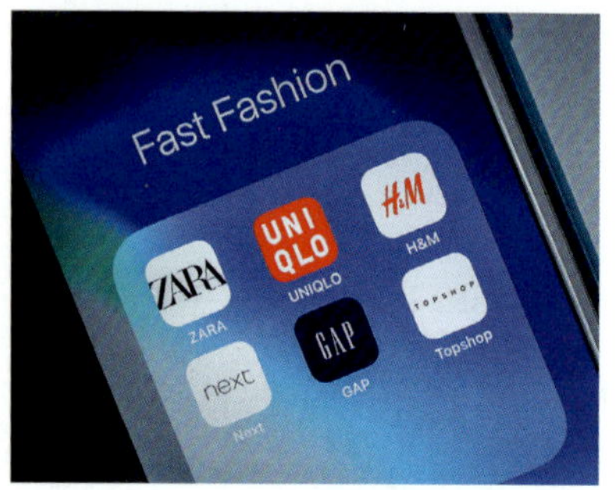

Onlineshopping: Neue Kleidung ist nur einen Klick entfernt

1 60 neue Kleidungsstücke pro Jahr kauft man sich durchschnittlich.

2 Man trägt die Kleidungsstücke nur noch halb so lange wie vor 15 Jahren.

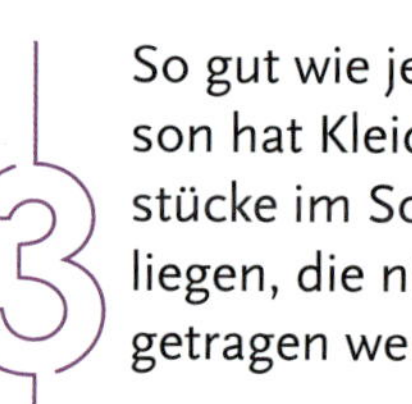
3 So gut wie jede Person hat Kleidungsstücke im Schrank liegen, die nie getragen werden.

das Detox = Entgiftung

Klamotten sind wichtig für mich, sie gehören zu meinem Lifestyle. Da kann ich doch nicht immer das Gleiche tragen?!

Greenpeace erkannte das Problem der Überproduktion und des Überkonsums und startete mit der **Detox-Kampagne** bereits vor zehn Jahren eine Initiative, die zwei Ziele umfasst:

1. Verzicht auf gefährliche Chemikalien im Produktionsprozess
2. Reduzierung der Überproduktion

Während beim ersten Ziel bereits Fortschritte gemacht worden sind, ist für das zweite Ziel noch viel zu tun:

Alle Auswirkungen der Textilindustrie auf Gesundheit, Umwelt und Menschen vervielfachen sich mit den wachsenden Mengen an Kleidungsstücken, die produziert werden. Die Auswüchse, Ungerechtigkeiten und Instabilität der Fast Fashion wurden spätestens durch die Coronapandemie gnadenlos aufgedeckt. Die extreme Überproduktion und der Überkonsum von Kleidung führten zu riesigen Mengen Textilien, die nicht verkauft und von denen viele am Ende sogar vernichtet wurden.

Detoxreport 2021, Greenpeace

Diskutieren Sie darüber, ob es Ihnen wichtig ist, die neueste Mode zu tragen.

Arbeitsaufgabe – „Fast Fashion“

- Sie sehen hier Maßnahmen, die gegen den verschwenderischen Umgang mit Kleidung helfen sollen. Überprüfen Sie, welche Ihnen bereits bekannt sind bzw. welche Sie bereits selbst ausprobiert haben.

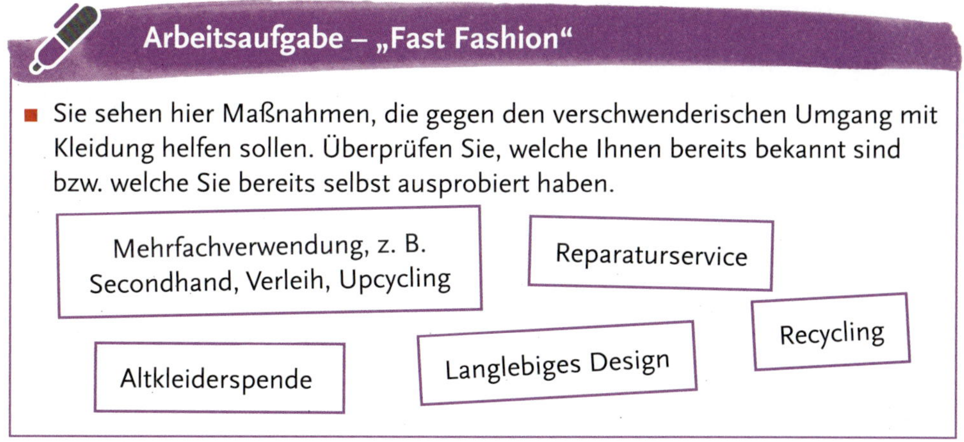

das Recycling = Zerlegung in Ausgangsmaterialien, um neue Produkte herzustellen

das Upcycling = aus alten Materialien neue Produkte gestalten, z. B. aus altem Jeansstoff eine Tasche

2.2.2 Arbeiter/innenrechte auf dem Prüfstand

Während die Detox-Kampagne von Greenpeace vor allem die Folgen für die Umwelt im Blick hat, setzt sich die **Clean-Clothes-Kampagne** für die Rechte der Arbeiterinnen und Arbeiter in der Bekleidungsindustrie ein. Dazu gehört ein Lohn, der ein **Leben in Würde** garantiert. Dieses Recht ist ein **Menschenrecht:**

> „Jeder Mensch, der arbeitet, hat das Recht auf gerechte und befriedigende Entlohnung, die ihm und der eigenen Familie eine der menschlichen Würde entsprechende Existenz sichert.“
>
> *Allgemeine Erklärung der Menschenrechte, Artikel 23*

Clean Clothes Campaign
Austria

Auf dieser Seite können Sie überprüfen, wie bestimmte Unternehmen bei der Einhaltung des Kodex abschneiden: www.trauner.at/fashionchecker

Es wurde u. a. ein **Arbeitsverhaltenskodex** (eine Verhaltensvereinbarung) für die Bekleidungsindustrie ausgearbeitet, in dem **soziale Mindeststandards** festgeschrieben sind:

1. Keine Zwangsarbeit
2. Keine Diskriminierung
3. Keine Kinderarbeit
4. Keine überlangen Arbeitszeiten (maximale wöchentliche Arbeitszeit 48 Stunden)
5. Vereinigungsfreiheit und Kollektivvertragsverhandlungen
6. Betrieblicher Arbeits- und Gesundheitsschutz
7. Festes Beschäftigungsverhältnis
8. Bezahlung existenzsichernder Löhne

der Kollektivvertrag = Vertrag zwischen Gewerkschaft und Arbeitgeberverbänden in einer Branche; der Kollektivvertrag schafft gleiche Mindeststandards bei der Entlohnung und den Arbeitsbedingungen

DAS SOLLTEN SIE SPEICHERN

Ein **existenzsichernder Lohn** reicht aus, um Arbeiterinnen und Arbeitern sowie ihren Familien einen **angemessenen Lebensstandard** zu ermöglichen. Es muss auch die Möglichkeit bestehen, etwas vom Lohn zu **sparen.**

Existenzsichernde Löhne sind nicht gleichbedeutend mit Mindestlöhnen. Diese werden zwar gesetzlich festgelegt, existenzsichernd sind sie aber oft nicht.

In einzelnen Fällen verzeichnete die Clean-Clothes-Kampagne bereits Erfolge. Europäische und amerikanische Unternehmen haben zu große **Angst vor Imageverlusten,** die zu einem Rückgang der Absätze führen könnten.

Erheben Sie folgende Daten zu Bangladesch:

Fläche: ______________________

Bevölkerungszahl: ______________________

Bevölkerungsdichte: ______________________

BIP/Kopf: ______________________

boykottieren = ablehnen, bewusst meiden; **der Boykott**

Arbeitsaufgaben – „Arbeiter/innenrechte auf dem Prüfstand"

Sehen Sie sich die Dokumentation „Modeindustrie in Bangladesch" an (www.trauner.at/bangladesch).

1. Ergänzen Sie die fehlenden Informationen.

   So viele Menschen arbeiten dort in der Bekleidungsindustrie: ______________________

   Zwei Marken, die dort produzieren lassen: ______________________

   So hoch ist der Lohnanteil für Arbeiter/innen, wenn eine Jeans im Verkauf 20,00 EUR kostet: ______________________

   So hoch ist der durchschnittliche Lohn der Arbeiter/innen: ______________________

   So hoch müsste der Lohn sein, um die Existenz zu sichern: ______________________

   Diese Industrie – auch bekannt als „industrielle Hölle" – ist an den Stadtrand verlegt worden: ______________________

2. Wählen Sie eine der folgenden Personen: den Arbeiter Ndat, der beim Einsturz des Rana Plaza dabei war, Taslima, die in einer Jeansfabrik arbeitet, oder Nazma, die sich als Gewerkschafterin für die Rechte der Arbeiter/innen einsetzt. Verfassen Sie einen kurzen Text über die Person.

3. Existenzsichernde Löhne sind eine Grundlage menschenwürdiger Arbeit. Erklären Sie, warum es dennoch schwierig ist, sie durchzusetzen. Ergänzen Sie dazu den Text.

   Eine Lohnerhöhung könnte dazu führen, dass Unternehmen ______________________

   ______________________.

   Das hat Folgen für die Arbeiter/innen in den Fabriken: Sie ______________________

   ____

   Darüber hinaus würden die Einkaufspreise für Unternehmen steigen.

   Das heißt, auch wir Kundinnen und Kunden ______________________

   ______________________.

4. Beziehen Sie Stellung zu folgender Aussage:

> Man könnte doch einfach bestimmte Marken boykottieren. Dann würde sich das Problem schnell lösen lassen.

5. Formulieren Sie eine Alternative zum Boykott.

WortschatzBox – „Globalisierung – eine Chance für die Länder des Südens?“

■ Welcher Ausdruck passt zu welcher Erklärung? Ordnen Sie folgende Begriffe den richtigen Beschreibungen zu.

Exportieren ■ Freie Produktionszone ■ Zoll ■ Gewerkschaft ■ Direktinvestition ■ Upcycling ■ Recycling ■ Produktivität ■ Globalisierung

.... ⇒	Abgabe, die für bestimmte Waren beim Transport über die Grenze zu zahlen ist
.... ⇒	Investition ausländischer Unternehmen in einem Land
.... ⇒	Güter ins Ausland verkaufen
.... ⇒	Zerlegung eines Produktes in seine Ausgangsstoffe, die dann für ein neues Produkt verwendet werden
.... ⇒	Weltweite Verflechtung z. B. in der Wirtschaft, aber auch in der Politik oder Kultur
.... ⇒	Leistungsfähigkeit
.... ⇒	Gebiet, in dem ausländische Unternehmen für den Export produzieren
.... ⇒	Interessensvertretung für Arbeitnehmer/innen
.... ⇒	Herstellung neuer Produkte aus alten Materialien

Ziele erreicht? – „Globalisierung – eine Chance für den Süden?“

KOMPETENZ-ERWERB

1. Beschreiben Sie, was man unter internationaler Arbeitsteilung versteht.

2. **Vor- und Nachteile der Globalisierung**

Kreuzen Sie an, ob es sich bei den folgenden Aussagen um einen Vorteil oder Nachteil der Globalisierung handelt. Sehen Sie bei manchen Aussagen sowohl Vor- als auch Nachteile, können Sie natürlich beide Kästchen ankreuzen.

	Vorteil	**Nachteil**
Die Kulturen wachsen zusammen.	○	○
Unternehmen können ihre Produkte weltweit produzieren.	○	○
Unternehmen profitieren in anderen Ländern von niedrigeren Arbeitskosten.	○	○
Zusammenarbeit in Forschung und Entwicklung (Austausch von Forschungsergebnissen und Wissen fördert z. B. Fortschritte in der Medizin)	○	○
Belastung der Umwelt (v. a. Fabriken mit alter Technik in den Schwellenländern haben hohe Emissionen)	○	○
Größere Mobilität von Gütern und Personen	○	○

	Vorteil	Nachteil
Kleinere Betriebe leiden unter großen Konzernen (Global Player); sie sind nicht mehr konkurrenzfähig.	◯	◯
Die Wirtschaft in Schwellen- und Entwicklungsländern wird angekurbelt (Unternehmen aus Industrieländern siedeln sich dort an und schaffen Arbeitsplätze).	◯	◯
Lange Transportwege	◯	◯
Sinkende Preise	◯	◯
Gewinnmaximierung ist das Hauptziel, nicht das Wohl der Menschen der jeweiligen Gesellschaft.	◯	◯
Umfangreiches Warenangebot	◯	◯
Verschärfung der Kriminalität (z. B. Cybercrime)	◯	◯
Schlechte Arbeitsbedingungen, Hungerlöhne	◯	◯
Große Konzerne haben zunehmend Einfluss auf die Politik des jeweiligen Landes, sodass internationale Interessen die nationalen Interessen eines Landes überlagern.	◯	◯
Arbeitsplätze, die von weniger qualifizierten Arbeitnehmerinnen und Arbeitnehmern besetzt sind, werden zunehmend in Billiglohnländer verlagert.	◯	◯

3. Nennen Sie zwei Organisationen, die sich für die Umwelt und die Arbeitnehmer/innenrechte in den Ländern des Südens einsetzen.

______________________ ______________________

4. Beziehen Sie Stellung zu der folgenden Aussage.

Das spricht dafür: ______________________

Das spricht dagegen: ______________________

5. Faire und existenzsichernde Arbeit ist ein Menschenrecht. Nennen Sie Bedingungen, die dafür erfüllt werden müssen.

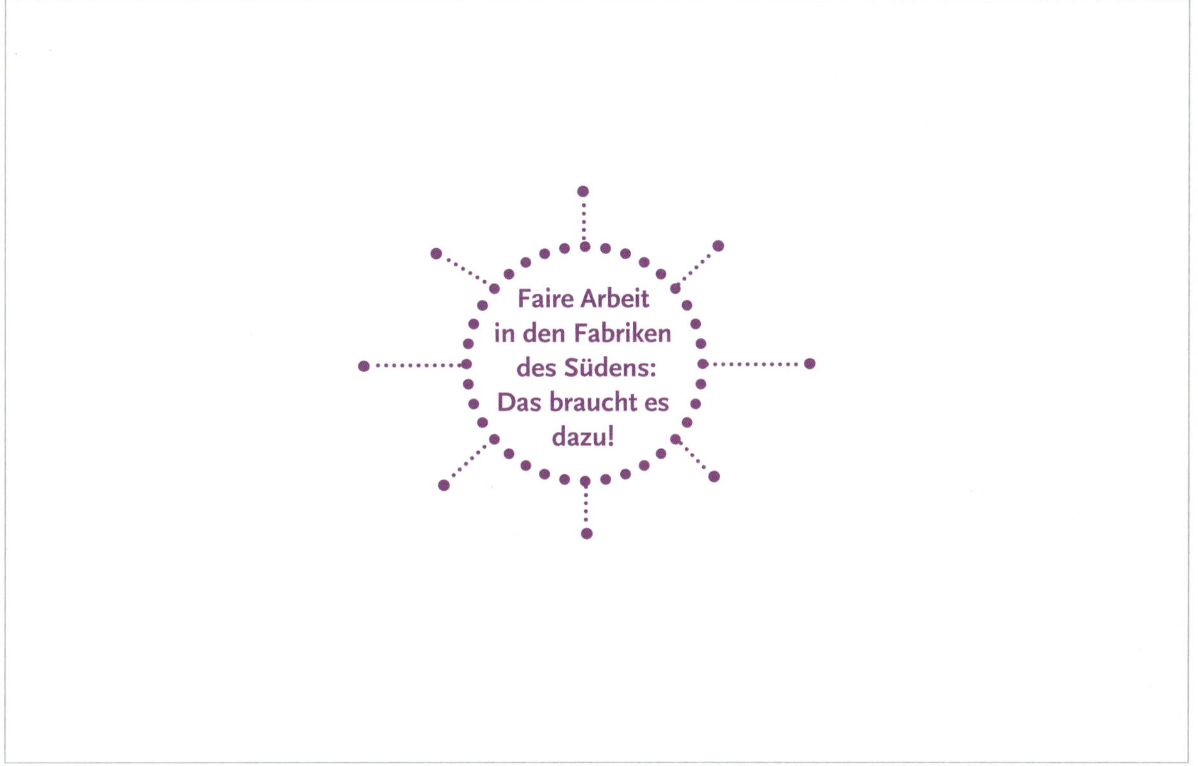

6. **Wer verdient wie viel an einer Jeans?**

Die Abbildung zeigt Ihnen die prozentuale Aufteilung des Gewinns, der mit der Produktion und dem Verkauf einer Jeans erwirtschaftet wird.

a) Ordnen Sie die folgenden Bereiche den Prozentanteilen zu.

1. Einzelhandel, Verwaltung und Mehrwertsteuer
2. Transport und Steuern
3. Material und Gewinn der Fabrik im Billiglohnland
4. Markenname, Verwaltung und Werbung

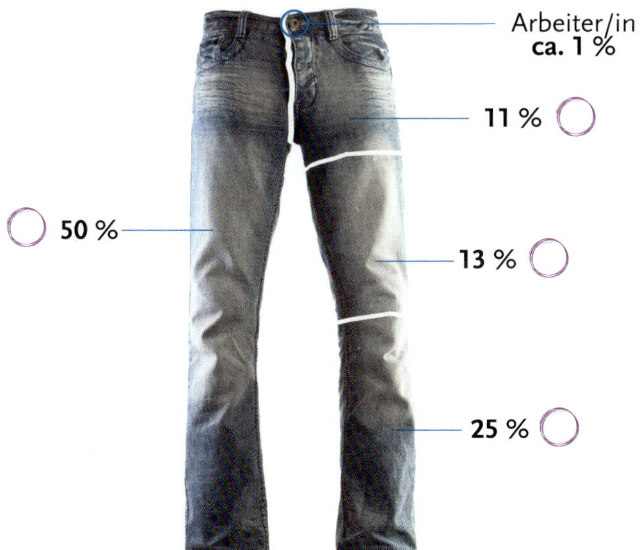

b) Vergleichen Sie Ihre Zuordnungen. Begründen Sie Ihren Lösungsvorschlag, falls Abweichungen bestehen.

7. Sprachreif!?

Wie gut Sie Inhalte verstanden haben, zeigt sich oft daran, ob Sie mit anderen darüber sprechen können und ob Sie Standpunkte vertreten können. Probieren Sie es aus!

Überlegen Sie sich zuerst, ob Sie den Aussagen voll, teilweise oder gar nicht zustimmen. Vergleichen Sie Ihre Meinungen in der Klasse, z. B. mit simplen Handzeichen. Diskutieren Sie dann über unterschiedliche Ansichten. Achten Sie auf eine wertschätzende und konstruktive Diskussionskultur.

„Die Globalisierung ist eine Chance für die Länder des Südens."

„Ich bin bereit, weniger Kleidung zu kaufen und dafür mehr zu bezahlen."

„Unternehmen aus den reichen Industrieländern sollten darauf verzichten, in Schwellenländern zu produzieren."

Einen interaktiven Safety-Check finden Sie in der TRAUNER-DigiBox.

V Afrika, Asien, Lateinamerika und Ozeanien – ein Überblick

Südamerika

Arbeitsaufgaben

1. Tragen Sie die in der Karte angeführten Städte, Gewässer usw. in die Tabelle ein.

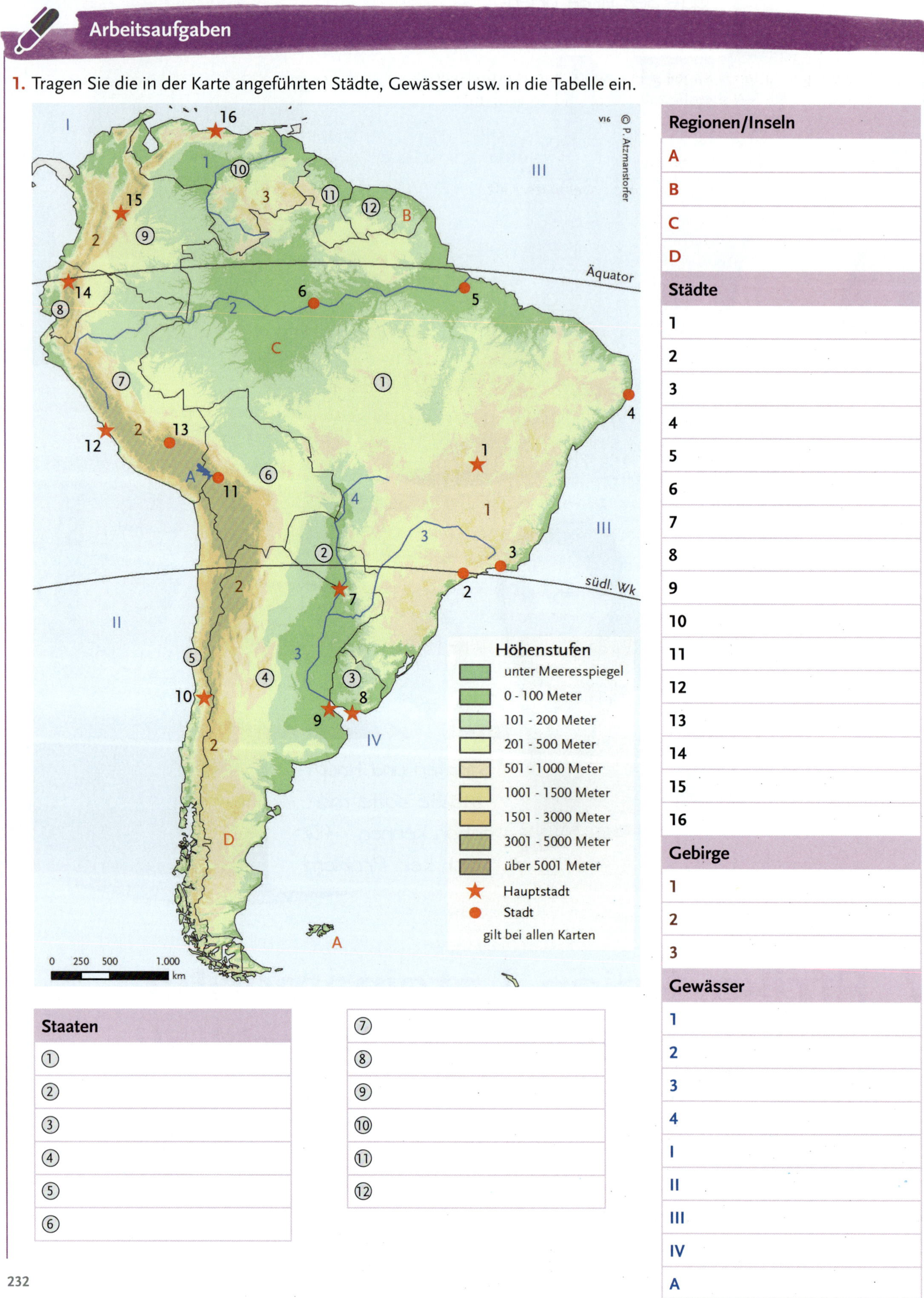

Staaten	
①	
②	
③	
④	
⑤	
⑥	

⑦	
⑧	
⑨	
⑩	
⑪	
⑫	

Regionen/Inseln	
A	
B	
C	
D	
Städte	
1	
2	
3	
4	
5	
6	
7	
8	
9	
10	
11	
12	
13	
14	
15	
16	
Gebirge	
1	
2	
3	
Gewässer	
1	
2	
3	
4	
I	
II	
III	
IV	
A	

2. Ergänzen Sie folgende Texte, indem Sie die angegebenen Begriffe verwenden. Beziehen Sie sich dabei auf die nebenstehenden Karten des entsprechenden Themas.

a) Integration in die Weltwirtschaft

Kupferlagerstätten ■ Kaffee ■ Holzwirtschaft ■ Erdöllagerstätten ■ Wein ■ Rohstoffe ■ Weizen- und Sojaanbau ■ Eisenerze

Südamerika ist vor allem durch ______________ in die Weltwirtschaft eingegliedert. Im Bergbausektor sind die großen ______________ in Venezuela und Ecuador zu erwähnen, während Peru und Chile hauptsächlich durch ihre ______________ weltwirtschaftliche Bedeutung haben. Im Amazonasbecken ist v. a. die ______________ von Bedeutung. Aber auch hochwertige ______________ kommen hier vor. In der La-Plata-Region finden wir ______________ und Viehzucht. Argentinien und Chile sind außerdem bedeutende ______________ produzenten. Brasilien und Kolumbien zählen zu den größten ______________ produzenten der Welt.

b) Kulturelle und politische Einflüsse

Verbinden Sie die Spalten.

Sprachen
Spanisch dominiert in den meisten Ländern.
Ausnahmen bzw. weitere Sprachen im Land sind:

Guyana	Englisch
Brasilien(2x)	
Peru	Portugiesisch
Franz. Guyana	Französisch
Falkland-Inseln	
Bolivien	Indigene Sprachen
Suriname	Niederländisch

Streichen Sie falsche Angaben.

Bedeutender Einfluss indigener Kulturen

Andenhochland ■ Patagonien ■ Brasilianische Küste ■ Amazonastiefland

Bewaffneter Konflikt

Kolumbien ■ Argentinien

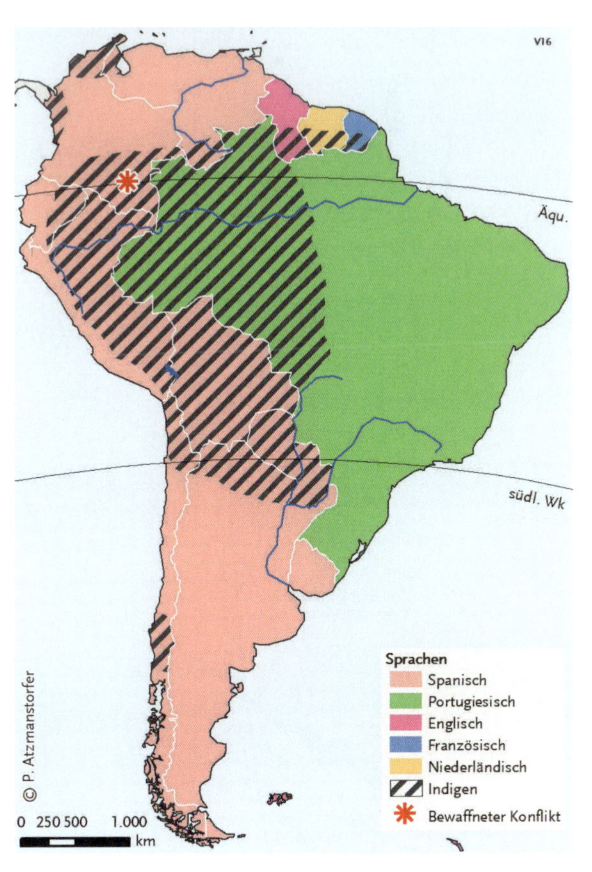

Mittelamerika und Karibik

Arbeitsaufgaben

1. Tragen Sie die in der Karte angeführten Städte, Gewässer usw. in die Tabelle ein.

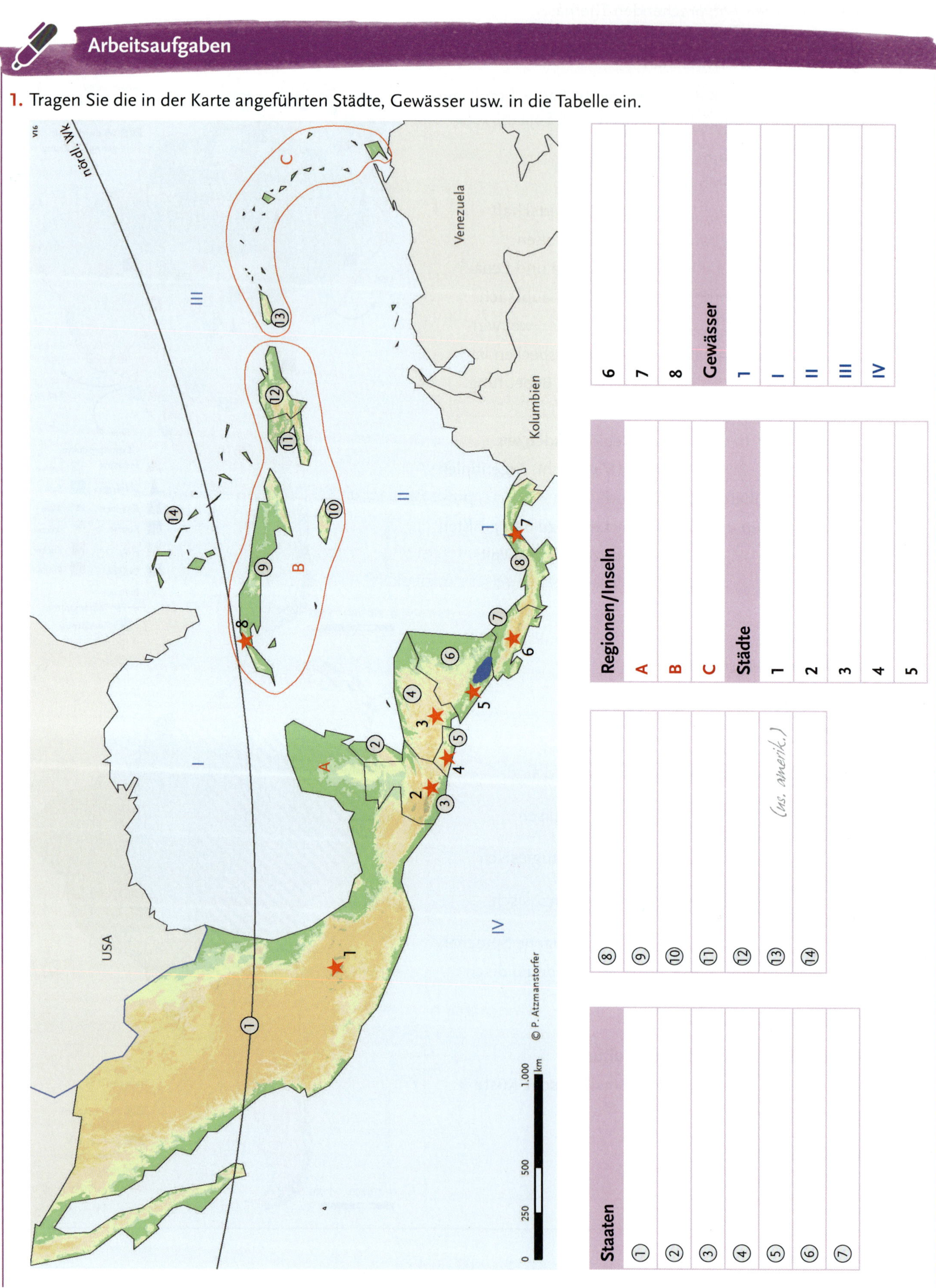

Staaten	
①	
②	
③	
④	
⑤	
⑥	
⑦	
⑧	
⑨	
⑩	
⑪	
⑫	
⑬	
⑭	

Regionen/Inseln	
A	
B	
C	

Städte	
1	
2	
3	
4	
5	
6	
7	
8	

Gewässer	
1	
I	
II	
III	
IV	

2. Ergänzen Sie folgende Texte, indem Sie die angegebenen Begriffe verwenden. Beziehen Sie sich dabei auf die nebenstehenden Karten des entsprechenden Themas.

a) Integration in die Weltwirtschaft

Erdöl ■ Freihandelszonen an der US-Grenze ■ Bananen ■ industrielle Kernraum ■ Golf von Mexiko ■ Jamaika ■ tropische Cash Crops ■ USA ■ Bahamas ■ Tourismus ■ Mexiko-Puebla

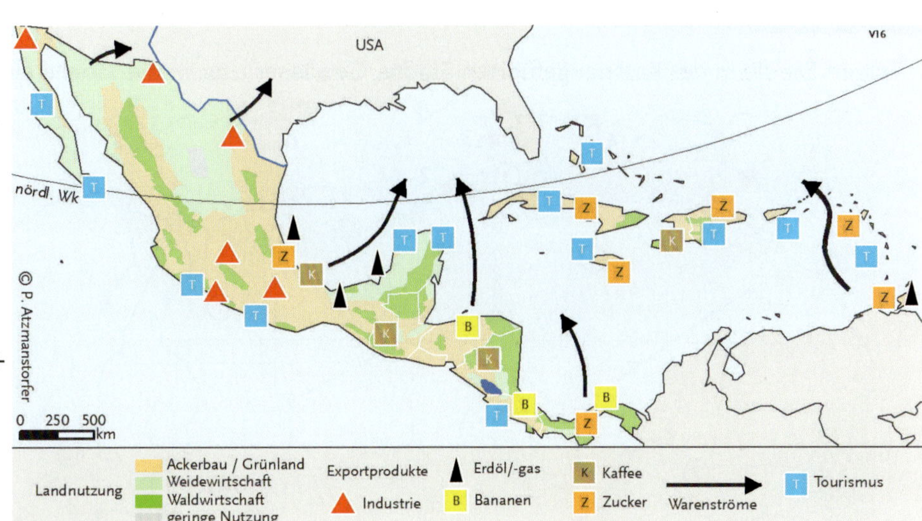

Aufgrund seiner geografischen Lage ist Mittelamerika wirtschaftlich sehr stark mit den ______________ verbunden.
Der wichtigste Rohstoff ist das ______________, das vor allem im ______________ gefördert wird. Außerdem sind einige ______________ wie Kaffee oder ______________ für den Export sehr wichtig. Wichtige Exportländer sind Costa Rica, Panama und El Salvador. Die industrielle Entwicklung beschränkt sich auf wenige Räume. Der ______________ Mexikos umfasst die zentrale Region ______________, wo viele internationale Investoren Fabriken errichtet haben. Im Norden Mexikos sind neue Industrieregionen durch die Ansiedlung vieler Zweigwerke US-amerikanischer Konzerne in den ______________ (Maquiladoras) entstanden. Solche Maquiladoras bestehen auch in El Salvador, Panama und der Dominikanischen Republik. Auch der internationale ______________ ist in einigen Regionen stark entwickelt, unter anderem auf den ______________ und in ______________.

b) Kulturelle und politische Einflüsse

Lokalisieren Sie Staaten mit:

Ein-Parteien-Herrschaft:

____

Drogenkriminalität:

____

starken sozialen Spannungen:

____

____

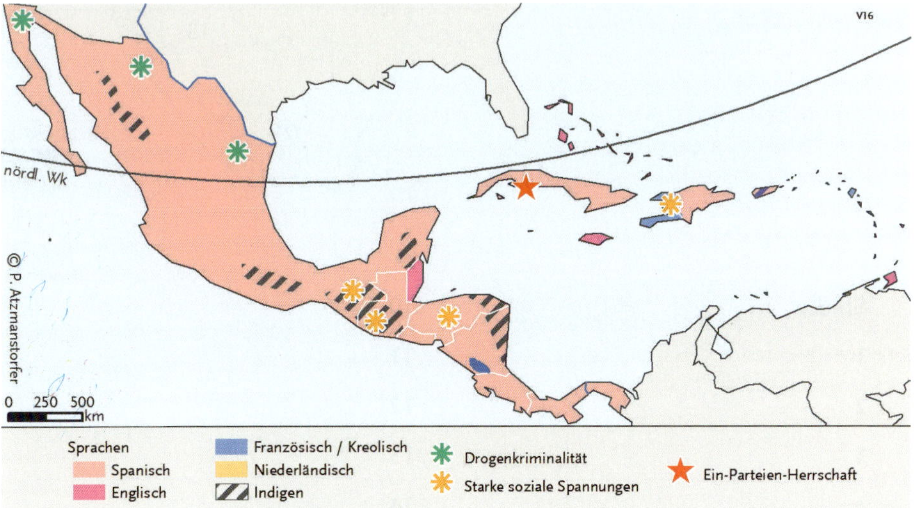

Afrika

Arbeitsaufgaben

1. Tragen Sie die in der Karte angeführten Städte, Gewässer usw. in die Tabelle ein.

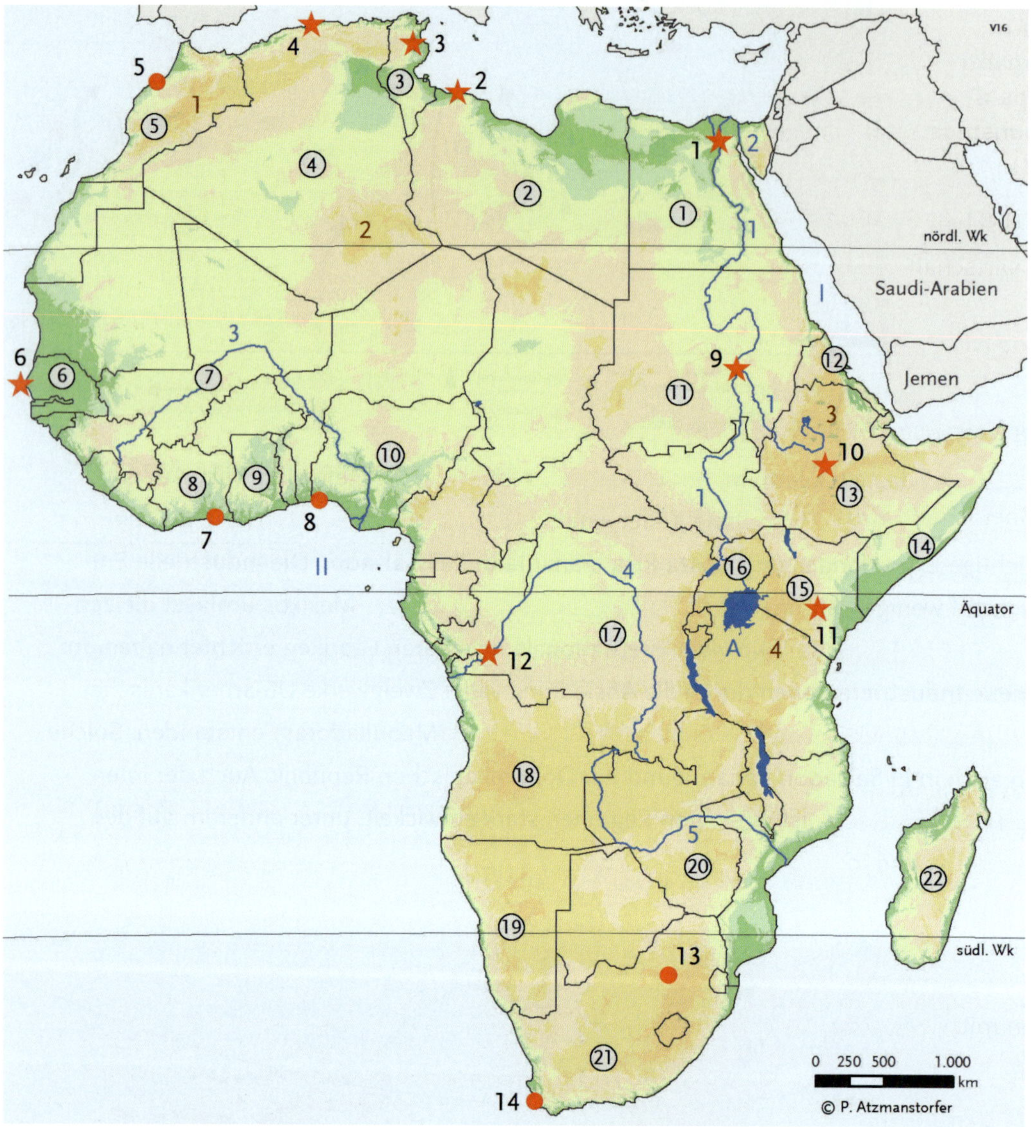

Staaten
①
②
③
④
⑤
⑥
⑦
⑧
⑨
⑩
⑪
⑫
⑬
⑭
⑮
⑯
⑰
⑱
⑲
⑳
㉑
㉒

Städte	
1	
2	
3	
4	
5	
6	
7	
8	
9	
10	
11	
12	
13	
14	

Gebirge	
1	
2	
3	
4	

Gewässer	
1	
2	kanal
3	
4	
5	
A	
I	
II	

2. Ergänzen Sie folgende Texte, indem Sie die angegebenen Begriffe verwenden. Beziehen Sie sich dabei auf die nebenstehenden Karten des entsprechenden Themas.

a) Integration in die Weltwirtschaft

Algerien ■ Äthiopien ■ Nigeria ■ Bergbauregion ■ Rohstofflieferant ■ Elfenbeinküste ■ Cash Crops ■ Kupfer ■ Mali ■ Libyen ■ Kakao

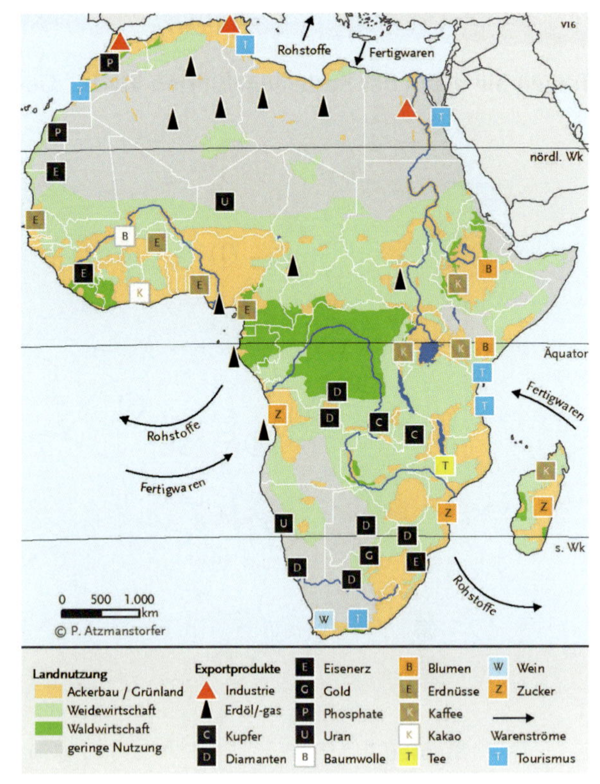

Afrika ist ein _______________, für den sich europäische und amerikanische Abnehmer, aber auch zunehmend Schwellenländer wie China interessieren. Afrika exportiert z. B. Erdöl und Erdgas, das in _______________, _______________ oder _______________ gefördert wird. Auch andere Bergbauprodukte wie Gold, Diamanten, Eisenerz und _______________ aus dem Kongo und aus Sambia haben wirtschaftliche Bedeutung. Die bedeutendste _______________ liegt in Südafrika. Darüber hinaus exportiert Afrika tropische _______________ wie Kaffee, _______________ oder Baumwolle. Kaffee wird in Ostafrika (z. B. _______________, Uganda) angebaut, Kakao in Westafrika (z. B. _______________, Ghana). Zu den wichtigsten Baumwollproduzenten gehören der Sudan und _______________.

b) Kulturelle und politische Einflüsse

Kreuzen Sie die richtige Spalte an.

Religion der Mehrheit	Muslime	Christen
Nordafrika		
Golf von Guinea		
Westafrika		
Zentralafrika		
Küste Ostafrika		
Südliches Afrika		

Vorherrschende Amts-/ Verkehrssprache	Englisch	Französisch
Nordafrika		
Südafrika		
Westafrika		
Ostafrika		

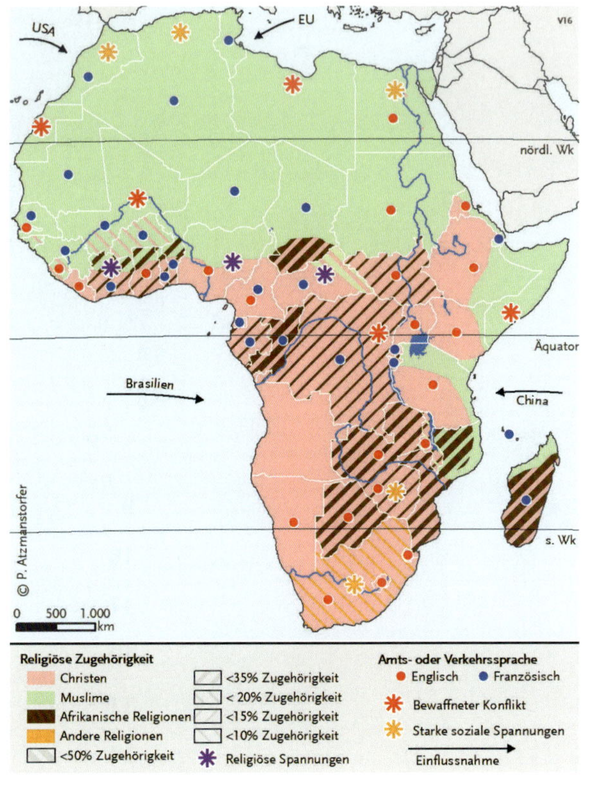

Lokalisieren Sie Staaten mit bewaffneten Konflikten:

____

____

_______________ (fünf)

Südwestasien

Arbeitsaufgaben

1. Tragen Sie die in der Karte angeführten Städte, Gewässer usw. in die Tabelle ein.

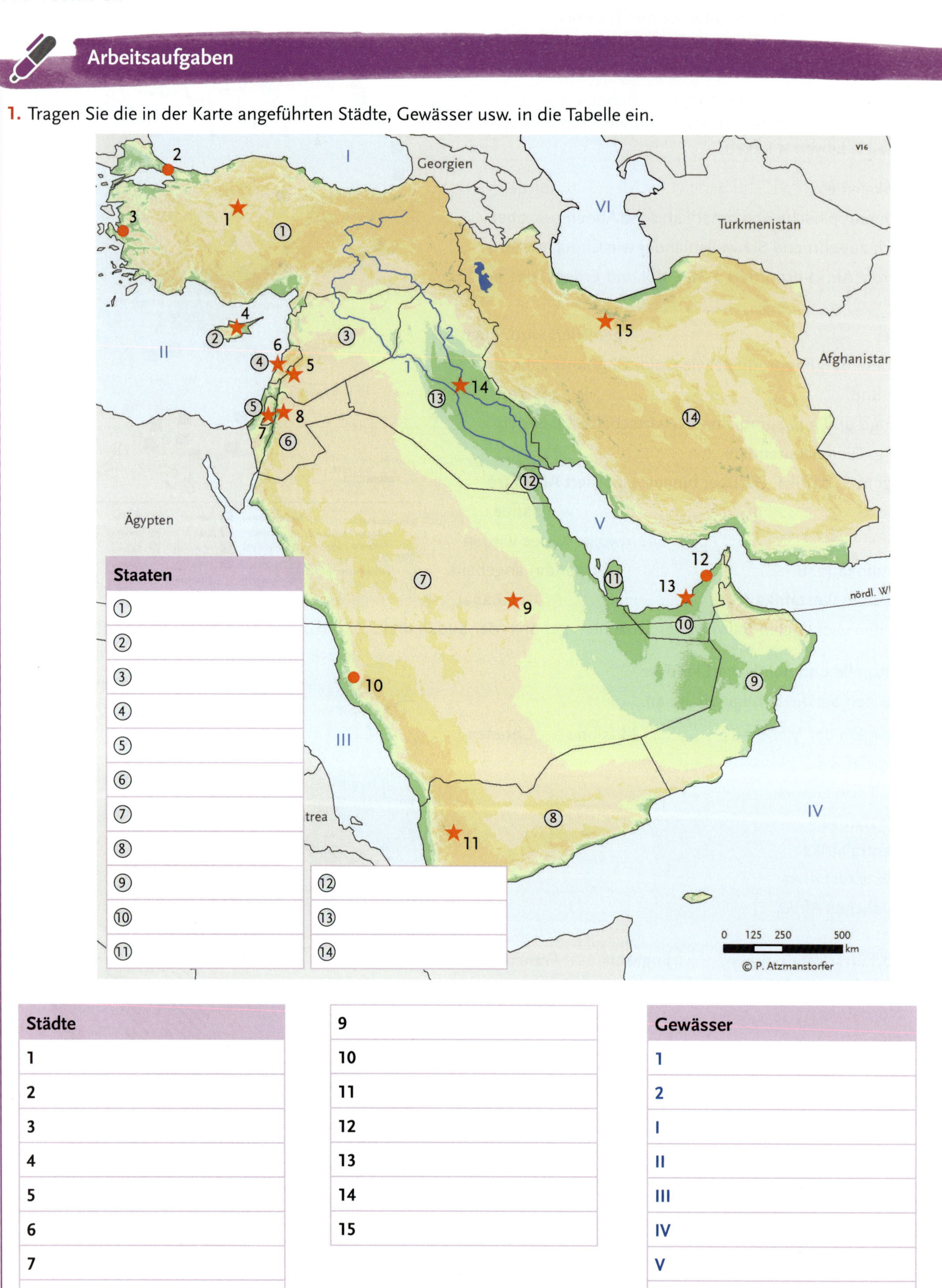

Staaten
①
②
③
④
⑤
⑥
⑦
⑧
⑨
⑩
⑪

⑫
⑬
⑭

Städte
1
2
3
4
5
6
7
8

9
10
11
12
13
14
15

Gewässer
1
2
I
II
III
IV
V
VI

2. Ergänzen Sie folgende Texte, indem Sie die angegebenen Begriffe verwenden. Beziehen Sie sich dabei auf die nebenstehenden Karten des entsprechenden Themas.

a) Integration in die Weltwirtschaft

Erdöllieferanten ■ Bekleidungsindustrie ■ Golfstaaten ■ Dubai ■ Tourismus ■ „türkischen Riviera" ■ Hightechindustrie ■ Japan und Europa ■ Kuwait ■ Istanbul

Die weltwirtschaftliche Bedeutung Südwestasiens hängt von einem einzigen Rohstoff ab – dem Erdöl. Die ______________ (die Staaten um den Persischen Golf wie Saudi-Arabien, ______________, die Vereinigten Arabischen Emirate) sind die weitaus wichtigsten ______________ der Welt, sie beliefern vor allem ______________. Neben dem Erdöl spielt auch der ______________ eine immer wichtigere Rolle. Die wichtigsten Tourismusregionen liegen an der türkischen Mittelmeerküste, (an der sogenannten ______________) und mit stark zunehmender Tendenz auch in ______________, wo man sich aus der Erdölabhängigkeit der Wirtschaft befreien möchte. Politisch und wirtschaftlich wenig in die Region integriert ist Israel. Israel ist ein bedeutender Standort für ______________. Die wirtschaftlichen Beziehungen sind haupsächlich zu den USA und nach Europa ausgerichtet. Ein weiterer wichtiger industrieller Schwerpunkt liegt im Nordwesten der Türkei, im Großraum ______________, wo eine stark exportorientierte Leichtindustrie (Textil- und ______________) entstanden ist.

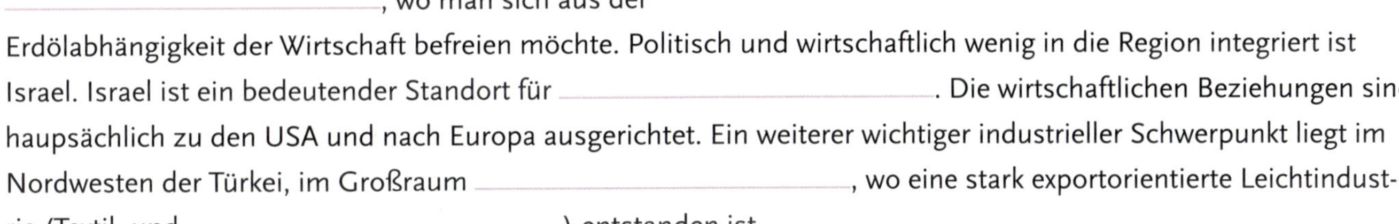

b) Kulturelle und politische Einflüsse

Bedeutende Religionen	Sunniten	Schiiten	Juden	Christen
Türkei				
Zypern				
Syrien				
Israel				
Saudi-Arabien				
Jemen				
Irak				
Iran				

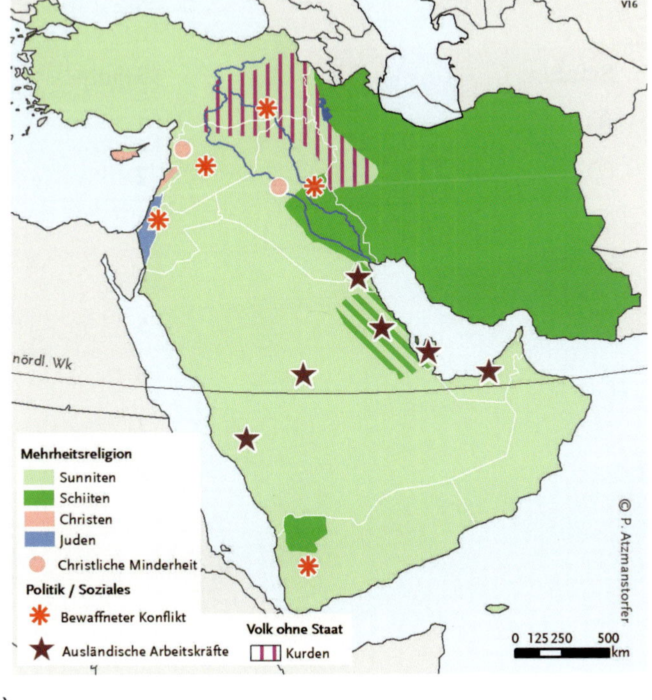

Lokalisieren Sie Staaten mit:

bedeutenden christlichen Minderheiten:

______________ (zwei)

einem hohen Anteil ausländischer Arbeitskräfte:

____

______________ (vier)

Zentralasien

Arbeitsaufgaben

1. Tragen Sie die in der Karte angeführten Städte, Gewässer usw. in die Tabelle ein.

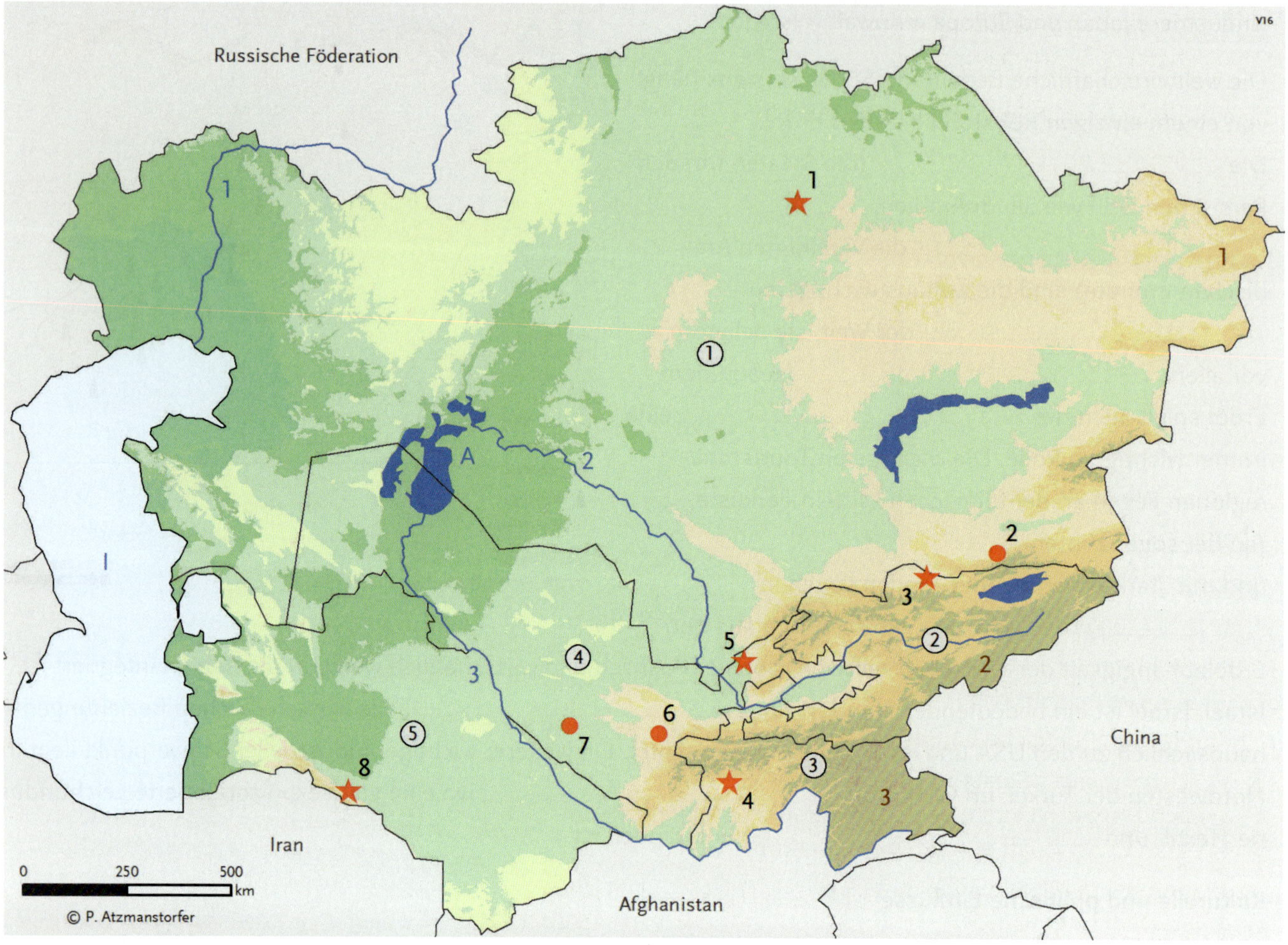

Russische Föderation

China

Iran

Afghanistan

0 250 500 km

© P. Atzmanstorfer

Staaten
①
②
③
④
⑤

Städte
1
2
3
4
5
6
7
8

Gebirge
1
2
3
Gewässer
1
2
3
I
A

2. Ergänzen Sie folgende Texte, indem Sie die angegebenen Begriffe verwenden. Beziehen Sie sich dabei auf die nebenstehenden Karten des entsprechenden Themas.

a) Integration in die Weltwirtschaft

Usbekistan ■ wenige Entwicklungschancen ■ Norden Kasachstans ■ Turkmenistan ■ Russland ■ Erdöl- und Erdgasvorkommen ■ Kasachstan ■ Turkmenistan ■ Kasachstan ■ Getreideanbau

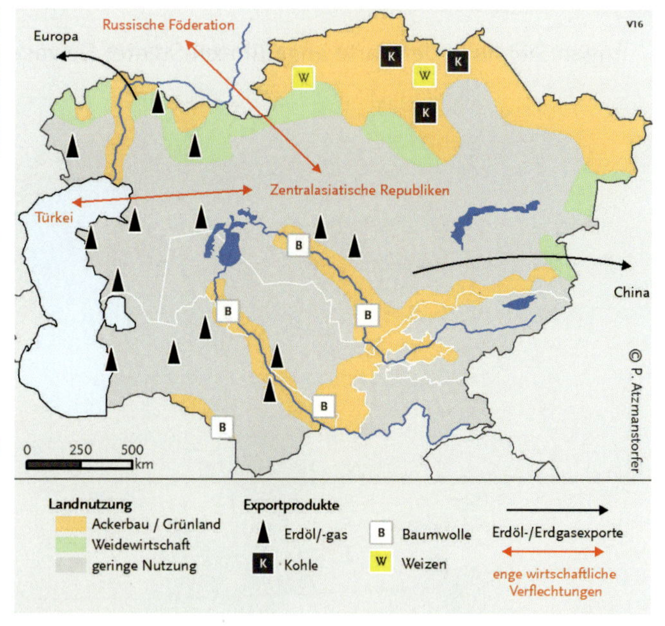

Die Außenwirtschaft ist nach wie vor auf ______________ ausgerichtet, wenngleich heute der Weltmarkt eine größere Rolle spielt. Insbesondere die enormen ______________ in ______________ und ______________ sorgen in diesen beiden Staaten für einen wirtschaftlichen Aufschwung. Während ______________ im großen Stil nur im ______________ möglich ist, ist der Baumwollanbau v. a. in ______________, aber auch in ______________ und ______________ von wirtschaftlicher Bedeutung. Die Gebirgsregionen Kirgisiens und Tadschikistans bieten hingegen ______________.

b) Kulturelle und politische Einflüsse

Russisch ist in allen Staaten nicht nur die Minderheitensprache, sondern auch als Erbe der Sowjetunion in Bildung und Wirtschaft von großer Bedeutung.

Verbinden Sie die Spalten, wo die folgenden Volksgruppen als Minderheiten leben.

Russen	Kasachstan
Tadschiken	Tadschikistan
	Turkmenistan
Turkmenen	Usbekistan

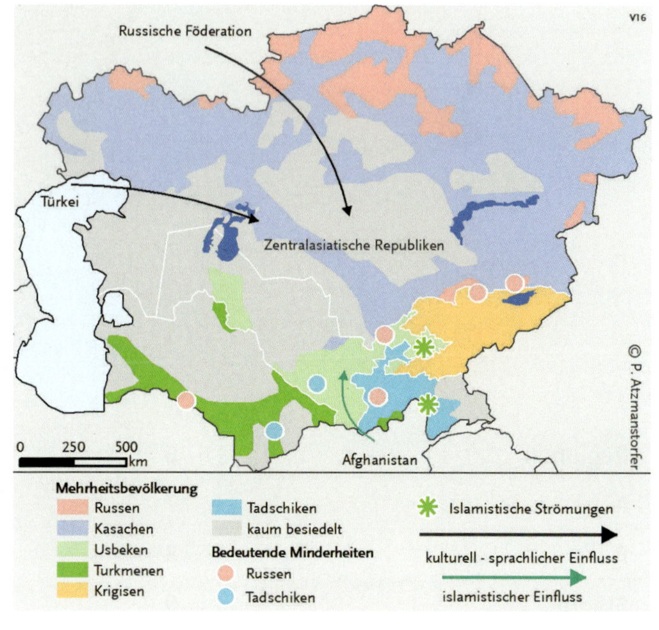

Streichen Sie falsche Angaben.

Kulturell/sprachlicher Einfluss

Türkei ■ China ■ Afghanistan ■ Russische Föderation

Islamistischer Einfluss

Afghanistan ■ Iran

Südasien

Arbeitsaufgaben

1. Tragen Sie die in der Karte angeführten Städte, Gewässer usw. in die Tabelle ein.

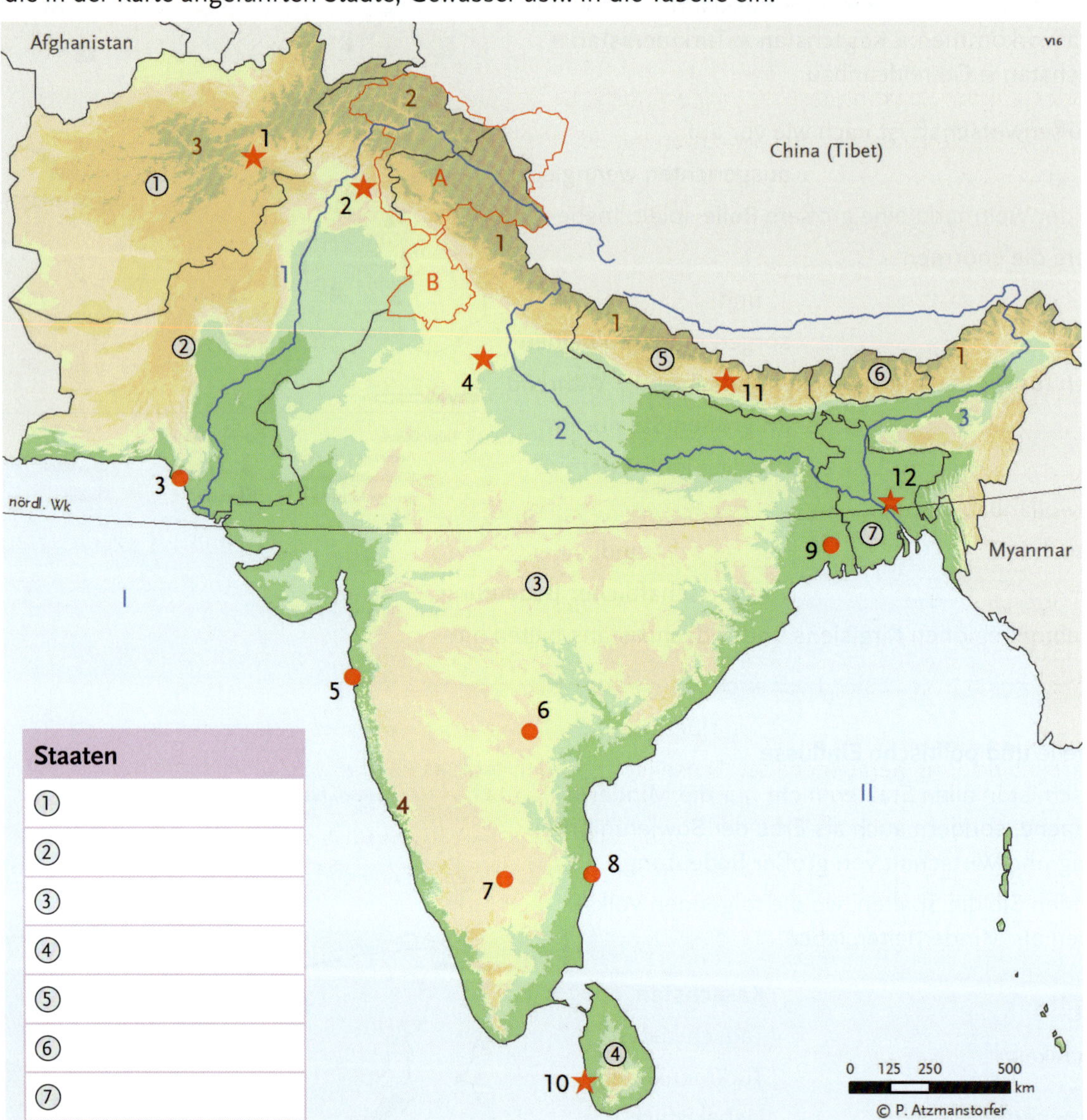

Staaten
①
②
③
④
⑤
⑥
⑦

Regionen
A
B
Städte
1
2
3
4
5

6
7
8
9
10
11
12
Gebirge
1

2
3
4
Gewässer
1
2
3
I
II

2. Ergänzen Sie folgende Texte, indem Sie die angegebenen Begriffe verwenden. Beziehen Sie sich dabei auf die nebenstehenden Karten des entsprechenden Themas.

a) Integration in die Weltwirtschaft

exportorientierte Textilindustrie ■ Bengaluru ■ Baumwolle ■ Afghanistan ■ Bangladesch ■ Ahmedabad ■ Hightechindustrie ■ Drogenanbau ■ Sri Lanka

V16
Drogen
nördl. Wk
Billigwaren
Billigwaren
Rohstoffe
© P. Atzmanstorfer
0 250 500 km
Landnutzung
Ackerbau / Grünland
Weidewirtschaft
Waldwirtschaft
Geringe Nutzung
Exportprodukte
Industrie
Baumwolle
Drogen
Tee
Tourismus
wichtige Warenströme

Der südasiatische Subkontinent, vor allem Indien, wird für die Weltwirtschaft immer bedeutender. So sind Indien und ______________________ wichtige Tee-Exporteure. Andere wichtige Agrarprodukte für den Export sind Jute und ______________________. In Teilen Pakistans und haupsächlich in ______________________ ist der illegale ______________________, besonders der Anbau von Mohn zur Heroingewinnung, ein wichtiger Wirtschaftsfaktor geworden. Die Industrie spielt eine immer wichtigere Rolle. Traditionell ist die ______________________ von Bedeutung. Ihre Zentren liegen in ______________________ und in der Region um ______________________ in Nordwestindien. Es hat sich aber auch eine leistungsfähige ______________________ im Bereich der Softwareentwicklung herausgebildet. Diese ist im Süden Indiens zu finden. Das wichtigste Zentrum ist ______________________.

b) Kulturelle und politische Einflüsse

Bedeutende Religionen	Muslime	Hindus	Buddhisten	Sikhs
Afghanistan				
Pakistan				
Indien				
Sri Lanka				
Bangladesch				
Bhutan				

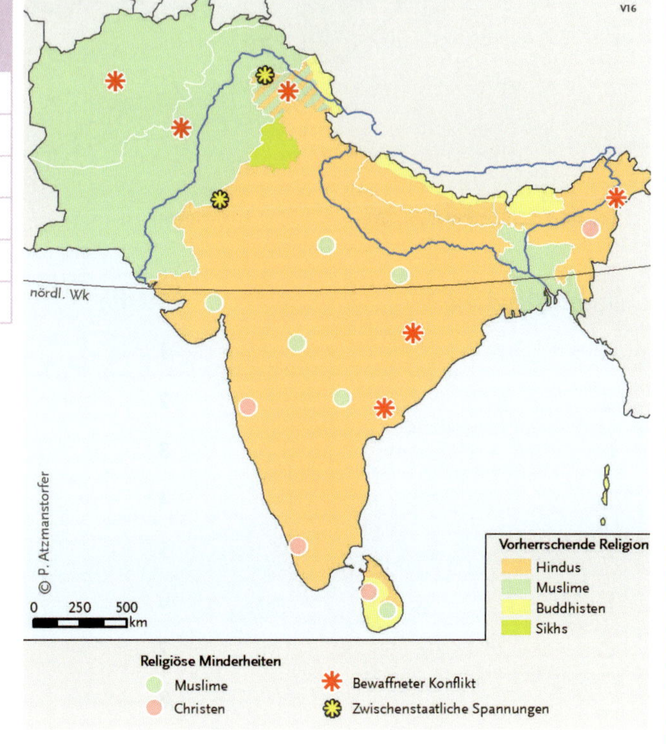

Lokalisieren Sie Staaten mit:

bedeutenden christlichen Minderheiten:

____

bedeutenden muslimischen Minderheiten:

____

bewaffneten Konflikten:

____

zwischenstaatlichen Spannungen:

____

Südostasien

Arbeitsaufgaben

1. Tragen Sie die in der Karte angeführten Städte, Gewässer usw. in die Tabelle ein.

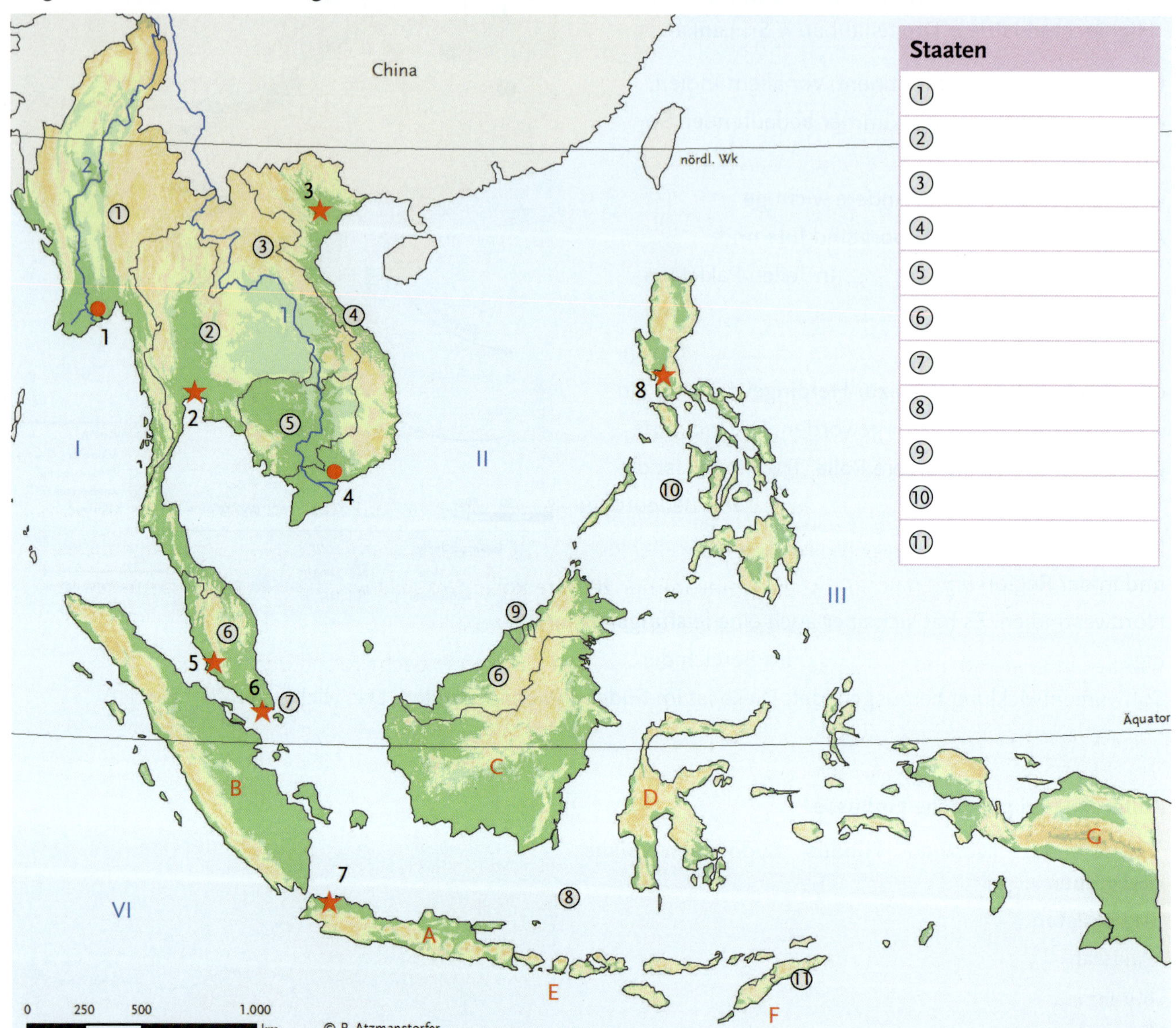

Staaten
①
②
③
④
⑤
⑥
⑦
⑧
⑨
⑩
⑪

Inseln/Regionen
A
B
C
D
E
F
G

Städte
1
2
3
4
5
6
7
8

Gewässer
1
2
I
II
III
IV

2. Ergänzen Sie folgende Texte, indem Sie die angegebenen Begriffe verwenden. Beziehen Sie sich dabei auf die nebenstehenden Karten des entsprechenden Themas.

a) Integration in die Weltwirtschaft

Singapur ■ Erdöl ■ Bali ■ Palmöl ■ Indonesien ■ exportorientierte Leichtindustrie ■ Tourismus

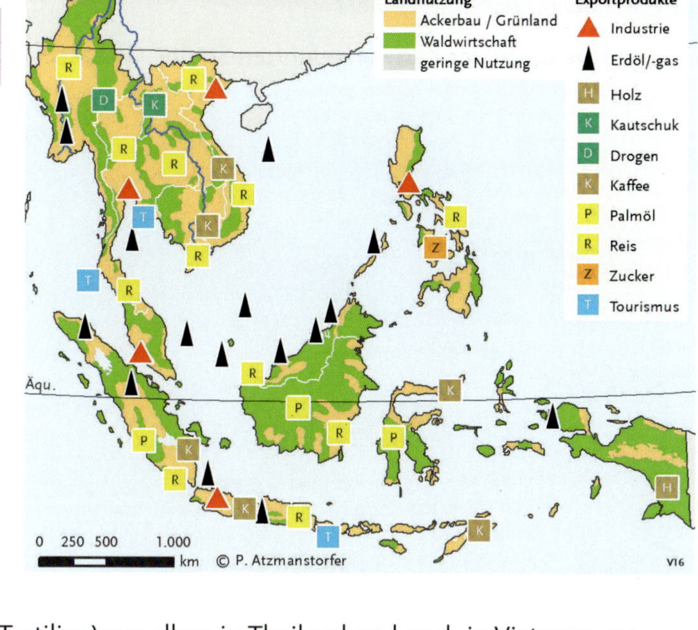

Südostasien ist einer der Aufsteiger in der Weltwirtschaft. Viele Regionen sind industrialisiert und haben dadurch an Wohlstand gewonnen. Auch der Rohstoff __________ spielt eine wichtige Rolle. Haupterdöllieferanten dieses Raumes sind __________ und Malaysia. Das internationale Finanz- und Wirtschaftszentrum aber ist __________.

In der Industrie selbst ist einerseits die __________ (u. a. Textilien) vor allem in Thailand und auch in Vietnam von Bedeutung. In Malaysia hingegen ist die Elektronikindustrie zu internationaler Bedeutung aufgestiegen. Das Agrobusiness spielt auch in Südostasien eine immer größere Rolle: Große Urwaldflächen werden zur Anlage von __________-Plantagen abgeholzt. Der internationale __________ hat hauptsächlich in Thailand und __________ in Form von Pauschalreisen Bedeutung.

b) Kulturelle und politische Einflüsse

Dominierende Religion	Buddhisten	Christen	Muslime
Indonesien			
Thailand			
Philippinen			
Bali			
Myanmar			
Malaysia			

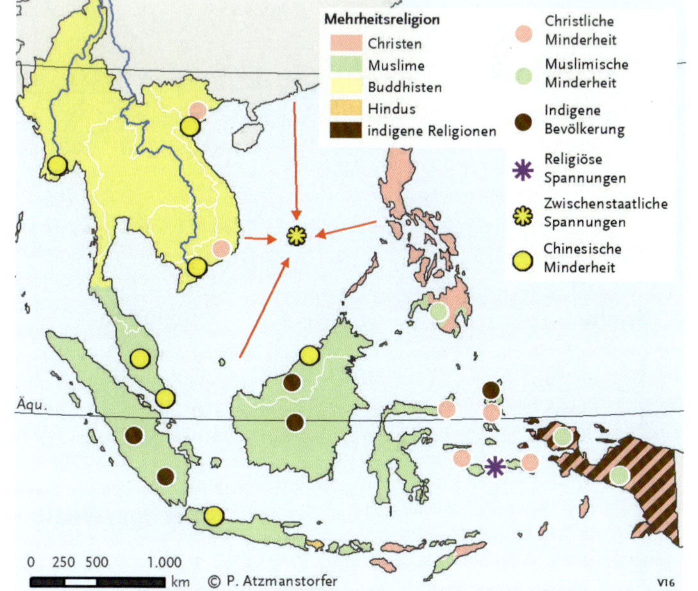

Streichen Sie Nichtzutreffendes.

Chinesische Minderheit
Vietnam ■ Malaysia ■ Singapur ■ Philippinen ■ Indonesien

Indigene Bevölkerung
Thailand ■ Indonesien ■ Malaysia

Minderheitenkonflikte

- mit indigenen Völkern (Papua) in Thailand/Indonesien/den Philippinen,
- zwischen China, Taiwan, Vietnam und den Philippinen/Myanmar und der VR China, um die Erdölressourcen im südchinesischen/ostchinesischen Meer.

Ostasien

Arbeitsaufgaben

1. Tragen Sie die in der Karte angeführten Städte, Gewässer usw. in die Tabelle ein.

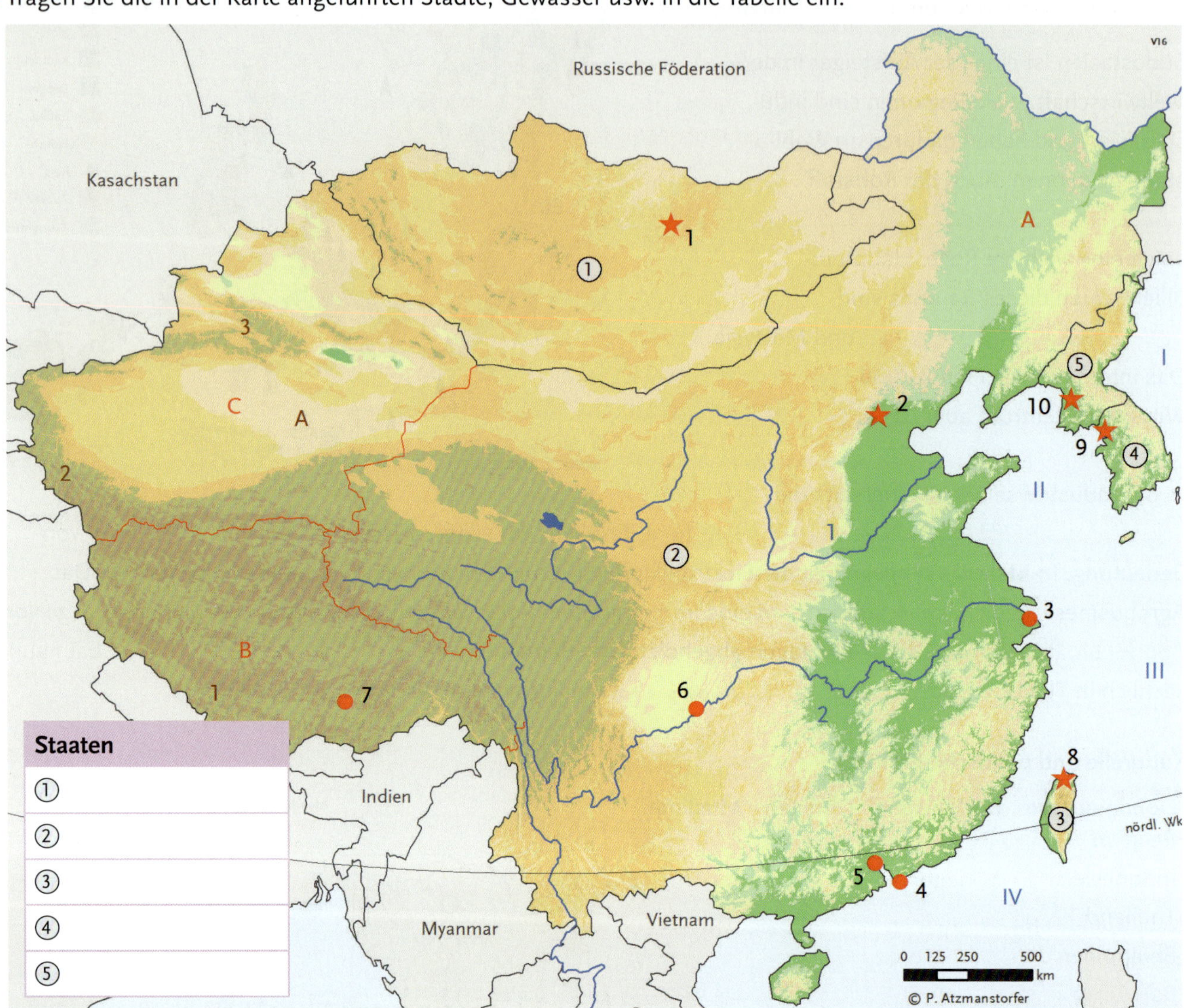

Staaten
①
②
③
④
⑤

Städte
1
2
3
4
5
6
7
8
9
10

Regionen
A
B
C
Gebirge/Wüste
1
2
3
A

Gewässer
1
2
I
II
III
IV

2. Ergänzen Sie folgende Texte, indem Sie die angegebenen Begriffe verwenden. Beziehen Sie sich dabei auf die nebenstehenden Karten des entsprechenden Themas.

a) Integration in die Weltwirtschaft

Rohstoffe ■ Küstenregion ■ Produkten ■ Schwellenland ■ Freihandelszonen ■ hochqualitativen Gütern ■ Taiwan und Südkorea

V16
© P. Atzmanstorfer
Güter
Rohstoffe
nördl. Wk
0 250 500 1.000 km
Landnutzung: Ackerbau / Grünland; Weidewirtschaft; Waldwirtschaft; geringe Nutzung
Exportprodukte: Industrie; wichtige Warenströme
Tourismus

China, ______________ gehören zu den wirtschaftlichen Aufsteigern der letzten Jahrzehnte. China kann als erfolgreiches ______________ bezeichnet werden. Der wirtschaftliche Wohlstand ist allerdings sehr ungleich verteilt. Besonders die chinesische ______________ hat in den letzten Jahren einen gewaltigen wirtschaftlichen Aufschwung erfahren, während das Landesinnere zurückbleibt. Das wirtschaftliche Wachstum der Küstenregion ist u. a. auf die zahlreichen ______________ zurückzuführen, in denen günstige Investitionsbedingungen vorhanden sind. So wird China als „Fabrik der Welt" bezeichnet, die die ganze Welt mit günstigen ______________ überschwemmt. Auch Südkorea und Taiwan punkten mit ihren vielfach ______________. Allerdings müssen die zur industriellen Produktion notwendigen ______________ in immer größerem Maße aus aller Welt importiert werden.

b) Kulturelle und politische Einflüsse

Minderheiten/ethnische Spannungen:

Streichen Sie Nichtzutreffendes.

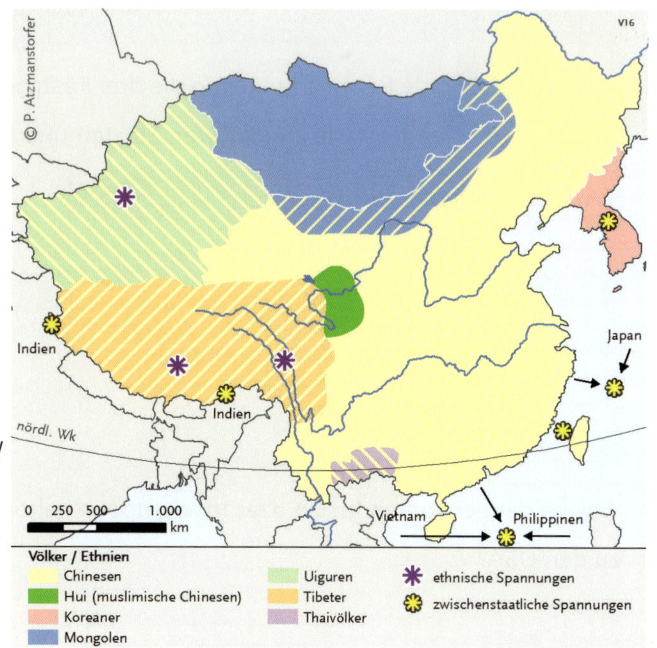

Die meisten Minderheiten Chinas leben im Zentrum/in den westlichen und südlichen Randgebieten des Landes, so die Tibeter in Xinjiang/im Hochland von Tibet, die Uiguren in der Äußeren Mongolei/in Xinjiang oder die Thaivölker im Zentrum des Landes/an der Grenze zu Vietnam.

Ethnische Spannungen bestehen in der Himalaja-Region/an der chinesischen Küste mit der Minderheit der Tibeter und im Westen des Landes/in der Mandschurei mit den Uiguren.

Zwischenstaatliche Konflikte:

Spannungen in den Regionen, bis hin zur Schwelle des Kriegsausbruchs bestehen ...

... zwischen der VR China und Vietnam / Philippinen	auf der koreanischen Halbinsel
... zwischen VR China und Japan	im ostchinesischem Meer
... zwischen VR China und Taiwan	im südchinesischem Meer
... zwischen Nordkorea und Südkorea	in der Himalaja-Region
... zwischen der VR China und Indien	im ostchinesischem Meer

Ozeanien

Arbeitsaufgaben

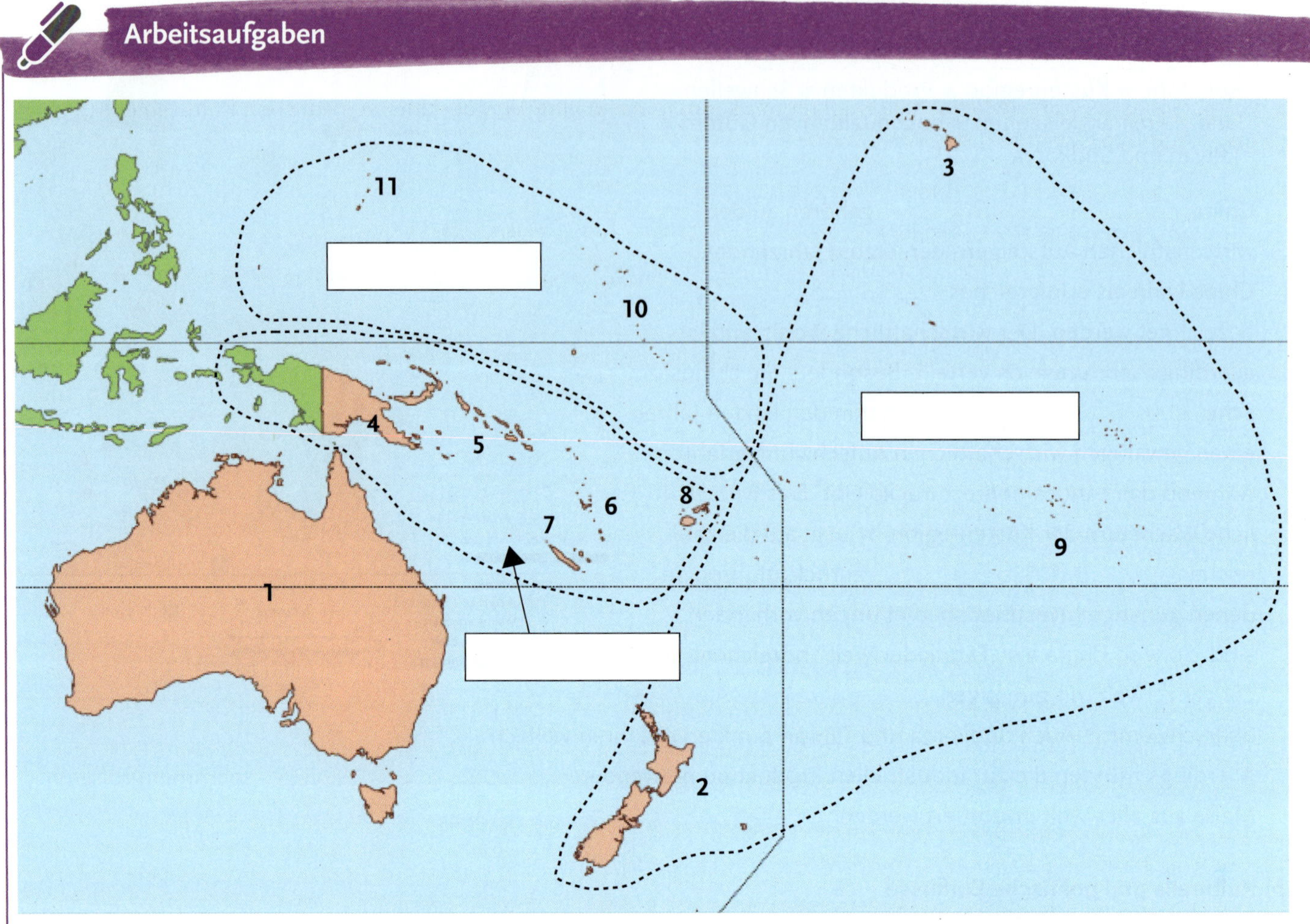

1. Tragen Sie folgende Bezeichnungen in die drei Kästchen der Karte ein: Polynesien – Melanesien – Mikronesien
2. Tragen Sie die auf der Karte angeführten Staaten und Inselgruppen in die Tabelle ein.

Staaten/Inselgruppen
1
2
3
4
5

6
7
8
9
10
11

3. Welche der genannten Inseln bzw. Inselgruppen gehören politisch

zu den USA?

a) ______________________ b) ______________________

zu Frankreich?

c) ______________________ d) ______________________

4. Ergänzen Sie den nachstehenden Text unter Verwendung der folgenden Begriffe:

Neuguinea ■ Kokosnüsse ■ Entwicklungsländer ■ Tahiti ■ Polynesien ■ Mikronesien ■ Australien ■ Hawaii-Inseln ■ europäischen ■ Südsee ■ Indonesien ■ französisches ■ Neuseeland

Unter Ozeanien versteht man die Inselwelt im Pazifischen Ozean. Es gibt ca. 7 500 Inseln, von denen aber nur 2 100 bewohnt sind. Traditionellerweise teilt man die Tausenden Inseln aufgrund der unterschiedlichen Kulturen der ursprünglichen Einwohner in drei Gruppen:

1) ______________ bildet zwischen Hawaii, ______________ und der Osterinsel ein riesiges Dreieck im östlichen Pazifik. Poly bedeutet im Griechischen „viel". Dieser Name wurde den Inseln von den ______________ Entdeckern aufgrund der großen Zahl gegeben. Die indigenen Bewohner sind hellhäutig und haben Ähnlichkeiten mit ostasiatischen Völkern. Eine der bekanntesten polynesischen Inseln ist ______________, das zu Französisch-Polynesien gehört. Häufig wird für die polynesische Inselwelt auch der Begriff ______________ verwendet.

2) Melanesien umfasst die Inseln nördlich und nordöstlich von ______________. Die melanesischen Inseln sind größer und bevölkerungsreicher. Die weitaus größte Insel ist ______________, die politisch in das unabhängige Papua-Neuguinea im Osten der Insel und das zu ______________ gehörende Irian Jaya im Westen geteilt ist. Der Name Melanesien leitet sich vom griechischen Wort melos = dunkel her. Die indigene Bevölkerung dieser Inseln ist sehr dunkelhäutig.

3) ______________ schließlich besteht aus einer Vielzahl von kleinen Inseln nördlich Melanesiens (griechisch: mikro = klein). Die meisten dieser Inselgruppen waren lange im Besitz der USA und sind erst vor relativ kurzer Zeit selbstständig geworden. Die meisten der ozeanischen Kleinstaaten sind relativ arme ______________, die von Agrarwirtschaft, Fischerei und Tourismus abhängig sind. Typische Produkte Ozeaniens sind ______________ und Kopra (das getrocknete Kernfleisch von Kokosnüssen, aus dem Kokosöl gewonnen wird). Eine Ausnahme sind die ______________, die 1959 als 50. Staat in die USA aufgenommen wurden und sehr wohlhabend sind. Auch Französisch-Polynesien verfügt als ______________ Überseeterritorium über einen beachtlichen Wohlstand, der z. T. auch auf die Präsenz des französischen Militärs zurückgeht.

5. Ordnen Sie die Texte den richtigen Fotos zu, indem Sie die Nummer des Textes in das Foto schreiben.

❶ Viele Inseln Ozeaniens sind Atolle. Darunter versteht man mehr oder weniger ringförmige Korallenriffe, die nur wenige Meter aus dem Meer ragen. Im Inneren der Atolle liegt die meist flache und fischreiche Lagune.

❷ Im Hochland von Papua-Neuguinea leben zahlreiche Stämme, die Landwirtschaft zur Eigenversorgung (Subsistenzwirtschaft) betreiben. Ihre alten Kulturen sind noch erhalten und wenig vom Westen beeinflusst. An Festtagen werden traditionelle Kostüme und Masken getragen.

❸ Die östlichste Insel Polynesiens ist die Osterinsel. Sie gehört politisch zu Chile. Die heute völlig entwaldete Insel ist vor allem durch die riesigen Steinstatuen einer alten polynesischen Kultur bekannt. Die Bedeutung dieser Statuen ist bis heute nicht geklärt.

❹ Tahiti ist die größte Insel Französisch-Polynesiens und eine der wohlhabendsten Inseln Ozeaniens. Der französische Einfluss im Alltagsleben (z. B. bei Nahrungsmitteln und sonstigen Konsumprodukten) ist deutlich spürbar.

Stichwortverzeichnis

A

Aerosole 75
Agglomeration 118, 142
Akkumulation 33, 46
Alphabetisierungsgrad 214
anthropogen 75
Apartheid 144
Arbeitsteilung, international 218
arid 61
Atlas 15

B

Ballungsraum 118, 142
Bevölkerung 117
– Diagramme 120
– Dichte 118
– indigene 90
– Verteilung 118
Biokapazität 106
Bodennutzung 105
Bodenschätze 176
Breitenkreis 10
Bruttoinlandsprodukt, BIP 176

C

Cash Crop 97
Community, gated 138, 142

D

Dehnung 39
Delta 48
Demografie 120
demografischer Übergang 121
Desertifikation 94
– Gründe 95
digitale Nomaden 185
Direktinvestition 220
Drogen 163

E

Ein-Kind-Politik 124
Elendsviertel 138
Emirat 200
Emission 75
endogene Kräfte 33
Erde 35
– Achse 56
– Aufbau 35
– Beben 42
– Geschichte 34
– Revolution 56
– Rotation 56
Ernährung 168
Erosion 33, 46
Eruption 38
Evakuierung 38
exogene Kräfte 46
Export, exportieren 218

F

Fairtrade 161
Familienpolitik 123
– China 124
– Indien 126
Fast Fashion 224
Fischerei 157
Flussdelta 48
Food Crops 153
freie Produktionszonen 219

G

Gastarbeiter 198
Gated Community 138, 142
Gebirgsbildung 49
Geburtenrate 120
gemäßigte Zone 67
Geoinformation 20
Gewerkschaft 221
Geysir 40
Gläubiger, ökologischer 107
globale Luftdruckgürtel 59
globaler Hektar 107
Globalisierung 218
Globus 15
Golfstaaten 198
GPS, Global Positioning System 20
Gradnetz 10

H

Hektar, globaler 107
Human Development Index, HDI 176
humid 61
Hurrikan 73

I

importieren 218
Indigene 90
Industrieland 87
informeller Sektor 139
internationale Arbeitsteilung 218

K

Kaffee 155
kalte Zone 69
Karte 15
Kleinbauern 153
Kleinformen, vulkanische 40
Klima 56
– Diagramm 61
– Wandel 75
– Zonen 63
Kollektivvertrag 225
Kollision 35
Kommunismus 205, 212
Konvektion 35
Konzern 219
Koordinatensystem 10
Korruption 175
Kräfte 33
–, endogene 34
–, exogene 46
Kreuzfahrt 187
Kulturlandschaft 84
Küstenformen 49

L

Landgrabbing 154
Landwirtschaft 153
–, industrielle 106, 154, 168
–, traditionelle 153
Längenkreis 10
Lohn, existenzsichernder 225
Luftdruck 58
Luftdruckgürtel, globale 59

M

Marktwirtschaft, sozialistische 205
Maßstab 12
Megacity 136
Meridian 10
Metropole 141
Migration, weltweite 128
– Binnenmigration in Afrika 131
Monokultur 156, 203
Monsun 72

N

nachhaltig, Nachhaltigkeit 84, 105
Naturlandschaft 84
Nomaden 97, 149
–, digitale 185

O

Ökonomie 202
ökologischer Fußabdruck 106
– Strategien zur Senkung 110

Orientierung 10
– auf der Erde 10
– in der Zeit 23

P

Passatwind 59
Pläne 17
Planwirtschaft 205, 212
Plattentektonik 34
polare Zone 70
Produktionsketten, globale 221
Produktionsmittel 205
Produktionszonen, freie 219
Produktivität 218
Prostitution 186
Push- und Pull-Faktoren 129

R

Recycling 225
Reederei 189
Regenwald, tropisch 64, 88
– Nutzung 90
– Chancen 93
Ressource 105
Richterskala 43
Rohstoffe 175
Routenplaner 21

S

Safari 186
Sahelzone 96
Schlot 38
Schuldner, ökologischer 107
Schürfrecht 177
Schwellenland 197
Seidenstraße, neue 208
Skala, Richter 43
Sonderwirtschaftszone 206
Sonneneinstrahlung 56
sozialistische Marktwirtschaft, Sozialismus 205
Sterberate 120
Steuer 220
Subduktion 35
Subsistenzwirtschaft 149
Subtropen 6

T

Talformen 47
Tantal 178
Thermalquelle 41
Tigerstaaten 212
Tornado 73
Tourismus 77, 183
–, gemeindebasierter 191
–, klimafreundlicher 192
–, nachhaltiger 190
Township 144
Trabantenstadt 143
Transformstörung 36
Treibhausgase 75
Tropen 64
Troposphäre 56
Tsunami 45

U

Überfischung 158
Übergang, demografischer 120
Upcycling 225
Urbanisierung 203
Ureinwohner 90
Urlaub 184

V

Vegetationszonen 63
Verstädterung 136
vulkanische Kleinformen 40
Vulkanismus 38

W

Wasser 99
– globale Verteilung 99
– Kreislauf 101
– Knappheit 102
Welternährung 168
Welterschöpfungstag 109
Westwind 59
Wetter 56
Wirbelstürme 73

Z

Zeitumstellung 24
Zeitzonen 23
Zenit 57
Zoll 220

Bildnachweis

Orientierung

Seite 12 Montevideo: Rooij/Shutterstock
Seite 14 Mercator-Karte: www.duisburg.de
Seite 17 Radwegkarte Gars: www.kompass.de
Seite 18 Karte: https://simplymaps.de/wp-content
Seite 18 Römermuseum: Birgit und Peter Kainz, www.wienmuseum.at
Seite 19 Airportplan: https://de.maps-vienna.com/vienna-international-airport-landkarte
Seite 21 Navigation im Auto: dennizn/Shutterstock.com
Seite 22 Ausschnitt aus Google Maps: www.google.at/maps
Seite 27 Ausschnitt aus Google Maps: www.google.at/maps
Seite 30 Kartenskizze: https://docplayer.org/docs-images/67/57161277/images/6-0.jpg

Wie die Landschaften entstehen

Seite 36 schematische Darstellung Plattenbewegung: Christoph Burgstedt/Shutterstock
Seite 38 Vulkanausbruch: Dave Harlow, USGS, www.wikipedia.org
Seite 39 Pauliberg: Tourismusverband Mittelburgenland-Rosalia, www.sonnenland.at
Seite 39 schematische Darstellung Vulkan: https://static.vecteezy.com
Seite 41 geothermische Energie: Obermüller, Rupert
Seite 42 Weinanbau am Ätna: https://img.welt.de/
Seite 43 Darstellung Epi- und Hypozentrum: www.seismo.ethz.ch
Seite 44 Stahlbeton-Skelettbau: Niplos, www.wikipedia.org (Wikimedia Commons)
Seite 45 Karte Erdbeben in Österreich: www.derstandard.at/ZAMG

Wetter und Klima

Seite 58 Luftsäule bis Atmosphärenobergrenze: gerd-pfeffer.de
Seite 67 Feuchtgemäßigte Zone: Rak, Peter
Seite 72 Darstellung Sommermonsun RS: www.srf.ch/meteo
Seite 73 RS, Überschwemmung Monsun: Athawit Ketsak/Shutterstock
Seite 73 RS, Hurrikan: www.wettergefahren-fruehwarnung.de
Seite 74 Zugbahnen Hurrikan: https://bildungsserver-hamburg.de
Seite 74 RS Zerstörungen Taifun: https://static.dw.com
Seite 77 Kiribati: http://2.pb.blogspot.com
Seite 77 Wüste in Spanien, RS unten: www.br.de

Menschliche Nutzung verändert die Erde

Seite 81 Karikatur Klimawandel: entnommen aus „Der Tollhauseffekt" (2018), Michael E. Mann and Tom Toles, IPCC: ipcc.ch
Seite 90 Johann Kandler: www.klimabuendnis.at
Seite 91 unten, Straßenbau Regenwald: www.regenwald.org
Seite 93 Mahatma Gandhi: roseed abbas/Shutterstock
Seite 96 Aufforstung Grüne Mauer: chinahbzyg/Shutterstock
Seite 97 Tuareg: Katja Tsvetkova/Shutterstock
Seite 102 Ganges: Mazur Travel/Shutterstock

Die Bevölkerung der Erde

Seite 122 RS, Großfamilie Österreich: https://image.kurier.at
Seite 123 RS, Familie in Afrika: www.mitmischen.de
Seite 126 RS, Tan Weiwei: Nicolas Genin, www.wikipedia.org (Creative Commons)
Seite 126 RS, Großfamilie in Südindien: joergredl.wordpress.com
Seite 126 hinduistische Kultur, HS: ImagesofIndia/Shutterstock
Seite 127 Armut in Indien: kaetana/Shutterstock
Seite 129 RS, Kind in einem Kriegsgebiet: akramalrasny/Shutterstock
Seite 130 Universität von Douala: www.wikiwand.com
Seite 130 Flüchtlinge auf dem Weg durch die Wüste: www.taz.de
Seite 130 Flüchtlinge auf einem Boot: AlejandroCarnicero/Shutterstock
Seite 131 Flüchtlingslager in Somalia: Sadik Gulec/Shutterstock

Alles in die Stadt – das Zeitalter der Megacitys

Seite 139 RS, Einzimmerhäuser: Atzmanstorfer, Peter
Seite 140 Kind mit Nähmaschine: Claudine Van Massenhove/Shutterstock
Seite 140 Verkäuferin am Markt: James Dalrymple/Shutterstock
Seite 140 Lagos: Kehinde Temitope Odutayo/Shutterstock
Seite 141 RS, Slums von Lagos: Dan Ikpoyi / Shutterstock
Seite 142 RS, Verkehrslawine São Paulo: Alf Ribeiro/Shutterstock
Seite 144 Eddy Grant: www.wikipedia.org (Creative Commons)
Seite 147 afrikanische Kinder: Dietmar Temps/Shutterstock

Arme Bauern, reiche Konzerne – Landwirtschaft im Süden

Seite 150 RS, Karte Lebensraum der San: www.magazin.nzz.ch
Seite 150 San bei der Jagd: http://botswanapictures.wordpress.com
Seite 151 RS, Karte Lebensraum der Tuareg: Mark Dingemanse, www.wikipedia.org (Creative Commons)
Seite 151 Subsistenzwirtschaft: Sun_Shine/Shutterstock
Seite 152 RS, Tuareg Mann: www.trekearth.com
Seite 157 RS, Pelagisches Schleppnetz: www.worldoceanreview.com
Seite 158 Schiff Sea Shepherd: Steve Lovegrove/Shutterstock
Seite 158 RS, Kleinfischer protestieren: www.meeresschutz.greenpeace.at

Seite 162 zwei Kinder bei der Arbeit: Dietmar Temps/Shutterstock
Seite 165 Pablo Escobar: www.stern.de
Seite 168 Evo Morales: EneasMx, www.wikipedia.org (Creative Commons)
Seite 169 Lebensmittelverschwendung Produktion und Handel: TY Lim/Shutterstock
Seite 171 Karte unterernährte Bevölkerung: https://commons.wikimedia.org

Bergbau als Entwicklungsmöglichkeit?
Seite 176 Madaraka Express Kenia: Elena Ska/Shutterstock
Seite 178 RS, Kinderarbeit in den Minen der DR Kongo: www.humanium.org
Seite 178 Gorilla: www.wwf.at
Seite 179 RS, Regierungsviertel Gaborone: Dereje/Shutterstock

Tourismus – Chance oder leere Hoffnung?
Seite 184 RS, balinesischer Tanz: Denis Moskvinov/Shutterstock
Seite 185 RS, verschmutzter Strand: Maxim Blinkov/Shutterstock
Seite 186 Vergnügungsviertel Thailand, Pattaya: View Apart/Shutterstock
Seite 187 Jeeps auf Safari: Jen Watson/Shutterstock
Seite 187 Mitglied der Masai: Sun_Shine/Shutterstock
Seite 188 Kreuzfahrtschiff im Hafen von Neapel: Fortgens Photography/Shutterstock
Seite 188 Santo Domingo: Nick N A/Shutterstock
Seite 191 Malworkshop Aborigines: ChameleonsEye/Shutterstock
Seite 195 Schildkrötenstrand: www.twitter.com/oceana

Der Aufstieg der Schwellenländer
Seite 201 RS, Expo 2020: Captured Blinks/Shutterstock
Seite 201 RS, Souk: Phuong D. Nguyen/Shutterstock
Seite 206 Deng Xiaoping: www.wikipedia.org (gemeinfrei)
Seite 206 Lenovo: N.Z.Photography/Shutterstock
Seite 209 RS, Vorort von Mumbai: Hari Mahidhar/Shutterstock
Seite 210 Automobilindustrie: Thampapon/Shutterstock
Seite 211 Narendra Modi: GODL-India, www.wikipedia.org
Seite 213 Hyundai Jonathan Weiss/Shutterstock; LG Grisha Bruev/Shutterstock; DAEWOO Lutsenko_Oleksandr/Shutterstock; Samsung JPstock/Shutterstock
Seite 213 Samsung Tower: ARTYOORAN/Shutterstock.com
Seite 214 Spielwarengeschäft in Taiwan: Tupungato/Shutterstock
Seite 214 Acer: askarim/Shutterstock

Globalisierung – eine Chance für die Länder des Südens?
Seite 223 RS, Jeansfabrik Bangladesch: The Denim expert, www.spiegel.de
Seite 224 RS, Fast Fashion: Koshiro K/Shutterstock

Urheber/in unbekannt
Seite 11 Längenkreis
Seite 20 GPS
Seite 48 Ahrtal nach der Flutkatastrophe
Seite 53 Oberflächenformen
Seite 77 Kilimandscharo HS und RS
Seite 91 tropische Edelhölzer
Seite 91 Plantagen
Seite 152 RS Tuareg Frau
Seite 158 Beifang Fischerei
Seite 226 Karikatur

Alle weiteren Bilder und Karten sind Eigentum der Trauner Verlag + Buchservice GmbH bzw. wurden von stock.adobe.com, shutterstock.com und istockphoto.com zugekauft.

Literaturverzeichnis

Becher, Annika: Europas Fangflotte auf Nachhaltigkeitskurs? – Stimmen aus Westafrika, 23.4.2021, https://web.archive.org/web/20211207142614/https://www.eu-afrika-blog.de/europas-fangflotte-auf-nachhaltigkeitskurs-stimmen-aus-westafrika/ (27.10.2021)

Cascais, Antonio: Ruanda: Ein Paradies für Frauen?, DW, 7.3.2019, https://www.dw.com/de/ruanda-ein-paradies-f%C3%BCr-frauen/a-47794689?maca=de-VEU_Focus-Artikel_DE_Welt-28577-xml-media (12.2.2022)

Chall, Inka: Township Tourismus: Armut besichtigen – ist das korrekt?, Edition 08 Zürich – Afrika, ohne Datum, https://www.globesession.com/edition08/artikel/township-tourismus/ (6.5.2022)

Charbonneau, Ninja: Kindersoldat*innen in Afrika und weltweit: Opfer und Täter zugleich, UNICEF, 9.2.2022, https://www.unicef.de/informieren/aktuelles/blog/-/kindersoldaten-in-afrika-und-weltweit/275182 (23.2.2022)

Christliche Initiative Romero e.V. (CIR): Würdige Arbeit für Näher*innen, ohne Datum, https://www.ci-romero.de/maquilasolifonds/ (11.10.2022)

Fairtrade Österreich: Die Kakao Kooperative Urocal in Ecuador, ohne Datum, https://www.fairtrade.at/produzenten/produzentenfinder? (9.5.2022)

Franke, Martin: „Das Geld kommt bei den Falschen an", Frankfurter Allgemeine Zeitung, 9.7.2021, https://www.faz.net/aktuell/politik/ausland/der-schwierige-kampf-gegen-fluchtursachen-in-westafrika-17380518.html (11.6.2022)

Friedl, Harald: Reise Know-How Praxis: Respektvoll reisen, 2. Auflage, Bielefeld: Rump Verlag 2005.

Greenpeace: Freiwillige Selbstverpflichtung – Ein-Mode-Märchen über grüne Fast-Fashion (= Detoxreport 2021), 23.11.2021, https://www.greenpeace.de/publikationen/20211122-greenpeace-detox-mode-maerchen-pt1.pdf, S. 5 (12.12.2021)

Hahn, Norbert: Landnahme zu Spottpreisen, Tagesschau, 27.1.2022, https://www.tagesschau.de/ausland/afrika/kenia-landnahme-101.html (6.2.2022)

Hoffmann, Heiner; Akinleye, Akintunde: Eine Woche in der chaotischsten Stadt der Welt, Spiegel Ausland, 12.9.2021, https://www.spiegel.de/ausland/lagos-in-nigeria-eine-woche-in-der-chaotischsten-stadt-der-welt-a-69e5f262-a163-45d8-8cf6-15ff7349638b (1.3.2022)

Johnson, Dominic: Die Demografie-Lüge, taz, 3.12.2019, https://taz.de/Bevoelkerungswachstum-in-Afrika/!5641412/ (11.10.2022)

Kappeller, Maria: Dubai: Leben und Tourismus in der Stadt ohne Seele, ohne Datum, https://www.kofferpacken.at/welt/stadt_ohne_seele/ (30.3.2022)

Kirchner, Ruth: Popsong löst breite Diskussion aus, 19.3.2021, www.tagesschau.de (6.3.2022)

Knorr, Anja: Warum du kein Township besuchen solltest, ohne Datum, https://www.happybackpacker.de/township-besuch/ (6.5.2022)

Kramper, Gernot: Mit Bäumen gegen den Klimawandel – China setzt auf Waldstädte und die Große Grüne Mauer, 17.6.2021, https://www.stern.de/digital/technik/mit-baeumen-gegen-den-klimawandel---china-setzt-auf-waldstaedte-und-die-grosse-gruene-mauer-30483456.html (11.10.2022)

Krol, Beate: Wege zur Macht – Chinas neue Seidenstraße, 20.6.2021, https://www.planet-wissen.de/gesellschaft/wirtschaft/neue_seidenstrasse/index.html (29.6.2021)

O.V.: Der wahre Preis der Smartphone-Produktion, 5.10.2020, https://www.handysektor.de/artikel/der-wahre-preis-der-smartphone-produktion (19.11.2021)

O.V.: Die Buschleute, Survival International, 13.3.2019, https://www.survivalinternational.de/indigene/buschleute (22.3.2022)

O.V.: Ein Drittel der Nahrungsmittel landet im Müll, Wiener Zeitung, 28.9.2020, https://www.wienerzeitung.at/nachrichten/chronik/welt/2076672-Ein-Drittel-der-Nahrungsmittel-landet-im-Muell.html (28.9.2020)

O.V.: Georges' Odyssee durch Afrika, taz, 2.7.2009, https://taz.de/Gescheitert-an-der-Festung-Europa/!5160513/, (11.10.2022)

O.V.: Handys sammeln hilft den Gorillas, Berggorilla & Regenwald Direkthilfe e. V., ohne Datum, https://www.berggorilla.org/de/helfen/handys/ (2.3.2022)

O.V.: Indiens Terror der Straße, 27.2.2020, Frankfurter Rundschau, https://www.fr.de/politik/indiens-terror-strasse-13563512.html (12.10.2021)

O.V.: Kreuzschifffahrt: Auf dem falschen Dampfer, NABU, ohne Datum, https://www.nabu.de/umwelt-und-ressourcen/verkehr/schifffahrt/kreuzschifffahrt/index.html (15.3.2022)

O.V.: Uber testet Hubschrauber-Angebot in São Paulo, Spiegel Wirtschaft, 15.6.2016, https://www.spiegel.de/wirtschaft/unternehmen/brasilien-uber-testet-hubschrauber-angebot-in-sao-paulo-a-1097701.html (4.1.2021)

O.V.: Warum du nicht nach Bali reisen solltest, ohne Datum, https://travel-eat-love.de/warum-du-nicht-nach-bali-reisen-solltest/ (3.3.2022)

Pointner, Katrin: Was hat mein Smartphone mit dem Bürgerkrieg im Kongo zu tun?, Die Presse, 19.1.2016, https://www.diepresse.com/4906932/was-hat-mein-smartphone-mit-dem-buergerkrieg-im-kongo-zu-tun (23.11.2021)

Schafineya, Bita: Iran – Die Jugend im Aufbruch, Deutschlandfunk, 3.1.2015, https://www.deutschlandfunk.de/iran-die-jugend-im-aufbruch-100.html (5.1.2022)

Schwägerl, Christian: Ahrthal: „Alles auf den Prüfstand stellen, um weiteren Katastrophen vorzubeugen", Interview mit Wolfgang Büchs, Riffreporter, 19.7.2021 https://www.riffreporter.de/de/umwelt/hochwasser-ueberschwemmung-ahr-tal-ursachen (3.4.2022)

Sie, Evangelista: Warum schaffen wir die Entwicklungshilfe nicht ab?, Die Presse, 7.4.2020, https://www.diepresse.com/5756048/warum-schaffen-wir-die-entwicklungshilfe-nicht-ab (7.4.2020)

sjelle_h: Warum die Uhren in Spanien anders ticken – oder eben nicht, Youthreporter, 9.11.2015, https://www.youthreporter.eu/de/beitrag/warum-die-uhren-in-spanien-anders-ticken-oder-eben-nicht.11427/#.Y0VOfEzP1hE (4.8.2021)

Sträter, Andreas: Abschaffung der Zeitumstellung? Nicht die beste Lösung, Quarks, 17.10.2018, https://www.quarks.de/gesellschaft/warum-eine-ewige-sommerzeit-die-schlechteste-loesung-ist/ (10.11.2021)

Vogel, Steffen: Welterfahrung und Weltzerstörung. Tourismus in Zeiten des Klimawandels. In: Blätter für deutsche und internationale Politik 7/2018, S. 117.

Wannenmacher, Tom: Faktencheck: Verbreitet sich Malaria in Europa und im Mittelmeerraum als Folge des Klimawandels?, Mimikama, 27.5.2019, https://www.mimikama.at/malaria-in-europa/ (13.2.2022)

Welthungerhilfe: Entwicklungshilfe – Fortschritte und Wirkung, ohne Datum, https://www.welthungerhilfe.de/informieren/entwicklungshilfe-fortschritte-wirkung (8.2.2022)

WWF: Vorteile nachhaltiger Fischerei und Fischzucht, ohne Datum, https://www.fishforward.eu/at/project/more-about-environmental-advantages-of-sustainable-seafood/ (24.3.2022)

ZAMG: Vor 10 Jahren: Die Dreifach-Katastrophe von Tohoku in Japan, 10.3.2021, https://www.zamg.ac.at/cms/de/geophysik/news/vor-10-jahren-die-dreifach-katastrophe-von-tohoku-in-japan (11.10.2022)

ZAMG: Erdbeben im September 2022, 3.10.2022, https://www.zamg.ac.at/cms/de/geophysik/news/erdbeben-im-september-2022 (17.10.2022)